西安外国语大学学术著作出版基金资助

哈萨克草原之魂

——沙卡里姆评传

[哈萨克斯坦] 叶尔兰·巴塔舍维奇·塞德科夫　著

李喜长　译

中国社会科学出版社

图字：01－2017－4500

图书在版编目（CIP）数据

哈萨克草原之魂：沙卡里姆评传／（哈）叶尔兰·巴塔舍维奇·塞德科夫著；
李喜长译.—北京：中国社会科学出版社，2017.3
ISBN 978－7－5203－0058－2

Ⅰ.①哈…　Ⅱ.①哈…②李…　Ⅲ.①沙卡里姆·库达伊别尔吉耶夫（1858—
1931）－评传　Ⅳ.①K833.615.6

中国版本图书馆 CIP 数据核字（2017）第 047816 号

出 版 人　赵剑英
责任编辑　任　明
责任校对　安　然
责任印制　李寡寡

出　　　版　中国社会科学出版社
社　　　址　北京鼓楼西大街甲 158 号
邮　　　编　100720
网　　　址　http：//www.csspw.cn
发 行 部　010－84083685
门 市 部　010－84029450
经　　　销　新华书店及其他书店

印刷装订　北京市兴怀印刷厂
版　　　次　2017 年 3 月第 1 版
印　　　次　2017 年 3 月第 1 次印刷

开　　　本　710×1000　1/16
印　　　张　23.5
插　　　页　2
字　　　数　393 千字
定　　　价　85.00 元

我的父亲巴塔什·塞德库雷于 20 世纪 60 年代初官方机构严禁时期所收集的关于现代人沙卡里姆·库达伊别尔吉耶夫回忆与证明材料的鲜活记录

译　序

　　20 世纪 80 年代末，我曾经在莫斯科和列宁格勒两地留学。当时，哈萨克斯坦还是苏联的一个加盟共和国。听说哈萨克草原风光旖旎，别有风情，但忙于学业的我没有太多时间游玩，未能一睹其风采。几年后，等我再去莫斯科时，苏联已经解体，哈萨克斯坦作为独立的主权国家脱离了俄罗斯。我以为今生与它无缘了。直到 2009 年我被国家汉办选派去哈萨克斯坦欧亚大学孔子学院工作，才有机会零距离感受中亚地区最大国家的生活与文化。

　　哈萨克斯坦的主体民族是哈萨克族。哈萨克族原为游牧民族，属于东突厥人的后裔，逐水草而居，民风强悍。在不断迁徙和征战的过程中，容纳合并了俄罗斯、乌兹别克、乌克兰、白俄罗斯、德意志、鞑靼等一百三十多个民族，形成一种多民族和谐共存的文化形态。由于政治和历史原因，哈萨克斯坦跟俄罗斯、中国都有着深厚的文化渊源，因此，这个民族既保留着草原文化特有的基本精神和价值取向，又体现出多元文化共存的包容性。

　　独特的草原风情和文化，孕育了属于这片土地的优秀人物，例如被尊为伊斯兰哲学的"第二导师"的阿里·法拉比（"第一导师"为亚里士多德）、哈萨克诗圣阿拜（沙卡里姆叔父）、苏联战斗英雄包尔江·玛穆什等，他们不仅在哈萨克人心中是神一般的存在，而且拥有着广泛的世界声誉。而在 19 世纪末、20 世纪初的哈萨克草原上，还有一颗令人瞩目的巨星——沙卡里姆·库达伊别尔吉耶夫（1858—1931）。这是一位集诗人、翻译家、音乐家、历史学家与哲学家等多种头衔于一身的传奇人物。受哈萨克草原文化的影响和叔父阿拜的亲自指导，沙卡里姆自幼年便走上了诗歌创作之路，迅速成长为草原上家喻户晓的诗人，其作品在草原上广为传唱并有大量诗集出版。同时，他自学俄语、波斯语、土耳其语、阿拉伯语、阿塞拜疆语等语言，广泛涉猎文学、历史学、哲学以及地理学等方面的知识，成为一位博古通今的大学者。他在历史学、哲学以及宗教学等多个学术领域都颇有建树，留下了传世经典之作。他的《突厥人、柯尔克孜人、哈萨克人与汉朝之家谱》、《穆斯林法典》、《人的美好生活》等著作，对于研究哈萨克民族历史渊源、宗教信仰、民风民俗等均有极高的价值。生长于哈萨克草原的他，对这里的土地和人民有着深厚的感情，不仅倾其一生为传承民族文化、维护民族利益而努力，而且为根除其民族中的劣根性而进行不屈不挠的斗争。为了寻找民族文化之根，他曾经远赴麦加、伊斯坦布尔等地朝觐，编写哈萨克人自己的《穆斯林法典》。他撰写的《突厥人、柯尔克孜人、哈萨克人与汉朝之家谱》是迄今为止研究哈萨克民族最权威的历史学著作。在个人修养方面，他更是以古圣先贤为榜样，为自己树立了崇高的目标。中国古代思想家孔子、俄罗斯文豪列夫·托尔斯泰等人的思想和行为都对他产生了极大的影响。他曾经两次远离人群去草原深处隐居，为的是静心创作并提升个人的精神修养。总之，沙卡里姆以令人叹服的才华、公正无私的品德以及对草原的挚爱赢得了哈萨克人民的崇敬。后来他不幸卷入了复杂的政治漩涡中，被苏联肃反人员枪杀。在此后很长之间内，他的名字成了一个不敢触碰的禁区。1988年4月，哈萨克斯坦共产党中央委员会作出决议，恢复了沙卡里姆的名誉。此后，其作品才得以重见天日，对与其相关的文化遗产的研究和保护工作才得以正常开展。《哈萨克草原之魂——沙卡里姆评传》正是在这样的背景下诞生的。

《哈萨克草原之魂——沙卡里姆评传》的俄语书名为《沙卡里姆》，经过原作者同意在翻译成中文时改为现名。作者叶尔兰·巴塔舍维奇·塞德科夫是哈萨克斯坦著名的历史学家，目前担任哈萨克斯坦国立古米廖夫欧亚大学校长。《沙卡里姆》是其耗时最长、花费心血最多的一部著作。这部传记以沙卡里姆这位传奇人物的悲剧命运为主线，生动地描绘了哈萨克民族的历史渊源，再现了沙俄和苏联统治时期哈萨克人民的真实生活场景以及他们为争取民族主权而付出的艰辛努力，是了解哈萨克历史、政治、宗教、习俗、文学等知识的一部不可多得的力作。传记语言既富有浪漫的诗意，又蕴涵深邃的哲理，对草原风光的描写尤其令人神往。

《沙卡里姆》一书俄语版问世以后，在哈萨克斯坦国内引起极大反响，而后被翻译成英语和土耳其语等语种，在多个国家出版。我在 2014 年获得了翻译此书的授权，立即着手翻译工作。在此后的两年内，我不断对译稿进行修改润色，终于有了中译本的成型。

在此，我真诚地感谢中国社会科学出版社、西安外国语大学科研处、欧亚大学孔子学院等单位的同志们对我的帮助与支持；感谢原作者叶尔兰·巴塔舍维奇·塞德科夫对我的信任；同时，还要衷心地感谢我的妻子冯晓莉女士，她对我的译稿进行了逐字逐句的审核修改，并提出了许多宝贵的意见。

李喜长

2016 年 4 月

前　言

　　世界发生了翻天覆地的变化。生活在城市的我们，除非万不得已是不会走出去的。草原已经渐行渐远，与我们的生活毫不相干。很难想象，一百多年前的哈萨克人是如何在这片浩瀚无垠、苍茫如宇宙的草原上生活的。

　　哈萨克草原蕴含着不可思议的奥秘。它的荒芜给人的感觉好像与文化毫无关联，但是，在19世纪中期，这片草原的深处却诞生了沙卡里姆·库达伊别尔吉耶夫（1858—1931）。这位未来的诗人、翻译家、音乐家、历史学家与哲学家以其个人对周围世界的切身体验，对社会，首先是对自己提出了问题。需要追根溯源的是，他是如何创作了意味着"良心学说"的《人的美好生活》这一哲学著作的。

　　青年时期，他在乡镇担任过乡长一职，辞职后举家返回故里经营畜牧业，同时创作了大量的诗歌与音乐。他以公平、正直、心灵手巧和善于狩猎闻名乡里。

　　不久，一切都发生了变化。

　　1904年，哈萨克草原伟大的诗人、思想家——沙卡里姆的叔叔及导师阿拜逝世。为了完成叔叔的遗愿，沙卡里姆完成了对东方历史文化中心伊斯坦布尔及麦加的朝觐，有幸结识了许多致力于通过书本传输思想智慧并投身科学的人。

　　从国外旅行归来，沙卡里姆所撰写的论文思想深邃、内容丰富。他的历史学著作《突厥人、柯尔克孜人、哈萨克人与汉朝之家谱》至今未有能与之比肩的作品出现，该书被学者和非学者们推崇与使用。

　　他所撰写出版的诗歌充满了对社会政治变革的期待，对生活中真与美的追求。不能简单地把他看作是19—20世纪期间哈萨克文学的一个悲情诗人，他与充满了喧嚣和浮夸的草原血肉相连。出于对周围环境以及对自身的不满，他在 54 岁那年远离了人群，脱离了只会带给人们不幸的政治，孤身一人默默地承受一切苦难。而他身处被冰雪覆盖、荒无人烟的草原深处的目的是完善自己和静心创作。

依据人类历史是由群众所创造的这一耳熟能详的理论，一个人的命运算不了什么，自我牺牲更是徒劳无益，但是，沙卡里姆的人生经历却推翻了这一理论。

他在改变自我的同时试图去改变整个世界。为了创造一个健全的世界，首先要创造一个健全的自我。内心的自制力使他远离过去生活的乡镇圈子，进入了更为广阔的草原空间。他拥有一个坚定的信念，那就是完善自我。他的信念是至高无上的。他极力用先哲的理念来充实自己，提升自己的精神境界，增加自己的智慧。这就是老人沙卡里姆——在回忆录《逝去的生命》中确立了人生目标和人类生活意义的作者。

在生命的晚期他撰写了一首名叫《科尔金特乐章》的诗歌，将自己的命运与先知圣者科尔金特联系到了一起。沙卡里姆所塑造的抒情哲学形象取材于突厥人神话故事中那位永垂不朽并由他们的歌手与巫师用本民族乐器空贝斯来演唱纪念的神灵。

沙卡里姆的创作对于现代人来讲犹如一个难解之谜，使后来的人们陷入了迷茫与混沌，也促使 21 世纪的读者去开掘和发现。为什么我们今天要重读沙卡里姆？原因不只在于其命运的悲惨，也不在于他对我们的训诫，而主要在于从他那关于生命的伦理学说中我们能体会到时代的气息——一种真正的思想、一种真实的感受、一种实实在在的人类之爱。

沙卡里姆是一个神奇的人。他拥有一切优秀的品质，这些品质正是今天的我们必须具备的。

他的个人优秀品质中哪一点更为鲜明？他的儿子阿哈特做出了说明。他写道："没有人比沙卡里姆更正直。他一生从未说过一句污言秽语。他没有伤害过任何人。我曾亲眼目睹他是如何保释、挽救和教育那些偷窃者的。"

作为一个完美的富有天赋的个体，沙卡里姆本身就是道德规范的体现者。他一生的文学遗产和哲学思想就是本人最好的见证。当我们恢复了他的名誉，重读他的作品后，涌现出许多用哈萨克语撰写的关于沙卡里姆的文章和书籍，但是完整的俄语版的诗人传记暂时仍未出现。

　　阻力重重的日子似乎已经过去，我们开始推出沙卡里姆本人所写的一些关于文学、历史、哲学以及反映自身经历的作品。这一系列的作品中也包括沙卡里姆亲属的回忆。我们可以通过对阿拜生命轨迹的描述来推测沙卡里姆生活与创作的环境。

　　以上这些成为我们探究这位伟大人物身世渊源与创作峰值的坐标，也是我们了解其在哈萨克人的生活以及在哈萨克文学、历史和哲学中所处地位的坐标。

目　　录

第一章

成吉思坦乌——身世渊源与创作峰值

第一节 草原与生俱来的魅力

　　沙卡里姆·库达伊别尔吉耶夫于 1858 年 7 月 11 日（旧历）出生于成吉思坦乌区拜科什卡尔河附近的肯布拉克，属于今天哈萨克斯坦共和国东哈萨克斯坦州阿拜区。目前拜科什卡尔河流域的那片土地已荒无人烟，而区中心城市卡拉乌尔则坐落在其东北方 50 公里的地方。拜科什卡尔河——成吉思坦乌的心脏，是哈萨克大草原最为神奇的地方之一。

　　从地图上看，成吉思坦乌在东哈萨克斯坦地区自北向南延伸 250 公里的哈萨克丘陵上算不上出名，更谈不上引人瞩目。那里既没有旅游路线，也没有现代化的公路。但或许正因如此才成就了它的神奇。成吉思坦乌的丘陵是那样的纯洁无瑕，没有被任何文明所染指，似乎时间在这里停下了自己的脚步。成吉思坦乌，是历史的自然保护区，是哈萨克族远古的命脉，也是哈萨克族人世界观形成的源头。这里的草原犹如海洋般辽阔，云彩从这里向四方弥漫。这里天地相连，色彩缤纷。正是在这片土地上，在成吉思坦乌，辽阔的草原依然保留着其原始的自然美景。

　　假如今天想要到达这片土地的话，首先要到达距离谢米（今天的名字为谢米巴拉金斯克）西南方公路 195 公里的卡拉乌尔市。

　　在阿拜区中心入口处的右边，坐落着一座不算高大但非常著名的卡拉乌尔—托别山。此山在古代曾被用作瞭望塔。卡拉乌尔从其本身意义上讲就是成吉思坦乌的前哨站。它抵御着敌人向这座神圣山麓的靠近，阻止着外来者破坏这里的宁静。在卡拉乌尔山后 5 公里处的成吉斯坦乌山麓坐落着一个小小的村庄——毕—阿塔，该名字用于纪念沙卡里姆的曾祖肯吉尔拜——托贝克德家族的传奇首领。在毕—阿塔村有一所学校以沙卡里姆命名，该校拥有一个令人赞叹的博物馆。去成吉思坦乌市可以从毕—阿塔村庄启程。通往成吉斯坦乌的道路有许多条，沿途有明显的车辙痕迹。你也可以向南绕过卡拉邵卡山，该山的山脚下有一些小村落。沙卡里姆的祖先曾在这里生活过几十年，随后这里成了父辈们过冬的地方。你也可以向西而行，这样就可以横穿成吉思坦乌到达沙克巴克地区广阔的河谷。

通往拜科什卡尔河的道路蜿蜒曲折，时而是丘陵与山脉，时而是山谷与河流。被山脉隔断的几个平原时隐时现。正是在这里的某个地方曾经流淌过拜科什卡尔河。在最后一座丘陵后是肯布拉克河谷——未来伟大诗人的摇篮。

这片风景宜人的草原宽度不到 5 公里，由于山脉阻隔，今天已经荒无人烟。过去的村庄已经被雨水、疾风和时间所冲刷，痕迹更是无处可寻，想要找到曾经搭起毡房并诞生了伟大诗人沙卡里姆的那块地方实属不易。冥冥之中意识告诉你它就在远处的山坡上，那里曾经是马厩和羊圈。在山坡下的村口站着库达伊别尔德——沙卡里姆的父亲。而在其中的一座毡房中，在凉爽的七月夜晚，一个令父母骄傲和幸福的孩子降临这个世界。

望着这片空旷的草原，你很难想象，那个时期成千上万的哈萨克人不像今天这样生活在城市和乡镇，而是随着时令的变化、草场的转换，赶着牲畜在草原上辗转漂泊。在成吉思坦乌曾经有成千上万的家庭居住于此，这里是他们的根，是他们的家，是他们在人世间最为留恋的地方。今天，这里万籁俱寂，草原似乎是在默默地等待着自己的故人。山谷中微风拂面，带来了一阵阵的花香，犹如进入了花的海洋。云雀的叫声此起彼伏，随风飘荡。这就是成吉思坦乌最美妙的乐章，这样的美景你可以在此处任何一座无人的丘陵上尽情地欣赏。随手折断一根草原特有的、与草原血脉相连的针茅草茎，你可以感受到它承接着草原的过去和现在。野草丛中时隐时现的黄色花朵给人的感觉是它记录了沙卡里姆的命运，既惊心动魄又悲惨不幸。

沙卡里姆出生的那片土地，也就是那个山谷，是沙卡里姆心灵中的圣地。在生命的后期他曾经写道：

假如感觉寂寞，我前往拜科什卡尔，
假如心中悲伤，我回到故居的小院，

　　　假如令我突然心动，
　　　一定是我生命诞生的地方。

　　沙卡里姆时常挂念着生他养他的这片故土。"回到故居的小院"的场景犹如天堂般美丽，这是诗人思想的反映，是他的心灵在歌唱，是其幸福感的体现，是其晚年对故乡的怀念。他是那样地崇拜自己的故土：

　　　我要谱写一首歌，
　　　在歌曲中找寻我的快乐，
　　　我将永久享受独居的生活，
　　　因为这里犹如仙境，
　　　它使我忘却了忧伤。
　　　在死亡还未把我带走之前，
　　　我将用最美的语言赞美你。

　　对于哈萨克人来讲，成吉思坦乌不仅仅是景色如画的丘陵、山坡和沟壑，它也是许多河流所滋养的绿油油的草地。他们的旧称蕴含着许多习俗与传统，诸如 Щет（边陲）、Караул（前哨）、Кос（宿营地）、Бузау（小牛）、Кундызды（黄昏）等等。几百年的演变不仅在人们的记忆中留下了一些名称，而且更多地保留了其历史发展的原型，是几百年来这片大草原所发生的事件的真实写照。例如，哈萨克人把自己的历史渊源与成吉思汗的形象联系在一起，这是因为成吉思汗在远征途中曾经在这些地方做过停留。也许是在 1219 年，当时这位未来世界的统治者率兵征讨花剌子模①途中摧毁了布哈拉、撒马尔罕，收服了乌尔根奇、巴尔赫、巴米扬和尼沙普尔。而在此之前，他已经从大地上彻底清除了奥特拉尔，征服了锡尔河流域的其他城市。

　　成吉思汗在哈萨克大草原的第二次停留时间相对较长。1224 年，长达六年的远征归来，自春天到夏季他一直在这些地区活动。众所周知，成吉思汗的大本营安扎在巴尔喀什湖与阿拉克里湖之间一个绝佳的地方。为什么这个地方就不会是成吉思坦乌呢？这里有肥沃的牧场、众多的野禽和

――――――――――

　　① 花剌子模（хорезмшах）：13 世纪阿姆河下游中亚帝国，后来被成吉思汗征服。

阴凉的山谷。成吉思坦乌市东北部以"汗国"命名的山名或许就意味着汗的军队曾经在此驻足扎营。

当地流传的民间故事说道，成吉思汗曾在此地登上了一座山顶称汗，今天这座山被称为汗—毕伊克。故事的内容在 19 世纪末被哈利奥拉（哈列尔）——库纳拜的儿子、沙卡里姆的叔叔的书面描述所证实。

"成吉思坦乌的山脉被奥尔丹、多尕兰和邱纳等山谷所分隔。几乎是在成吉思坦乌山系的正中心矗立着一座名叫'可汗'的山。关于这些地方卡伊萨克（кайсак）人有以下传说。在其中一次远征中，也就是征服了久尔汗（Кюрхан）以后，铁木真在成吉思坦乌山脚下停了下来。卡伊萨克人决定臣服于他。为此他们派出了以部落首领马伊金为首的使者团。该使团来到铁木真的大本营并呈上了自己的贡品。这是唯一自愿臣服于铁木真的民族。当时有雄鹿预言道，铁木真将征服许多民族，因此他应该叫作"成吉思—汗"，意思是伟大的汗，世界的统治者。铁木真决定在这座山上更换自己的名字。臣服于成吉思汗的十二个部落首领每人在可汗山顶上楔入一根柱子，并在上面搭起了舞台，蒙上了白色的毡毯。以马伊金为首的所有部落首领用白色的绣毡将铁木真抬上了山顶，送进了准备好的毡房。在隆重的典礼中，在场所有的人都高喊："成吉思汗！""成吉思汗！"从此，成吉思汗登基的这座山就改名为"成吉思坦乌"。（哈利奥拉：《柯尔克孜传说》，《莫斯科画报》，1892 年第 274 期）

哈利奥拉的记述也许能被托贝克德家族的先祖库纳拜讲述的成吉思汗大本营塔楼的故事所证实。该塔楼由粗大的松木建成，或许为托贝克德家族的先祖亲眼所见。库纳拜所讲述的故事被后来流放到哈萨克草原执行公务的波兰人阿多立夫·亚努什科维奇（1803—1857）记录了下来。

后来，在 1911 年，沙卡里姆再一次在自己所撰写的《突厥人、柯尔克孜人、哈萨克人与汉朝之家谱》一书中重述了该传说。他写道："成吉思汗的真实名字是铁木真，而成吉思表示的意义是强健和伟大。基于这些理由，苏联时期的学者们（特别是康斯坦丁·尤达洪）从不同角度对成吉思汗的名字进行了探究，突厥语"шын"（шин—чын）表示"真正的和真实的"。这也就是说，成吉思汗——真正的汗。

随着时间的推移，人们对神话传说的兴趣愈来愈浓。今天，人们对先祖留下的东西更是做出了大胆的假设和推测。比如，在成吉思坦乌或许就有成吉思汗的陵墓。这个虚幻的信息只能靠某种石破天惊的发现所证实。

正式的历史编纂学认为，成吉思汗于 1227 年 8 月死于中国甘肃省东部山中的清水关隘，他亲自选择了东蒙古布尔汗赫尔敦山系中一座高山作为自己的葬身之处。但是，成吉思汗的陵墓至今仍未找到，因此，哈萨克地名"成吉思坦乌"对现代和未来的考古学家始终充满着某种暗示和诱惑。

沙卡里姆本人对于这些群体无意识所造就的活生生的形象和理由极其关注。他在自己的一部悲剧小说《阿吉里与玛丽娅》中以抒情哲学思考的方式进行了描述：

> 啊，成吉思坦乌！你阅尽人间的一切，自从这里有人类出现。你从自己身边放过了成吉思汗、帖木儿和许多其他征服者。你见证了许多人的强盛和衰弱，他们的诞生和死亡，他们的意气风发以及心灰意冷，他们的胜利喜悦和失败悲哀。你看见了，许多年轻人在此如何追逐自己的梦想并实现了自己的目标。你同样看见了，失败者的期盼和愿望在这里灰飞烟灭。有哪一个民族不曾在这里停留过，不曾猎杀过野禽、饲养过牲畜。你亲历了这里的血流成河。正如永恒的太阳和月亮一样，这里美丽的姑娘、勇敢的小伙儿和勇士们毫无恐惧和顾忌地依然与外来的入侵者战斗，他们依然坚守着真主给予他们的这片土地，以满腔的热血守护着自己的家园。好像，你就一直如此冷漠地站在这里，没有任何感觉，看不到任何东西，更听不到任何声音。不，你远非如此！你张开双臂拥抱着这片辽阔的大地，拥抱着太阳升起的东方和落下的西方，拥抱着这里的毡房。我听到了你的召唤："来吧，进入我的怀抱！在我的怀抱中体会喜悦和困苦。来吧，在繁忙的征战中消耗你的短暂生命。"我到底该怎么做呢，当我听到你无声的召唤？

深藏于沙卡里姆内心的并不只是尘世间人类子孙的悲伤。成吉思坦乌在草原民族的心目中是具有震撼力的形象，他们在此经历了饥荒年代，领略了冬天暴风雪的严酷。

对于我们——安分的游牧民族子孙来说，假如成吉思坦乌的那些传说不流传到今天的话，那样的过去、那样的场景我们很难想象，更难以接受。今天，我们感受那种场景非常容易。虽然我们已经远离诗人所描述的草原地区，但是在那些地区曾经诞生了我们的先辈，天才的阿拜、沙卡里姆、木合塔尔·阿乌艾佐夫。沙卡里姆试图去揭开成吉思坦乌那诱人的面纱与惊人的秘密的原因，在于游牧民族神奇的拓扑学给了他希望。

它是那样亘古不变，真真切切地存在着。我们来到这里，是因为这片土地曾养育过我们的先祖肯金尔拜、伊尔基思拜和库纳拜。他们的作用在沙卡里姆和其叔叔阿拜于家谱中记录得是那样的客观，正如荷兰庄园里走出来的格奥克·莱蒙托夫和他的后代在米哈伊尔·尤里耶维奇·莱蒙托夫家谱中记载得那样客观真实。

第二节　先辈的兴衰

沙卡里姆在其《舍日列》和《突厥人、柯尔克孜人、哈萨克人与汉朝之家谱》等书中对自己的祖先做了更加详细的描述。

托贝克德家族源于阿尔金部落。沙卡里姆对其自大灾难年代以后的历史做了更加详尽的记述（接下来为了避免混淆，我们按其规模把家族叫作大家族，实际上就是多个家族的组合。同样道理，哈萨克式家族分为许多小的家族）。

自17世纪后半期开始，哈萨克汗国不断遭受到来自准噶尔（哈萨克人称其为卡尔梅克）的侵略。抵御外敌来犯变得一年比一年艰难。准噶尔人入侵哈萨克草原的目的是躲避来自满洲的皇帝军队的毁灭性打击。18世纪初，准噶尔人将其势力范围扩大到阿尔泰、东突厥斯坦、额尔齐斯河的中上游地区、托波尔河和伊希姆中游地区。1722年，准噶尔人与中国签署了和平协议，暂时摆脱缓解了来自大清帝国的压力。

1723年早春，准噶尔军队入侵哈萨克草原，进攻自东向西大范围地展开。在很短的时间内，准噶尔军队征服了哈萨克人松散的兵勇，占领了七河流域，攻占了塔什干、赛里木、突厥斯坦和其他城市。准噶尔人屠杀当地善良的居民，抢走了牲畜，把哈萨克村落驱逐到草原的边缘。丧失传统生计模式的人们在冬天被迫忍受酷寒的煎熬。

沙卡里姆写道：

　　当哈萨克人与卡尔梅克人在1723年交战时，卡尔梅克人军队首领才旺·拉布丹屠杀了许多哈萨克人，迫使更多的哈萨克人流离失所。被打散的、饥寒交迫的人们艰难地跋涉到湖边，在湖边横七竖八地倒下休息。当时有一个长老说："我的孩子们，我们不只要记住上苍赋予我们的幸福，更要牢记敌人带给我们的灾难。我们的苦难可以称作：Ак табан шубырынды（继续走，假如你的脚掌还没有发白的话）。"

这一年在哈萨克人的记忆中成了"大灾难年代"。

民间口头代代传承的该灾难编年史对其原貌没有任何的歪曲和篡改。沙卡里姆所记录的内容与来自其他资料的内容完全相符。

沙卡里姆写道：

1723 年的大灾难年代，当哈萨克族的中玉兹①部落到达了耶希尔、努拉、撒雷苏后，我们托贝克德家族离开此地前往奥伦堡，停留在了奥尔斯克的森林中。当他们听说哈萨克族的小玉兹部落继续远行并归顺于俄罗斯统治，受到惊吓的托贝克德家族继续迁移，到达了伊尔吉思与图尔盖河流域。在此诞生了我的第四辈先祖伊尔吉思拜与图尔盖，他们的名字以这里的河流来命名。随后他们在自己的勇士马迈的率领下到达了现在的克肯与多卡兰山附近……

当他们来到此地之时，在成吉思坦乌山麓已经有驱逐了这里卡尔梅克人的乃蛮部落马塔伊人居住和放牧。乌阿可族居住在额尔齐斯河流域。马塔伊人认为，托贝克德家族已经被长久的迁移所击垮，于是开始袭击他们并抢夺他们的牲畜。但是，为了夺回自古就属于自己的土地——成吉思坦乌，托贝克德家族勇敢地击退并驱散了马塔伊人，确立了自己在成吉思坦乌的地位。而在他们与马塔伊人战斗期间，乌阿可人抢占了他们在克肯的牧场。肯金尔拜首领召集族人驱逐了乌阿可人，并在一个叫塔斯乌伊盖（石坝）的地方建立了自己的村庄。乌阿可人无力与托贝克德家族抗衡，请求自己的近邻俄罗斯哈萨克人帮忙攻打肯金尔拜的村落。肯金尔拜立即通知乌阿可人说："我已经派信使前往阿尔金人首领处，希望阿尔金人和乌阿可人前来讲和，解决纠纷。"以此阻止了外敌的进攻。夜间，他用石头在四处摆放成人

---

① 中玉兹——16 世纪初，哈萨克汗国分为大、中、小三个玉兹，大玉兹称右部，中玉兹称左部，小玉兹称西部。每个"玉兹"又包括若干部落。

的形状，然后悄悄地迁走了。黎明时，乌阿可人发现了丘陵上的人群，误以为托贝克德家族欺骗了他们，并且已经及时召集军队严阵以待。他们派出侦察兵前去侦查，侦察兵回来报告说，那只是一些石块。就这样，托贝克德家族依然是成吉思坦乌的主人。

哪里有智慧，哪里就有力量。沙卡里姆的祖先踏踏实实地在成吉思坦乌居住下来。或许，乃蛮部落的马迈人在驱逐准噶尔人——特别是从成吉思坦乌地区驱逐准噶尔人的战争中做出了巨大的贡献，他们也就有理由在这片土地上生活。但是，在那个时期，他们在成吉思坦乌东边直至塔尔巴哈台山和扎伊萨山拥有足够的部落领地。

很明显，托贝克德家族重返成吉思坦乌的功劳应该记在肯金尔拜（1735—1825）首领的头上。哈萨克人的首领犹如法官，他拥有相当的权力和威望。族群的首领必须推选德高望重的人来担任。族群首领具有在草原各类事务中审判、裁断和执行的权力。因此，托贝克德家族人的首领肯金尔拜在后代的眼中是倍受崇敬的人物形象。

沙卡里姆写道：

> 肯金尔拜的侄子伊尔吉思拜，是他们的第四代子孙，阿拜伊汗的战友。他有四个儿子。……大儿子奥斯肯拜接续肯金尔拜被选为部落首领。奥斯肯拜与大妻子所生的唯一儿子是我们的祖父——已经去世的库纳拜—卡兹。库纳拜与第一个妻子所生的唯一儿子是我那已经去世的父亲库达伊别尔德。

作为家族的首领，沙卡里姆的曾祖父奥斯肯拜（1778—1850）长期在民间生活，组织并举办了多次乡村会议，在家乡享有很高的声誉。他经常被临近的村落邀请去处理土地与财产纠纷。当他不在纠纷现场时，村落的男人们全部聚集在一起商讨，而奥斯肯拜年少的儿子库纳拜好像真正的首领一样倾听他们的发言并对他们提出合理的建议。争议双方心悦诚服地接受这个年轻人的决断，并承认了他的能力。自此，大家认可了库纳拜的首领地位。

库纳拜（1804—1885）是伟大的哈萨克诗人与思想家阿拜的父亲、沙卡里姆的祖父，是他们祖上最不平凡的人物。他酷似自己的祖父伊尔吉

思拜，身高体长，力大无穷。自 15 岁起，他像自己的祖父一样开始参加
搏击比赛，经常战胜优秀的搏击手。托贝克德家族流传着一个故事。当库
纳拜年满 18 岁时，他开始寻思与当时的大力士谢金尔拜进行搏击比赛。
他对比他年长的大力士谢金尔拜提出建议："不管谁赢谁输，我们都不要
公开比赛结果。不管比赛结果如何，我都将给你奖品，因为我只想和你搏
击。"最终他们进行了搏击。作为奖品的马和袷袢被送给了谢金尔拜。库
纳拜直至晚年从未对任何人讲过那次比赛到底谁胜谁负。当别人问起他的
时候，他回答说："虽然谢金尔拜已经死去，难道你们要我因此而食
言吗？"

库纳拜一共有四个妻子：大妻子库克（沙卡里姆的祖母），二妻子阿
拜的母亲乌尔让（她除阿拜以外还有三个儿子和一个女儿），三妻子艾依
吉思和四妻子努尔卡内姆。

关于库纳拜的形象，我们今天有这样一个版本，它主要来源于木合塔
尔·阿乌艾佐夫（1897—1961）长篇历史小说《阿拜人生之旅》中的描
述。然而，实际上他并不像小说所讲的那样不公平和凶残、对自己家人是
那样的极端压制。木合塔尔·阿乌艾佐夫对他所做的评价如下：

"库纳拜是其母亲泽列唯一的儿子，由其父亲与大妻子所生。家族中
最大的毡房留给了他，他拥有丰厚的财产与无上的权力。他的年纪最大。
因此，在家中，没有人敢对他提出异议，也没人敢挑战他的权威。在所有
的 20 个村落中没有人敢对他表示不满。如果他需要帮助和支持去占领别
处的土地和征服其他家族的话，没有人会推脱和拒绝，他们全部被他的感
染力、号召力和权威所折服，他们都追随而至。"

还有一种生动逼真的描述。

"虔诚的祈祷是库纳拜每天早晨起身后必做的功课。他身上有一种原
始的狂暴和仇恨。阴沉的、眉头紧锁的、甚至凶狠的他，好像是从动物世
界转世而来的恶魔，时刻准备着露出爪牙将自己的食物撕碎。"

整部小说中塑造了一个凶狠残暴的库纳拜的个人形象。很难理解这样
的一个人怎么能够顺利地掌管庞大的托贝克德家族。依照小说的描述，他
是万万不可能做到的。作者只是为了适应时代而塑造一个贪婪凶恶的远离
人民的草原封建主的象征形象。作者的这一描述手法全面折服了阿拜，众
所周知，他突破了这一点，成了劳苦大众的真正捍卫者。

事实上，有资料证明，小说中的文学艺术形象不管怎么说都不会是那

样的准确。这里有同时代的波兰人阿多立夫·亚努什科维奇的回忆为证。
该回忆录于 1861 年在巴黎出版发行，书名为《阿多立夫·亚努什科维奇
生平与其在柯尔克孜草原的书信》（该书俄语版的《哈萨克草原旅行日记
和书信》过了一百多年才出版发行，由 Ф. 斯捷克洛娃翻译）。

　　阿达姆·米兹科维奇的话剧《加德》主人公的原型，被流放到西伯
利亚的幻想波兰解放的不安定分子阿多立夫·亚努什科维奇，在其流放期
满后担任"西伯利亚柯尔克孜州"边境管理处的办公室职员。按照管理
处的指示，他完成了哈萨克草原的旅行，对草原上的哈萨克人和牲畜进行
了登记注册。在此期间，他记录了自己的所见所闻并撰写了日记。他的观
察记录中体现了生动鲜明的哈萨克社会面貌。与库纳拜的会面给亚努什科
维奇留下了深刻的印象，他在书中这样写道：

　　　　库纳拜——草原上家喻户晓的人物。作为普通哈萨克人的儿子，
　　他天生富有智慧和才华；他记忆力超群，口才出众，精明能干，时刻
　　注重维护家族的声望；他熟知古兰经中的教义内涵，对俄罗斯关于哈
　　萨克人的法律法规烂熟于心；他公正廉明，是模范的伊斯兰人。平凡
　　的库纳拜赢得了先知的荣誉。人们，不论是年轻的和年老的，还是贫
　　穷的和富有的，为了获得他的指点和建议，从遥远的村落来拜访他。
　　被推选为乡镇管理处负责人后，他竭尽所能，努力工作。大家对他的
　　每一个指示、每一句话都心悦诚服，毫无怨言。他曾经是一个美男
　　子，而现在脸上布满了患天花所留下的痕迹，那场病差点夺去他的性
　　命。在他讲话的时候，他要求人们不要关注他那毫无表情的面部。这
　　种后遗症经常提醒他牢记乡邻们对自己的关心和同情，而这些关心与
　　同情是人们对他所做的一切的承认和感激。但所有的牧主们连给库纳
　　拜系鞋带的份都没有。

　　我们先把不太受人尊敬的"平民"这个词放在一边，不过，在古罗
马时期就已经出现了"平民百姓"这个词。但是，这个词完全不适合用
来定义一个家族的首领。或许，阿多立夫·亚努什科维奇知道，库纳拜没
有高贵的血统。俄罗斯的官员在非正式场合称其为"平民堆里走出来的
汗"，大概是希望首先确认库纳拜的不详渊源。早在 1822 年，俄罗斯政府
在废除了汗统治以后出台了《西伯利亚柯尔克孜人章程》，对那些不宣称

归附于汉朝统治的家族首领给予了坚定的支持。他们认为，只有过去归顺于汉朝的成吉思特人的后代才有可能对俄罗斯的统治构成威胁。

无论如何，阿多立夫·亚努什科维奇给予库纳拜的美好评价已经被欧洲浪漫主义小说家所塑造的人物形象所掩盖。

为什么？木合塔尔·阿乌艾佐夫到底是出于何种目的这样展示阿拜父亲的形象？这里只有一个理由，那就是他在对家族优秀首领进行描写时不敢去涉险。因为在这部小说撰写前，苏维埃政权已经对草原上所有稍有名望的封建牧主做了登记，并把他们作为劳动人民的敌人来对待。家族中关心人民利益和疾苦的正面人物形象不被当时意识形态工作者所接受。

1936 年，木合塔尔·阿乌艾佐夫试图向读者公开自己小说第一章节的草稿，在其中库纳拜是一个公正无私和充满智慧的管理者。这样的形象受到了哈萨克文学家和党政要员的激烈抨击。阿乌艾佐夫差一点被当作歌颂人民公敌之人而判处死刑。后来，作家不得不改弦更张，重新塑造库纳拜的形象。这样，在小说中库纳拜就变成了一个不能被人容忍的阶级敌人，小说中的正面人物没有一个会尊重他，包括他自己的四房妻子。甚至库纳拜的母亲、年老的泽列都这样描述自己的儿子——说他毫无怜悯之心。

因为在写这本书时受到限制，阿乌艾佐夫不敢用沙卡里姆的真名。在小说《阿拜生命之旅》中沙卡里姆被替换为舒巴尔，对其个人特点的描述也是丑陋不堪。很遗憾，这是时代所迫。高傲、奸诈与沽名钓誉的舒巴尔极其贪婪，他狡猾无比并像狐狸一样谎言不断。这是其他主人公对舒巴尔的评价。书中的舒巴尔极端地嫉妒阿拜，这更与真实的沙卡里姆本人大相径庭。

正是为了迎合极权制度的需要，小说《阿拜生命之旅》的描述丧失了其应有的真实性。但同时，这是一部用哈萨克语撰写的文学艺术作品，是一部美好的作品。因为文学艺术作品允许作者对历史事件和事实进行自我加工和阐释。

现实生活中的库纳拜不仅聪明绝顶，而且拥有游牧民族几个世纪所积累的丰富的实践知识。没有这些优势，他不可能成为传统民族家族体系中受人尊敬的首领。记忆力超群、知识渊博、信念坚定、料事如神和能言善辩是他个性的真实写照。阿多立夫·亚努什科维奇写道：

　　库纳拜是一个会说话的机器，他像钟表一样，只有在不上发条的时候才会停止下来。他每天早上一醒来就立刻打开了话匣子，一直说个不停，毫不疲倦，直至夜晚躺下来休息。每一刻都有柯尔克孜人前来讨教，而他犹如先知者一般耐心地为他们指点迷津……每三句话中都有一句话引自伊斯兰教法典。他的记忆力是那样的非凡超群，政府所有的命令和指示他都烂熟于心，给人感觉好像照本宣读一般。

　　当发现危害传统习俗的行为时，库纳拜"残忍"的强硬的性格特点便会显现无遗。对于传统规范的冒犯者他毫不留情，绝不姑息。当俄罗斯政权在草原推行新的规章制度时，受过库纳拜惩罚的人跑到俄罗斯草原执政者面前抱怨并寻求安慰与同情。卡尔卡拉林州最高苏丹库纳拜·奥斯肯巴耶夫被立案调查。最终，所有的矛盾被妥善化解。

　　沙卡里姆在《突厥人、柯尔克孜人、哈萨克人与汉朝之家谱》中描述了祖父的优点，并称库纳拜为"卡兹"，哈萨克人如此称呼和命名那些完成了赴麦加朝觐的人。

　　沙卡里姆写道：

　　库纳拜出生于那个时代，当时的哈萨克人是那样的愚昧无知。他刚刚辨清了字母后，就悄悄地拿走了各处写给父亲奥斯肯拜的书信。对照读完了所有书信，他就这样学会了阅读突厥语书籍。后来他聘请了诺盖毛拉，开设了学校，让哈萨克孩子在这所学校学习文字。正是这个英明的卡兹使哈萨克人开始学习文字和书写。这所学校使叶思基塔德哈萨克人眼界大开，认识了周围的世界。人们常常前来拜见他。当有毛拉申明鼻烟是恶魔时，卡兹惩罚使用者的手段是给其鼻孔里灌注明矾。正是库纳拜卡兹教会了哈萨克人如何健康地生活。他所建造的今天的卡尔卡拉林斯克清真寺是对真主的真实回报。库纳拜卡兹是大苏丹的助手，他的真正目标是整个宇宙。他希望，不论是采取关爱还是恐吓的方式，目的都是使哈萨克人走上伊斯兰法典所指引的道路。

　　沙卡里姆的信息还可以继续补充。库纳拜不单单是大苏丹的助手，他自己在 1849 年还当选了卡尔卡拉林斯克州的大苏丹并担任该职位十年，直至 1859 年。大苏丹按其地位来讲相当于俄罗斯军衔的少校，是该地区的最高首脑。在长达十年的工作中他获得了贵族称号。后来的哈萨克人称自己的先知人物为库纳拜先生。

关于卡尔卡拉林斯克清真寺有什么样的故事呢？该清真寺于 1851 年经过库纳拜与沙皇行政代表的多次艰难谈判而建成。因为当时那里是一个车站，所以当时的政府官员起初不同意在那里建造清真寺。国内战争期间，白匪军企图将清真寺改为自己的兵营。然而，第二天一大早士兵们就飞速撤离了这里，因为他们感觉极不舒服，夜间甚至有人脱去了他们的皮靴并在寺内将他们排成半个圆圈。苏联时期共产党区委员会出台命令在清真寺内建造图书馆，但这一想法也未能付诸现实。1991 年哈萨克斯坦获得主权独立后，沙卡里姆的祖父在卡尔卡拉林斯克所建的清真寺立即被恢复翻修，重新获得其神圣地位。

除了开设社会性学校外，库纳拜在家里还聘养了毛拉和教师，一直关注孩子们的教育问题。

档案材料中有他劝说草原牧民注射天花疫苗的记述。

库纳拜是一个坚定地信奉伊斯兰教的人，对于神学理论，他都要通过实践来检验。而关于他的神学智慧并没有任何资料记载。但是，他于 1873 年完成了对麦加的朝觐并在那里为朝圣者购买了住宅这件事情给托贝克德家族成员留下了很深的印象。自此，他们毫无怨言地完成库纳拜卡兹的要求，遵守伊斯兰法典的规约。这对信教者来讲不仅是宗教的、精神的，而且是法规性的和生活的宗旨。

第三节　幸福的漩涡

库纳拜家族是草原上一个注重教育的家庭，他们自古尊崇有知识的人。库纳拜的第一位妻子库克出身于书香门第，她的父亲阿卡纳斯首领以其智慧和公正闻名于乡里。按照草原的习俗和观念，库纳拜与库克的婚姻可以说是门当户对，完全符合封建贵族的规范。

库达伊别尔德出生于 1829 年，是库纳拜与库克的儿子。他像库纳拜的所有后代一样聪明伶俐，轻松地学会了识字和经营，继承了先祖迁移畜牧的知识并指挥了迁移放牧活动。春天，他们开始由冬歇地转向夏季牧场，在那里一直居住到深秋季节，直至十月或者十一月的第一场雪来临。

随后，他们返回住地过冬直至第二年春天到来。

库达伊别尔德酷爱狩猎，这在成吉思坦乌极其重要。那里的丘陵、山谷和草地拥有无数的野禽。可以说，幸福与成功时刻伴随着他。当父亲看到他已经长大成人，决定为他定亲娶妻。拥有远见卓识的家族首脑对此有好几种方案。最终他选择了虽不是十分富裕但非常正直并注重子女教育的阿尔达别尔肯家族，并立刻派人前去为自己的孩子说媒，因为阿尔达别尔肯的女儿托列比克识文断字，心灵手巧。

1843 年，库纳拜为年轻的库达伊别尔德迎娶了托列比克——沙卡里姆的母亲。她自小阅读阿拉伯语和突厥语书籍，擅长手工制作，能在布制品和地毯上绘制传统的哈萨克民族花纹图案，自己裁剪缝制衣服。尤为难得的是，她还会自己锻造刀具。

嫁给库达伊别尔德后，她除了继续裁剪、缝制和印制图案以外放弃了自己的许多专长。阅读书籍已经不像过去那样的频繁，但是有两本阿拉伯语书——一本是伊斯兰教义词典《基巴达特·伊斯兰教》，一本是穆斯林法规汇编《穆赫达萨尔—乌尔—比卡亚》。托列比克保留了这两本书一生。对于锻造技艺她更是完全放弃了。她知道，特别是在临出嫁前就已经有人警告她说，打铁锻造不是一个女人该做的事情。但是，托列比克还是教会了自己丈夫的一个朋友如何锻造铁制印花模板。这件事情后来被这个朋友反复叙说。

托列比克另一方面的天赋表现在她创作了大量诗歌。但是她的作品就如草原上其他阿肯[①]和民间即兴歌手的创作一样没有被记录下来。

生活在广阔的大草原上的游牧民族以其独特的思维方式一直在书写诗歌和创作歌曲。任何繁重的劳动都不能阻止他们抒发在广阔无垠、天地合一的大草原上所滋生的自由与坚强的浪漫情怀。

沙卡里姆出身于那个夏天，也正是他们家族从拜科什卡尔夏季牧场迁移的时候。过了几天，幸福的父亲宰马庆祝儿子的诞生。家族的首脑——

---

　　① 阿肯——哈萨克族和柯尔克孜族对歌手的称谓。被尊为"阿肯"的人，应该是歌手中的优秀者，是能即兴吟咏的行吟诗人。是弹奏冬不拉的高手，是草原上受欢迎、受爱戴的民间艺术家。阿肯弹唱有两种形式：一是怀抱冬不拉自弹自唱，这种弹唱多用来演唱传统的叙事长诗和民歌；二是对唱，有两人对唱，也有多人对唱。对唱的特点是即兴创作，具有赛歌的性质，把雄辩和唱诗结合在一起，既富生活气息，又生动活泼。所唱的内容大致可分为颂歌、哀怨歌、情歌、习俗歌、诙谐歌五大类。

小孩子的祖父库纳拜前来参加孙子的庆典。如所有虔诚的家族一样，他按照《古兰经》汇编习惯给孩子起名为沙卡里姆。这样命名体现了对伊斯兰伦理的尊敬。这个名字最初是沙赫盖里姆。"盖里姆"的阿拉伯语意思是慷慨的、富有同情心的和宽宏大量的。除此之外，"盖里姆"还是《古兰经》的第二个称呼，即读本。自小时候起，人们就按照哈萨克习惯叫他沙卡里姆。

在家族族长制度的庇护下，他度过了自己无忧无虑的幸福童年，没有遭受任何痛苦和不幸。

库达伊别尔德，库纳拜忠诚的儿子，继承了先祖的优良传统，注重学习知识，这也使他被看作教育传统的承载者。他竭尽全力为孩子们的教育而努力奔忙。当时，在哈萨克草原只有贵族子弟才有机会学习识字。直至19世纪让吉尔汗、成吉思·瓦力汉诺夫（乔康·瓦力汉诺夫的父亲）与库纳拜·奥斯肯耶夫等家族首领出现以前，草原上既没有任何学校教育，也没有人在自己的村落为自家孩子以及草原上其他孩子建校学习。

库达伊别尔德的这些举措在19世纪是极其罕见的。为了使学校教育符合全民族普及教育规格，需要推行苏联教育体制。

库纳拜苏丹是一个忠实的伊斯兰教徒。1853年，他在叶思基塔姆（老房子）专门建造了一座房子。在这里，毛拉教授库纳拜的子孙和邻近村落的年轻一代识字。每次一般招收二十多位学生。老师和学生吃住都在学校，直到来年开春再一次的迁牧开始。

识字学习由两门课程组成：通过阿拉伯语版《古兰经》和其他穆斯林书籍学习阿拉伯语；借助阿拉伯字母用哈萨克语阅读和书写。后一门课程被叫作突厥语识字课。因为当时突厥语书籍很少，所有的授课都通过宗教汇编材料来完成。

年幼的沙卡里姆总是跟不上哥哥们的游玩。他常常一个人靠各种动物形状的玩具，诸如盘羊、狼、狐狸、鹞鹰、鸭子等来消磨时间。这些玩具都是父亲为他制作的。看着母亲在绘制和裁剪图案，他自己也照猫画虎地模仿。他一会儿敲打，一会儿搅拌颜料，或者是在木头上雕刻。换句话说，他自小就对手工艺术产生了兴趣。童年时代给了沙卡里姆无穷无尽的欢乐和幸福。在与其他家庭的孩子玩耍时，他从来没有在意过他们的社会或阶层区别。

后来他在《真正幸福的写照》中写道：

　　有一次，我看到大孩子们在兴高采烈地玩追赶游戏，在夜晚玩"白骨"游戏，他们的游戏比我们小孩子的游戏有趣多了。我们一般是在一起"挖井"，用石头建"宫殿"。我很快就加入了大孩子的游戏里。这也许是我无意识地开始寻找幸福了吧。男孩子的嬉闹从来都不会风平浪静地结束，总是伴随着争吵和打架。我至今为此感到羞耻的是，我经常威胁穷孩子们说："我要告诉我的父亲"。我的父亲和哥哥们是什么人？——他们是富有、有威望的人，他们掌管着我们这个地区。谁敢不怕他们？

　　不知什么缘故，他的哥哥阿米尔想教沙卡里姆学习音乐。他们坐在离毡房不远的草地上，哥哥开始教他演奏冬不拉的手法，他是那样的执着，直至沙卡里姆学会基本的弹奏为止。

　　学弹冬不拉、识字和刻纸人是少年沙卡里姆玩耍之余的补充活动。他在所有玩耍中寻找娱乐并很快找到新的游戏方式。当游戏不能给他带来长久的满足时，他就显得颇为伤感。学习对于他来说也不是一下子就上心的。但是，不得不去毛拉处上课的要求使他慢慢地规矩起来，不知从何时起他突然对知识产生了浓厚的兴趣，并在学习中获得了越来越多的快乐。

　　也正是在这个时候，比沙卡里姆大 13 岁的叔叔阿拜走进了他的生活。阿拜叔叔对这个聪明伶俐的小侄子非常看重。

　　阿拜，库纳拜与第二位妻子乌让的儿子，他于 1845 年 7 月 29 日（旧历）出生于成吉思坦乌一个名叫卡斯卡布拉克的小村子里。忠诚的库纳拜借鉴先哲的称谓给儿子起了一个神圣的名字——伊布拉吉姆。小男孩极其好动与好奇，经常出现在非常危险的地方。他的祖母泽列总是不停地警告他："阿拜，波尔！阿拜伊拉！"（小心呀！小心！）祖母就这样无意中给了他阿拜这个名字，其意思就是小心慎重。阿拜的童年是在母亲乌让和祖母泽列的呵护下度过的，她们拥有卓越的智慧和天性。他从她们那里认识了语言世界和书籍世界；从她们那里获得了对哈萨克语、民间歌曲、诗歌和神话故事的热爱。随后他被父亲送到毛拉艾哈迈特·伊里扎在谢米巴拉金斯克开办的伊斯兰学校学习。

　　由于其天生禀赋，阿拜很快在学习上取得了成就，熟练掌握了阿拉伯语。他孜孜不倦地渴望获得知识、追求知识，学校课程对他来说远远不够。他轻松地掌握了波斯语和其他东方语言，并开始阅读许多东方诗人的作品，诸如纳瓦伊、尼扎米、萨阿迪和菲尔多西等。在教师之间好像流传着这样一个故事，为学习俄语他多次违反伊斯兰学校校规去俄罗斯教会学校听课。但是，他直至成年后才真正掌握俄语。

自14岁起，父亲要求阿拜从事社会事务。库纳拜派他去托贝克德家族的其他成员家中解决土地、财产与经营纠纷。年轻的管理助手顺利完成了任务，划分了各个村落放牧的地段，解决了谁对谁错的纠纷。他的处理结果使所有村落心悦诚服，他们对待他就像对待真正的首领一样。不过，阿拜自己心里十分清楚，这些荣誉都是拜他的父亲库纳拜所赐，是源于人们对托贝克德家族的无限尊敬。因此，他认为自己受之有愧，就如同拿一匹刚刚能跑的马与纯种马比肩一样。"智慧的凡人胜过天生的国王"，这是他非常喜欢的一句格言，并被写入了1897年他自己所写的哲学思考文章之中。

随着年轻的阿拜越来越多地接触社会，他愈发感到家庭和亲人的重要。他认识到，游牧社会中的家庭是社会结构中基本的构成单位，家庭的永固是民族统一的基础。家庭成员应该互相帮助、互相珍惜，应该努力培养下一代。他深深地体会到了这一点，并用其一生来实践。

阿拜非常迷恋自己的大哥库达伊别尔德，大哥的孩子们也非常喜欢这位叔叔。当阿拜来到他们的村落时，孩子们寸步不离地紧跟着他。天资聪颖的阿拜是第一个给他们讲东方诗人诗歌的人。他给他们讲述自己读过的所有的诗，随后又讲述了《一千零一夜》中的故事。当他绘声绘色讲述故事时，孩子们屏住呼吸，生怕漏掉任何一个细节。他们被故事中的人物——水手辛巴德、阿拉丁、阿里巴巴与四十大盗所吸引，完全沉浸在一个梦幻与神奇的世界。当他们睡着时，在梦中看见了那神秘的、五光十色的大海和花园。

《一千零一夜》是沙卡里姆逐字逐句读完的第一本书。他后来经常讲书中的许多故事给自己的家人。他熟记波斯诗人的诗歌，并将诗人的形象牢记于心，一生保持着对东方诗歌的热爱。自童年开始，沙卡里姆就体会到自己与哈萨克史诗难以割断的情缘。他读过《叶尔·塔尔金》《阿尔巴梅斯》《科布兰德》和《吉斯·瑞别克》等等，这些用阿拉伯字母书写的哈萨克诗歌对他的心灵辩证法产生了极大的影响。每一次重读《吉斯·瑞别克》这本书，年幼的沙卡里姆都会被书中的场景感动得泪流满面，他似乎已经置身于那托列金与六只天鹅难舍难分的地方。在读《阿尔巴梅斯》时，他一直为让德卡尔痛苦的呻吟所担忧。多愁善感是哈萨克人特有的情感，当然这不是用来展示与观赏，这一点即使是那些超乎常人的勇士也难以避免的。每一个哈萨克人都有一颗善良的心，有善感的天性与诚挚的灵魂，他们渴望去行善与探知世界。

童年的时光、家庭的温暖对沙卡里姆产生了极大的影响，他认为这是真主赐给他的最美好的礼物。

沙卡里姆在《真正幸福的写照》中写道：

> 在我生命的最初阶段，当我蹒跚学步、咿呀学语之时，我感觉自己与同龄人难舍难分，我就像喜欢自己的亲兄弟那样喜欢他们。我们一起玩耍，一起痴迷于玩乐，忘记了吃饭和时间。这就是真正的快乐！单纯的玩耍、对朋友的爱、对父母无微不至的关怀，当我一回到家里就能深深体会到这一切。这一切现在都去哪儿了？他们现在在哪里？

第四节　铜爪金雕

除了读书与从事各种手工制作以外，年轻的沙卡里姆还痴迷于狩猎。11 岁时，他在叔叔阿拜教会他射击以后就开始打猎。自那刻起他就与爸爸的猎枪形影不离了。这把猎枪需要将火药倒入枪膛然后用引线点燃。他经常保养维护自己的猎枪，并留意火药与散弹的保障。只要有家人去城里办事，他就托他们为自己购买火药和散弹。

自 14 岁起，沙卡里姆开始拥有自己的一匹用于狩猎的快马。在有经验的猎人的指导下，他开始驯服金雕。他非常幸运地获得并驯养了一只翅长 1.5 米的金雕。这是猎人从雕窝猎取的一只幼雕，送给了他。一连好几个月，不管白天黑夜他都与金雕寸步不离。他喂养它，训练它听从自己的指挥。此后，他用了三个月时间训练金雕捕获猎物。夏秋季节他用金雕捕获大雁，冬天捕获狐狸与野兔。

有一次，他放开金雕去抓捕一只山羊。这次，他犯了一个大错。金雕无法像抓住一只飞禽那样轻易地抓住快速奔跑的山羊。沙卡里姆快速跑到金雕跟前，将它托在手里，给它蒙上眼罩。他检查自己的金雕，发现它的一个长爪被厚厚的山羊皮折断了。

这该如何是好呢？他的脑海中浮现出民间故事中的一句话："阿布拉—汗金雕的铁爪抓向了敌人"。沙卡里姆问自己说："为什么不给金雕套上金属爪子呢？"

回到村子以后，他将金雕放入雕棚，直奔手工作坊而去。他点燃了炉火开始用榔头敲打铁皮。然而，他很快就明白了铁皮爪子并不是很合适。他找到了铜条，锻造了精巧的爪子，稍加磨合加工，套在了金雕的爪子上。

从这天起，他叫自己的金雕热思·图雅克——"铜爪"。

周围村庄的人们闻讯而至观赏金雕的铜爪。牧民们在观看金雕装备的同时为他的手艺所折服，为他将传说变为现实而赞叹。年轻的沙卡里姆并没有被这些夸奖冲昏头脑，他反复强调这并不是一件特别复杂的事情。这只是一件铜爪，比这复杂的工艺品多得数不胜数。

不到 15 岁，沙卡里姆已经长大成人。他酷似自己的父亲库达伊别尔德。他的外形——高高的个子、整洁的衣服、紧闭的双唇完全和父亲一样。但是，他那双炯炯有神的眼睛里总是散发着一种威严智慧的光芒。虽说小时候得过天花，但他体格健壮，身材匀称，力大无穷。在大自然中的生活锻炼了他的肌体，在游牧和狩猎过程中他经受了冬天的严寒和夏天的酷暑。他天生勇敢，如果想捕获大的野兽的话，他会毫不犹豫地深入到原始森林的深处去打野猪。

他从来不把自己的强悍用于逞强好勇之上，更不用说用于欺负别人或参与任何打斗。在面临难以避免的冲突之时，他总是力求采取最佳的途径进行和解。他的克制与忍耐使周围习惯用哈萨克原始的打斗方式解决草场及牧场争夺的年轻人大感惊讶。这不是说沙卡里姆不敢挺身而出去保护家族的利益，也不是他胆小怕事。实际上，他犹如一座山那样捍卫着家族的一切，只是他采取的是另一种极其巧妙的和平方式。

他的这一处世之道一直保持到晚年。他真诚地热爱自己的民族，热爱所有的哈萨克人。他认为，人们不应该将自己邻村的居民看作自己的敌人。他从来不欺压别人，更不说一句下流话。他自觉远离任何不适当的言语行为。

16 岁时，他成为成吉思坦乌家喻户晓的最优秀的猎人。他去狩猎时带着自己的书籍和书信等。白天，当烈日炎炎时，他躲在阴凉处看书，整理自己的脑海中尚未成形的诗歌思绪。当想法成型时，他就把它们记录下来给自己的叔叔阿拜看。

有时候，他自己感觉找到了属于诗歌的新思路，产生了诗歌的灵感，找到了奇妙的言语。当他的心中萌发了灵感，他就开始期盼。在其年少的憧憬中他感觉自己写下了优美的诗歌，字里行间所塑造的生命比他本身的生命更加富有意义。

为什么到了晚年，当他回忆自己在狩猎中度过的青年时代时，会对曾经荒度的时光感到极其遗憾？他自娱自乐地写道：

> 狩猎——使我内心极其欢快，
> 但这何益于我的智力？

带着这个问题，诗人对这些教训描述了很多：

> 起初对狩猎是那样的迷恋，
> 谁不喜欢安逸、无拘无束的生活。
> 但不能始终沉迷于那样的嗜好，
> 最重要的是要考虑劳动的价值。

从来没有人对他狩猎做过指责与评判，只有他自己总是在自责。他在大自然中所猎获的东西不仅使他收获颇丰，而且锻炼了他的观察力、技能和思想。在狩猎中他创作了大量的诗歌和回忆录。沙卡里姆的狩猎活动一直持续到他的晚年，狩猎养活了他自己与家人。

但是，为什么到晚年他总是责备自己呢？这或许是他对自己的一种反省，或许是因为回忆总让他感到内疚。例如，列夫·托尔斯泰在其回忆中总是忏悔，忏悔自己的放纵，后悔自己的无情以及对家人的自私。这位伟大的作家特别喜欢普希金的诗歌《回忆》：

> 当我审视自己的一生时，
> 我全身发抖并咒骂自己，
> 我悲伤地祈祷，泪流满面，
> 这一切都不能冲刷这悲伤的痕迹。

托尔斯泰写道："在最后一行中，我有意将'悲伤的痕迹'替换为'羞耻的痕迹'。"

丝毫不用质疑，沙卡里姆和托尔斯泰一样，是发自内心的后悔。惋惜少年时在狩猎中浪费的时光那也只是在他的成年时期，也正是他完全被创作所吸引的那段时光。此时的他深感光阴短暂，夜以继日地忙于工作。他与时间赛跑，并惋惜年少时被狩猎白白浪费的光阴。他希望真主能再多给他一点时间来进行诗歌创作。

但是，青年时期的狩猎使他真正地融入了大自然，使他对成吉思坦乌周边的自然景观了如指掌。他创作了关于草原的诗歌，哺育了金雕，深入到遥远的草原洼地追寻新的感受。沙卡里姆的热情有时候会感染到阿拜，他偶尔也去狩猎。1874年，当阿拜邀请沙卡里姆去阿克邵肯打猎时，他毫不犹豫地拿起猎枪上了路。

那段难以忘怀的狩猎生活持续了近一个月。这对沙卡里姆来说是一次难得的学习狩猎技术的经历，因为来自谢米巴拉金斯克的俄罗斯天才猎人阿列克谢亲自教他如何狩猎。这一切对于阿拜本人也是一次难以忘怀的经历，使他真正认识到生活的许多根本性问题：善与恶、劳动与闲散、心灵的充实与空虚、人类力量的伟大与渺小。

将文学看作生活的审美源泉的阿拜用东方抒情诗知识来考察沙卡里姆。他要求沙卡里姆关注纳沃伊创作中的教育主题，提醒他注意为什么几个世纪过后突厥教育中的现状还没有发生任何改变。萦绕于阿拜心头的人民几千年来的梦想，不能不引起沙卡里姆的关注。

——阿拜叔叔，当乡长难吗？沙卡里姆问自己的叔叔。

——不难，要是你有一颗像石头一样冰冷强硬的心的话；很难，如果你总是设身处地地为别人着想的话。

——为什么我们有许多人都想争着去当乡长呢？

——不知道你注意过没有，事实也不总是这样。过去如果不为人民的利益考虑，谁也不能担任村长、苏丹或者汗。而现在，乡长们发现，为富人的利益考虑就可以使自己迅速致富。因此，这就是人们争当乡长的缘由。这完全违背了古训，违背了哈萨克人最初的规定。今天还有谁会顾及传统的规范呢？阿拜回答道。

阿拜深深地叹了一口气，遥望毡房之上的天空里飘浮的朵朵白云，陷入了深思。他在担忧游牧人天生所拥有的自由自在的意志力行将消逝。

沙卡里姆也试图想清楚这一问题，他在考虑一百年后人们将会如何评价他们自己。在他幻想的美妙画面中，人们大声朗诵着阿拜的诗，或许还有自己的诗。在这种力量的激发下，他的心里燃起了一团火焰，他创作了一首诗：

> 停止吧！男人们。反省的时刻来到了，
> 实事求是地搞清楚知识与习俗。
> 如果再这样无知与无所事事地闲逛，
> 时间将会无情地对我们予以惩罚。
>
> 不要吝啬给予你所钟爱的人们，
> 你那充满智慧和价值的思想。
> 我们不要以奸猾、虚伪和欺骗为榜样，
> 更不能把自己树立成什么偶像。
>
> 掌权者没有什么值得我们去效仿，
> 他们的所为只是令人发指的偷窃，
> 肮脏的想法是他们的财富，
> 对他们的最终裁决使我们更加痛苦……

这些诗节后来被引用到了长篇呼吁诗《致年轻人》中。

第五节　丧亲之痛

游牧人的生活从某种意义上讲与沙卡里姆最喜爱的《一千零一夜》中的人物的生活极其相似。穷人可以一夜暴富，而富人可能突然一无所有；倒霉蛋突然有幸福降临，当权者突然就权力尽失。

一切就这样应验了。沙卡里姆的父亲年轻时患上了肺结核。1865年秋天，库达伊别尔德一直卧床不起。在沙卡里姆的记忆中，这段时间父亲的形象就如电影片段一样深深地嵌入了他的脑海。后来，他不止一次地给家人讲起这些。他的儿子阿哈特在自己的回忆中引用了沙卡里姆的讲述，内容如下：

在生命的晚期，父亲已经很少去打猎，大部分时间待在家里，读一些突厥语书籍。从秋天开始，父亲开始消瘦，经常咳嗽。过去父亲是那样的高大魁梧，肩膀宽厚，仪表堂堂，目光敏锐，胡须满腮，行动敏捷。而现在，尽管话还是说的很多，但明显地消瘦下去了。

此时的阿拜住在城里。当他得知哥哥病情加重的消息后，购买了药物就立刻动身回到村里。

沙卡里姆清晰地记住了叔叔阿拜进入父亲的房间与病人拥抱的情景。库达伊别尔德对弟弟的到来感到非常高兴，并精神饱满地与他交谈起来，好像没有患病一样。阿拜给他喝了白色药粉和红色药剂，并劝说他立刻动身前往城里治病。

——你说得没错，但现在是冬天，夏天前我一定去城里治疗。库达伊别尔德回答道。

临近四月中旬，天气逐渐转暖，小草开始变绿，病情变得很不乐观，库达伊别尔德已经无法起床了。

"家里的一切都发生了变化，所有孩子都不敢玩耍了，……过去大声讲话说笑的人都沉默了下来，我感到了死一般的寂静。我陷入了绝望，心里好像压了一块大石头一样沉重，常常让我喘不过气来。"沙卡里姆回忆道。

沙卡里姆很难承受丧父之痛。在他的生命后期，他以父亲为榜样，并常常回忆起与父亲在一起的幸福时光。

库达伊别尔德的去世对于托贝克德家族来说是一场灾难。这不仅仅是因为他英年早逝，而且因为他才刚刚开始真正地以其宽厚善良的胸怀关心人民的疾苦。人民感激他并传颂他的事迹。当他去世以后，村落里的男人都来吊唁，他们不是因为家族的责任，而是源于心灵的指引。

沙卡里姆回忆道：

父亲的去世、男人单调的哀嚎、女人的哭诉使人心情沉重，胸腔剧痛。这一切使我难以喘过气来。

从家的旁边走过，里面传出来的妇女的哭声深深地钻入我心里，使我永生难忘。听到这些妇女悲伤的哭诉，我不由自主地痛哭起来。我觉得自己就像让德盖尔，阿尔巴梅斯—勇士的儿子一样，向隔而泣。当我回想起父亲时，他对我的疼爱、对我说过的话——浮现在脑海，我只能失声痛哭。我的眼前浮现了托列金与天鹅分别的场景，响起了那忧伤的歌曲，好像是我自己在唱那忧伤的歌。

库达伊别尔德于 1866 年 4 月在其 37 岁那年去世。他撇下了五个儿子。阿米尔那年 14 岁，穆尔塔斯 11 岁，沙赫马尔达 9 岁，沙卡里姆不到 8 岁，而伊尔泽克拜还不足 40 天。他的大妻子托列比克 36 岁守寡，小妻子博达塔依 33 岁守寡。

在库达伊别尔德去世前，阿拜在其病榻前承诺照顾他的孩子，承担父亲的责任和义务。他答应自己敬爱的哥哥，要照顾好孩子们的生活并关心他们的未来。

库纳拜毫不犹豫地将照顾库达伊别尔德家庭的责任揽在了自己肩上。因此，在库达伊别尔德去世后，虽说琐事不少，但两个遗孀和他们的孩子没有经受任何物质上的困扰和不幸。

尽管长辈们经常劝导他，但沙卡里姆很难从失去父亲的痛苦阴影中走出来。这个多愁善感的孩子很难一下子适应失去父亲的生活。于他而言，长辈们的劝慰更加使他明白父亲的逝去是难以挽回的事实。他在极力回避人群，这本不该是一个孩子应有的行为。长辈们即使从他的行为中发现什么异常，也认为他的古怪行为是因失去父亲的痛苦所致。

沙卡里姆习惯于孤独也许是从那时候开始的。白天，他经常一个人游荡在草原深处，倾听云雀的歌唱、蟋蟀的鸣叫和风吹野草的声音；夜晚，他静静地仰望天空的明月，倾听星辰的窃窃私语。他与人们的交流只是为了使自己获得一点儿信心。

随着时间的推移，沙卡里姆越来越觉得离不开尽心照顾他们的祖父库纳拜。祖父喜欢让自己的孙子们在他的村落中居住，也经常去看自己的儿媳妇们。他常常让沙卡里姆坐在自己的身旁，仔细询问他读过的书籍、记住的诗歌，检查他对知识的掌握情况。假如身边还有其他大孩子的话，他会不厌其烦地教导他们做善事，这是他最喜爱的话题。

"如果你们时常做善事的话，你们就会成为受人尊敬的人。如果你们尊重别人，别人就会尊重你们。人只有和人民在一起才能成为真正的人。只有人民喜欢你，那么真主才会喜欢你。"

"爷爷，您见过真主吗？"大孙子阿米尔打断爷爷的话问道。

"啊！淘气鬼。你怎么能问这样的问题？"库纳拜呵斥他道。

"听说，他很像附近卡拉巴特尔村的独眼龙茹梅尔。"

"这是哪个下流胚告诉你的？完全丧失了良心。你们看看，他们是如何教育孩子们的。"

顽皮的孩子们在捉弄完爷爷的快意中四散而去。

库纳拜并没有对自己任性的孙子们生多久的气，只是将自己的注意力转向了聪慧而富有同情心的沙卡里姆。在发觉孩子晚上的异样后，他经常把沙卡里姆带到自己的村落。孙子经常好几个月待在爷爷那里，爷爷以自己的方式用心消除他心中的痛苦和悲伤。

沙卡里姆感受到了爷爷库纳拜对他的超乎寻常的庇护和溺爱。沙卡里姆后来在《突厥人、柯尔克孜人、哈萨克人与汉朝之家谱》中写道：

> 父亲去世后我成了孤儿，在祖父库纳拜卡兹那里接受教育。但是，我们村远离爷爷家，我们家的过冬地早已经与爷爷家分开了。爷爷可怜我这个孤儿，在教育方面也没有过多地要求我，我也就把学习放在了一边。我利用自己的孤儿身份，随意玩耍，就这样不学无术地成长——尽管学会了突厥语文字和用俄语书写。

沙卡里姆的自我批评只是他成年后撰写《突厥人、柯尔克孜人、哈萨克人与汉朝之家谱》时所述，未必可信，难道少年时的沙卡里姆在认识世界方面真的失去了很多吗？

他是靠什么来度过那段时光呢？他就是那样单纯地成长，吸收家族中所拥有的一切优秀品质，首先是库纳拜的哈萨克语言知识、他对语言的驾驭能力、哈萨克人天生具有的语言创作潜质，近似贪婪地汲取哈萨克俗语与谚语中充满韵律和形象化的口头语。

睿智的祖父库纳拜的影响、聪明细心的叔叔阿拜的教育及浪漫史诗的光芒触动了少年那幼小的心灵，他开始自己创作诗歌。他的第一首诗是怀念自己的父亲。

这首诗写于祭奠库达伊别尔德的那年夏天。沙卡里姆坐在离家不远的山丘上，远离被人群和马群塞满的村子。看见在石头上爬的毛虫，他用手捻死了它。随即他又可怜起这只毛虫，放声大哭，想起了自己的孤儿身世。在惊慌失措中，多愁善感的小孩写出了以下诗歌：

　　　你弄死了我，你从中获得了什么？
　　　我只是夏天生活在石头的夹缝中，
　　　你自己亲眼看见了，什么是死亡，

如果你父亲活着的话，一切的黑暗将会一扫而光。

　　　就这样，留下了无人照看的孩子，
　　　他们将在这块石头周围哭泣寻觅，
　　　你自己也是孤儿，你却不可怜孤儿。
　　　这个世界和你的头脑已经没有了理智。

　　当沙卡里姆晚上将这首不像出自儿童之手的诗读给大家听时，女性们全都痛哭起来，他们呵斥并劝告他以后不要再写这样悲哀的诗。第二天，托列比克将儿子的这首歪诗拿给阿拜看并请求他劝说沙卡里姆不要写这样的诗。但是，阿拜没有同意托列比克的请求，他答应由自己来教侄子道理，指导他作诗。

　　自那时起，阿拜开始真正地传授侄子诗歌写作的技巧。这就是一所学校，一所维持了十多年的学校，它使两位诗人都受益匪浅。一开始阿拜并没有教侄子特别深奥的道理和诗歌写作的细节，也没有让他接受理论知识，只是让他感受语言世界的精妙，回忆所读过的诗歌和读过的书籍。阿拜让侄子最大限度地感受语言的优美，领悟象征与比喻的作用，体会几个世纪以来所创造的诗歌格律之美。只有这样，如果上苍眷恋，诗歌才会自然而然地产生，犹如春天的野草一般。

　　沙卡里姆的少年时代是在成吉思坦乌山脉与叔叔阿拜的长期守护中度过的。沙卡里姆起初并不心甘情愿地服从阿拜的约束，就像对待某种技能学校一样。但是与阿拜的会面成了他生活的主旋律。

　　发现了年少的沙卡里姆身上与其他孩子的不同，阿拜更加关心自己侄子的成长。阿拜发现，这不仅是一个聪明伶俐、喜欢诗歌、偏爱语言以及能够轻易掌握实践知识的孩子，而且是自己的"翻版"、是自己的再现。他惊奇地发现，这个男孩子在认识这个世界的同时做着自己年轻时所做的同样的创新发明，克服那些自己曾经遇到过的障碍，建立跟自己一样的价值体系。

有一年秋天，当沙卡里姆年满 11 岁时，阿拜来到了他居住的村落。他得知，当听说了关于用电线传送电报的故事后，沙卡里姆动手在自己家与附近的建筑物中间拉起了马鬃线来实践自己的想法。他在线的两端连接了陶碗，将它们作为共振器，试图与另一端的哥哥们通话。这次试验自然没有获得成功，人们对于这次试验的讽刺和讥笑持续了很久。

有一天，沙卡里姆走进打铁板棚，马上开始工作。他想不借助妈妈的帮助，自己无师自通地学会打铁。他以干粪为燃料点燃了火炉，然后以旧镰刀为坯料来锻造刀子。他卸下了镰刀上的木把，在火上将镰刀烧到通红，将其捻成了铁条。这一切像任何一名专业技师一样进行得很顺利。此后，他开始用锤子敲打坯料，将制品放入水中淬火，但是刀刃一下子破裂了。这一点他没有见过妈妈如何操作，不得不停下来想一想了。

他再一次搞到坯料，将它烧热做成新的制品。然而，当他把它放入水中时，刀刃又一次破裂了。当阿拜进入棚子时，他还在一次又一次地这样重复。阿拜发现了孩子那抑郁不欢的神态，说道：

“勤奋的劲头值得夸奖。谁如果只为自己工作，那就像牲畜一样只管塞满自己的肚子。值得尊敬的人是为所有人而工作。怎么样？没有结果？你不要难受，只有平凡的人才会对命运屈服。你为什么不问问妈妈如何淬火？”

“我想自己弄明白这一切。”

“看见了，你自己。”阿拜笑着说道，“看看你满头大汗。还是叫妈妈来吧。”

托列比克给他解释说，烧红的制品突然放入水中就会破裂，应该稍微等一会儿，并给他演示了坯料如何淬火。

沙卡里姆在作坊中工作了很长时间，锻炼了自己的技能。而这些技能即使是成年人也未必能掌握。

冬天的夜晚，阿拜与沙卡里姆喜欢在远处的房间里相聚，他们坐在毡毯上弹着冬不拉。那时候库纳拜卡兹 25 岁的儿子已经是家族中著名的诗人，尽管历史上保留下来的他的诗歌只是 1886 年以后所写的，而阿拜的诗歌第一次公开刊登发行也只是在 1889 年。

对于草原的贵族来讲，写诗不是他们必须承担的义务。但是，阿拜不把自己的创作激情与那些他认为过于陈腐的规矩作比较。他明白，如果你把它作为一门艺术来看的话，诗歌艺术并不是一件简单的事。

阿拜自 12 岁起开始创作诗歌，他很轻松地编出了歌词、戏谑的相思曲和滑稽的人物。诗歌创作在当时并没有受到人们更多的注意。因为在当时的草原上，几乎所有人都会编唱歌曲，他们之间的交谈常常是韵律性很强的绕口令。当孩子们在玩"找小环"游戏时，输家应该立刻编出小令和唱歌。因此，创作诗歌被认为是极其平凡的事情。

阿拜对自己的诗歌在民间口头传诵甚感欣慰。也正因为这样，他的许多诗篇未能流传至今。但是他后期的诗作在游牧社会得到了广泛的普及，被人们口头传诵，被阿肯们代代传唱。

人们的记忆总是有选择的。从大量的诗作中筛选出来的是那些真正美好且深入人心的作品。阿拜成年时期的作品，在 1909 年他的儿子和学生们整理成集之前的几十年，因其美妙、深邃和震撼力被人们反复口头传诵着。

事实上，成长在宗教环境中的阿拜是东方伟大诗人们的学生。他经常认为自己不是一个草原阿肯那样的代表，而是一个沉浸于伊斯兰哲学世界的诗人。但是，把沙卡里姆拉入宗教苏菲主义结构，他认为有点为时过早。

早在青年时期，他就认为哈萨克诗歌缺乏应有的深度，需要加入一些鲜明的、纯净的和生动的思想。他开始思考诗歌创作的美学原理。

也正是在这个时期，他开始频繁地看望沙卡里姆，与他一起分享诗歌创作方面的想法。少年沙卡里姆的心灵犹如泉水般清澈纯洁。他在他的身上发现了其所拥有的完全与社会格格不入的对诗歌的探究和道德原则。

因此，沙卡里姆成长为一个极其聪明和博学多识的人。这一切毫无疑问要归功于阿拜的悉心教诲。正是因为阿拜，他的少年时期摆脱了病态的、诸如列夫·托尔斯泰所说的"孤寂的荒漠"时期。他在这个时期如饥似渴地读完了叔叔为他提供的所有书籍。

深知家庭环境中的不幸现状，阿拜尽量想办法多与沙卡里姆待在一起，并通过东方民族文学、俄语和欧洲教育对他进行培养。

第六节　冬夜的旋律与城市的节奏

狩猎时光被频繁的外出走亲访友所取代。

冬天，沙卡里姆随哥哥木合塔尔和沙赫马尔丹赴母亲亲戚家参加婚礼。

　　亲戚们早已听说了关于沙卡里姆非凡天赋的各种传闻，对他的到来感到非常高兴。他们的村落以独特的艺术环境、活跃高雅的氛围而著名。他们，不分男女老少，都被人们称作创造性的人。他们经常在晚上聚在一起唱歌、朗诵和说书。

　　这并不是说他们每天晚上都举办诸如此类的活动，因为他们还要从事必需的畜牧工作。但是，当他们完成了白天繁重的工作等待通常很晚的晚餐时，就会有人拿起冬不拉开始弹唱起来。歌声在他们过冬地的上空飘扬，透过毡房，进入人们的心房。歌曲一首接着一首传唱，随之手风琴与空贝斯也加入进来。沙卡里姆完全沉浸于这个甜蜜的世界。他一边听着歌曲一边记着这些歌词，同时自己也演唱了草原上流行的歌曲。后来他演唱了自己创作的、没敢给阿拜看的歌曲，这些歌曲震惊了所有人。

　　他感觉自己成了明星。叔叔姨姨们时刻百般地关爱他，堂兄弟们争先恐后地介绍姑娘给他——与这位被公认为草原上未来最著名的阿肯歌手认识。为贵客沙卡里姆举办的这样的晚会非常多，使这位羞涩的男孩很难为情。人们为他隆重地宰羊，亲戚们把祝贺与赞扬一并送给他。他安慰自己说，人们如此尊重他、认可他，那是因为祖父库纳拜、叔叔阿拜和父亲库达伊别尔德的缘故，是他们的荣誉使然。

　　某次聚餐时，有一个音乐家演奏了小提琴。小提琴音色的美妙给沙卡里姆留下了非常震撼的印象，这于他而言完全是一种全新的音乐，是一种触及心灵深处的音乐。第二天他自己尝试着想在小提琴上拉出音符，但是很快他就明白了，拉小提琴需要专门去学习。他得知自己的一个堂兄克里卡恩会拉小提琴，就立刻去向他请教。堂兄开始教他学习这种乐器。学习小提琴对沙卡里姆也并不是多难的事情。

　　1870 年年中是沙卡里姆人生中结识许多拥有天赋之人的时光。除猎人阿列克谢以外，还有妈妈家族的许多亲戚。他在他们那里生活了两个月，掌握了许多乐器的演奏技法。在那里，沙卡里姆第一次见到了小提琴并学会了拉奏。

　　后来，沙卡里姆曾多次与家人分享这次出行访亲的印象。他将带回的亲戚们所做的手工艺品送给了家人。礼物包括妇女们的绣制品，还有各种传统的乐器如冬不拉、自制口琴和古老的管乐器。其中包括陶制的萨孜斯尔乃、特制的芦笛、斯布孜禾（竹笛）——简单说就是笛子。沙卡里姆充满激情地演奏了萨克布斯，这是古老的萨满人最喜爱的乐器，相当于俄罗斯著名的单簧口琴。从外形上看，这只是用一个小小的金属套箍住的一排小孔，由嘴控制发出一阵阵悠扬的声音。这种声音好像传递着一种悲伤的情愫，这种情愫是辽阔草原上人们内心中所固有的。

当时，哈萨克族不习惯送别人此类礼物。当时的礼物是牲畜，比如羊、马等，有时候甚至是一群。但是，托列别克的亲人与众不同，他们力图通过语言、音乐和实用艺术与人们分享自己的喜悦。他们给库纳拜准备了特殊的礼物——镶嵌刀鞘的皮质腰带。沙卡里姆亲自将礼物送到了祖父的村落。库纳拜告诉自己的孙子必须去谢米巴拉金斯克一趟。按照亲属们早已计划好的方案，沙卡里姆应该逐渐开始从事经营事务，包括去城里购物。17 岁以前，沙卡里姆还没有去过谢米巴拉金斯克。听到这个消息，他特别激动，并着手为出行做准备。

通常来讲，游牧民族的生活属于自给自足，这是众所周知的。但是，时代总会带来一些变化和调整。在 19 世纪，城市文明的优越对于草原民族来讲已经不是一个谜，也不是什么遥不可及的事情。贸易、物物交换、行政联系逐渐被草原民族所接受，并逐渐改变了他们的生活面貌。城市物品开始进入哈萨克人的生活中。他们逐渐明白了，将牲畜赶到城市里出售更加划算，获得的钱他们可以购买面粉、茶、糖、蜂蜜、盐以及草原生活所必需的布匹、四季衣物、家具、金属制品、装饰品、线、针等等在村落中无法制作的东西。因此，草原人夏天放牧，冬天赴城里采购。

沙卡里姆行使自己职责的时间来到了。

与此同时，沙卡里姆接受新的工作任务。他不仅继续负责货物采购，而且同时负责从州办事处取回各处指控阿拜的书信。沙卡里姆被详细地指示过该与谁交谈、如何交谈。除此之外，他随身携带了库纳拜写给军政州长波尔多拉兹科伊的报告。在该信中托贝克德家族的家长表示了对州长的问候，随后汇报了自己去麦加朝觐的情况。本次朝觐用时一年半，从 1872 年年底到 1874 年。

库纳拜在报告中写道，这次朝觐时，他与同行的小玉兹的代表们一起在麦加为哈萨克朝觐者购买了旅馆。在旅馆中献上了供品并留下了名叫卡纳特拜的人作为看守。他告诉军政州长，他于去年从麦加返回家里，还没有着手行政事务，一切由他的儿子执掌。那些送到州机关的对他的指控信是那些反对派所写的。在他担任本地区的大苏丹时期，那些人就时常偷人牲畜、抢占别人的牧场。库纳拜要求州长停止对这些虚假申诉的调查。

　　阿拜本人懒得去搭理这些申诉者。他认为，真主是公正的法官，也不同意写信给州长。但是，库纳拜千叮咛万嘱咐地要求沙卡里姆将此份紧急报告送到州办事处。带着这项任务，沙卡里姆于1875年夏天踏上了通往谢米巴拉金斯克的道路。

　　本次旅行中的一切都是那样令人好奇。草原上三天的骑马行程、随行的马车、乘轮渡渡过额尔齐斯河、额尔齐斯河湍急的河水以及河两岸拥有数百家木房子的城市谢米—巴拉特城都让他心跳不已。

　　沙卡里姆一走入河左岸让纳—谢米那弯弯曲曲的街道就迷了路。他仰望那高高的围墙，尽力想去搞清楚，为什么需要建这么坚固的难以逾越的堡垒？在这些围墙里面隐藏着什么——谁的生活、忧愁、恐怖和痛苦？

　　他在河左岸吉内拜·卡乌克诺夫老人家宽敞的两层楼中住了下来。吉内拜的儿子梅里拜娶了库纳拜的女儿、阿拜的姐姐玛肯什。人口众多的吉内拜家族住在城里，他的子孙们在城里都有自己的房子。沙卡里姆被要求进城后直奔亲家吉内拜家。他的家很容易找到，因为旁边就是众所周知的吉内拜清真寺。库纳拜本人如果去谢米巴拉金斯克的话，他就住在亲家那里。而他的麦加朝觐也正是在吉内拜清真寺做完礼拜后开始的。后来，沙卡里姆本人的麦加朝觐也是从这座清真寺开始。吉内拜自己的朝觐比任何人都早，他是谢米巴拉金斯克地区最早去麦加朝觐的哈萨克人之一。

　　这位声名显赫的商人从不屑于从事那些小买卖，也从来没有做过这些买卖。年轻时，他大刀阔斧地做事，经常赶着成千上万的牛群、羊群和驼群去北方哈萨克边境的俄罗斯城市与南方的中国境内。他从俄罗斯带回了布匹，从中国买回了茶、糖以及香料等。在这个市场上吉内拜与俄罗斯商人、鞑靼商人展开了残酷的竞争。钱，犹如流水般地进入了他的腰包。他的子孙和后人们继承了他的事业。民间流传有一个故事，也许是真事。吉内拜的儿子梅里拜有一次和俄罗斯商人打赌，看谁最先拿钞票把茶壶里的水烧开。当然，最后的赢家是更加豁达慷慨的哈萨克人。

　　当沙卡里姆来到他的家里时，吉内拜已经是86岁高龄的老人了。他已经不再赶着牲畜去俄罗斯和中国了，也不再收购牲畜了。这些事情已经交由他的儿孙们来完成。他的所有时间都在家旁边的清真寺里度过。他在专心做善事，帮助那些需要帮助的穆斯林人，资助清真寺内的工人。

　　令人震撼的城市形象以及与有知识之人的交流时光给沙卡里姆留下了

难以忘怀的印象。特别是吉内拜讲述自己的家族人物，他满怀敬意而毫不费力地逐个介绍自己先祖的名字以及他们的功绩。沙卡里姆明白，这位老人不仅仅是作详细的自我介绍，更主要的是讲述所有哈萨克人的历史、所有游牧民族的历史。

年轻的沙卡里姆产生了一种强烈的愿望，他很想从包里拿出信纸将老人讲述的某些信息全部记录下来。但是，他不愿意打断老人的讲述，他应该适应传统的、口头记述知识的习惯。另外，他担心老人不喜欢他那样做。到了晚上，他在自己的房间内开始凭记忆记录自己所听到的一切。一个谢米巴拉金斯克老人嘴里讲出来的关于哈萨克族的历史栩栩如生地展现在了纸上。

显然，这只是哈萨克民族历史的一小部分。但是，沙卡里姆体会到了许多世纪以来那种在无知的黑暗中摸索的艰辛。他想勇敢地去打破这种黑暗，去探索民族的秘密，发现几个世纪以来这片辽阔的草原上的所有奥秘。他还不知道应该以何种形式去表现，只是自己决定要去收集这些资料并在纸上记述下民族历史的点点滴滴。沙卡里姆觉察到，在游牧世界，这个经历过不可逆转的变迁的世界中，只有记录下来的东西才是永恒的。沙卡里姆产生了一个念头，等回到家后他一定把这次旅行的所有印象与阿拜分享。

沙卡里姆第二天的头一件事情就是去吉内拜家隔壁院子里的清真寺。该寺于1834年由吉内拜·卡乌克诺夫个人出资建成。清真寺建在高高的石头地基上，所有的墙壁一直到寺顶都是木头的，寺顶和部分外墙用雕刻画装饰。这座木质的带有平坦屋顶的建筑是那样的庄严。

欣赏完了清真寺的外观，沙卡里姆走进了清真寺。宽敞的大厅是为男人祷告用的。第二层有一间敞开式小厅，正如沙卡里姆所猜想的那样，是妇女们用来祷告的。这样稀奇的建筑沙卡里姆过去从未见过，对室内的所有陈设和装饰也是叹为观止。

白天，沙卡里姆渡过额尔齐斯河来到了河的右岸。他小心翼翼地走上了摇晃的轮渡。河水给了他特别陌生的体验，在河水的中间他突然感到了河流的巨大力量。冷风使他的头脑发晕。沙卡里姆眼睛直盯着湍急的河水，激流飞速涌动，像一堵墙那样击打着船舷。为了使轮渡摆脱激流的冲击，有一些人用手紧紧抓住了绳索。还有一个人用长杆子在水中划着，他怎么能够触及深深的河底呢？河对岸给人的感觉是那样的遥不可及。

　　沙卡里姆陷入了恐慌。是不是这可怕的激流几百年、甚至几千年前，在还没有自己、自己的兄弟姐妹们、自己的父亲和自己的祖先以前就是这样地奔腾不息？这条巨大河流的生命力是什么？它为什么这样桀骜不驯直奔北方而去，一刻不停？此时此刻，与这条河流相比，人们不会不去思索人类生命的无望和人类命运的悲惨。

　　突然间，沙卡里姆的心中涌现出了一种强烈的思念。他思念成吉思坦乌，思念自己的故乡，思念自己的家。他想坐在家中毡房里的小桌旁，写下对这条河的感想，对生命流逝的思索，同时对老人关于自己托贝克德家族历史的讲述做一些补充。为什么在这一刻他产生了这样的愿望呢？那是因为眼望着湍流不息的河水，他朦胧地觉察到也许就在这激流的某一段流淌着自己的生命，而河流本身包容了成千上万的生命。是什么把它们连接在一起？只能是人类的记忆，尽管它的可靠性受到无休无止的怀疑。

　　右岸的城市对沙卡里姆的震撼是难以言表的。年轻人好像踏入了一个全新的世界。那里的人形形色色。他不由自主地跟在了来回奔走的俄罗斯居民后面，饶有兴致地观察那些教会的学生，并对那些草原民族打扮的过客报以微笑。他惊讶于街道上随时随地讲出的俄语。讲俄语的不只是商人、哥萨克、俄罗斯公务人员、鞑靼人，还有一些哈萨克人。

　　高高的围栏后的木质墙框对他来说已经不是什么稀奇的东西，但对那些商人的大房子还是印象很深。他对大商人斯捷潘诺夫的豪华住所观察了很久，小心地询问过路人，到底是哪一个大财主住在如此豪华的房子里。而他最喜欢的住宅还是军政省长的，外面砖墙上标明房子的建造日期为1856 年。

　　沙卡里姆走进了相对不怎么豪华的军政州长办公楼。州长客气礼貌地接待了他并叫来了鞑靼人翻译。沙卡里姆平生第一次与俄罗斯官员交谈，他显得极其不安，但是很快就平静下来了。州长的秘书接过了库纳拜写给州长的信，并答应一个月内给回话。

　　拜访州办事处并不是毫无波折。沙卡里姆在一座人字形屋顶的房间中找到了诉讼员。这所房子中有谢米巴拉金斯克州的许多政府机构在工作。州办事处也设在了这里。诉讼员是一个略显消瘦、秃顶的中年俄罗斯人。他非常严厉地告诉沙卡里姆，伊布拉吉姆（阿拜）·库纳巴耶夫必须自己亲自来解释，因为事情特别紧急，容不得半点拖延。诉讼员通过翻译告诉他，过去那些对库纳巴耶夫的申诉都无关紧要，现在最主要的是一位毛拉乌祖克拜·博里巴耶夫指控库纳拜有不可胜数的罪行，甚至还有背叛国家的行为。因此，秋季到来之前，库纳拜先生必须亲自出现在刑侦人员面前，否则将派护卫队抓他并将他打入监狱。宣布完命令，俄罗斯官员与沙卡里姆道别。沙卡里姆被这个关于阿拜的消息所震惊，以至于他出来以后很长时间分不清东南西北，找不到回家的路。

在剩下的几天内，沙卡里姆奔波于各家商铺为家里采购东西。在其中一家商铺，他看见了各种各样的乐器：钢琴、手风琴、鼓、管乐器、各式各样的手摇风琴和冬不拉。他兴致勃勃地将手摇风琴拿在手里，看遍了商铺的所有冬不拉，问俄罗斯商人有没有小提琴卖。俄罗斯商人对这个年轻人感到吃惊，并通过哈萨克雇员问他会不会拉小提琴。沙卡里姆回答说想学会拉小提琴。俄罗斯商人告诉沙卡里姆说他自己是音乐家，会弹钢琴，会拉小提琴。他可以为沙卡里姆弄到小提琴，保证在两个月以内小提琴会出现在商铺的货架上。欣喜之余，沙卡里姆加买了手风琴，这种乐器他勉强会一点。

在市内的书店中他逗留了很久，买了一些阿拉伯语和突厥语书籍。但是这类书并不是很多，书店里最多的是俄语书籍。看着那些用陌生字体、西里尔文字写成的书籍和杂志，他郁闷地感觉到，这里面蕴涵着无穷的知识，字里行间隐藏着一个全新的世界，隐藏着一条指引他通往真理的道路。他只是凭感觉随便购买了两本俄语书籍。后来他搞清楚了，一本是关于如何培育小麦的书，另一本是一个无名的基督教徒所写的不足凭信的描述生活的书。虽说如此，他依然将这两本书视为珍宝。

第七节　俄语课与福祉的魅力

在返回成吉思坦乌的路上，沙卡里姆回想起了阿拜曾经无数次讲述过的学习俄语的必要性，他感觉到必须改变自己的认识。返回途中在阿克邵金停留时，他做的第一件事就是讲述了自己对于俄语的印象和看法。

阿拜说道："怎么样？我说得没错，必须学习俄语。俄语中蕴涵着你、我以及我们的民族所需要的知识。还好，我已经为你聘请了俄语老师，他的名字叫努尔别伊斯，你还不认识他。他的俄语说得非常棒，而且他们家好几代都是教师出身，他将教你学习俄语。"

在感激和欣喜之余，沙卡里姆有点担心，他怕自己辜负了叔叔的一片好心。

阿拜感兴趣地问道："城里的亲戚们对你怎么样？"

沙卡里姆详细讲述了与自己所喜爱的老人的谈话内容，并告诉阿拜自己想记述哈萨克族家族族谱以恢复哈萨克民族历史的想法。

阿拜一下子就明白了他的意思并为此激动不已。

阿拜说道："多么好的想法呀！我自己一直希望撰写哈萨克人的渊源史。但是，这需要静心研究和探索。对我来讲，写诗比较容易，但要是真正地写这些论文类的东西并不是很轻松。你有这样的天资，一下子就抓住了本质，也具有顽强的毅力。描写先辈的历史不仅仅是收集所有哈萨克人的家谱就行了，这项工作浩瀚无际，做起来也很不现实。最关键的是你要恢复民族的历史，也就是说'哈萨克'这个词从何而来？为什么我们有三个玉兹部落？我们的先辈中谁最关心人民的幸福？"

直到谈话的最后，阿拜才问起关于指控的事情。沙卡里姆讲述了自己这次拜访州官员以及与诉讼员交谈的详细情况。阿拜默默地读完了州长给他的指令。看着侄子那悲伤的脸，他笑着说道："不要担心。不必为此而伤感。你想想，还有一项指控呢。假如你专注于每一个指控、每一句谗言，你怎么能当好区的管理者呢。"

他随手把法院的传票扔在了桌子上，丝毫没考虑这张纸代表着对他近十几年的一系列诉讼，而这些需要尽快通过法庭来澄清。

由此可见，谢米巴拉金斯克的首次行程对沙卡里姆具有重大意义。在此之前，家族环境中由来已久的历史危机，人们在争夺权利、争夺更多的牲畜与更肥沃的草场方面的贪婪本性，在沙卡里姆还是一个谜团。因为在他的身边围绕着的是祖父库纳拜、叔叔阿拜和聪慧的母亲，他们对他的要求就是学好语言、掌握乐器和撰写民族的历史。

阿拜本人打心眼里相信，通过阅读俄语书籍可以获得自己一生所要探寻的宝藏。在其《言语录》第25节中写道：

> 必须学习俄语。财富、知识、艺术和其他不可胜数的秘密就隐含在俄语语言中。为了摆脱俄罗斯人的恶习、吸收其精华，应该学习俄语，掌握其科学技术。因为俄罗斯人掌握了其他语言，他们积极向世界文化靠近，才变成了今天的样子。俄语会为我们打开通向世界的窗口。只有掌握了其他民族的语言与文化，我们才能与其公平竞争，那

样才不会有人看低我们。教育同样对宗教有益。

俄罗斯科技、文化是通往世界宝库的钥匙。掌握了这把钥匙，其他的东西我们可以轻而易举地获得。

送孩子进入俄罗斯学校学习的哈萨克人只是为了让孩子们学会读书识字，在族人面前显摆。快点丢掉这种想法吧。尽力去让孩子们学会如何做一个诚实与聪明的人，让他们学会如何通过自己的聪明才智和劳动获得面包，让别人以此为榜样来效仿。只有那样，我们才能不再忍受俄罗斯人那凌驾于我们头顶的专横和无理。为了与其他民族平等，我们应该掌握那些民族所掌握的东西，那样我们才能成为自己民族的捍卫者和继承者。刚开始接触俄罗斯教育的年轻人还不可能一下子成为特别出色的人，因为他们的父母和亲戚们还在影响着他，阻碍着他们前进的道路。但是，至少他们比那些没有接受任何教育的人要强得多。遗憾的是，他们所受的教育只是用于转述别人所说的话。有钱人很少送自己的孩子去学习，他们送可怜的孩子们去学校只是为了谩骂和诋毁俄罗斯老师。这些可怜不幸的孩子们，他们能获得什么知识呢？

我的建议是：不要急于让他们结婚，不要给他们留下更多的财产，重要的是让他们接受俄罗斯教育，哪怕是损失更多的财富也值得。这一点需要不惜一切代价去实施。

笃信真主吧，可怜的人们！如果希望自己的孩子成为真正的人，那就送孩子去学习！

自 25 岁起阿拜就开始不断地阅读俄语书籍。虽说开头特别艰难，但慢慢地一切变得得心应手了。书籍从城市里成捆成捆地买回来，他不分昼夜地阅读它们。当读到最后一页时，他有时候会发现选读的并不是自己所期望的那本书，但是，他通常还是会被书中真正的思想和语言的精美所打动。某一天，当他在读一本书时，他突然感到这本书就像是用自己的母语写成的一般。这本书是普希金的中篇小说《杜布罗夫斯基》。后来，这本书被阿拜作为礼物郑重地送给了沙卡里姆。

阿拜说："这几天努尔别伊斯老师将会前往你们的卡拉邵金，我与他把一切都谈好了。他将教你学习俄语、阅读和书写。当然，这并不容易，但是你要看看我的样子。我的俄语完全是自学的，没有老师教，好多年我和书籍彼此互不相识，但最终我还是学会了阅读。我希望你能克服障碍尽快学好俄语，从书中获得有益的知识，这些书会为你打开通往知识世界的大门。我知道，你会成为语言专家，你会将《杜布罗夫斯基》翻译成哈萨克语的。"

很明显，那个时期的阿拜与所有哈萨克社会的人有所不同。他深知教育的作用，并深深地体会到只有知识才能使人民走上通往幸福的道路。

当时，他还是满怀希望。他认为，每一个具有善良品质的人，哪怕是恶人，通过普通教育都会变成知识渊博的人。而社会的公正性在传统的愚昧环境下是无法实现的，这将始终是知识社会需要解决的问题。他认为最重要的是使哈萨克人民投身于先进文化之中。

要做到这一点，首先必须从自己的身边做起。当然，先要从自己身边的孩子们做起，因为他们自小就从父亲那里获得了关于其他国家、其他民族、其他语言和许多传统的信息。显而易见，沙卡里姆必然是其中之一。他不知疲倦地从阿拜那里汲取知识，他明白叔叔阿拜为何把书作为礼物送给他。正如他自己理解的那样，那是叔叔阿拜的精神食粮。

在阿拜无微不至的关怀下，沙卡里姆感觉自己身处知识之树的庇荫下。他很喜欢学习，喜欢获得新知识，喜欢用书里的东西充实自己。孩童时期对学习的厌倦之感早已离他而去。现在的他头脑是那样的清醒，心灵是那样的纯净，犹如一张白纸一样。他很快就能掌握过去书上所写的难以接受的新信息。

沙卡里姆极其严肃认真地去努尔别伊斯那里上课。他很快就掌握了字母并开始读一些简单的俄语文章。老师为他的成绩感到由衷的高兴。但是，当他打开普希金的《杜布罗夫斯基》时，一切变得艰难起来。他很难理解这些复杂的内容，因为他的词汇量还远远不够。努尔别伊斯建议他去城里买一本俄哈词典，借助词典来理解和记住更多的俄语单词。

还是在秋天的时候，沙卡里姆就接到谢米巴拉金斯克乐器店铺老板的消息，说他所订购的小提琴已经到货，等他去取。现在他又有了另一个去城里的理由，即去城里购买帮助他继续学习俄语的词典。他准备上路了。

母亲托列别克坚决反对他的决定。母亲认为冬天去城里的道路危险重重。更主要的是夏天刚刚为沙卡里姆办完了婚礼，而新郎官对此好像不太在意似的。

母亲不满地说道："还像个孩子一样做事，依然对琐事这样上心。你该变得稳重了，应该为家庭事务操心了。春天你要以主人的身份去放牧了。"

母亲不是毫无缘由地说出这些话的。按照哈萨克人的古老传统，哈萨克人的所有儿子长大成人并结婚以后，应该搬出父母的毡房在不远处独立生活。如果物质条件允许，他们会在单独的村落放牧生活。而小儿子会留在父母身边，替父亲行使家长的职权，并由父亲领进自己毡房住。

最终，沙卡里姆还是动身去了谢米巴拉金斯克，在那里待了近一个月。在城里，他做的第一件事情就是去音乐店铺老板那里买回自己所订的小提琴。沙卡里姆付清了所需的钱款。沙卡里姆一直为这种灰暗的、在成百上千人手上倒来倒去、携带了悲伤和喜悦的纸币所惊讶。他购买小提琴花了6个卢布，值两只羊。因为高兴他根本就没有在意，实际上他多付了钱。店铺老板教他如何使用小提琴，并送给他保养的松香，同时卖给他两本曲谱。虽然沙卡里姆还不识谱，但他还是非常高兴地购买了它们。

看见这个年轻人真的对小提琴感兴趣，音乐家店铺老板就拉了几首曲子并手把手地教他手法。课程持续了半个多小时，同时老板解答了一些相关的问题。后来沙卡里姆还曾两次去音乐店铺请老板指教。

购买俄哈词典却是非常不顺利，因为当时还没有印刷的词典出现，流行的只是州办事处指示编写的手抄本。仅有的几本手抄本还在别人手里，购买它着实费劲。那是一本用结实的线串订而成的册子，一边用墨水写着俄语单词，而另一边是相应的用阿拉伯字母书写的哈萨克语口语单词。词典在不断地补充，这一点可以在册子后面用不同墨水写下的单词上反映出来。

在完成了谢米巴拉金斯克的第二次旅行后，词典和小提琴的幸福的拥有者沙卡里姆谱写的歌颂年轻与美丽的乐曲和歌词如下：

> 眼睛——犹如宝石一般，
> 容貌——犹如月亮一样，辫子拖到了地上，
> 她比生命还珍贵，她是你的天使！
> 她的话语，就像百灵鸟的叫声那样动听，
> 她的性格像丝绸一样的娇柔，
> 谁能与她媲美？
> 她像河流一样的宽豁，

她是我的至爱。

她的那份和蔼，像天国的福音，

我找遍了草原和山岗，

她像光芒那样的纯洁无暇。

像芦苇那样的柔软细长，

她摆动着那迷人的腰肢。

在这个世界上绝无仅有，

如果谁伤害了她，

我们再也不会去搭理他。

　　世界的存在是为了在诗歌中展现。生命的底稿已经打好，接下来就是填充它的内容。沙卡里姆感到了自己的双重幸福，因为他被爱所包围。婚礼如期举办，他的家庭生活自 1876 年开始了。他心爱的妻子名叫玛乌叶。

　　1877 年早春，当北边的丘陵还被冰雪覆盖，村落开始准备出去放牧之时，阿拜来到了沙卡里姆居住的村落卡拉邵金。与他同行的有他的朋友叶尔波·卡梅克拜乌雷（1843—1884）、他的助手巴伊马卡姆别特，还有一个骑在马上的俄罗斯人。阿拜介绍说此人是一位工程师，他在绘制当地的地图。俄罗斯人随身携带了俄罗斯书籍和杂志。打开八年前的杂志《俄罗斯学报》，阿拜将其中列夫·托尔斯泰的作品《战争与和平》指给沙卡里姆说道："我知道，你一直没有中断学习俄语。这是俄罗斯著名作家作品的前几个章节。对你可能有些难，但是，正如常言所说，路是一步一步走出来的。你就从这本杂志开始吧。如果你真的喜欢的话，我再给你弄到其他部分，还有他的其他作品。"

　　沙卡里姆说："借助我从城里买回来的词典，读起来不会太难的。估计会碰到一些句子我不太明白。"

　　阿拜说："要想学好语言，最好是生活在语言环境之中，但是我们没有那种机会。我们别无选择，只能通过俄语获得其他民族的知识。"

　　叶尔波加入了交谈。他说："你说什么，没有人和他说俄语？我们的丈量员与他交流行吗？如果你想把可怜的孩子变成俄罗斯人，那你就让他给客人做向导吧。

　　"对呀！"阿拜激动地喊了起来。

　　"为什么不去谢缅·伊里奇我们的朋友那里？他要走遍成吉思坦乌地

区测量山的高度。他想请一个熟知当地情况的助手。他不会把你变成俄罗斯人，但是你能从那里学一点儿俄语。"

1877 年 4 月，沙卡里姆与工程师谢缅·伊里奇出发去了成吉思坦乌地区。在那儿他们度过了三个月。在谢缅·伊里奇的帮助下，他已经会说一口不错的俄语，俄语语法对他来说已经不是什么难解之谜。除此之外，他主要帮助测绘员测量物体间的距离和山峰的高度，在此过程中加深了他对数学的认识。夜晚，他们停留在人们丢弃的过冬驻地，在矿石灯的灯光下，35 岁的谢缅·伊里奇——严肃认真的俄罗斯工程师给他讲述自己心爱的妻子和两个孩子在鄂木斯克等他归去，并教他几何与代数的基础知识；白天，教他利用经纬仪测量地形。很快，沙卡里姆就学会了自己利用测距仪和经纬仪测量距离和高度，并记下了详细的数据资料。

在山间来回奔波，谢缅·伊里奇在测量山脉的高度时对山石的地质矿脉种类进行了探勘。发现崖石不平常的颜色后，他用榔头敲下来一块作为标本，给沙卡里姆解释说这里蕴藏着大量的贵重金属。工程师把采集到的标本样品放在了袋子里，叹息着说道："如果能在这里发现金矿那就太棒了。可是，这里不产金子。"

因为两人都喜欢草原，所以他们的合作非常愉快。谢缅·伊里奇常常为草原欣喜若狂，为大自然中丰富的宝藏而激动。在这种心态下，他们为周围的一切所感动：高空中云雀的啼啭、湖面上鸭子的呼叫、草原上四处盛开的郁金香。沙卡里姆敛住笑容，静静地听着谢缅·伊里奇的一声声惊叹，好像他早已将草原对于外人的神秘熟知于心。当谢缅·伊里奇奇怪自己的助手虽然手持猎枪但从未放过一枪的时候，沙卡里姆——这位极好狩猎的猎人回答说："我再也不想让成吉思坦乌因我而一无所有。"

在村落中道别之时，谢缅·伊里奇给沙卡里姆留下了这次在草原上从来没有使用过的等高仪作为礼物，还配送了测绘板。他希望沙卡里姆能在测绘板上书写新的诗歌。而最重要的礼物还在后面，他送给了沙卡里姆望远镜。深受感动的沙卡里姆将自己早已准备好的三岁口马匹送给了客人。但是，客人断然拒绝这份礼物。任何的劝说和传统都没有派上用场。谢缅·伊里奇解释说，他是不会接受如此珍贵的礼物的。对于他来讲，阿拜先前送给他骑的那匹马就已经足够了，而且等他回到谢米巴拉金斯克后，他一定会派信差将马匹送回来。

客人谦虚质朴的品格深深地打动了早已被城市中官员们的贪婪传闻所

困扰的沙卡里姆。在送走客人以后，他把客人谢缅·伊里奇的情况告诉了自己的妻子玛乌叶并说道："我在与谢缅·伊里奇交往中学到的东西是我人生中所受的教育中最为珍贵的——我不仅从知识上得到了满足，而且在精神上得到了极大的升华。"

当时，沙卡里姆清楚家人的计划和打算。他们决定让他去当区行政主管。关于这个，沙卡里姆自己也曾经梦想去做，去为自己的族人谋福利。对这个职位他也有一个整体概念。他知道，作为一个区的领导，必须负责分配牧场和草地，划定村落的地界，应该预先考虑到某些家族和村落的首领试图越界占领别人的牧场、侵犯别人的利益。区主管应该解除纠纷和矛盾，在必要的时候，还要准备材料提交上一级法庭受理。

他对自己分配牧场草地和给行政机关写文件的能力一点也不怀疑。当他听说还必须对德高望重的人发号施令时，他试图拒绝担任这一职务，但受到了阿拜的训斥。

沙卡里姆辩解说："您自己曾经说过，我不需要当区主管的。您说过，一个当官的人不可能不去介入党派的纷争，不可能不伤害他人，不可能不做坏事。您说过，那样的话只能是良心丢失、不学无术。"

阿拜说："我是这样说过。我当时看到你是那样的渴求知识，我不想让你过早分心去介入纠纷。但是，你不能就这样永远的躲在荫庇下生活，我们除了你再没有人可推荐了。"

沙卡里姆试图再一次拒绝，说道："我没有任何的威信。"

"威信是靠做好事建立起来的。如果你总是做蠢事的话，你就不会有威信。而如果你做事公正廉明，对你的敬仰会自然而然地产生。你还有一个优势，那就是掌握了俄语知识。"

阿拜为了安慰这个年轻人，对他在俄语方面的能力故意有些夸大其词。随后，他详细地给沙卡里姆解释了非要让他去当区行政主管的理由。

"职位的争夺不是开玩笑，而是相当激烈的。除了我们家族以外还有两个派别在虎视眈眈，他们也想推荐自己的人。他们都想借此来发财，占领更多的土地。你自己想想，让这些人去当行吗？但是，你也不必直接去参选，那样他们会说，你还太年轻，还不适合这个职位。我们先让他们相互拼杀吧。当他们两家最终两败俱伤达不成一致意见时，我们再出手推举你。我已经和上一级领导机关说好了。当然，我们家族中没有人会明白到底是怎么回事的。"

　　沙卡里姆清楚，阿拜在县行政机关很受人尊敬，可以毫不费力地获得在选举中的支持。俄罗斯官员早已经将阿拜与乡里那些管理者中的文盲与骗子区别对待。事实上，有一部分谢米巴拉金斯克的俄罗斯官员听说了他关于公正和诚实为人民服务的言论，也正在仔细地观察他。当时人道主义观念在俄罗斯居民中也还不是那样的普及，而在这里他们接受了一个草原人用俄语给他们的叙述——一个名人的儿子、没有接受过世俗教育的人。

　　然而，还有官员很喜欢阿拜关于公正管理的思想。俄罗斯官方希望在草原上建立无争斗、抢夺和造反的良好秩序。阿拜是一个非常诚实的人，俄罗斯官方对他抱有极大的期望。他们现在也还不清楚他到底能不能成为沙皇政权的忠实执行者。但是有一点可以确认，那就是他熟悉草原，熟悉这里的牧民，熟知这里的传统与习俗，熟悉这里的一切。因此，区官员们（包括州长在内）在一切具体活动中都采纳阿拜的意见，当然不排除选举这等大事。

　　沙卡里姆还清楚，整个冬天和夏天阿拜来回奔波于家族中那些有名望的人之间，也在阿克邵金的家里接待过他们。他在家族的各个村落中拜见家族首领，商讨与俄罗斯官方建立关系的细节，商讨与城市商人买卖的前景。

　　6 月的某一天，沙卡里姆来到了库纳拜居住的村落。他来此的目的是得到祖父库纳拜对他的祝福。巴塔——老年人传统的临别祝福，对哈萨克人来说，要开始一项特别严肃的事情没有这项程序是万万不行的。库纳拜非常高兴，他高兴的是聪明且富有学识的沙卡里姆开始准备延续家族传统，管理草原上的生活。

　　库纳拜认真地说道："注意听我说。你进入了一个关键时期，你将要从事与人民的事情相关的工作。要做到这些没有人们对你的尊敬是万万不行的。而要获得人们对你的敬仰，你必须是一个公正、廉明的人。"

　　库纳拜用手抚摸着自己的胡须说："年轻时，我曾祈祷安拉说：'请赐予我幸福！赐予我财富！赐予我权力！请您饶恕我的罪恶，在我还没有开始为人民服务之前。如果我没有把您赐予的财富和权力用在为人民谋幸福的事情上，请您把我变成世界上最可怜的两条腿动物吧。'"

　　沙卡里姆插话道："您应该是一个幸福的人，爷爷。您为那么多的人做了善事。"

　　库纳拜深深地叹了一口气，闭着眼睛说道："我特别看重你，我在你身上看到了我死去的儿子库达伊别尔德的身影。我是那么的需要他呀！当我担任家族首领时，我帮助了人们。但是，我受到了沉重的打击啊。有谁敢走到我跟前来卡住我的脖子？男人们聚在一起，有谁没羡慕过我和我的家人？我的痛苦、我的敌人不是来自于外面，而是出自我的内心。他是自己的敌人，他比任何外部的敌人都可怕。"

孙子将爷爷的祝福话语逐字逐句牢记下来，这一点用不着丝毫的怀疑，因为这些话沙卡里姆反复地对自己的族人和后代讲述过。这些话在沙卡里姆的儿子阿哈特及其后代的文字中记载着。

最后库纳拜说道："我始终依靠自己的人民，人民在紧要关头也拯救了我。你很符合人民对你的期待，去帮助那些需要你帮助的穷苦人，将权力用在该用的地方。不要片面地去理解别人，哪怕他是反对你的人。"

库纳拜祝福的总体特点完全符合草原环境里的精神内涵。具体的规则掌握起来很容易，这里面有什么复杂的呢？但是，当人们心灵中那原始而纯洁的愿望与现实世界中无法抗拒的不完美相抵触时，不是每一个人都能够处理得尽善尽美。沙卡里姆理解了祖父话语的含义并感觉到了脉脉温情。库纳拜以此来祝福他的孙子，希望他能将家族中的所有人变成幸福的人，让他带着这些祝福去参加竞选。

1878年乡选举大会的地点被确定在距离阿拜和沙卡里姆村落20俄里的叶拉拉河谷。按照当时实行的政策，大会时间与地点都是由县行政官员所定，他们被哈萨克人按自己的方式称为"奥雅思"，乡行政官员被称为"波雷斯"。实际上，地点是由乡行政官员所定，县行政官员只是象征性地确认一下罢了。

在选举的那一天，成吉思坦乌乡所属的12个村落在选举地搭起了毡房，支起了锅灶，摆好了食品。从四面八方赶来了300多居民，他们在那里等待"奥雅思"的到来。而他一直等到临近中午才坐着马车来到了选举地，还带着骑马的随从。

与县官员卡列耶夫同来的是罗歇夫斯基，他是当时的州行政官员。他发现了阿拜，与他像好朋友那样地问好并把他介绍给了县官员们。县官员客气地与阿拜交谈了几句。这种世俗的问候没有逃脱在场的人们的眼睛。

与县官员同来的还有1个翻译和3个警察——1个警官和2个协警。简短的准备后就开始了选举。人们在毡房前支起了一张大桌子，摆好了几把木椅。来宾们在椅子上坐了下来。警官在协警的帮助下将一个中间有隔断的大盒子放在了桌子上。盒子的一半被漆成了黑色。哈萨克人围成一圈坐在了桌子周围。

成吉思坦乌乡 7 位德高望重的老人走上前来。按照规定，他们各自代表 50 家人。而实际上，进入选举毡房的不止这些人，有些大的家族不仅是全家上阵，甚至包括家里的帮工。有时候，这 50 人代表着好几千人甚至更多。这 50 个人，实际上，就是民主公开选举制的拥护者。

县长巴维尔·卡列耶夫还没有足够的经验来主持如此大规模的选举活动，因此，他将权力交给弗拉基米尔·罗歇夫斯基。选举活动开始了。沙卡里姆一直死盯着选举活动并试图不脱离阿拜的视线。正如阿拜事先告诉他的那样，竞争在两个派系之间展开了，他们都在竭尽全力地推举自己的候选人。机智的罗歇夫斯基一会儿看看区官员，一会儿瞅瞅喧哗吵闹的观众，将所提的候选人记录下来。哈萨克人依旧以自己的方式在谈论着候选人。有人喊叫着说那两个候选人都不适合当乡管理者，马上就有身边的人反对他。

"我们从现在的乡长那里没有看到任何公正的东西。除去苛捐杂税，我们还要为他付出那么多！"有人这样说道。

协警从椅子上站了起来，开始维持现场秩序。弗拉基米尔·斯捷潘诺维奇·罗歇夫斯基静静地等待着。等现场安静下来后，他把代表 12 个村落的 12 位老人叫到了桌子旁，给他们每人一个木球，并告诉他们投票的简单程序。按照当时西伯利亚委员会条例规定，选举应该以选球的形式来进行。你想选举谁就往相应的黑箱和白箱投入木球，球数多者将获得任命。但是，在球数旗鼓相当的时候必须由县官员（县长）站出来说话。罗歇夫斯基用黑绒布将盒子盖了起来。12 位长者一个挨着一个走到了桌子前投票。他们将手伸进了黑绒布下面，不想让别人看见自己到底为谁而投。

投票活动结束了，协警们清点了盒子里的选票。罗歇夫斯基郑重宣布了投票结果。两位候选人票数相当。稍作停顿后他说，两位候选人没有一位胜出，因此，本次选举无效。当翻译将这些话译给在场的人时，全场一片哗然。

当场下议论纷纷时，阿拜开始说话，喧闹立刻停了下来。

阿拜用俄语对县长说："我请求将这位年轻人确定为乡长。他叫沙卡里姆，是库达伊别尔德的儿子。"

在喧哗声中，阿拜将沙卡里姆推到了前面。

阿拜继续朝着人群说道："请任命沙卡里姆为乡长，你们都认识他。我看到在场许多人都是库达伊别尔德的朋友。在他担任乡长时，你们生活得很和睦，你们也生活得很富裕，大家就像一家人似的。而现在你们分崩离析，也正是在这种状况下进行选举。任命他可以使你们重新团结在一起。我们需要诚实刚正的人。我们需要库达伊别尔德那样的人。比他儿子更优秀、更合适的人，你们现在无处可寻！"

出乎意料的是，就连在场的悲情演说者也完全同意将沙卡里姆作为候选人。沙卡里姆听到了那些赞美的话，几乎不相信自己的耳朵。一切如同做梦。他不需要再说什么，他看出来了，人们是真心地接纳他。县长在与州官员进行简短的交流后宣布，成吉思坦乌乡新任乡长为沙卡里姆·库达伊别尔吉耶夫。最高兴的要数阿拜了，本次选举证明，他在家族的地位比过去任何时候都高。

在抒情诗《逝去的生命》中，沙卡里姆简单地对选举程序做了描写。

> 他的话语是那样的精妙，他是那样的无所不能。
> 那种权威让我的先辈轻易地解决问题，
> 让我成了乡行政官员。

他立刻开始在选举大会上行使自己的责任。有些问题马上得到了解决。首先，县长为乡长及其秘书规定了薪水数额。让新任乡长惊讶的是薪水很低，而税收的额度高得使人沮丧。人们所担忧的只涨不降的税收额度不但没有减少，反而比过去更高了。县长那严厉的语气让众人不敢反对。税收被他定为用现金支付。如果那些长者们收回来的税收是牲畜的话，乡长必须将它们折换为现金。

沙卡里姆清楚，对于人民还有一些其他的税务。还有一些被民间称为"黑色税收"的苛捐杂税，是长者们用于抵销一些似乎是与乡长的职位有关的花费。这些实质上就是地税。沙卡里姆在头脑中飞速盘算着这些苛捐杂税给人民带来的沉重负担。他暗下决心，即使不能彻底废除这些税收，他也要努力把它们降到最低。难道我真的能不把职位之便用在家庭事务上吗？

随行州行政官员的话打断了沙卡里姆的思绪。他说乡长是沙皇在草原上的眼睛和耳目。他反复强调区上的一切事务都必须符合沙皇政府的政策规定，否则职务会被自动吊销。

沙卡里姆没有被这些恐吓吓倒，他更加担心的是如何经营。

第八节　仁慈的密码

在自己的村落中建起乡办公场所以后，沙卡里姆很快就明白，坐在家里解决不了任何问题。人们不会马上跑到乡长的面前，即使是你传讯他。来这里的只是那些受到欺负前来申诉的人。

年轻的乡长不害怕在偏僻遥远的村落中来回奔波，而且从来也不因故乡的草原感到无聊。草原激起了他内心的感受，在这辽阔的空间他感觉头脑清晰，思绪万千。就好像是在这辽阔无际的大草原上有一张丘陵山脊所钩织的有趣的网网住了他。稀疏的小树在洼地里积聚成林。远处褐色的斑点，犹如灌木丛一样，瞬间布满了山坡。这是傍晚放牧归来的牧群和村村可见的墓地建筑群。除此之外，就是那隐藏着无限喜悦与永久神秘的大草原。

这些墓地上的石碑不仅是回归另一个世界的标记，而且更是一部历史，一部时刻敲击着游牧人心灵之门的历史。每一个墓碑是一个家族的血脉史。在每一个墓碑下长眠着的不只是一个灵魂，而且是整个家族的历史，是草原居民的记忆。

每次经过这些丘陵和谷地，沙卡里姆总是在考虑如何帮助人们获取更多的利益，乡政府应该进行哪些改革。他想分析思考出一种适合这广阔空间的总体方案。他没有想出任何方案和办法，也不可能想出来。俄罗斯行政机关的章程和条例严格地限定了条框范围，村落中的居民只能在这些范围内生活，不得越界。

因此，他只能将自己的注意力放到了那些亟需解决的问题上。也就是阿拜曾经也时常考虑到的家庭派别的敌对问题。他衷心希望草原上永远充满着和平与幸福。在与家族男人们交流时，他尽量发挥他的口才，极力呼吁他们追求和睦的关系、虔诚的行为和安逸的生活。

沙卡里姆平静地说道："嫉妒、私欲和欺骗，这些都违背着人的良心，与人的心灵极为不符。我想让人们按照安拉所指示的那样做，去诚实地劳动与生活。"

有些老人对他的想法不甚理解，问他道："你为什么要去改变他人呢？你好好地做你的事情，对于那些纠纷睁一只眼闭一只眼得了。"

沙卡里姆像一个草原智者那样用非常优雅的语言回答说："我可以不闻不问，我可以装聋作哑，但是我的心灵无法安宁。我可以什么也不说，但是我的思想不允许我这样做。如果初衷是好的话，事情自然就不会很糟。"

在此之际，也正是在1879年的春天，沙卡里姆家发生了期待已久的大事。他的妻子玛乌叶为他生下了第一个孩子，一个健康的小男孩。孩子的出生完全改变了沙卡里姆的生活观念。

全村落都来庆贺孩子的诞生。以敬爱的祖父库纳拜为代表的贵客也来到了村子。他长时间地对《古兰经》进行研究，用手指指着一行行地诵读。他必须给新生儿起个名字。他没有自作主张，而是按照哈萨克人的传统在圣书中寻找名字，从《古兰经》中给孩子起了阿布苏菲扬（1879—1925）的名字。

欢欣鼓舞的沙卡里姆以百倍的精力投入到乡长的工作中。他不知疲倦地奔波于村落之间，以自己的热情和能力去感染别人，尤其是在诗歌创作方面。这一切使他的工作顺利进行。人们以微笑迎接他，大家为有这样年轻有为的乡长而感到高兴，倾听他对自由生活的讲述并按照他的设想进行工作。他的设想给人的感觉是100年之后才会有的生活目标。

这是一种非常奇特的现象。在沙卡里姆执掌乡长职权期间，在成吉思坦乌区到处充满着幸福生活的景象。当然这只是相对而言。邻居们已经很少为放牧地而争吵，一些弱小的经济得到了增长，牲畜数量开始增多了，流血冲突及牲畜偷盗现象完全消失了。

总体来说，从当时的文学作品中我们可以看出，当时托贝克德家族的人已经不是每年都要为冬夏季牧场放牧而忙碌。在小说《阿拜生命之旅》中，区官员和富裕的牧主不断地欺负贫穷村落的贫穷家庭。然而，假如争吵果真如此频繁的话，留在托贝克德家族人记忆中的恐怕也只能是这些东西了。在如此频繁的争吵中，游牧社会恐怕早已经从内部分崩离析了吧。

事实上，传统哈萨克社会的团结程度是非常高的。这是靠什么来维系的呢？或许，首先是传统。传统的哈萨克人对待他人是极其热情的，当有人到来时他们会敞开家门迎接客人，并捧上丰盛的食物。善良与仁慈在传统的哈萨克社会并不是一句空话，这项传统他们世代沿袭。因此，哈萨克人民具有神奇的忍耐性。这种忍耐性和坚韧性使他们度过了非常困难的时期。

　　而文学作品中关于哈萨克人的不良形象一直被流传至今。实际上他们并非如此，几个世纪以来他们身上培养了互相援助的道德伦理。每一个家族中富裕的人总是时刻关注自己家族的兴盛，总是时刻为他人的需求而奔忙。也就是说，他们不只是追求自己的富裕，而且追求家族的繁荣。

　　1879—1880 年冬天，游牧民族经受了再一次的考验。伴随着严寒而至的是牲畜的瘟疫以及厚厚的冰雪。哈萨克人没有积蓄足够的过冬饲料，他们还像过去那样寄希望于冬牧场。在冰天雪地里，牲畜们无法掀开厚厚的冰层去吃上年存留下来的草。

　　牲畜大量死亡在当时的游牧社会犹如今天的经济危机一样严重。据俄罗斯政府统计，那一年在哈萨克草原死亡的牲畜多达 1270 万头，占全部牲畜数量的 80％。其中阿克莫拉州损失了 82 万头，图尔干州损失了 150 多万头。谢米巴拉金斯克州损失相对少些，而在成吉思坦乌，严寒只持续了几个星期就开始减弱，这也就拯救了大量牲畜的性命。

　　在执政的第一年，沙卡里姆遵循阿拜的经验，动员大家割草储蓄，好像预感到严寒将至似的。在此之前的好些年里，阿拜尝试在自己的家里进行青草储存，储存方法是他从一本俄罗斯杂志上看到的。当青草割下以后，阿拜下令将它们铡碎，放入饲料窖内压实，并用树枝与草覆盖，随后在上面和周围撒上盐巴。也正是在那一年，阿拜忘记了储存草料。而严寒也不是那样的恐怖，牲畜们在冬季牧场安全地度过了冬天。使家人惊讶的是，当他们第二年打开饲料窖时，里面的青草犹如刚割下来一般青嫩。

　　沙卡里姆尽量推进青草储存事务。部分割下来的草被作为干草使用，其他的草料按照阿拜的方法放进了饲料窖。在冬季严寒季节，两种饲料都很适合。当然，储存饲料也只能维持严寒中的一段时间，假如严寒持续时间过长的话，灾难依然不可避免。至少，对严寒的预判使沙卡里姆的威信大大提升，人们称他为先知。冬天，他继续在各村落中来回奔波，因为他总是担忧各村的状况。他经常与乡亲们交谈，了解他们的情况。他特别喜欢与老人们谈论关于家族渊源的话题。从这些简单、平凡的问题中所显现的是宇宙间人类的生存问题。人们谈论阿拜，准确地讲是他的诗歌，是那些震撼成吉思坦乌每一个居民心灵的诗歌，是他的那些诗歌对人们思想的表现力和准确程度。

　　当严寒降临时，沙卡里姆待在卡拉邵金的家里过冬。冬天，家里的事务也非常多，比如修理家什、搭建牲畜棚及修整马具等。有一天晚上，他抽空在家里改建一个图书室。书籍是他早已经收集好的，对此他有专项资金来保障。虽说他的意图并不是要撰写哈萨克和其他突厥民族的历史，但他有想把现实中所发生的一切记载下来的念头。他凭借自己个人的意愿购买了阿拉伯历史学家的书籍，并对这些书籍进行了深刻与细致的研究，犹如一个真正的研究者一样。

阿拜给他推荐了其他一些书籍，比如阿布尔卡兹·巴哈杜尔汗的《突厥人家谱》和纳哲普·卡西姆别克的《突厥人历史》，以及优素福·巴拉萨古宁撰写的关于突厥人历史最古老的研究书籍之一——诗歌集《丰富的知识》，这是11世纪突厥文学的里程碑。

犹如回应历史的召唤，沙卡里姆喜欢读伊斯兰历史学家和哈里发时代的经典作品——阿特—塔巴里的《沙皇及其后代的历史》（书的全名是——沙皇与沙皇的生活、后代与其每一个人的情况），还有被称为穆斯林历史学之父的阿特—塔巴里在914年完成的著作。沙卡里姆有两类书籍：一类是阿拉伯语的，另一类是古突厥语的。对照研究花费了沙卡里姆不少时间。

在《逝去的生命》传记中有这样的描述：

> 我深信知识的力量，
> 挽起袖子开始学习。
> 当我扫除了心灵的污垢之后，
> 我的内心自由激荡。
>
> 我多么专注于乐曲与歌词，
> 我相信，我会获得新的思想。
> 每一个词，我都是特别的关注，
> 用我的思想进行论证。

书架上最醒目的地方摆放着东方著名诗人哈里夫、菲尔多乌斯、萨阿迪、费祖里和尼扎米的手稿复制品。在它们的旁边是用白纸精心包裹的《一千零一夜》。书架最上边摆放着《古兰经》。《古兰经》的后面摆放着穆斯林法规的书籍。他像他的妈妈托列比克一样，存放着《基巴达特》和《木合塔萨雷》。

　　在他的手稿集中有孔子的《论语》。孔子被哈萨克人按照自己的习惯称之为孔夫子。这本线装本《论语》是他被选为乡长后阿拜送给他的。在冬天夜晚的油灯下拜读中国智者的名言警句，沙卡里姆被深深地震撼了。他感觉到对方的许多说法与自己的生活原则是那样的相近。

　　"人之初，性本善"。当他读到这句话时激动地喊了起来："的确如此呀！"

　　孔夫子建议说："见贤思齐焉，见不贤而内自省也。"

　　乡长职务的工作经历使他产生了许多想法。某一段时间，当他拜读孔夫子的名言时，他会兴奋地飞快记下自己的想法。他写下了诸如"谁不能管住自己说话的舌头，他就不会压住说谎的念头"之类的话。当他打开《论语》后马上找到了答案："与其诅咒黑暗不如点燃烛火"。①

　　事实的确如此。在你没有给他们传授任何知识之前，不论你怎么训斥那些愚蒙的人，都于事无补。自从开始拜读东方贤哲和诗人的书籍后，他记下了自己的想法和念头。《意义非凡的话语》是他后来才给自己的心得记述所起的名字。对于该心得录，他一生都在添写补充。

　　就这样他的图书室建成了。后来他一直以此为荣。虽说书籍不是很多，但对他来说无疑是珍珠和金子。1905 年，在自己的一首诗歌中，他回忆了自己当时如何投身于知识的海洋，汲取几个世纪以来的思想精华：

> 我自幼熟知突厥语，
> 通过它我获得了无限的知识。
> 我如饥似渴地学习，
> 一下子感到茅塞顿开。

　　激发沙卡里姆的除了用突厥语翻译过来的科技文献以外，还有用俄语书写的诗歌。

> 东方的诗歌启迪了我，
> 犹如蒙着神秘面纱的世界，

---

　　① 此格言并非出自孔子《论语》，似是作者转述有误。《论语》中"君子求诸己，小人求诸人"应该接近作者的意思。

在我的眼前徐徐展开。
我努力学会了俄语，
一切污秽烟消云散。

　　沙卡里姆又开始对诗歌痴迷，而且再也没有停下来。诗歌对于他来讲犹如新鲜的空气一般，犹如某一种晶莹剔透的东西一样在他的脑海中浮现，他以简洁的形式将内心的激动抒发出来。假如草原上没有了诗歌和歌唱，生活就会变得枯燥乏味。

　　每当写出一首新诗，他都要马上拿起冬不拉给它配乐。在冬不拉伴奏下，他一边歌唱，一边进行进一步的加工润色。

　　在那些年，他还没有想去创作戏剧作品。他还没有像在广阔无垠、充满神秘的草原上的居民那样脱离现实在幻想中生活。胡思乱想并不只是他们的智力游戏，哈萨克人总是在想象历史，把自己看成是创造者或者是英雄，一切都听任自己的主观愿望。但是，沙卡里姆是一个实事求是的人，他的抒情诗具有很强的哲理性和艺术的神秘性。是生活教会了他如何去思考，因为管理经营容不得半点浮夸和想象。形象思维取决于题材是不可否认的，然而，情节的探索和故事的变化暂时还不允许落在纸上。

　　他的诗歌是那样的精确、丰富和具体。在巡视各个村落时，他大胆地把它们读给别人听，以图激发人们向好的方面发展。诗体讽刺文具有超乎寻常的作用。人们关注他、相信他。虽然他在阿拜诗歌的基础上有了创新，但依然按照传统去揭露人类的恶习，毫不姑息。在 1879 年写成、后来作了补充和加工的长诗《致年轻人》中，沙卡里姆是一个像草原上的酷寒一般严厉、像七月的太阳一般毒辣的人：

你们找到了发挥你们诡计的地方，
你们进入了充满谎言与欺诈的世界。
羞耻、善良完全臣服于你们，
你们看看，你们变成了什么人。

你们激烈地争吵，用敌意分裂了人们，
试图用空话来堵住所有人的嘴。
谁今天是你的朋友，明天就会成为你的敌人，他会充当和事佬？不会。

沙卡里姆所描述的恶习在任何时代都屡见不鲜。它们与人类的生活联系在一起。但是，要去除这些需要多大的勇气呀。

然而，与描写草原人不同寻常和艰辛生活的散文相比，诗歌完全是另外一样东西。假如说习惯在他们的印象中是一个永恒的东西的话，那么，诗歌就是照亮他们混沌生活的一束光芒。由此我们可以看出，为什么阿拜与沙卡里姆极具道德色彩的诗歌是那样地受欢迎了。

真、善、美，到底在哪里？
不必四处寻找，
它们就在你的眼前。
野蛮能给你什么？
对你的家庭有何益处？

或许，在《致年轻人》中的痛斥不只是针对不良道德，更主要是针对那些对阿拜不敬的男人们。在自己最初的诗歌中，沙卡里姆还能去说谁呢？当然，他也可以去歌颂自己心目中绝对特立独行的思想者阿拜，他既不像书上所讲的那些先知先觉，也不像草原上那些自私又懦弱的"鲍鱼"。

这就是阿拜——一个不停思索的人，
啊！他身上有无穷无尽的价值宝藏。
如果你能获得打开宝藏大门的密码，
你尽情地去汲取吧，他毫不吝啬，
但至今没人完全获得成功。

鲜明的比喻毫不掩饰沙卡里姆对自己老师阿拜的无限敬仰。沙卡里姆把阿拜神圣化了。在孩童朦胧的意识中，至今还没有一个人像阿拜那样在自己的诗歌中歌颂游牧人的生活，还没有一个人能够完全明白和描写世界上的混乱与贫乏。阿拜的智慧是珍贵思想的宝库。但是，获得他那样的智慧需要付出多少努力和奋斗呀。为此，我们应该找到一条通向阿拜宝库的道路并一直沿着这条道路走下去，永不停留——这就是沙卡里姆的召唤。

第二章

精神漫游的三段式

第一节　梦想的涌现与生活的迷宫

乡长职务任期三年的最后一年到来了，沙卡里姆突然感觉到已经很难从这个位置上退下来。

上任伊始，几乎每件大的事情他都要去找阿拜或者另一位叔叔恩斯卡克商量。随着时间的推移，他已经熟悉了自己的工作，开始亲自合理计划季节放牧。令他不满的事和人依然很多，一些家庭的掌权者继续按照自己的喜好做事，不把别人放在眼里。然而，做事认真、善于言辞且天性善良的沙卡里姆顺利地解决了这些问题。一般情况下都是他说服长老们同意自己的观点。

他将征税的任务交给了各村的村长，这项工作是乡长职权中最难办的事情。这并不是因为某些草原牧民性格火爆抗拒缴税，而是因为有人经常向不富裕的牧民们索要超出税收的牲畜。对此，沙卡里姆难以忍受。

至于如何回应县府的质询由他自己负责。有时候，县长会派自己的手下带着协警在各村巡视。不管怎样，沙卡里姆必须每年去谢米巴拉金斯克的县办事处汇报一次工作。

在县长那里，他发挥所长，用俄语清清楚楚地汇报工作，无任何多余的话语。官员们感觉他头脑清楚，反应迅速，都愿意与他交谈与税务报表无关的任何内容，回答他的各种问题。有时候沙卡里姆还会问一些发生在俄罗斯境内的事情，这些事情的余波传播到了草原上。

税务工作汇报顺利主要取决于沙卡里姆平静稳健的性格。因为他的公正廉明使民间认可这位年轻的乡长，认为他是一位聪明务实的管理者。在两年内，他赢足了开始上任前所担心的东西——威信。但就在此时，发生了一件与他那聪慧天性极不相符的事情，那就是沙卡里姆坠入了爱河。

一般情况下沙卡里姆不会待在家里，每年春天他都要奔忙于乡里的各个地方。有一天晚上，他与助手留宿在诺盖尔村。托贝克德家族人把这位从喀山迁移而来的鞑靼人后裔称之为恩斯卡克。库纳拜非常喜欢这位外来者，他接受并庇护了他，给他划分了牧场。恩斯卡克把自己的弟弟马哈姆特叫到了草原上，他们迅速富裕起来，他们的村落甚至叫作拜伊村。庞大和睦的马哈姆特家族融入了哈萨克草原，成为成吉思坦乌一个大户。家族的家长与库纳拜保持着友好的关系，互相帮助对方解决问题。

马哈姆特以应有的礼节接待了沙卡里姆，将他安置在贵客的位置上并宰羊款待。诺盖尔村的姑娘以美丽著称，在木合塔尔·阿乌艾佐夫的《阿拜生命之旅》一书中，许多完美的人物形象都出自这里。

沙卡里姆对此不可能不动心。他被马哈姆特儿子恩贝拉伊的女儿艾依卡莎的美貌所打动。艾依卡沙当时年仅17岁，美丽窈窕的姑娘在帮助妈妈招呼客人。整个晚上沙卡里姆一直盯着艾依卡莎看，并试图与她搭讪。他感到自己犹如在梦中，觉得自己的生活再也离不开这个姑娘了。客人的一举一动没有逃脱姑娘家人的眼睛。马哈姆特立即给了他暗示，表示他不赞成已婚男人的这种举动。在诺盖尔人家族中还没有人曾经有过好几个妻子。因此，他们经常拿哈萨克人的多妻现象开玩笑，认为这是完全不合情理的。

第二天，沙卡里姆终于找到了与艾依卡莎面对面交谈的机会。谈话的内容更使他心潮澎湃、忐忑不安。他不仅为她的美艳所倾倒，而且觉得他们俩的心灵是那样的贴近，觉得他们似乎早就已经相识相知。艾依卡莎委婉地向他表示，因为父母反对，她不可能再与他相见。

也正是那一天，沙卡里姆离开了诺盖尔村回到了自己家里。他感到从未有过的沮丧和绝望，觉得幸福从此就与自己无缘了。妻子玛乌叶以责备的眼神望着他。他能对她说什么呢？接下来将怎样生活呢？能不能沿袭多妻习俗呢？他的祖先当中也有人曾经有过三四个妻子，他们是如何维持家庭的和谐呢？这对他也一直是个谜。但不管怎么说，表面上的那种关系沙卡里姆是看在眼里的。

当然，家族中是不会有人反对他再娶一房妻子的，但是，这件事情他将如何对他的妻子——自己聪明和亲近的伴侣开口呢？她自己将如何面对另一位女人呢？他如何去说服艾依卡莎的家人呢？他自己也不知道还能不能再与艾依卡莎相见，但是他深深地体会到，只有和艾依卡莎在一起才会得到真正的幸福。年轻时最可怕的事情就是不能与自己相爱的人在一起厮守。不久，草原那强劲的风又使他恢复了从前的精神状态，脑中的迷雾烟消云散。黄昏来临，他继续在丘陵上射箭。沙卡里姆抬起头环视着故乡成吉思坦乌，岩石在太阳的余晖下发出五彩斑斓的光芒，犹如钻石一般。"为什么要生活在这个世界？难道只是因为生在了这个世界就应该活着？假如没有了爱情，活着有什么意思？如果你爱的人远在他乡，那还有什么意义呀！"就这样，沙卡里姆一次次地向周围的世界发问。

　　高空中云雀的鸣叫、展翅翱翔的金雕唤醒了身边绵延不断的生命景象。太阳依然照耀着广阔无垠的大地，丘陵用它的一面接受着太阳的光芒，前面小河边有一片丛林在随风摆动。这一切感染了沙卡里姆，使他不觉得自己有什么不幸。对于他来讲，现在需要的只是时间，一个星期或者一个月，在此期间他必须做出选择。

　　脑海中浮现出了要为那个突然遇见的人歌唱的念头，他想用诗歌将感情抒发出来。

　　　　你，可怜的心，在熊熊燃烧，
　　　　而我的希望犹如一片云烟，
　　　　意志、坚韧和智慧，
　　　　在我的心里变得无聊和悲伤。

　　　　你并非为取悦于我而出现，
　　　　我却忍不住陷入了情网。
　　　　你那回眸一望使我失魂落魄，
　　　　我甘愿把生命交付予你。

　　沙卡里姆面对人民时心灵是那样的纯洁，他公正廉明地完成了自己的乡长职责。不久，他连任乡长一职。

　　那段时间因为一些草原头目的诽谤，阿拜在四年内因法庭诉讼不停地前往谢米巴拉金斯克。也正是在那段时间，他经常出入市图书馆。起先这里只是市机关附属楼中的一个阅览室，随后政治流放者对其进行了扩建。

从各处流放至谢米巴拉金斯克的有民意党人亚历山大·利沃维奇·布列克、车尔尼雪夫斯基的学生叶甫盖尼·彼得洛维奇·米哈艾里斯、后来的无政府主义思想家和批评家阿波罗恩·安德烈维奇·卡列林和革命民主主义者尼弗特·伊万诺维奇·多尔戈波罗夫。他们求助于当地的可靠之人。为扩建图书馆出资的有谢米巴拉金斯克商人布列舍耶夫和哈巴洛夫，巴乌拉达尔商人杰罗夫以及克拉斯诺达尔商人尤金。在流放政治家建设图书馆的过程中，当地居民如地区学家克尔莫格洛夫和泽姆梁尼琴提供了很大的支持和帮助。1883 年 9 月 20 日，在泽姆梁尼琴家，新的市图书馆正式对外开放。

1885 年夏天，美国记者乔治·肯纳访问了谢米巴拉金斯克市图书馆。他在自己的《西伯利亚与流放》一书中写道："市中心木质结构的小型民俗学博物馆与舒适的阅览室里可以找到所有的俄语杂志和有益的书籍。从选读的书籍可以看出知识分子的喜好，从书籍的借阅中可以知道谁来过这里，借过哪些书"。

在以前的阅览室里只有区区 274 本书。当这个新图书馆开馆时，阅览室已经拥有了 750 卷书籍，其中 94 卷是哲学和社会学书籍，75 卷是历史书，120 卷为自然科学书籍，410 卷是文学类书籍。在此阅读过的读者有 130 名，其中出现最频繁的就是阿拜。他发奋阅读西方与俄罗斯文学作品，分析性比较研究是他在这里的主要工作。他研读了第聂别尔、达尔文、斯别谢尔、伯克利的著作，通读了百科辞典，其中最使他着迷的还是俄罗斯文学。

正是通过市图书馆，阿拜与沙卡里姆结识了流放中的俄罗斯人，与米哈艾里斯和多尔戈波罗夫成了挚友。夏季他们经常来成吉思坦乌做客。

阿拜与米哈艾里斯的友谊无论是对哈萨克诗人还是对流放民主主义者的生命来说都是极其重要的。早在 1874 年他们已经认识，当时的图书馆还只是小小的一个阅览室。阿拜走进阅览室，问图书管理员他所订购的列夫·托尔斯泰的著作到了没有。当时，郁郁寡欢的米哈艾里斯正在旁边桌子后面整理图书，他对这位对托尔斯泰著作感兴趣的草原人产生了浓厚的兴趣，他很想与此人结识。同样，阿拜也被他的广阔视野所折服。他们热烈地交谈，以至于不知不觉地走出了阅览室。

在接下来的几年中直至 1882 年，当米哈艾里斯还住在谢米巴拉金斯克时，每年的冬天两个朋友几乎天天见面。后来，即使米哈艾里斯搬到了乌斯季卡梅诺格尔斯克,他们依然书信来往不断。1893年阿拜去乌斯季卡梅诺格尔斯克做客好几天。这对于诗人阿拜,一个从来没有走出过谢米巴拉金斯克的人来说,似乎是不可思议的。

夏天,米哈艾里斯来到阿拜家过夏。他们尽情地享受成吉思坦乌的舒适,在交谈中度过美好的时光,倾听阿肯的弹唱。每天晚上他们各自读书,一大早开始就互相交流所读过的东西。有一天阿拜把沙卡里姆叫来与米哈艾里斯认识,这件事情发生在1881年的夏天选举刚刚结束后。博学多识的米哈艾里斯立刻开始培养这个聪慧的年轻人。他对沙卡里姆在地理、历史和数学方面的认识非常感兴趣,介绍书籍来给他阅读,并答应回城后再给他选一些书籍寄来。

直到生命的最后一刻,阿拜一直在夸赞自己的俄罗斯朋友,夸赞他让自己学到了不少东西。他从他那里得知了俄罗斯民主运动的历史,俄罗斯人民的现状,还有别林斯基、涅克拉索夫、杜勃罗留波夫、车尔尼雪夫斯基、屠格涅夫和比萨列夫的教育理念。起初他拿起什么就读什么。后来,在朋友的建议下,阿拜开始系统地研读普希金、莱蒙托夫、歌德、陀思妥耶夫斯基、萨尔蒂科夫—谢德林和托尔斯泰的著作。在多年时间里,阿拜研究斯别萨尔、达尔文和历史学家第聂别尔的著作,并把所读的传授给自己的学生。自1881年起,他选择一些作品让学生们翻译。

沙卡里姆当年秋天就收到了米哈艾里斯答应给他邮寄的书籍。那是一些普通的书,沙卡里姆起初对这些学术文献并没有很在意。关于这个,沙卡里姆后来多次讲给自己的儿子阿哈特听。他说道:"当米哈艾里斯和多尔戈波罗夫来阿拜处作客时,阿拜把我叫了过去。我从他们那里获得了许多有益的东西、良好的建议和英明的教诲。对我来说最好的一课是米哈艾里斯和多尔戈波罗夫给我讲述的关于社会学是一门学科的知识,那些知识至今深深地留在我的记忆中。"

在阿拜的建议和指导下,沙卡里姆执管乡镇工作得心应手,虽然也不排除一些磕磕绊绊。他时刻关注着草原上发生的一切,因为有时候村落之间争夺草场的冲突是不可避免的。总有人伺机驱逐别人的牧群。

关于这一切沙卡里姆深受阿拜的影响。后来他在《言语录》中作了具体的描述。其中第3篇写道:

父辈们在自己的牧群扩大、生活富裕起来后都还在忙个不停,目的是给自己的后代留下畜牧和草场，让他们拥有更多的牲畜，从而可以过上舒适的生活——吃不完的肉、喝不尽的马奶、享不尽的美色和观赏赛马。当最终感觉自己过冬的地方和牧场施展不开时，他们就开始动用自己的影响力和权力不择手段地去强买、强占和抢夺别人的牧场和地方，迫使他人离乡背井、四处漂泊。这些人能希望别人好吗？穷人越多，他们的地盘就越大。穷人越多，劳动力就越便宜。你等着我破产，我盼着你沦为乞丐。慢慢地过去隐藏的敌意就开始表现出来，相互间的仇恨就冒出了头。双方相互仇视、相互指责，相互争斗，相互收买自己的拥护者来对抗敌对的一方，为权力而打斗。

　　沙卡里姆不止一次地从敬爱的叔叔那里听到这样的话。在作为乡长处理问题的过程中，他得到了许多感受和经验。随着工作的深入，他明白了乡长职务权力的有限性使他很难改变草原生活中的许多东西。他一直在思索这个问题，这条并非命中注定的道路到底是不是自己该走的。

　　事实上，在此之前该职务都是由沙皇政府来提名，那种形式极大地束缚了许多希望在草原上按照自己传统规则而生活的哈萨克人。那种管理方式很难维持恶劣条件下草原生活的安全。更主要的是，除去本身职务繁忙以外，人们还要应付草原牧人因为赋税繁重、对草场分配和放牧路线的不满而产生的敌意。

　　因此，英明的、受人尊敬的乡长一般都是通过匿名投票形式提名。乡长职务必须由值得信赖的人来担任。正因如此，阿拜才开始行动。因为他清楚地看到，权力已经不是像过去那样靠人们的才能和品质来决定，不是像过去那样由勇士们去推翻那些不符合人民心愿的可汗来决定，这一切都不可能再发生了。而要反对俄罗斯政府在草原上设立的行政机构，哈萨克人是无能为力的。

　　因此，阿拜在《言语录》第41篇中写道：

　　　　一个试图去教导、改变哈萨克人的人，必须具有两个明显的优势：一是拥有极大的权力和影响力。只有这样才可以震慑住父母们，带走他们的孩子去学习、去获取知识，而由父母们支付孩子的一切开支。只有那样我们才可以希望，当孩子的父母年老力衰不能再干活时，他们的孩子完全可以胜任一切。二是这个人必须拥有取之不尽的财富。这样他就可以付钱给孩子的父母送孩子去学习，如上面所说的那样。

但是，没有一个人能够拥有可以恐吓孩子们的权力，也没有人拥有足够多的财富去讨好孩子们的父母。不靠恐吓和收买，哈萨克人是不可能被劝服或者相信什么事情的。父辈的不学无术通过母亲的乳汁注入了他们的躯体，直达其骨髓，使他们丧失了人性。

应该怎么生活？我们接下来该怎么办？

草原生活中这些"伤脑筋"的问题时常困扰着沙卡里姆，使他一刻都不得安宁。在《逝去的生命》一书中，他不止一次地回忆起当乡长的那段日子。他极力想搞清楚游牧人的和谐生活到底是因何而消失的呢？他经常在自己的听众、家人和邻近村落的人面前坦白：

> 我们不学无术的人民，
> 对孤儿都没有同情之心。
> 空话连篇，滔滔不绝，
> 却不能使自己的命运好转。
>
> 比我神圣者固然不少，
> 比我愚蠢者更是很多。
> 命运的秘密，不会由他们
> 为草原人而揭示。
>
> 从二十岁懵懂到四十岁
> 生活看似轻松舒适，
> 但时光就被这样的虚度……

在人民命运的三角构建中，作者通过抒情手法体现了自己的观点，即不学无术、孤苦和不幸。他不拿别人与自己比较，也不关心谁比自己神圣和有文化，他只是在努力探寻和解释命运的秘密，但是他惋惜自己在微不足道的事情上所耗费的无限精力。

就在这种忧心忡忡的情况下，也就是1882年仲夏，沙卡里姆做出了一件冲动的事情，由此改变了他的生活以及家人的命运。出于本身性格的直率和不善于说谎，他再也不能够瞒着妻子玛乌叶，再也不愿意这样不诚实地对待她、对待自己和对待他人的事了。

最先与艾依卡莎见面时他就非常坚决地说要把她偷走，因为姑娘的父母不同意女儿做二房妻子。意中人反对的话他一句也听不进去。他的热情是那样的澎湃，实在难以控制。他在极度的不安中回到了家里。他不得不把这一切给自己的妻子摊牌，而这种不安使他犹如陷入深渊一般。

妻子虽说全心全意地爱自己的丈夫，但心里时常还是有某些担忧。她担心丈夫哪天会遵循家族传统带一个年轻美貌的妻子回来。当她知道自己真的有了情敌后，那平静的心灵开始剧痛，这种痛就这样终生留在了她的心里。她不得不让丈夫娶二房妻子并不是因为传统使然，而是她太了解自己心爱的丈夫。假如她坚决不同意丈夫的做法，她的丈夫就会痛苦不堪，而自己也就不会有任何幸福可言。据资料显示，玛乌叶在毡房门口迎接了艾依卡莎，亲吻了她并对她说："亲爱的，欢迎你到来！"随后把她领入了毡房。这也就是说，玛乌叶某种程度上已经承认了共同的生活。

然而，这位被偷来的新娘的家人在妈妈的率领下追了过来。她大声地哭诉、喊叫，要求还回自己的女儿。这时，艾依卡莎坚决地表明了自己的立场，她不愿意再回到家里。沙卡里姆此时却束手无措，不知道该怎么办了。他试图邀请来人进入毡房，结果却适得其反，人群乱了起来，并开始试图攻击抢人，沙卡里姆的家人也开始准备抵抗。

看着村子里的麻烦和混乱，玛乌叶再也坐不住了。她在心里对自己说道，这是多大的耻辱呀。她收拾了自己的东西，离开了自己的主毡房搬到旁边的毡房。自此她开始了独居生活。除此之外，她别无他法，无处可去，因为当时的哈萨克社会是不允许离婚的。

眼见艾依卡莎态度是那样的坚决，她的家人只好悻悻离开，但是撂下话说要告沙卡里姆，让民间毕伊法庭审判他。从这里我们可以看出，在当时传统的哈萨克环境里，假如家族首领有能力满足其他妻子一切生活所需，不让其受苦的话，多妻现象并不能产生什么心理上的问题。矛盾肯定是不可避免的，但是每个家庭都是按照自己的方式去解决的。

私抢艾依卡莎之事引起了极大的轰动，阿拜也因此感到非常痛心。他难过的不是沙卡里姆娶了二房妻子，而是他为什么要这样做。艾依卡莎的爷爷跑到他跟前抱怨沙卡里姆，抱怨他没有履行结婚程序就抢走了艾依卡莎。

阿拜立刻把沙卡里姆叫到了自己跟前并提醒他说，自古哈萨克人和诺尔盖人村子之间关系密切，没有任何纠葛。人们之间友好相处，互敬互爱。按照阿拜的判决，沙卡里姆必须为自己的过失支付赔偿金。赔偿金数额相当于 50 峰骆驼和 20 匹 5 岁的马，并限定了支付的期限为 5 天之内。沙卡里姆觉得这样的判决太不公平，就跑到母亲那里诉苦，试图改变这一决定。

"50 峰骆驼那是杀人后的赔偿。而我没有杀人呀。为什么要赔偿那么多的牲畜呢？何况我也没有那么多的牲畜呀。"

阿拜坚决地维持自己的判定，再说姑娘的父亲也要求他主持正义。

沙卡里姆还能做什么呢？按照妈妈的嘱咐，他跑遍了所有富裕的叔叔家——阿拜的兄弟们。他从他们那里筹集了马、牛、羊，再加上自己家里的，终于凑集了所需的牲畜。第 4 天，他赶着 50 峰骆驼和 20 匹健马前往诺尔盖人的村庄。

除此之外，老于世故的阿拜还将自己家族的一位姑娘嫁给了诺尔盖人家族的一个年轻小伙子。诺尔盖人作为回报也将自己的姑娘嫁给了哈萨克人。正是因为此举，哈萨克与诺尔盖人之间开始了"千年联姻"之习。

托贝克德家庭重新恢复了和谐，但是沙卡里姆家庭内部的不平静仍然在继续。这次赔偿显示，沙卡里姆本身不是十分富裕。为了偿还债务，他不得不专心于畜牧经营。也就是说，抢夺艾依卡莎为妻对他的财富没有任何帮助，要有也只是感情方面。沙卡里姆和艾依卡莎能够抵抗命运的任何打击来保护自己的爱情，他们一生都在始终不渝地坚守珍惜这份爱情。他们一起生育了 5 个儿子：卡福尔（卡卜杜尔卡福尔）（1883—1930）、热布拉伊尔（年幼夭折）、卡贝什（卡卜杜拉）（1887—1932）、阿哈特（卡卜杜拉哈特）（1900—1984）、泽亚特（1903—1937）。他们还有 3 个女儿：库里泽雅（卡姆比特——幼年夭折）、扎吉姆和古丽娜尔（古拉尔，1912—1970）。

第二节　诗人的彷徨

沙卡里姆曾经有一个愿望，就是能有一把狩猎的好猎枪。当他一年后在阿拜家毡房看到一把新的猎枪后，他欣喜若狂。

这把狩猎步枪是阿拜在谢米巴拉金斯克一位俄罗斯商人朋友那里为自己的儿子马卡什订购的。现在这把猎枪终于给送过来了。商人转告阿拜说，这把猎枪是从华沙买来的。

沙卡里姆激动得气都喘不匀了，说道：“阿拜叔叔，这样的猎枪应该属于真正的猎人。马卡什只有 13 岁，他暂时只适合用普通的双管猎枪。”

“我不清楚，我也不明白，你到底是不是真正的猎手。你最好先展示一下你的身手吧。”阿拜说。

沙卡里姆抓起了猎枪直奔多卡兰山。他很幸运地碰见了羱羊群并猎获了两只羱羊。他将羱羊皮和肉直接送到了阿拜的家里。

阿拜笑着说：“看样子你确实配使用这把猎枪。拿去吧，我送给你。但你要知道，这并不是因为你打到了猎物，而是送给刚出生的婴儿的贺礼。”

沙卡里姆喜笑颜开。的确如此，一个月前他的大儿子卡福尔降临人世。

沙卡里姆与这把猎枪相伴直至生命的晚期。虽然 1930 年他被捕时这把猎枪曾经一度被没收，但是过了不久也就是 1931 年 10 月去世前又给送了回来。

关于艾依卡莎大儿子卡福尔的童年和青年时期没有留下任何的记载。因此，也就可以简单地理解为，他和沙卡里姆一样具有顽强不屈的精神，也正是这一点致使他在 1930 年蒙难。按照其家人的回忆，卡福尔的性格与自己的父亲极其相似，内敛而坚强。很明显，父亲对儿子的学习和培养倾注了很多的心血，形成了他独特的处世态度。我们可以肯定地说，卡福尔是沙卡里姆最为喜爱的儿子。也正是卡福尔的死使沙卡里姆仇视强权，开始与政府对抗，开始站出来勇敢地面对 1931 年那场死亡威胁。

卡福尔的出生使沙卡里姆的生活发生了翻天覆地的变化。他不得不认真地从事个人家庭的经营。他必须维持家庭的生计。在传统生产方式的条件下，那就是竭力增加家庭的牲畜数量，除此之外没有其他途径可以使家庭致富。

但是，最使他痛苦的还是经常思索如何确立自己的创作道路。显而易见，他生活中的一个思想目标就是为人类的生存辩护，只是暂时沙卡里姆还在苦闷。他在不懈地思考真理，追求自我完善和寻找理想的途径，只是他的思索暂时还没有付诸行动。1883 年，两种选择趋势完全占据了他的思想：远古的传说和穆斯林的法典。历史资料在他开始收集哈萨克族人血缘和家族家谱时早已经记在了纸上。他所获得的许多诸如先祖以及伟大的哈萨克阿布莱汗的事迹都是从自己的祖父库纳拜那里听说的。当然这些口传的东西并不一定完全准确，但的确是活生生的资料。沙卡里姆所收集的家族资料后来被他记录在《突厥人、柯尔克孜人、哈萨克人与汉朝之家谱》一书中。该书于1911年出版问世。

当沙卡里姆在创作长诗、叙事诗《哈萨克人远祖》时，他在里面反映了哈萨克的历史、先祖、后代、汗、统治者和勇士的信息。这些信息的时间跨度从远古直至1723年准噶尔入侵之时。

后来他曾经告诉阿哈特说，如果将这些东西与《穆斯林法典》比较，它们的分量要轻得多。

"年轻时我想撰写哈萨克人的家谱，我读过了其他许多民族的家族史。我发现，当人们在'国家历史'中撰写沙皇和汗时，我，胆战心惊地写了关于突厥世界可汗的诗歌。那些语言是缺少学术性的。"

这或许是实情，但是难道诗体类作品就必须用学术性语言吗？

不论怎样，《哈萨克人远祖》一书中的历史资料还是十分有趣，从某种意义上讲是那样的无可指责。

古老的传说是他的第二个兴趣方向。这些传说是沙卡里姆从突厥语书中、说书人口中和健谈的老人那里获得的。这些完全可以构成一部历史小说。诗人决定按照其历史题材创作"纳尔达伊拉克和阿依苏鲁"爱情叙事诗。

他对穆斯林的兴趣最初主要是受祖父库纳拜的影响，祖父晚年一直致力于在家人之间传播宗教思想。但是对他影响最大的还是与阿拜的交往谈话。那时候阿拜沉迷于苏菲主义诗歌，在自己的诗歌中加入了苏菲主义形象。为了使自己的家人获得重生，阿拜在激发他们对安拉的爱的过程中构建了宗教美学学说。在自己的诗歌中他经常通过少女形象表达对安拉的爱，这是苏菲主义文化的基本要素之一。在他的所有主张中，他没有接纳苏菲主义本身，也就是其主张的禁欲主义，即对现实生活的苦难主张忍耐、屈从、与世无争。宗教作为一种仪式不足以改变阿拜。按照他的理解，宗教是用来鼓励人们的，而不是将人们拖离现实生活。阿拜改变了苏菲主义美学，在他的诗歌中含有极大的神秘主义色彩。

沙卡里姆体会到阿拜诗歌中的苏菲主义元素，他试图在自己的诗歌

《再无至诚相爱的⋯⋯》中体现它。此诗可以看作是他献给挚爱艾依卡莎的。在该诗中他非常鲜明地体现了苏菲主义的神圣少女形象——实际上就是安拉，真理——造物主或者承认安拉存在，真理的光明——来自安拉的光辉。后来诗人把这首诗收进了自己的诗集《我的信仰》。

　　虽然带有神秘主义的色彩，但这丝毫不影响诗人追求诗歌的抒情性。沙卡里姆确认说，爱情不是献给姑娘的：他钟情于真理的光芒。但是在潜意识中他还是想告诉人们世俗之爱，也正是这一点深深地吸引了我们：

　　　　再无至诚相爱之人——
　　　　死亡将他们变成了灰烬。
　　　　正是在那一刻
　　　　命运把我推到了你的面前。

　　　　我身上有你所期盼的一切，
　　　　它们的光芒伴随着我。
　　　　你能找到像我这样的信徒，
　　　　仅仅忠诚于一次爱情？

　　　　不，我不是喜欢姑娘，
　　　　而是真理耀眼的光芒。
　　　　你不能理解那种爱，
　　　　对于你其中神秘全无。

　　　　她近在咫尺却无法看见，
　　　　无需用眼睛去注视。
　　　　用心灵的眼睛去感受
　　　　她就在你心灵的深处。

　　里面所描述的一切是人们所期待的，但与我们不同的是他能够用"心灵的眼睛去感受"，能够塑造一个"爱与真理"的完整形象。现在，当忠实于自己妻子的勇士在自己的忠实簿上写上一笔时是极富深意的。

你想使我的爱情成熟，
那就单纯地向她靠近。
你要点燃自己的激情，
面对死亡勇敢而去。

你要牢牢抓住她，
不要轻易把她放弃。
不论还有多少激情诱惑
你都不要由它任意摆布。

如何才能获得完美，
请记住，还有什么会威胁到你。
她的短剑——我的愉悦——
将我可怜的心刺穿。

让那些相爱之人多一些
他们的心伤痕累累，
让邪恶世界的所有地方
被他们的热血冲洗干净。

让邪恶的灵魂
不去伤害相爱之人，
让这世界犹如天堂，
使我们免受下流恶习伤害。

　　沙卡里姆所做的最勇敢的事，是他通过总体剔除"下流恶习"的途径来拯救世人的思想。诗人的心目中爱的类型有两种：天上的和地下的。这不只来自苏菲主义的信仰，还来自欧洲的文艺复兴美学。此类苏菲主义诗歌沙卡里姆写了很多，人们对他的批评正如阿拜一样均来自于此。
　　精神追求在沙卡里姆的创作中占有越来越明显的地位，好像他准备在未来脱离世俗社会进入精神世界一样，只是现在仍然还在自己的"苏菲主义"诗歌中反映着隐秘的感觉。那些诗歌在 1890 年出版发行。抒情人物艰难地摆脱了尘世爱情的束缚，飞到天空躲在了天宫仙境。在那里他与自己心爱的人心心相印，正如东方叙事诗中列依丽和梅治努一样。关于这样的爱情，沙卡里姆写下如此的诗歌：

我能否为火焰加一块煤炭，
虽然心里还未有一点火苗。
我把心交给了所爱之人，
她断然拒绝，没有接受。

我的身体、信念早已给了她——
我生命中所有的一切
多年的积聚，
但她一点都不需要。
……
她的拒绝中有一种意思，
而我一下子却不能明白。
"当我死后才能成为你的人"，
这种诡计我万万没有想到。

就这样我死了。我们再次相聚，
从此以后永远相互厮守。
列依丽和梅治努出来迎接我们，
给以我们盛情款待。

你在有生之年与谁在一起，
那并非真正的爱情，她
情人，不符合爱情之法则
为虔诚的爱没有付出什么。

相爱之人不能称作女友，
激情之雾不能从此散开，
她非常可爱，但她的爱之中

充满了虚情、陷阱与欺骗。

（弗谢沃罗特·罗日杰斯特维斯基翻译）

假如说在《再无至诚相爱的……》一诗中含有对于上苍的爱情的话，那么在后期的诗歌中反映的却是实实在在来自于现实的爱。如诗中那些"身体""积聚""激情的云雾""陷阱与欺骗"等。

沙卡里姆拒绝继续担任乡长的时间到来了。后来他轻描淡写地说："接下来的选举我拒绝参加，我也不想再去担任这个职务。因为这个职务带给我的只是不愉快，也正是这个职务使我停止了追求知识和教育。"（沙卡里姆儿子阿哈特的回忆录）

终于，卸掉重负的沙卡里姆完成了自己早已寻思要写的第一首长篇叙事诗《纳尔达伊拉克和阿依苏鲁》。然而，18世纪爱情题材的戏剧始终还没有写出来。

在前言基本主题的预告中作者声明，家庭不和的原因通常是竞争对手的存在，是不能很好地处理情人之间的矛盾。最为不道德的是把自己的姑娘拿来换取更多的彩礼和牲畜，根本不考虑她们的爱情。实际上，在这里作者依然没有跳出传统的框架，故事中所有的事件还是在两个村子之间展开。沙卡里姆还没有达到自己后期所需的更高的哲学总结高度。从艺术角度看，《纳尔达伊拉克和阿依苏鲁》无法超越其后期的作品。

可是，许多研究者都苦于确定其写作日期。所有的现代出版物中都标明叙事诗《纳尔达伊拉克和阿依苏鲁》完成于1929年，而沙卡里姆的创作在当时已经达到了顶峰。批评家们认为，如果是那样的话，作家根本不可能写出这种作品。当1885年作者写完了叙事诗初稿后，沙卡里姆清楚地知道，作品还远远没有完成。阿哈特引用了父亲的话："在创作方面，叙事诗《纳尔达伊拉克和阿依苏鲁》远远逊色于《杜布罗夫斯基》与《列依丽和梅治努》。原因在于我自己有些着急。但是，如果把它改变成戏剧的话就会更加有趣了。"

简单地讲，沙卡里姆承认了自己在该作品创作方面的不足，但是并没有丧失在另一题材中有所改进的希望。

1929年在卡拉布拉克附近的萨亚特—柯拉冬歇时，沙卡里姆试图完善自己早期所写的叙事诗。年轻时的过失也是人类智慧的一个组成部分，对其销毁或使其完善都是绝对不可能的，着手写一部新的叙事诗倒还显得轻松自如。因此，沙卡里姆放弃了改写它的想法，这也就是现在的这个未完善的版本。作品日期也就顺其自然地成了 1929 年。

1885 年夏天，沙卡里姆 81 岁高龄的祖父、托贝克德家族最后一位正式首领库纳拜去世。在此之前，他早已经不问世事，远远脱离了权力争斗，认为这些不值得自己去争。他把有生之年全部用在了祈祷和思考之中，用在了考虑自己的宗教观和世界观之上。后来他身患重疾，随即就卧床不起。

库纳拜的离世带走了一个时代，也带走了草原所有家族的一位领袖，他的影响力曾经遍及整个草原辽阔的空间。一个新的行政机构组成了，该机构使哈萨克人之间相互敌对，使哈萨克人在狭小的地面上为草场和草地争斗。家族之间开始争夺这个在过去家族人眼中认为毫无意义的乡行政职务，他们认为这是可以迅速发家致富的法宝。过去的一切行为法则至此已经完全失效。因此，库纳拜这样的伟人离去实际上就是哈萨克历史上一个首领时代的终结。

按照穆斯林风俗安葬完库纳拜卡兹，在葬后宴上为其祈祷完以后，客人们四散而去。他们深信，一年以后他们一定还会回来。按照哈萨克人的传统，伟人死后的头周年祭奠必须举办规模浩大的纪念典礼，草原四面八方的人们都要前来参加祭奠活动。主人要为来客们准备上百个毡房供其居住，并安排相应的游戏项目，比如摔跤、长距离骑马追逐等。当然，少不了要宰杀无数的牲畜。

习俗并不是总会被人遵守，也不是所有人都能承受如此庞大的开支，但是，库纳拜不是一个平凡的人，他的儿子们也都不是没有钱的人，因此，整整一年时间里草原上都在谈论着即将到来的周年祭奠宴。人们认为这场祭奠宴肯定会超过 1851 年库纳拜为自己的父亲所举办的那场声势浩大的典礼。一年后，也就是 1886 年的 8 月，当他们得知阿拜做出了不为库纳拜举行周年祭奠活动的决定时，整个草原一片哗然。

他对亲属们解释说：“前来参加吊唁的人会异常的多，招待他们会开支巨大，家族村落会蒙受无法弥补的损失，而那些普通人家依然会陷入贫困。我认为，也许我们这次可以招待一大批人，也许里面有好多穷人，但是接下来这些穷人将如何生活？为什么我们不取消这次祭奠，用这些开销去帮助那些需要帮助的人，也许还能让这些穷人维持一年生计呢？”

他命令亲戚们将预先为祭奠所订购的礼物和牲畜送往谢米巴拉金斯

克。他和沙卡里姆一起在市清真寺召集了以长老为首的所有神职人员举办了纪念葬后宴。教长为库纳拜举行了祭奠祈祷。食品和财物按照事先计划好的发放给了穷人。

阿拜的这一举动在草原社会引来了铺天盖地的流言蜚语。大家异口同声地指责他不为库纳拜举行纪念祭奠宴，破坏了几千年来维持哈萨克人团结的传统习惯。著名诗人马什忽尔·朱苏普·克别耶夫（1858—1931）住在离巴彦阿乌尔不远的地方，是沙卡里姆的同龄人。他指出，阿拜表现出了很恶劣的性格特征。1889 年 12 月 1 日，他的观点以简讯形式刊登在了报纸《草原疆域》，为的是回应上面刊登的阿拜诗歌《夏天》。

马什忽尔·朱苏普·克别耶夫写道："报纸上这样对读者们申明。其中一首刊登的诗歌为库纳拜的儿子所写。从他的诗歌我们可以看出，作者不是一个穷人。然而，我们看不出来他有为人民做好事的愿望。我们听说，伊布拉吉姆的艺术超出了库纳拜的艺术。他自己也一直在强调要用事实来验证自己的艺术。所以，我们今天很难理解，到底库纳拜是活着还是已经离世。为了证实他还活着，应该需要有他活着的证据。假如说他已经逝世，也必须有他已经离开人世的消息吧？而实际上这都没有。"

马什忽尔·朱苏普嬉戏般地暗示了阿拜的所谓过失。按照传统，尊贵的人去世以后的消息是通过邀请邻居参加葬后宴而发布的。假如没有发出邀请，就表明没有人知道死亡的事情。这也就是说没有人死去，或者是说这个人完全是一个微不足道的人。

此外，当然还有不少人对此事极为不满。他们指责库纳拜的后人贪财吝啬，不愿意为葬后宴提供花销。表现最为强烈的是阿拜和沙卡里姆在自己的诗歌中抨击过的那些人，而他们的不满也促成了后来的诗歌，他们也就成了哈萨克历史中恶人的代表。后来阿拜以自己的讽刺短诗对这些攻击进行了还击，如著名的《致库列克的居民们》：

> 被打破头颅的不幸的领主们，
> 心灰意冷，我们就这样离去，无言地离开了自己的生活。
> 没有人因纸质的子弹而死亡，
> 生活中我们成了吹嘘者的靶子。

在这件事上，阿拜的母亲、库达伊别尔德的遗孀博达塔依支持了他。众所周知，她是一个坚强、率直的人。库纳拜去世后她忏悔道："我是多么地使丈夫的家人难堪呀。我说，我们现在无依无靠，没有人关心我们、帮助我们，但是，他们忍受了我的指责，依然尊敬我们。我的话也牵扯到了库纳拜。我也为阿米尔的死曾经记恨过库纳拜。在塔杰走后我的灵魂惩罚了我，使我双目失明。那时候，我来到他的坟前，抱住了墓碑，请求他的原谅。我抓起了一把土，用泥土擦了擦我的眼睛。后来，我的视力又恢复了，只是一只眼睛里还有一点白内障。塔杰曾经是一位穆斯林，他一直在帮助穷苦人。假如你用葬后宴所要宰杀的牲畜来帮助穷苦人的话，那他一定会非常高兴。"

拒绝为库纳拜举办葬后宴这件事情更使哈萨克人对阿拜产生了怀疑，他们认为他是一个难以捉摸的人。一些凡夫俗子说："库纳拜的后人轻而易举地造成了民间的分裂。尽管他们全年在供养着穷人，但是他们在帮助穷人的时候却忽视了那些没来参加葬后宴的富人对他们的不满。他们不可能面面俱到，既照顾这个又照顾那个。"

很明显，热议这件事情的人们带有典型的游牧思维特征。哈萨克人永远不可能弄明白，他们怎么能不举行安葬死者的仪式，怎么能不为此而宰杀牲畜呢？但是，阿拜拥有超乎常人的智慧。他明白，实际上，这是不同文明间的冲突。举办葬后宴的传统来源于哈萨克人的突厥源根。这是古代腾格里人的传统，这还是多世纪以前当突厥人先祖臣服于永恒的蓝天、归顺于腾格里天神的时候遗传下来的。在 19 世纪游牧经营方式发生经济危机的条件下，举办如此规模的葬后宴可以使任何一个家庭破产。阿拜之所以拒绝举办耗资巨大的葬后宴，其初衷是为了终止这种沉重的传统行为。穆斯林教提倡葬后宴简朴节俭，这也就暴露了腾格里与伊斯兰传统的冲突。这样的冲突自远古时代开始一直延续至今。

那时候，在哈萨克人的精神层面里突厥与伊斯兰因素交织在一起，有其特殊性。记忆的原型不允许人们顾此失彼。

实际上阿拜家的财富对举办这样的葬后宴来说绰绰有余，但是他早已经决定要彻底根除人们观念上的偏差。因此，他决定先从自身做起。

自 1887 年开始的 12 年里，沙卡里姆一直被选为毕伊①，他一直行使乡长和首领的权力，忙于处理各种纠纷和冲突。

---

① 突厥人（哈萨克与柯尔克孜族）民间领袖，这是一位德高望重、非常聪明、公正廉明的人。当部族、部落之间产生纠纷时由他来听取双方的陈述而做出决断。

　　这一切并没有影响他对文学的追求。图拉古尔写道（《我的父亲阿拜》）："那些年代终于到来了，那是我们追求知识的年代。在我们的谈话中除过知识再无其他话题。当然，我们中间少不了沙卡里姆。我们像刻苦认真的学生一样听阿拜为我们上课，就如穆斯林学校的信徒一样虔诚。我们对于真理的争论更是无休无止。"

　　木合塔尔·阿乌艾佐夫对于图拉古尔的叙述做补充说（《阿拜的亲属和他的生活》）："自1889年起，对于求知心切、诚服于阿拜的学识和人品的年轻人来说，阿拜的村庄就是一所最大的教育场所。阿拜，是一位老师，而学生就是前来接受他授课的一帮个性张扬、精力充沛的年轻人。阿拜成了其亲属和年轻一代的严肃的教育家。他想让那些人摆脱自己一生所见过的、所经历过的一切不好的东西。他希望通过自己的切身经历、用自己的语言来指导学生走向仁慈仁爱的道路。他讲述自己的亲身经历，从不漏过任何一个细节。他讲述自己的感受、自己的失误时，更不推卸责任。他的目的是让年轻人不再重复自己的错误。而对于他自己在诗歌中所体现出来的每一个真理，人们都要用自己的话语表述出来。所有的交谈自始至终都围绕着如何走上纯净的人生道路这样一个主题进行。公正、正直、博爱、崇高的荣誉、理性与批判性，这是一个真正的人应该具有的基本品质。他永远都是这样教育人们。"

　　像阿拜这样正规的诗歌学校以前从来没有过。事实上，他自己也从来没有要求过别的诗人承认是他的学生。但是，他从来没有放弃过对年轻诗人的诗歌进行了解的任何一个机会。他不仅说出了自己的评语，而且也提出了对诗歌风格、形式和手法进行完善修改的建议。他不厌其烦地指导沙卡里姆的写诗技巧，尽管沙卡里姆本人已经自成一家。

　　慢慢地，在阿拜周围聚集了一大群希望献身于诗歌创作的富有才华的哈萨克青年。

　　这所技能学校并非始终都这样运行。年轻人可以一个人来，也可以结帮来到老师跟前。有时候他们也会直奔几十公里之外的老师做客的村子里。

　　他们被阿拜诗歌的魅力所感染。有时候一个句子就可以产生美感，而且这种美感不仅没有转瞬消失，反而更加令人难以忘怀，成为一种自身的本能感受。这种感受使他们觉得周围的世界是他们与阿拜共同创作的诗歌的投影。

　　年复一年地在阿拜这所学校中与阿拜老师共同探索文学创作的结果是，除沙卡里姆以外还冒出了五位天才的弟子。

　　阿拜对年轻诗人的培养并不局限于诗歌创作方面。1889 年秋天，阿拜给学生们布置了创作叙事诗的任务。他提醒他们说，按照东方诗歌准则，真正的诗人应该在自己死后留下至少五部叙事诗。学生们接受了阿拜的倡议并开始一起创作叙事诗，诗歌的题目与老师一起商议确定。沙卡里姆被确定创作关于卡尔卡曼与马梅尔的历史剧，这对他来说极其容易。在他的眼前时刻浮现着自己钟爱的故事《一千零一夜》中的各种场景。他赋予了每个主人公鲜明的性格特征，并以他们的热情感受生活。1890 年春天来临前，他完成了叙事诗《卡尔卡曼与马梅尔》。该诗一下子就在读者中传播开来。1912 年在以《哈萨克语历史叙述》命名的叙事诗初版的前言中，沙卡里姆签署了笔名"被遗忘的"并解释说：

　　"这个故事实实在在地发生在 1722 年，当时在卡尔马克人侵的'大灾难年代'前，我们哈萨克族的中玉兹部落正在锡尔河两岸边生活。

　　"尽管过去哈萨克人对待卡尔卡曼与马梅尔不是那么友善，但现代人都能理解这些，知道他们没有错，并在自己的祈祷中为他们赎罪。

　　"死者不能复生，但是熄灭的火可以复燃。正因如此，我们在你们面前重提 190 年前的历史——那已经快从长老的记忆中消失的历史。虽然相爱的双方都已经死去，但是我希望他们能留下一些痕迹。请记住，我们的足迹也会被遗忘的……"

　　《卡尔卡曼与马梅尔》是依据传统历史所描写的一部最早的文学叙事诗。该诗修辞精确，思想随情节贯穿始终。按照故事发展，其精神层面的东西有点矛盾。一方面是因为古突厥的信仰，另一方面则是因为穆斯林传统习俗。总而言之，该叙事诗具有很深刻的思想性。

　　构成故事的情节是民间传说的托贝克德家族中年轻人的爱情故事。马梅尔是一直期盼生儿子的富裕家庭的独生女。因此，可想而知，他们要求女孩子女扮男装。这位女孩自小就像草原骑士那样骑马奔驰，丝毫不惧怕各种畜牧活，并且喜欢那种生活的从容不迫的节奏。

　　卡尔卡曼是安聂特—奶奶的外甥，是哈萨克社会中最有影响力的人物之一。年轻人相互爱恋，但是姑娘警告他说：

　　　　血缘相近者过去从来没有联姻，

我们这样到死都会被人斥责。

我倒不是为自己担心，而是为你担忧。

我宁可自己死去，也要你好好活着。

主人公被推到了非常艰难的处境。一个家族内部的年轻人相爱了，但是同一个家族间的婚姻自古对于哈萨克人来说都是不允许的。先辈们所规定的近亲不能成婚，即今天的科学术语"外婚制"，目的就是避免近亲结婚所带来的致命后遗症。当然这个重要传统习俗还有一个隐情，那就是近亲不联姻，只与其他家族联姻，而且是越远越好，这样的婚俗制度，毫无疑问，加速了居住在辽阔草原上人民之间的团结和统一。哈萨克民族的各个部落和家族正是靠这种方式联系在一起的。

但是，卡尔卡曼竭尽全力来证实古老道德规范的荒谬性。他安慰自己心爱的人说：

哎呀呀，我亲爱的马梅尔，你在说什么呀……

我对你保证——伊斯兰教义允许自己的子孙结婚。

你不必难过，这都是迷信。

假如你真的喜欢我，就答应我的请求吧。

年轻人说得没错。伊斯兰教义允许近亲间通婚，但是，穆斯林教在草原上并不是处处占有主导性的地位。先辈的遗训依然在哈萨克人祖祖辈辈的记忆中存在。伊斯兰教规在这里丝毫不起作用。

当卡尔卡曼偷偷地带走心爱的姑娘以后，长老审判团给其定了死罪，因为他违反了道德准则。姑娘家里很有声望的科克纳伊态度尤其严厉，对此事丝毫不能容忍。

时间在不断流逝，有一天马梅尔出现在了自己的村庄。科克纳伊毫不迟疑地当着所有人的面，直接用弓箭射入了她的心脏。马梅尔正在经受着死亡的折磨。叙事诗不仅是主人公情感的抒情表现，而且反映了周围世界的状态，在这个世界中邪恶依然占据着很重要的位置。违规的婚姻似乎已经被终止了，这个男人也好像平安无事了。然而，姑娘的家人给安聂特—奶奶下了最后通牒："我们惩罚了不听话的女孩子，现在该你们解决变节者的事情了。"

　　草原检察官的要求与理由大家都很清楚，他们的目的就是杀一儆百，让其他年轻人以此为戒。马梅尔的死并不是绝对意义上的死亡，人们期盼爱情的愿望与女主人公一样并没有丧失。

　　安聂特—奶奶不得不采取双方都能接受的不寻常决议：卡尔卡曼必须骑马越过科克纳伊，科克纳伊张弓搭箭来射他。

> 奶奶的心冷却成了冰，
> 在维护无罪之人时，并不希望违背命运的安排。
> 现在，你们都起来反对阿拜？

　　在作者的自我评述中，沙卡里姆将自己当时内心的反应借助 18 世纪的历史状况反映了出来。他忽略了阿拜生活的真实情况，将他的名字写入了自己先辈中著名人物的行列。先辈中的每一个人物均具有人类最崇高的精神境界，与保守的生活环境格格不入。在选择恭称"您"时，沙卡里姆强调说，哈萨克人的历史非常悲惨，因为他们纵容一切邪恶与无知。

　　与此同时，沙卡里姆毫不掩饰自己对所描述事件的态度，虽然这些事件都不是简单平凡的。一方面，他是一个虔诚的穆斯林；另一方面，他自小就从母乳中汲取了草原世界的规范——遵守古老突厥前辈的传统与法规。因此，沙卡里姆既没有批评卡尔卡曼与马梅尔，又没有无条件地站到他们那一边。他对待古老法规的维护者科克纳伊也是持这种态度，虽然其被称为另一种宗教体系的坐标式人物。只是人们做出对卡尔卡曼的严厉判决时，作者不赞成托贝克德家族的残忍，他认为，这完全就是一种赤裸裸的暴行。

　　但是，或许是卡尔卡曼座下的马匹奔跑如飞，或许也是心爱的人死后上天在眷恋这个可怜的男人，科克纳伊的箭没有一支能够射入卡尔卡曼的心脏，他只是受了伤。根据这一点我们可以看出：家人们只是看到了相爱双方的行为，而真主却看透了他们的心。卡尔卡曼立刻离开故居远赴南方，目的是远远地离开托贝克德家族的人们，因为是他们杀死了自己心爱的姑娘。离开故乡时主人公唱道：

> 无罪之人的痛苦不会轻易过去，
> 卡尔梅克人会对你们带来双倍的打击。

没有了马梅尔这个世界上还有谁再需要我？

我是无罪的，我与她永远都会在一起。

卡尔卡曼的预言不久就变成了现实。第二年春天，准噶尔（卡尔梅克）人入侵哈萨克草原。相爱之人的不幸成了整个哈萨克草原的灾难。沙卡里姆关于卡尔卡曼与马梅尔爱情的叙事诗具有草原人民历史事实的文学证明特征。

卡尔梅克人赢得这场战争，

三分之二的哈萨克人被杀死。

他们在锡尔河流域无法立足，

只能西逃萨雷—阿尔库流域。

诗人的"历史性"思想在诗歌的各章节都有体现。他相信，卡尔卡曼的后人会有机会看到这些，他们也会在成吉思坦乌寻找到他们的亲人。

据传，在某一个春天，有一个来自谢米巴拉金斯克清真寺四处传教的毛拉①在阿拜家做客。

来访的毛拉对沙卡里姆为他读完的《卡尔卡曼与马梅尔》诗歌极为不满。按照他的看法，一个真诚的穆斯林不应该歌颂先辈那些违反教规的习俗，而那些习俗在《古兰经》中丝毫没有提及，因此这些东西没有存留的价值。沙卡里姆回答说，他没有去歌颂祖先的习俗，只是把当时人们的所作所为展现出来。

毛拉在极力反对的同时提醒沙卡里姆说，不应该去表现那些古老的谬传，而应该专心致志于做礼拜，做一个忠实的信徒。也只有伊曼（信徒）才能致富，因此，必须遵循形成这些规范基础的法规。第一条法规是，穆斯林必须接受安拉，并承认他是唯一的神。第二条法规是，每天都必须完成乃玛孜②和祈祷。另外就是，将自己的所得分配给穷人，严格遵守斋戒，最好是完成朝觐。

———————————

① Мулла（владыка）— 毛拉，伊斯兰教宗教人士，一般是从信教者之中选出。

② 乃玛孜——伊斯兰教的基本功课。指穆斯林为增强自己的宗教信仰，体现和坚定内心信仰而必须履行的一套宗教仪式和制度。它共有五项：念、礼、斋、课、朝。

阿拜打断传教者的话说道："你说的这些我们都知道。你最好是在这些教规中加入对人民的启蒙，那样的话你就学会了如何成为一个对待先辈习俗有耐心的人。"

毛拉的脸色阴郁起来并皱起了眉头。

阿拜见状立刻安慰说："要知道，真主给了我们每一个人智慧，目的是让我们能够学习和掌握科学。而实际上，一个没有真才实学的人，根本就谈不上什么真正的信仰。我深信，没有知识就没有我们所说的真正的信仰和财富。没有知识，任何的乃玛孜、斋戒和朝觐都不可能达到真正的目标。无知者只想通过争夺来致富，而我至今还没有见过任何一个通过争夺而致富的人。我可以这样讲，靠不择手段获得的财富必定会被毫不珍惜地挥霍掉，而不会用来帮助别人。

根据神学之争的印象，沙卡里姆后来写下了诗歌，此诗至今被当作经文。他不打算反对毛拉，反对穆斯林在哈萨克草原的堡垒，反对古宗教的拥护者。他也不打算去复活腾格里①教规。他不想去歌颂古老的真主，尽管他们就如雅典的真主一样看到了世界的光明。沙卡里姆本能地感受到了古代取之不竭的思想内涵——这些历经几千年的突厥历史，但是他没有考虑去反驳伊斯兰教。

此诗就如叙事诗《卡尔卡曼与马梅尔》的后记一样，是作为对伪善的伊斯兰外衣下的争执问题的回应。但实际上并不止于这些，该诗反映的是草原上的两种信仰，关于这一点乔康·瓦利汗诺夫（1835—1865）曾经给彼得堡的阿波龙·马依科夫写过信。回到沙卡里姆的诗，我们发现该诗是由三个部分构成的。在第一部分，诗人塑造了"狂人"的形象：

> 假如狂人臣服于腾格里，
> 石头偶像就被看成了真主，
> 那就成了他的忠实仆人，
> 炽热的信仰就不会改变。
> 假如寻找荣誉与利益，

————————

① 腾格里在蒙古语叫作 Mongke Tengri，在蒙古民间宗教里腾格里神（天神）是最高的神。在维吾尔族古老神话里也是天神，在突厥语民族中间所见到的那样，腾格里被认为是世界与人类的主宰。柯尔克孜族也保留有渊源于原始宗教萨满教的有关腾格里（天神）创造宇宙和人类的神话。

> 他知道，什么是名誉，
> 不要赞誉，不要胡思乱想，
> 唯一要做的就是满足现状。

　　这位信徒关于他所生活的这个世界的想象是那样的自然和无私，而对于身处贪欲桎梏之中的伪善与庸俗的毛拉也没有什么不敢说的。这个伪君子的形象在第二章节中体现出来了：

> 毛拉，请不要如此惊讶，
> 为什么他就会升入天堂。
> 你，口是心非之人，你无须怀疑，
> 你将为自己的命运郁郁寡欢。

> 你白白地崇拜真主、金钱
> 请你回答：
> 这一切有没有好处
> 像这样一百年地坐在清真寺?!

　　在最后一个章节中，诗人展示了自己关于将信仰作为一条光明途径的发现和启示："神圣的人——狂人"。他以此来对比腾格里形象与坐在清真寺里的念经人。沙卡里姆说道：

> ……他的信仰——光明的道路，
> 走上这条道路就已经很难回头。
> 虽说邪恶充斥了你的胸膛，
> 他将在天堂苏醒——获得重生。

　　在此之前，沙卡里姆早已经是萨雷—阿尔库家喻户晓的诗人。他的诗歌被许多有文化的人争相传抄。保留下来的精通哈萨克文学的萨都阿卡斯·穆萨乌雷的笔记本里面就记载了阿拜、卡拉乌雷家族的阿雷斯坦、托贝巴依阿肯、沙卡里姆、马什忽尔·朱苏普·克别耶夫以及萨都阿卡斯·穆萨乌雷本人的许多诗歌。笔记本的内容记录于1884—1891年，现保存在圣彼得堡萨德科夫·谢德林图书馆的 A. H. 萨莫伊洛维奇档案馆里。

许多现代人被沙卡里姆那些描写草原文化时采用的极不平凡的哲学诗体风格所震撼。比如，《真理与谎言》（1889 年），诗歌的名字以两个相互对立的字来命名，诗歌以这样的见解而展开：

> 请你告诉我，禅房中的思想和智慧在哪里？
> 它们是以何种形式而存在？
> 认识、喜欢、相信——奇怪的理性，
> 什么时候它们才能给人带来好处？
> 我们用耳朵倾听，用肉体来感觉。
> 我们用眼睛来看，用鼻子来闻，
> 舌头——作为嗅觉器官。这一切都是他们的信号
> 我们的智慧到底是为了做好事还是仅仅为了鉴别坏事。

毫无疑问，这是沙卡里姆本人思想的写照。他将这些问题提出并展示在自己的诗歌中，虽然这些哲学思想不像各个时代哲学家们那样的深邃，因为他自己也只是不久前才接触到了西方哲学家的著作和了解到了东方诗人的哲学抒情诗。对于智慧的渴求将他带入了认识的迷宫。生活的永久性问题随其灵感自然产生，就如深夜草原上的闪电一般。他勇敢地尝试了哲学诗体写作，并自问自答。他因此而高兴，也因此而惊讶，他困惑不解并对照隐喻象征，就如诗歌的标题那样对照真理与谎言。

不过，最好的哲学诗歌还在后面。沙卡里姆目前关注的是叙事诗《叶丽克与克别克》的撰写，这首诗起初被他简单地命名为《不公正的惩罚》。

犹如《卡尔卡曼与马梅尔》一样，叙事诗《叶丽克与克别克》初版发行时沙卡里姆也写了前言：

> 描述历史的出发点就是 1870 年左右发生在马迈家族与托贝克德家族之间的冲突。尽管当时伊斯兰教法典规定父亲选择许配女儿的权力等同于伊斯兰教法典。法典规定，父亲不能只关心自己的利益，而应该以女儿的幸福为宗旨。换句话说，伊斯兰教法典不提倡哪个人为了自己的利益而卖掉自己的孩子，毫不考虑孩子的幸福。在思考这个

问题的过程中，我已经不打算确定叶丽克与克别克是有罪之人。

　　叙事诗的主要部分由作者形象的语言所描述的爱情故事构成，但是没有受到所描述的爱情故事的限制。沙卡里姆用极其明艳的色彩勾画了那个时代的情景，主要目光集中于传统社会中的矛盾习俗，由此我们可以看出该诗为什么会被现代人所喜爱。要知道，在19世纪末像沙卡里姆描述的那种事件在草原上时有发生。女孩子经常被许配给不喜欢的人为妻，目的是获得更多的彩礼，也就是得到实惠。其中有谁能像叶丽克一样勇敢地起来挑战父亲的权威，选择自己喜欢的人？实际上，对抗多个世纪所形成的草原社会传统习惯是要冒巨大的风险，甚至是生命危险的。

　　叙事诗中的法律基础很简单：那就是在传统的哈萨克社会，离婚原则上是不允许的。丈夫没有权力抛弃自己的妻子，让其自食其力、听天由命，哪怕他已经爱上了其他女人。他唯一能做的就是自己解决这个问题，也就是娶这个女人为自己的第二个妻子，但前提是必须要完全保障第一个妻子的生活所需，给她提供单独的毡房或者是一个村庄。如果不这样做，他就要受到规约的审判，因此而损失更多的财物。同样，妻子也没有权力离开丈夫和别人相好，更不能像男人那样拥有两个丈夫。假如她离开丈夫而投奔其他男人，那么，草原的法官就要求接纳她的男人缴纳很多的赎金（赎金可以是牲畜），或者要求这个女人回到丈夫身边。处决变节者的事情是极少的，但是这样的处决就发生在了叶丽克与克别克身上。

　　沙卡里姆是一个敬仰传统的人，他没有提出如何摆脱这种残忍的古老强制性方式的方法。这一切随着时间的推移得到了改变。到了20世纪，苏联政权从根本上清除了草原社会的一切旧习，甚至包括哈萨克人心里面的一切。而现在仅存的一些习俗也只是在某些方面，诸如婚礼和葬礼上得到零星体现。

　　凭父母意愿许配女儿的传统在今天已经完全不存在了。然而，叙事诗《叶丽克与克别克》作为真正的文学仍然颇受欢迎。在该诗中一切都是那样环环紧扣、逻辑严密，没有任何的偶然现象。因此，个体的爱情故事成为宇宙间的稀奇怪事，《叶丽克与克别克》——一部追求幸福的叙事诗。该诗以一个微小的哲学思考而开始，但是它对于整个民族来讲是一段极其重要的历史记忆。这里就是其中的一个片段：

去另一个世界的人——离我们越来越远。

假如我们不再想他，他就这样地走了，从我们眼前消失。

但是，他留下的足迹不会就这样轻易地湮灭，

因为他用自己的热情还在温暖着我们。

后来，就像对叙事诗《卡尔卡曼与马梅尔》的历史性讨论一样，需要以解决 18 世纪事件的政治视角来对待。作者全面展示了准噶尔人入侵后以及后来驱逐入侵者时哈萨克人的生活情景。为了对某些地方做些补充，沙卡里姆介绍读者参照自己于 1911 年出版的《突厥人、柯尔克孜人、哈萨克人与汉朝之家谱》一书。

作者简洁地介绍了托贝克德家族在肯金拜的率领下回到了成吉思坦乌。托贝克德家族与玛塔人之间关于草场的争夺一天天加剧了，甚至演变成了敌对争斗。正是在这种状况下，勇敢的克别克勇士与美女叶丽克邂逅。

预言家纳桑曾经预言说，托贝克德家族的克别克会因为一个漂亮高挑的姑娘而死去。就这样，克别克在雪夜草原上带金雕狩猎时迷了路。当他发现雪中过冬的玛塔人时，在那里遇见了一户人家：一对老年夫妇、一个青年牧人和美艳绝伦的姑娘叶丽克。

在第一个夜晚，当家人们熟睡以后，姑娘告诉了小伙子自己悲惨的生活境况。她经人做媒被许配给一个巴伊亚人的儿子，姑娘一点都不喜欢那个人，甚至特别恨他，不希望这个男人靠近自己一步。"壮士，你说说，还有谁能比我更为不幸？"姑娘哽咽着说道。面对突然出现的小伙子，姑娘毫不掩饰地说出了自己的心事，因为她已经爱上了他。

今天你受真主指派来到这里，

我听到过关于你的很多传说。

整夜都在期盼，

期盼你能够像一个粗人那样闯入我的毡房。

如果你爱我的话，我就随你而去，

这样的痛苦折磨着我自己。

我不想做你的情人，我要你娶我为妻，

你是否能为我许下诺言？

克别克为此大吃一惊并开始有点担心。他小心翼翼地选择自己所要说的话，耐心地劝说这位姑娘，就像是在考验她一样。他说，年轻的丈夫懂事以后一切都会变好的。叶丽克冷笑着说道：

> 你的话太令我惊讶。
> 夜间的你完全变了模样。
> 你喜欢别人指示你：
> 你甘愿被奴役，假如没有力气？
> 如果无法许下诺言，那就不要为难自己。
> 你觉得我可怜吗？好了，不要再追逐我了。
> 我知道，怨气不会一下子就过去，
> 但请你不要忘记我说的话。

生活的现状和内心的原则使克别克不得不保持冷静。因为两年来玛塔家族与托贝克德家族相互敌视，都在等待时机开战。假如他现在，在这个夜晚带走这位姑娘的话，玛塔人会立刻追赶并掠走托贝克德家族大量的牲畜，两族间的积怨会越来越深。姑娘不愿接受勇士所推测的事情发展的情形，她只是一门心思听从自己的感受：

> 谁知道，明天我们会在哪里，
> 我们能够相互找到对方？
> 你说，人们会因此打斗，
> 当一个男人在草原上带走自己的女友？

沙卡里姆笔下的主人公，就像莎士比亚笔下的罗密欧与朱丽叶一样，勇敢地站起来反对社会的偏见、反对旧习，他们以逃跑和离家出走的方式来证明自己的爱情和幸福。在爱情与草原的陈规旧俗之间，他们选择了爱情，因此他们受到了部落头目的死亡审判。

在那个时刻，一切都取决于托贝克德家族的首领肯金拜。至高无上的肯金拜，令沙卡里姆无比崇拜和尊敬的人，却做出了那样的决定。对于家族来说，和平远远重于两个相爱之人的生命。因此，托贝克德家人告知了玛塔人他俩的藏身之处。实际上，他们不只两个人，而是三个人了。叶丽克已经生下了儿子。玛塔人立刻抓住了叶丽克，夺走了孩子并围住了克别克。克别克用匕首奋力抵抗，但最终还是受伤被俘。

逃亡者被五花大绑送到阿希苏河方向的阿克邵金山脚下，在那里部落的头目乃蛮等待着受审者。审判席的场景深刻地反映了人性与兽性之间的冲突：

　　　　一些人希望用石块砸死他们。
　　　　另一些人要求将他们抛入深渊。
　　　　最后的判决是用绳索套住他们的脖子，
　　　　拴在马尾巴上拖死。

当人群围住这一对情侣时，"就好像是在宰杀一头多余的牲畜一样"，叶丽克看到这一切（知道死亡不可避免），请求人们答应她的三个愿望：

　　　　一是让他们两个相互告别。
　　　　二是将两个人合葬在一起。
　　　　三是孩子是托贝克德家的血脉，请把他交给肯金拜本人。

叶丽克的请求被答应，可怜的情侣被捆住了双手，他们当众相拥在一起。

他们被绳索套住脖子，拴在了马尾巴上。在众人"玛塔①！玛塔！"的呐喊声中，骑手们开始驱马飞奔。就这样叶丽克与克别克悲惨地死去了，而孩子的下落无人知晓。

但是，在民间，人们对他们却持有同情的态度。

第三节　生命在流逝

毫无疑问，沙卡里姆所描述的现实是那样的有益和有利，也就是说，那是从另一个角度来展示现实中所存在的东西。

在随笔《真正幸福的写照》（1918 年）中，沙卡里姆简单地勾画了

---

① 玛塔（Матай）——纳伊曼部落巨大的一个哈萨克家族，属于中玉兹。

自己愿望的演变：

> 我还没有来得及尽情体会年少的快乐，就被另一种幸福所环绕。我身处草原那些被人崇敬的男人中，参加他们的会议，倾听他们的发言与讨论，我真正地与"幸福"结了缘。这种幸福就是不同类型的所谓"公民身份"。难道这一点还不够诱人吗？在鞭策自己和承认自己的同时，我投入了战斗，好像是身边围满了敌手。

> 尽管在这件事情上获得了许多智慧和方法，但我的内心还在期盼着什么，我总是感觉到有什么缺陷，也就是我缺少另一种"幸福"，那就是财富。实际上，没有财富一切会变得不那么吸引人，一切会变得没有出路。我对自己喊道："我的天哪！难道我就不能像别人那样做到这一切？"下定决心做起来吧，我会获得成功的。

40 岁前，也就是 1898 年前，沙卡里姆还在担任"毕伊"职位，在此期间，他专心致力于财富的积累，因为他很清楚财富对于家庭的重要性。每一件事情，比如像冲突、与邻里和解、家庭重大庆典、祭奠、儿子们的婚礼等都需要巨大的开支，换句话说，需要大量的牲畜。

毫无疑问，他对自己算了一笔账。他清楚这件事情需要花费时间，也就是占用他的创作时间。那又能怎么办呢？他不得不为此做出牺牲，不得不认真地对待这件事情。沙卡里姆依然没有中断诗歌创作，尽管后来他在 1890 年前后写下的诗歌没有留下多少。很明显，那时候诗歌创作已经成为他生活中的第二要务，因为他每天要承担繁重的家庭经营事务和处理各种纠纷。

几年过去了，沙卡里姆陷入了痛苦与烦闷。他决定调整状态，从这些事务中走出来重新开始自己的创作。他是否还有机会放弃职务和经营不顾一切地去创作？显而易见，这是绝对不可能的。当然，机会后来终于来了。那就是当他的大儿子长大成人开始分担家庭责任并能够给家庭带来稳定收入，使家庭过上小康生活以后。

沙卡里姆被繁忙的事务拖累以至于暂时未能实现自己的创作意图，这使阿拜非常着急。有一个情景可以来证明阿拜关于生命之旅的哲学性的深邃思考，沙卡里姆是这样对阿哈特讲述这个情景的：

　　夏季放牧时我来到了阿拜居住的村庄。毡房中聚集了很多长老，他们是阿拜的同龄人。当我走进毡房与他们问完好以后，阿拜喊了起来："说曹操，曹操到！太好了，你来了。我正在对大家说你呢，说你被事务缠身没机会和时间去学习知识。因此我决定替你做主，帮你实现你朝思暮想的愿望。一个人在40岁以前应该充实自己的知识，这样到了40岁他就会成熟稳重，拥有自己的判断力。再过三年你恰好40岁。你已经掌握了东方语言，现在你应该在三年内学好俄语。至于一切费用和花销由我来承担，你就准备上路吧。怎么样，你同意我说的吗？"我回答说："如果您能承担一切费用，那我为什么不去追求知识呢。但我究竟该去哪里呢？"阿拜说："希腊雅典的学术精华全部集中在伊斯坦布尔，你可以在那里获得你所需要的东西。阿拉伯文化知识集中在麦加，不对，照我看是集中在麦地那。还有就是你必须去一下埃及的亚历山大图书馆。去完这四座城市，游览完历史名胜古迹，收集完你所需的书，填补了你的知识空白，那你就回来。买书的钱和旅费我全部给你。假如你同意，那我们就握手。"握完了手，阿拜对在座的人说："你们全都看到了吧？沙卡里姆同意了！""看到了！"在场的长老们回答道。

　　在还没有与乡上说好以前，阿拜就对自己的学生沙卡里姆拟定了摆脱乡镇事务的计划。至于哪些具体的科学与学术机构应该去拜访，说实话，阿拜自己也不清楚，他自己也没有一个完整的想法。但是，可以深信的是，伊斯坦布尔、麦加、麦地那和亚历山大图书馆会为这个来自成吉思坦乌的心灵纯净的新学生打开无价的知识宝库。阿拜与沙卡里姆同样都拥有神圣的愿望去获得人类所创造的智慧，他们想去打开通往世界知识宝库的大门，也力图去打开通往人们内心世界的大门。他们被列夫·托尔斯泰所谓的"妄想的能量"所驱使。他们在做着一种全新的选择。

　　当然，这些长老们、阿拜的朋友们，在这所诗歌学校起不到绝对作用，但是，他们却能给阿拜的家和这所学校带来一股清新的热爱生活的风气，他们是忠实的听众和鉴赏者。

　　假如真的要对这所诗歌学校的学生划分层次的话，那我们不能不考虑木合塔尔·阿乌艾佐夫于1934年刊登在哈语版杂志《文学舞台》上的文章《诗歌概论》中对他们所做的评价。阿乌艾佐夫非常严格地列举了学生的名字：

　　好学生只有四位。其中两位是阿肯尔拜与马卡乌伊亚，他们是阿
拜的儿子。这两位都死于 1904 年，与他们的父亲同年去世。另外两
位学生是科克拜与沙卡里姆。这四位才是阿拜真正的学生。他们在老
师那里获得了全方位的教育，他们除了是阿拜的读者、传播者和诗歌
与散文的评价者以外，还都在阿拜的指导下有各自的创作。

　　阿乌艾佐夫缩小了阿拜学生的范围。事实的确如此，真正的作家只有
在离世后才能成名，条件是他的作品必须永远吸引读者。

　　但是，阿拜学校是一个广义范围的学校。后来的研究者对阿乌艾佐夫
所列的学生名单加入了以下名字，他们是卡吉塔依、图拉古尔、阿里普、
阿肯歌手伊曼巴萨尔·卡扎卡布雷、诗人及歌手纳伊曼拜乌雷以及阿拜的
孙子阿乌巴吉尔、儿子阿吉尔拜——他是一位后来书写了许多讽刺幽默诗
歌的讽刺家。

　　不过，学生们从来也没有考虑过对自己进行分类。他们自己怎么能够
对自己分类呢？有谁能够在那样的年代有能力来确定哪些人是优秀的诗
人，哪些人是著名的作家呢？况且在那个时代就连"诗歌学校"的叫法
也不流行。在阿克邵金或者热洁拜都没有悬挂着"阿拜诗歌学校"的牌
子。年轻人只是口头互相召唤："我们去阿拜那里！"这种说法证明了阿
拜拥有精神文化知识的事实，也就是被公认为大师的事实。沙卡里姆在
《致年轻人》的讽刺文中复述了这种召唤：

　　年轻人，希望走特殊的道路，
　　我们应该脱离过去的方式。
　　财富永远不会离我们而去，
　　我们应该追求个性的自己。
　　决定吧，你觉得自己应该跟随哪一位
　　哈萨克人中的佼佼者。我们应该去找寻
　　那些拥有世界真正知识的人。
　　我们已经厌烦了那种无欲无求的生活！
　　……

虽然我们一直在召唤——但是我们的周围全是一些无知的人。
我们恳请阿拜，同意我们去他那里吧！

　　诗人在此所说的召唤有两层意思：一是现代年轻人应该关注如何寻找一种特殊的途径；二是作为这条途径的捍卫者，诗人本人提出新的精神价值体系。沙卡里姆认为，"真正掌握知识"的个体游离于"最优秀的哈萨克人"之外。

　　与老师达成了赴东方文化中心探寻知识的协议后，沙卡里姆像过去那样抱着极大的热情开始自学。与此同时，他的事务性工作也没有完全搁下，只是不像过去那样频繁地去参加那些诉讼审理，而是大部分时间待在家里看书和写作。家庭的一切事务都交到了长子苏菲杨的手上，他于两年前结婚成家，在另一个村子生活。苏菲杨已经成为一个在冬天恶劣气候条件下操持生计的内行。

　　沙卡里姆没有忘记自己年少的孩子们。他教7岁的卡贝什识字，努力培养11岁的卡福尔的阅读兴趣。那个时候他还没有给家里请家教，家教是后来的事情。他不敢放弃对孩子们的全面教育培养，这些事情起初是由库纳拜来做，接下来是库达伊别尔德，再后来就是阿拜。因此，儿子们的启蒙教育要由他自己亲自来抓。在孩子的教育和培养问题上他是那样的心平气和，因为时常会想起从阿拜那里听来的自己最喜爱的名言。他对自己的儿子卡福尔说道，"一个人应该为人民谋福利。如果没法为人民谋福利，最起码不要危害人民"，"一个人最重要的是诚实正直。你要永远做一个诚实守信之人。只有诚实的人才能被人记住"。他经常不厌其烦地对自己的孩子们重复老师阿拜的这些格言。

　　对于自身，沙卡里姆按照自己的想法亲自剪裁衣服，这样坚持了一生。自己做成了带有皮腰带并镶有宝石和银饰品的长衣、长袍，做这些东西是他一生的最大爱好。但是他没有把这些拿出来向家人炫耀，只是将自己的设计及成果与艾依卡莎分享。她夸赞他作品的同时感到非常欣慰，因为丈夫此时就在她的身边与她在一起，而没有被区里的事务所牵绊。他经常会被外面的事情缠住，会被邻居们叫过去。

　　在与阿哈特的谈话中沙卡里姆说道："与阿拜达成协议后，我集中精力去系统地学习俄语。和过去不同的是，这些年我的收获颇丰。我深入地研究了东方语言，填补了过去的许多空白，虽然这些语言过去我也掌握得差不多。"

深入学习俄语和东方语言很大程度上要归功于他阅读普希金、莱蒙托夫的诗歌，阅读托尔斯泰以及波斯语、土耳其语和阿拉伯语的短篇小说。

富祖里用接近于土耳其语的阿塞拜疆语写成的叙事诗《列依丽与梅治努》极大地触动了沙卡里姆。评判富祖里作品的艺术价值，沙卡里姆认为，这是许多关于列依丽与梅治努神话中最为优秀的一部。

少年时期，沙卡里姆读过了波斯语版的尼扎米的诗歌作品，但是读起来并不是那么的轻松，因为那时候他刚刚开始学习波斯语。尼扎米第一个写出了叙事诗《列依丽与梅治努》。而在 1535 年，富祖里对尼扎米的悲剧作品进行了加工改编，加进了许多优秀的民间口头创作成就，赋予了作品中的人物鲜明的性格特征。

沙卡里姆牢记阿拜想把《列依丽与梅治努》翻译成哈萨克语的愿望。现在，在读完富祖里的作品后他觉得时机已经成熟，可以完成老师的愿望。阿拜对他的决定表示赞许，并提醒他注意富祖里作品中隐含的苏菲主义思想元素，这一点沙卡里姆在通读完以后也得到了证实。被故事不断变化的情节吸引，沙卡里姆最初认为这种神秘色彩只是一些典型的故事构思，并将它们归结于古代作家的虚构。

阿拜安慰了他并指出，苏菲主义从来就不会明显流露，而天真的读者会把它当作故事来读。伪装的目的在于苏菲主义意蕴在巧妙完成的作品中只适合于那些被奉为圣神的人，这也是神秘主义学说其中的一个原则。

老师赞成学生的创造性翻译。阿拜认为自己有责任从事这项翻译工作，从而将世界优秀文学作品介绍到哈萨克大草原。如此宏伟的计划也就摆在了自己诗歌学校的所有学生面前。

沙卡里姆专注地投入了这项工作，展开了与尼扎米、纳沃伊和雅米的竞赛。他以提纲挈领的话语完成了叙事诗，此话语的中心思想就是在日常生活中要操的心更多更多：

> 现在，男人们，听我说。
> 我的痛苦并不亚于梅治努。
> 尽管我不像他那样至死爱着一个姑娘，
> 另一种痛苦却在光天化日之下击倒了我。
> 我不可救药地钟爱五种东西。

我要说出它们，我对它们深信不疑：

爱情、仁心、正义、

自由、知识——我对它们是那样的热衷。

在这不平常的题外话中凝聚了"五种东西"与主人公的经历，他们的爱情"犹如死亡那样的坚固"（《索罗莫歌之歌》，第八章）。沙卡里姆说明了崇高的道德和公民原则。诗人悲叹在出身之地实现"五种东西"的不可能性：

哈萨克人的知识从何而来？

周围全是一些谎话连篇的人。

我从他们身上看不到这五种东西。

我没有一天不为此而伤心痛苦。

阿拜用散文来支持自己学生的批判性情绪，他在《言语录》第 7 篇说道：

我们在不知疲倦地扩大自己的兴趣范围，补充自己的知识，这些知识是我们的心灵所急需的营养。我们清楚，心灵的富有远远高于肉体的欲望。用肉体的欲望来代替心灵的需要，我们不可能这样去做。歇斯底里的狂叫无法使我们逃离村子里的恶习……我们的胸中没有任何火花，心灵中没有任何信念。假如我们只是简单地用眼睛来看，那我们与动物有何区别？童年时期的我们是那样纯真，那时候我们是人类的孩子，我们期盼获得更多的东西。现在我们比牲畜还差。牲畜什么都不懂，它们也不会去争什么；我们也是什么都不懂，但我们时刻在准备着争斗。抛开自己的愚昧，把自己的无知用于对知识的追求上吧。

如果严格按照世界文学批评的角度衡量，阿拜和沙卡里姆算不上真正的文学创作者。那样的批评只能被看作艺术的产物，也只能用艺术来规约艺术。真正的文学艺术作品应该是拥有生机勃勃的思想，否则，东方的叙事诗就会变成劝谕集，而《言语录》就变成了劝慰性的教诲集了。

　　沙卡里姆对叙事诗那种不同寻常的批评方式只是为了更加鲜明地凸显自己的主题：爱情力量下生机勃勃的信仰。实质上，作者呼唤读者不要拘泥于这种批评，而是要他们走得更远，去获得自己所缺乏的东西，那就是这五种良好的品质：

> 为了理解我，你们只能另辟蹊径：
> 亲爱的，请用你们的内心来聆听我！
> 不要相信，什么哈萨克人没有任何长处，
> 他们只是难以一下子来归拢。
>
> 不要担心，你无法找到他们。
> 不要相信，什么国家已到穷途末路。
> 要知道智慧来源于行动，
> 只要活着一天，就不要放弃找寻。

　　阿拜为沙卡里姆极大的创作潜力而高兴。他特别喜欢自己的学生所完成的叙事诗《列依丽与梅治努》，在他身上阿拜看到了自己事业延续者的影子。

　　叙事诗《列依丽与梅治努》实际上是沙卡里姆用东方词汇“纳泽拉”（回应）创作的诗体作品，它取材于某一部文学杰作。在“纳泽拉”中，故事的情节、主要人物、原作的诗体格式都未做任何改变，只是在部分情节的分支处、关键性思想的说明处稍做变动。

　　沙卡里姆总体上保持了叙事诗的传统结构。诗中含有开场、高潮和结局，但是增添了作者自己根据情节变化所作出的独特注解，这些注解的意思十分深邃而且别出心裁。在前言中，作者提出了“哈萨克人懂得爱情吗？”与“他们了解不了解东方诗歌？”这样的问题。重复阿拜四行诗中所提及的东方诗人的名字，沙卡里姆对自己的老师表现出了无限的崇敬之情：

> 爱情的力量只有那时候才真正强大，
> 当它进入你的心，融入你的血。
> ……

> 沙姆西、纳沃伊、萨阿迪、富祖里，
> 哈费斯、费尔多乌斯、萨伊卡里——
> 上面所提及的人。他们用自己的诗歌
> 给这个世界带来了无限的光明。

将梅治努与列依丽的故事作为"真正的爱情"来欣赏的同时，沙卡里姆向读者推出了诗人"巴格达特·富祖里"的形象。有别于其他任何一位作者，富祖里能够巧妙地反映事件本身。哈萨克诗人对于前辈的敬仰之情在此表现无遗：

> 富祖里的书籍我只是一年前
> 在一个偶然的机会找到。

沙卡里姆写道："在阿拉伯有一个富人，他非常富有，什么也不缺，可是，他没有孩子"。按照哈萨克人的迷信说法，你如果"舍弃的越多得到的就越多"，这个富人待客很殷勤，希望他们为他祈福生下后代。他的慷慨获得了回报，这位富人生下了一个儿子名叫卡伊恩斯，沙卡里姆是这样描写孩子的外貌的：

> 这个孩子与所有孩子大不相同，
> 看他一眼你就会忍不住还想看。
> 他的脸上有一种神秘的光彩，
> 它会一下子吸引你的目光。
>
> 它会使你的心胸豁然开朗，
> 犹如他时刻期盼你的关注。
> 为什么这样，谁也不知道，
> 在他的面前你会不由自主地驻足。

然而，卡伊恩斯的成长并不是一帆风顺的，没有人能够制止他那没完没了的哭泣。有一次，保姆带他出去散步，遇见了同样被保姆抱出来一直哭泣的列依丽，一个富裕封建主的女儿。两个孩子一见全都停止了哭泣。

保姆决定尽可能不让他们分开。

在这个片段中，沙卡里姆加入了先辈们从来没有写过的人物角色——哺乳老妇。这位老妇人同意养护卡伊恩斯和列依丽。这位老妇人从来没有生过孩子，但是当她把卡伊恩斯抱在胸前时，乳汁突然流了出来。而当她将列依丽抱在胸前时，乳汁一下子就没有了。

孩子们在一天天长大。他们在一所学校学习，他们的友情变成了爱情。惶恐不安的母亲不允许列依丽去上学，将她关在了家里。由于思念太深，卡伊恩斯常常晕厥倒地，但他不愿意接受治疗并远逃沙漠深处。在人们的眼中，卡伊恩斯是一个疯子、一个中了邪的人。卡伊恩斯的父母恳请列依丽的父亲同意让他们联姻，将孩子们的命运联系在一起。可是列依丽的父亲断然拒绝了，因为他认为卡伊恩斯不配做自己女儿的夫君。

梅治努完成了在麦加的朝觐。他拥抱了天房，祈求明月、微风、繁星和鸟类给他力量来承受分别思念之苦。他为相爱之人列依丽写下了如下诗句：

> 就让我的心被思念列依丽的痛苦所填满，
> 但不要让我心中的爱情之火熄灭！
> 就让我失去在部落的痛苦生活，
> 想劝阻我你是那样的无能为力。

列依丽，像梅治努一样，同样感到非常不幸。在她的话语中同样充满了绝望和爱情之苦：

> 列依丽望着天空的明月，喃喃私语：
> 你毫不停留地绕过了地球，
> 只用一个夜晚就走完了宇宙，
> 但是，我请你先带给我梅治努的消息。
>
> 我饱受思念与孤单之苦。
> 我的声音卡伊恩斯能听到吗？
> 微风呀，我恳求你，
> 请把我的问候带给我的心上人。

　　但是，他们并非依靠自然的力量，而是靠着扎伊特——列依丽与梅治努真心的朋友为相爱的双方传递彼此的信件。

　　然而，悲剧是不可避免的。列依丽必须嫁给伊普恩·萨拉姆，一个富有的人。这门亲事由双方父母所订。但有一股神秘的力量告诉萨拉姆他不能娶这位姑娘为妻，否则会遭受死亡的惩罚。萨拉姆主动提出退掉这门亲事，将列依丽交还给梅治努。但是，他还没来得及做这件事就死去了。

　　梅治努与扎伊特装扮成瞎子一路乞讨来到了城里。列依丽认出了装扮成瞎子的梅治努，她把自己写给他的信交给梅治努后就失去了知觉倒地不起。梅治努几次想扑上去救她，但是每当他靠近列依丽时就会被火焰围困。梅治努读着列依丽写给他的诀别信。列依丽的情况变得越来越糟。姑娘与自己的双亲诀别并请求他们说，在死后除梅治努以外，她不允许任何人靠近她。当列依丽死后，梅治努扑到了她的坟墓前。他祈祷真主允许他接近自己心爱的姑娘。真主听到了他的声音，也就是说，按照沙卡里姆的心愿，凡人间的不幸的爱情与分离转换成了真主赐予的神奇故事。

> 上苍刹那间为他打开了墓穴，
> 梅治努静静地抱住了自己的列依丽。
> 突然间墓穴合了起来。
> 相爱之人的愿望实现了。

　　沙卡里姆在此为苏菲主义的读者留下了极大的想象空间。他按照苏菲主义的标准成功地创作了含有双重意思的作品。表面意思是相爱之人的故事，这一点可以吸引任何读者或听者。深层意思是，只有那些痴迷于苏菲主义神秘底蕴的人才能明白该作品的内涵。

　　比如，按照命运之定数，列依丽与卡伊恩斯自小相爱并在不能相会时就表现出了极大的担忧。这是苏菲主义关于神圣爱情的主题：神圣的爱情追求美。

　　沙卡里姆所塑造的哺乳老妇形象是为了填补一个古老的主题，即和平——老妇，在发展苏菲主义形象特征时是为了在苏菲主义的讨论中用以解释。古老衰退的世界被激活并只有在那个时候才能被补充，那就是真正的爱情出现以后。极具象征性的是，卡伊恩斯与列依丽不能同时被一个人喂养，因为他们不是亲兄妹。

苏菲主义美学的主导思想是歌颂世俗的爱情作为对上苍的爱，并用梅治努的形象体现出来。很多世纪以来，东方诗人以梅治努的疯狂爱情来体现苏菲神秘主义。他对列依丽的爱情是表现对上苍之爱的讽喻性形式，这样的爱情经受了多种考验和磨炼，最终将苏菲主义与真主的真理融合在一起。

与疯狂的苏菲主义主题相伴随的是火的形象，这一形象具有其独立意义。对于沙卡里姆来说，这个形象来自于"爱情之火"的比喻并将其转换成为真正的火。当梅治努靠近列依丽时，他的胸中就会冒出火焰，他们也差点为此而丧命。这是命运的征兆：在世俗生活中，相爱之人已经不可能在一起。先是列依丽的死亡，后来，按照沙卡里姆的说法，发生了"爱情的奇迹"：梅治努向真主祈求，墓穴打开了，为了接受他又重新合上了，让相爱的人永远厮守。

不过，读者有权认为自己不必深入到苏菲主义里面去。

沙卡里姆描述的浪漫主义神话成了哈萨克文学中最受喜爱的作品之一。木合塔尔·阿乌艾佐夫与后来的研究者们公正地作出了评定，他们认为该作品不是随意模仿复制的一部作品，而是一部反映草原生活的独立的文学创作。

当阿拉伯东方文学开始走向哈萨克读者之时，沙卡里姆创作了叙事诗《列依丽与梅治努》。他在该作品中描写了哈萨克草原的辽阔、遥远，描写了太阳、月亮以及始终碧蓝的天空。

他在后来的作品《诗人的散文》中继续坚持这种写法，创作了讽喻性悲剧作品《阿吉里与玛丽娅》。大家认为，该作品于1925年写成。沙卡里姆本人认为它是一部"悲剧长篇小说"。它通过体现甜蜜的春天夜晚、幸福的序曲转换突出了对剧烈冲突的认识，而这些深深地蕴藏于草原人们的心里：

"3月中旬，风在不停地刮着，融化的雪水在山谷间奔流。谁在为此河水暴涨而高兴？劲风携带着风滚草，将树枝落叶刮入了河中，翻滚旋转的河水冲走了小树和灌木丛，将它们冲到了山脚前或者填入了水井中。

"劲风依然不安生，它们掀起了草皮，将刚刚冒出土壤的绿草刮进了奔腾的河流带向了遥远的他乡。

"也正是在这个3月的月底，感觉到大地已经变得干爽了一些，蜗居了一个冬天的人们决定赶着牲畜出去到草原放牧了。有的人骑在马上，有的人步行赶着牲畜。当那些小羊羔走累了时，牧人们便停了下来，让牲畜休息休息，让小羊羔跑到妈妈跟前吃奶。年轻的牧人乘机从包里拿出丝绸做的圆球，在地上挖上一个洞穴，争着把球打入洞穴。一个冬天的疲乏和负担一下子烟消云散。四周是一片大人和孩子们的喧闹声。

"年轻的牧马人赶着过完冬天的马群。徒步的小伙子们手里拿着笼头将自己喜爱的马与马群驱离，为自己套马。牧马人身着披肩，戴着防雨的大檐毡帽驱赶着刚出生不久的小马驹。"

沙卡里姆有自己特殊的交谈者，那就是草原生活的永久见证者——成吉思坦乌。在与它的每一次交谈中沙卡里姆都会获得一种全新的感受和认识。这使他感觉到了与宇宙息息相通的许多东西，认识了人世间所发生的一切。从本质上来讲，成吉思坦乌对于沙卡里姆而言是一个永久的象征，并且真实地出现在了他的小说《阿吉里与玛丽娅》中：

……过去，你，古老的成吉思坦乌，全心全意地注视着在此放牧的人们，好像是在喃喃细语："这个冬天你们在我这里寻求保护，在此顺利地过完了冬天，而今天你们却要离开，把我独自抛在这里！……不过，没关系，你们还是要回到我的身边的。"

所有的山峰都在问你："哦，勇士，他们将前往何处？这些人都在忙些什么？"山峰脚下这些延伸到你跟前的低矮丘陵，它们的山脊就像手臂一样，把手掌搭在了山峰的肩膀上。丘陵仰视着山峰，好像在祈求着它们："哎，挪动一下吧！我们什么也看不到了。请俯下你的身子，低下你的头吧。"然而，它们所有的目光都在注视着这些放牧的人。

牧人们这个四月都在你——成吉思坦乌的山脚下放牧。人们心满意足地喝着牛奶。牲畜嚼吃着嫩草，小牲畜蹦蹦跳跳地站了起来。随后牧人们又一次启程上路，开始了他们的转牧场旅程。

……五月，哎，这个五月！这个五月的月光！你使所有的生物忘却了自己的一切悲伤，让他们深深地吸入了天堂那清新的空气。但是你又欺骗了他们，你答应了给他们永远的幸福生活，给了他们无限的期望。你给他们的感觉好像是不会有绿草干枯、落叶纷飞、鲜花凋零的秋季似的；好像不会有冬季到来，成吉思坦乌的山谷不会被白雪覆盖，河水不会被迅速地冻住而失去了往昔的清澈明亮；好像那些小蛇或者骑在马上的年轻人不会失去生活的希望，心中不会被绝望所充斥一样。

哎，五月呀！你能让所有的生物忘却过去的一切，但你却无法让人们去思考自己的未来。

也正是在五月十五日。也正是在这一天，先辈们回到了奥尔达与多卡兰山脚下。

现在，古老的成吉思坦乌，它的山峰似乎在问你："哎，勇士，你看见没有？是不是人们又回到了这里？"而你，好像梦幻一样迷人，那样神秘地微笑着，又是那样的温和。微风吹拂着绿油油的小草，白桦树的叶子在沙沙作响，好像是在召唤人们说："过来，快过来，快点到我的身边来！"

在沙卡里姆以前或许从没有这样的诗体反映在哈萨克散文中。对游牧世界鲜明的描画还要上溯至木合塔尔·阿乌艾佐夫的早期故事集《丘陵草原的画面》。该故事集于1922—1923年写成。今天，我们很难确定，两位著名大师到底是谁最先以文学手法描述草原生活的。难道这很重要吗？最使人痛苦的是，在成吉思坦乌这片神奇的世界里，人类的生命可以这样年复一年毫无声息地度过。

沙卡里姆经常思考证实自身存在的必要性。艺术家的思想找到了出口。在社会舞台上积极工作、善于获得实际的利益，最终对他没有了任何吸引力。后来他以绝对怀疑的态度来评价自己竞选乡长职务这件事情。比如，他在《忧愁的老头》诗中写道：

年轻时我碌碌无为，
时尚的，并不是最好的习惯我沾染了！
审判员我干过，乡长我也做过，
审判结果我也多次宣布过。

快40岁时，他终于决定放弃那些争权夺利的事情。

至此，他那多年来寻找生活目标、时常自我怀疑与深深自责的时代结束了。

第四节　纯粹理性的体悟

40岁成了自己人生的一个里程碑，对此沙卡里姆曾多次回顾——当他每次要做出生命中什么重大决定的时候。他重新回顾了自己走过的路，发现了许多错误和迷失。当然，他也没有忘记指出自己明显的成就。

这个转折点被他写入了随笔《真正幸福的写照》中，他写道：

有一次，我也不知道怎么回事，突然产生了一个想法，要审视自己走过的人生道路。我不得不开始了思考。令人陶醉、无忧无虑的童年被少年时期所代替。还没来得及爱上它，青年时期就向我招手呼唤。就这样我不知不觉地进入了成年生活，成了这种生活的奴隶，成了财富的奴仆。前面没有什么东西等着我，因此我觉得过去的生活一去不复返……关于成年的生活被那所谓的"公民身份"所蒙蔽，这一切其实微不足道，它的实质在于，照我的理解并不符合该词的本义。我感觉公民性是一种优势。一个人不可能不去追逐财富，但是不用非正当手段获取，不使自己沾染上铜臭，那是不可思议的。

这种时不时的自我批评很可能是一个人对自己过去生活的一种留恋，是对自己度过的年代的一种留恋。而那些年代依照其自然属性已经一去不复返了。

但是，毫无疑问，还有一个更加具有说服力的根据可以对沙卡里姆四十年来生活中那些需要解决的根深蒂固的问题作一特定的总结。

愧疚地回忆起在争夺草场和权力时一些人的贪婪和另外一些人的痛苦，认识到或真实或虚幻的功名利禄，准确地说，沙卡里姆和阿拜一样，因人与人之间和谐纯净关系的缺失而感到深深的痛苦。在《逝去的生命》一书中，他是那样直白和苛刻地说出了自己的想法。为什么沙卡里姆对自己生活环境的描写远远不是那么诱人呢？

四十年过去了，
我在苦苦地寻找答案
我对我的问题汇总如下：

> 哈萨克人，我们到底是一个什么样的民族？
>
> 没有知识、没有文化，
>
> 我们分成了无知的派系。
>
> 我们被灌入了毒药和粪便——
>
> 目的是让我们与野兽为伍。

诗歌字里行间所流露出的冷酷，绝不是追求什么修辞色彩，而是为了体现个人的强烈情感。或许，这是从阿拜那里挪借过来的，因为阿拜有时候也是在自己的谴责性斯坦司诗①中使用这些字眼。沙卡里姆诗歌中所蕴含的无尽的遗憾与阿拜的思考如出一辙。对于沙卡里姆来说，幸运的是他能深入领会到阿拜的所言所指。对于他来讲，老师就是一个智者，是一个非常神奇又深不可测的人，关于这点，他在《言语录》第38篇中写道：

> 众所周知，虔诚的人具有三种品质，即真实、善良和智慧。真实体现了公正性，善良就是要有一颗仁慈的心，而智慧则是我们所知道的一个学术术语。这些品质，从最低程度上讲，每一个人都需要具备。他的义务是将它们尽可能完善，用它们造福人类，使人类时刻牢记它们，时刻珍惜它们。要做到这一点必须保持真诚的心愿和不懈的劳动。全部具备这三种品质的是先知，先知之后是圣徒，而圣徒之后则是智者，最后才是真正的穆斯林。这些品质应该用来为至高无上的真主服务，让后代们懂得用爱来对待圣者。但是，他们的爱只是用于关心人死后的生活。关于世俗的喜悦，他们已经忘记或者根本就不关注。智者考虑和关心的是世俗生活。圣徒与智者的见解是相互矛盾的，尽管他们在观念上离得不是很远。双方都是围绕着安拉的学说进行谈论。

总体来讲，智者在东方被称为统治者。但是，阿拜给了这个术语一个新的含义：圣贤。为什么是"圣贤"？那就是他拥有强大的精神源泉。阿拜认真谨慎地采用了这个术语。对于他来说，智者和学者——这是两个不同的范畴：

---

① 斯坦司诗——一种分成几节的诗，每一节用完整的复句表达一段意思。

　　智者与学者——本质是一样的，但是在认识上会发现他们的区别。世界公认的科学是以一种规范形式出现的，取得巨大成就的大师们被称之为学者。

　　……但是，只有那些一直致力于追随安拉、一直寻找着所有事物的本源的人才可以称为智者。他们为人类的利益而追求真理、公正和幸福，他们的生活中没有喜悦和满足，只有一门心思的劳动。不做忠实的智者，世界就会变得污浊不堪。这些忠实的智者是人类所有创造中的脊梁。他们的智慧指引我们理顺地球上的一切事情。他们的活动全部用于地球上的幸福生活，也就是世俗生活。

　　不是每一个学者都是智者，但是每一位智者肯定是学者。

　　阿拜把谁称为智者？自然，那就是把自己的智慧用于为人类谋福利的贤明之人。这里所指的不仅仅是贤明之人，而是一位真正的哲学家；也不只是哲学家，而是一位形而上学者！要知道，按照阿拜的意思，"智者考虑与关心的是世俗生活"，他们"寻找所有一切的本源"。按照定义，形而上学就是从事研究现实、世界与生活中的本源的学说。要知道，在最初古老的概念中，形而上学——"为物理学"和"为经验"，即关于宇宙万物的学说兼有超物理学和超经验的性质。

　　沙卡里姆把自己看作是智者的弟子。毫无疑问，他从老师那里继承了批判性怜悯的传统。

　　与阿拜多年的交往使他对许多争议性学说产生了分析性见解，这些见解在沙卡里姆这里得到了升华，即他在《逝去的生命》中所总结的社会不完整性的四个特征：人民的无知（"我们的人民是那样的无知"）、狂妄自大（"富人们吹嘘自己"）、争权夺利与废话连篇（"被权力的麻醉剂所迷醉"）。

　　40 岁时，正像他在《逝去的生命》中承认的那样，他毫不偏袒地重新审视了自己的生命。

　　　　波斯语、阿拉伯语一窍不通，
　　　　俄语也不过是略知一二，
　　　　就如五月前寸草未生的丘陵，
　　　　无知的我——身处荒芜的空间。

> 但是，突厥语我还是学得不错，
> 通过它我认识了诗歌世界，
> 翻译本的书籍我读过了，
> 那是很多俄语的和阿拉伯语的。
>
> 宗教人物言语的拙劣，
> 伟大学者的发明创造，
> 英明哲学家的著作
> 至今我还持批评的态度。

诗人本人精神升华的台阶以学习"其他"语言来印证，这些语言成为他在认识诗歌与科学过程中的"自己的"语言。抛开生存环境的某些影响，沙卡里姆把自己看成一个在自身找到了审美地与个体地征服宇宙的方式的人。在以那种方式协调自己内心的同时，他歌颂教育与国家理念，而这种理念是周围所有人必须遵守的。

开始思考与寻求人类存在的理由，沙卡里姆得出了一个自然的结论，就是一切必须从自身做起。他 40 岁前通过多年坚持不懈的自学所达到的知识水平显得那样的微不足道。

正如阿拜所说，一定要去伊斯坦布尔、麦加和麦地那获取知识，但是，在此之前必须从头研究伊斯兰教，获得神学思想。按照他的看法，信仰必须与认识一致，必须在行动的同时获得相应的知识。

毫无疑问，他深入研究穆斯林是受阿拜《言语录》中关于信仰的思想的影响。沙卡里姆是阿拜每一个新章节的第一位读者和听众，并在其中对自己的思想进行了验证。

"我想说一说四种东西：他们中间首先是——科学与力量，而其他的只是不可分割的组成部分，它们对此进行补充并解释其内涵。"阿拜在第 38 篇中写道：

> 有三种东西，它们可以贬低所有人类，这些我们必须尽量避开。
> 这就是无知、懒惰和恶行。
> 无知——即没有知识；没有知识不可能获得任何结果，人类缺乏知识就与牲畜毫无二致。

懒惰——是艺术的死敌；没有天赋、没有意志、不知羞耻和贫穷——是懒惰的产物。

恶行——人类的敌人；施恶于别人的人就和凶残的野兽一样。

消除这些恶习的消毒剂就是仁爱之心、对幸福的渴望、坚强的意志和深邃广博的知识。

沙卡里姆后来在自己的诗歌中经常沿用这些思想。

毫无疑问，他的这些话成了《言语录》第12篇的导言：

当有人教别人学习真主的话语时，无论如何他都在做自己该做的事，我们不能限制他，要知道在这件善事中没有什么可指责的。让他在那里教导吧，尽管他自己还不是那么的博学，但是，他应该牢记两个不可更改的条件。

首先，他应该坚定自己的信仰；其次，要承认自己的不足并经常去努力丰富完善自己。假如有人在没有完成学习时就终止学习，那他就失去了真主的保佑，也不可能从真主那里获得任何教导。假如用方巾包头、严格地遵守斋期、完成祈祷，做出了一副俊美的模样，但是他不知道在什么地方该做重复或者在哪个地方该停止这种或那种礼拜，这些行动又有何用？有人随随便便，对自己要求不严，也不懂得同情别人，这样的人不能被看作有信仰的人——不节俭和不专注的人就不会在自己的心中保持伊曼——信仰。

坚定信仰需要通过学习来完善。保佑——这就是快速满足心灵的所需。

为了不浪费时间，沙卡里姆整理了自己所有的神学书籍，打开了《古兰经》，一遍又一遍地研读。

后来，在自己的《突厥人、柯尔克孜人、哈萨克人与汉朝之家谱》一书中沙卡里姆写道："准确地说，阿拜以后我的第二位老师是报纸《塔尔瑞曼》的主人伊斯玛伊尔·卡斯布林斯基。我读过他的报纸，从中获益匪浅。"

伊斯玛伊尔·卡斯布林斯基在巴赫奇萨赖创办了《塔尔瑞曼》报纸。该报自1883—1918出版发行。

革新思想家卡斯布林斯基有什么东西吸引了沙卡里姆？

克里木的鞑靼人伊斯玛伊尔·穆斯塔法·卡斯布林斯基（1851—1914）因为制订了穆斯林教育体制改革的原则而在俄罗斯帝国的穆斯林居民中广为人知。新的教育方法先是在克里木、鞑靼斯坦、巴士底里、阿塞拜疆、土耳其、北波斯被采纳，随后被中亚地区以及中国采用。

在伊斯兰国家初级教育的实质与结构获得改变的同时，伊斯玛伊尔·卡斯布林斯基与自己的拥护者们试图给予它更多的世俗特征，他们发起了教育改革运动。改革者们通过教育与启蒙让所有的毛拉与信教者认识到文明的优点。他们批判宗教狂热，要求用民族世俗学校代替老朽的宗教学校，他们为科学与文化斗争，提倡用母语出版报纸与开设文化教育机构。

在苏联时期，这次改革被定性为资产阶级自由主义、反革命政治运动与思潮。

改革运动以在穆斯林学校推进的有声识字教学（代替了字幕合成）为发端。过去学生学习文字需要三到五年时间，而改革后学生学习文字只需要一年。教学用语从阿拉伯语与土耳其语改为了鞑靼语，该语言同样获得了教学课程的地位。同时，实质性地扩大学习其他世俗课程的范围，设置严格的学年。在学校中引进了欧洲教育的特征——课桌、椅子、黑板，对学生分班，课时按照课程划分。

在《塔尔瑞曼》报纸的版面上经常刊登关于新的教育体制的文章和材料。因此，该报纸的忠实读者阿拜与沙卡里姆可以及时获得新的教育理念。

在《言语录》第38篇中阿拜写道：

> 目前穆斯林学校依然按照老朽的方法进行教育，这样的教育在我们这个时代已经毫无用处。正因如此，在古寺马尼亚（奥斯曼帝国）按照新的法律建立了军事学校和中学。而我们这里，年轻人在穆斯林学校荒废多年，一无所获，从学校走出来许多无所用心、没有教养的人。他们没有应对生活的能力，只能靠欺骗和说谎来谋生。总而言之，这种不负责任的教育不能带来任何好处。

沙卡里姆对新理念有着更为具体的认识。

在深入了解伊斯兰神学以后，他首先考虑的是草原上广泛流行的穆斯林书籍中的语言。这些书籍几乎全部使用阿拉伯语或者是土耳其语，大部分哈萨克人根本看不懂。后来才出现了鞑靼语书籍，但这些书籍的印刷依然采用阿拉伯字体。

后来，伊斯玛伊尔·卡斯布林斯基在阿拉伯字体的基础上发明了新的突厥语书写体。从 1910 年开始，哈萨克书籍与报纸启用改革后的字体印刷出版。

1912 年，艾哈迈特·巴依图尔谢诺夫在阿拉伯字体的基础上将哈萨克文字转换成 28 个字母，确定了哈萨克语的语音系统，划分出了 9 个元音和 19 个辅音。艾哈迈特·巴依图尔谢诺夫的字母表在哈萨克斯坦一直使用到 1929 年，而居住在中国的哈萨克族至今依然使用该字母表。

1929 年，哈萨克语在拉丁文字的基础上修改为 29 个字母，而从 1940 年至今在又基里尔语基础上修改为 42 个字母，其中包含 33 个俄语字母，外加 9 个哈萨克语字母。

当哈萨克书面语依然以阿拉伯字体形式不完善地体现时，沙卡里姆很快就辨明，用那种哈萨克语书面语书写的穆斯林书籍实际上不可能出现。唯一例外的是伊布拉伊·阿尔德萨林编写的《穆斯林原理》一书，该书于 1884 年由喀山大学印刷厂出版，但印册很少且没有再版。

与此同时，人们对哈萨克语版的伊斯兰文学的需求是相当迫切的。19 世纪，穆斯林在草原上引起了很大反响，其中就包括鞑靼毛拉们的积极宣传，但由于随之而来的帝国利益的需要，穆斯林教育未能得到巩固。也许是因为母语版教育文献的缺乏，草原居民很少有人能够熟悉规则，而阿拉伯语版本的《古兰经》要义即使很多信徒也不大明白。至少哈萨克人是按照自己的朴素的认识来对待它的。

阿拜并不是以批评的观点来看待这个问题的。在《言语录》第 34 篇，他表露出了以下的思想观点：

> 哈萨克人对于自己所敬仰的真主是深信不疑的，相信真主在他们死后会回报生前所有的一切，以善报善，以恶惩恶。真主的赏罚与世俗的报答不同，具有无限慷慨的性质，而惩罚却是极其的残酷。而我不相信这些话，因为他们的信仰是那样的不忠诚和不清楚。他们只是按照自己的认识来缔造善缘，但同时却不知道什么是痛苦。他们在这一点上认识得稀里糊涂，谁还能从他们那里获得更多东西呢？用什么

方法可以改变他们？到底可以不可以称他们为穆斯林呢？

也正是在这种情况下，沙卡里姆考虑用哈萨克语撰写一部关于伊斯兰教的基本规则与指南，一部关于真正的信仰——伊曼的书。

坚持不懈的工作促成了《穆斯林法典》一书。

沙卡里姆在几个月内就顺利完成了初稿，也就是 1900 年春天之前。在麦加朝觐归来以后他重新修改了书稿，对其进行了相应的增删。该书于 1911 年在奥伦堡正式出版发行。后来沙卡里姆告诉阿哈特说："我写这本书时我自己还不够博学，也没有任何科学的概念。其他民族都有自己的《伊斯兰法典》一书，但是他们传到我们这里的不是土耳其语就是阿拉伯语版本，根本就没有哈萨克语版本。所以我就写了相似的东西，目的是为了解决问题。"

在此，我们当然不能说作者不够博学。很明显，他坚持的还是这个原则，即过分放大弱点、极力掩饰优点。沙卡里姆认为，与《突厥人、柯尔克孜人、哈萨克人与汉朝之家谱》相比较，《穆斯林法典》是一部低水平的作品。

当然我们很难认同这样的结论。是的，假如与后期的哲学与宗教著作相比较，《穆斯林法典》的学术水平是要低一些。但是，作者本人对此也并没有提出更高的要求，他的目的只是在于对《古兰经》启示的解释。

而他在自己美学观点的框架内却为那些信教者们撰写了一部很好的参考书，同时为未来的神学与哲学研究打好了基础。毫无疑问，撰写《穆斯林法典》时，他如果没有对伊斯兰教进行过深入的研究，之后就不可能写出《存在与灵魂》这样准确的批评性文章，也就不可能有这些诗歌，更不可能出现唯一的哲学著作《三个真理》。

《穆斯林法典》是一部观点非常明晰的著作，至今深受新教信徒与研究伊斯兰教的行家们欢迎。对哈萨克人来讲，它通俗易懂，这也就是作者要站在哈萨克传统世界观的角度来写这部作品的原因。伊斯兰信徒可以不喜欢他的某些无拘无束的态度，要知道，按照自己的信仰去随意解释《古兰经》是不允许的。然而，沙卡里姆像其他精神生活的改革者一样勇敢地重视法典，努力去挖掘哈萨克处世态度中的伊斯兰情愫。

为了理清这些东西，他从圣书中选择了寓言、可资借鉴的故事、穆罕默德的部分说教等符合自己理念的东西。首先，他重复了"伊曼"的定义——即对于唯一万能的安拉的真正信仰。他列举了关于创始人、善良与邪恶、圣徒与天使、赎罪日以及关于死后复活、宗教礼俗与祈祷等规范。为认识自然界的秘密，他得出了广泛的结论，即信仰公正、心灵纯洁、家庭和睦与团结友人，另外还包括应该如何追求真理。他写道："假如一个人不能认识自己，那他就不可能认同真主。"他提醒人们注意《古兰经》中广泛流传的格言："安拉喜欢做事公正的人"，"安拉不喜欢邪恶之人"。

本着简单明了的原则，他几乎在每一个章节都以"哎，朋友们！"这样的问候开始。某些章节的标题被他定为"人应该具备良好的品质""远离任何形式的欺诈和愚蠢的行为""每一个人都应该致力于创造"。这些标题看似简单，但十分明了。

为了最终制定出可行的规范，他也将法典用在日常生活里。如：

> 其中一句格言说道："安拉喜爱一切美好的东西。纯洁的创造者喜爱纯洁"。因此，你们应该保持自己的房间与院落的清洁。试想一下，难道你们不想身处纯净的地方？难道你们不厌恶一个从头到脚脏污不堪、散发着恶臭的人向你靠近吗？要知道人会因为肮脏与腥臭而生病的。

作者细致地描述了日常生活问题的规则，例如牲畜的屠宰、土地与水源的利用、借贷、抵押与相互结算等。由于关于遗孀与赔偿损失的争执时有发生，他特别关注犯罪与多妻的赔偿支付问题。他对《古兰经》中遗孀不得再婚的婚俗持默许态度。尽管《古兰经》允许男人娶四房妻子，但是明确指出男人必须公平对待四位妻子。沙卡里姆指出，"当时，我们哈萨克人对于两位妻子尚且不能做到公平对待。因此，最好的办法是放弃迎娶另外两房妻子"。很明显，人的观念来源于生活中许多常见的东西，其中就包括我们的兄弟们的不负责任的行为。

关于这段时间的思考，沙卡里姆在 1931 年 2 月 3 日写给作家萨比特·姆卡诺夫（1900—1973）的信中做了说明。该信件于 1988 年被公开，其内容如下：

> 当我刚刚过了 40 岁，我给自己提出了以下的问题：什么是真理，什么是宗教？世界是如何创立的？人有没有责任保持真主赋予他的荣

誉与优点？感官无法体会到简略的语言所阐述的思想，也不可能深入其内心世界，不可能触及其习惯、信仰和情感。这就是关于世界本质的想法，需要完美无瑕的智慧才能领会，而智慧也就是对于信仰、科学与学者、思想家与哲学家撰写的著作的见解。我认为，选择性地、批判性地接受他们的话语是一条正确的途径，可以摒弃那些不合理的东西，得出自己的结论。我不能只停留在某位先哲、某个哲学家或者教授说过什么的层面上。我不接受那些我的理性所不能接受的东西。然而，如果我得到了我的智力所能接受的结果，不管别人是否说过，我都会对此垂青认同。有人会说，我吹嘘自己。不，这不是吹嘘。我的目的是为人们寻求哪怕一丁点儿的有益的东西，我这里说的不是凭智慧所获得的真理。

事实上，沙卡里姆对自己当时的认识状况作了精确的定义，这些认识是他40岁以后的感想，即把寻求真理作为自己的智慧财富。

这一点令人感到难以置信，这不仅是因为他为自己提出了很多哲学问题，也不是因为合理地建立了认识论来解构这些问题，而是这一切给人的感觉是在舒适的城市文明中才能做到的。人类的历史记载着在禁欲主义时期所诞生的许多杰出的哲学体系的例子，这些就是精神的体验、追求自我约束、简朴和节制。印度的婆罗门、古老的哲学家、僧侣、耶稣和弗朗西斯亚·西西全都有意识地拒绝了快乐和奢华，而沙卡里姆不要求大家花费很大的气力去营造禁欲主义的环境。他在成吉思坦乌的生活条件无须如此也已经够艰苦的了。

因此，沙卡里姆之所以能成为哲学家不是由于草原上艰苦的条件，而是由于那些促成他接近新的、总结知识与信仰的因素，这些使他接受了真理的自身价值并能为真理而服务。

在他的眼前，时刻有一个精神漫游者的形象——阿拜！为了获得真理而决定放弃自我是那样的不易，何况在过去的历史上有那么多的为科学、真理与哲学而献身的例子在眼前。

然而，阿拜与沙卡里姆是哈萨克历史上的第一批人物，他们不只是简单地捍卫了传统的哈萨克处世态度的人文主义原则。在研究了具有世界意义的哲学著作后，或许，不会对宇宙产生任何怀疑，他们用自己的切实见解、用自己真正的高水平创造在世界历史篇章中书写了重要的一页。很遗憾，那时候哈萨克社会没有人能够理解阿拜与沙卡里姆的探索与追求，他们的著作更没能被翻译成欧洲语言而传播到欧洲。

第五节　诗人不朽的军队

1903年早春，沙卡里姆的小儿子——未来的诗人、戏曲家、记者、1931年卡拉乌尔起义的积极参加者阿伊卡什·泽亚特降生了。

幸福的沙卡里姆兴高采烈地写下了诗篇，并在冬不拉的伴奏下为朋友和家人们朗诵了诗歌。对于他来讲，构思书写已经不是什么难事。多年来对语言的使用使他可以在瞬间就能在诗歌中表达自己的思想，好像这一切是不经思考的自然流露。自我完善没有界限，不能就这样停滞不前，放弃提高自己的水平。但是，他的诗来得自然而然，就如春天的和风一样。在写诗的时候，他是那样的自信。

他可以在任何环境下写作。可以带着笔、纸和墨水在丘陵边写诗，也可以在草地上的石块上写，更可以在毡房中孩子们的喧闹声中平静地写。

阿哈特牢牢地记住了这一时刻，他写道：

> 父亲穿着时尚，衣服经常整洁干净。他睡得很少，总是那样的精力旺盛，总是坐在圆桌前写作。当他在写东西和读书时，从来不关心周围的一切，特别是玩耍的孩子们。他在那里工作，我和弟弟们趴在桌子的另一边玩自己的阿里奇基①。有时候这些东西会碰到他的手或者墨水。这个时候他只会说一句"安静点吧"就完事。父亲很喜欢孩子们。如果他看见有谁打骂孩子，他就会说："为什么你就只会骂孩子，你难道忘记了你自己小时候吗？"父亲常常把与我们玩耍的孩子们带进我家毡房管他们吃喝。因此，孩子们很喜欢接近我的父亲。但是，当我们犯错时，他自然会骂的。

> 孩子们爱吵闹
> 相互追逐奔跑，
> 出来晒晒太阳，

---

① 阿里奇基——用于玩耍的猜谜的羊脚骨玩具。

老人们在交谈。
姑娘与小伙子
快乐地嬉笑玩耍，
唯有我死气沉沉，
找不回曾经的快乐。

沙卡里姆在早春时节看着在外边玩耍的孩子们，记忆中的一切浮现在脑海中，随即在毡房中写下了这首诗。他在考虑，明天就要准备再一次动身去放牧了。

……
难道心灵不喜欢温暖，
要知道春天是心灵的节日。

大地那黑色的骨架
很快就有绿草茁壮生长，
若是心里没有幸福感，
你将不会神采飞扬。

迎春花在温暖的季节里
已经布满了山坡，
而给大地装扮了
犹如火一般的罂粟花。

裘皮已经脱下，
冰雪消融，河水奔腾，
而我的心灵依然郁闷，
再也不能恢复生机。

我们无法得知诗人何以体会到这种不同时代的人都会有的悲伤，这也许只是伤感在诗歌中的自然流露而已。

后来，亚历山大·布洛克以同样的心情感慨道："不再奢望柔情，不再奢望荣誉，一切已经逝去，青春一去不返！"谢尔盖·叶赛宁同样感伤道："满目皆是凄凉，我已不复年轻。"英国诗人斯温伯恩也写下了以下的诗句：

> 永久期望的条令，
> 快乐宴会的章程，
> 不知道恐惧与希望，
> 我们祝福着真主
>
> 因为那，人的心脏
> 不可能永远跳动，
> 因为那，所有流动的河流
> 终归要注入大海。

假如生活中的一切都是一帆风顺的话，沙卡里姆在此为什么要悲叹？因为人民的精神已经被毁坏。"人民正在失去自己的完整性"，沙卡里姆总结道。

年复一年，地方行政长官越来越严格地执行帝国的命令与法规。

随着时间的推移，原本生机勃勃的草原上刮起了行政改革之风。古老的放牧路线被破坏、家族间的关系被改变，各种冲突对传统制度带来了无法弥补的损失。哈萨克人民整体上不了解俄罗斯文化，每天所能接触到的只是沙皇的强权制度。人民处在无知的状态下，只有新的秩序才能消灭文盲。

除过诗人，没有人能够感受到游牧生活所面临的巨大威胁。

> 所有人都被鲜花与绿草吸引，
> 一颗心在等待着另一颗心，
> 生命再一次复苏，
> 畜群中增加了更多的崽畜。
>
> 每一个人都喜欢春天和太阳，
> 天气变暖了，这就是好的征兆。

人们给小马驹挤奶，
幼畜在一天天成长。

赶着畜群转牧场，
春天使人热血沸腾。
我的心里却充满忧伤，
心绪难以抚平。

（弗谢沃洛特·罗日捷斯特维斯基翻译）

　　此诗被1912年出版的《哈萨克人写照》诗集收录。该诗集一共收录了27首诗歌。这本诗集中沙卡里姆《饱含惋惜的生命》这首诗是用这样的话来解释的："我用苦涩的语言描述了人民的生活面貌。"

　　像其他作品一样，《哈萨克人写照》的意思简洁清晰，由此我们可以看出作者在叙事诗《逝去的生命》中所体现的令人满意的形象。在激发起同族人的感情的《淫逸的愚昧》一诗中，作者就像一个巨人一般与无尽的苦难斗争，并试图为人们解释社会上权贵们的利益是应该受到限制的。沙卡里姆内心所牵挂的是这个民族的利益，与周围的世界格格不入。至少，在思考自己的人生命运时，沙卡里姆思考了民族性格中的不足之处：

我对哈萨克人说：
你们不是人，是禽兽！
我不相信你们的良知。
很显然，仇视与猜疑
将你们搞得四分五裂。

你们懒得听我的话
互相拉帮结派。
而你们还在挖苦
我们的民族愚昧无知。

　　诗人那"揭露性"诗歌一共有18首。其中也包括寓言《染色旱獭》

《小鸟与鹌鹑》《聪明的麻雀》《狼、狐狸与鹌鹑》和《成熟的与不成熟的》。这些寓言表面看来很简单，所以人们一下子就喜欢上了它们。有趣的故事加上简短准确的比喻使其在 1912 年出版发行前的很长时间内已经被人们口头传诵。

　　例如，在《染色旱獭》中，有一个没有名字的旱獭为了躲避追逐而掉入了颜料桶。回到了自己的洞穴，它观察了自己新的外貌后认为自己是真主喜爱的动物，真主会赐予它一切。它对同类旱獭们说自己像一只漂亮的孔雀，要求它们屈服于自己、尊敬自己。然而，一头老旱獭指出，孔雀应该会叫会飞。为此，这头染色旱獭费尽九牛二虎之力开始学习鸣叫，但是一无所获。随后它决定飞过激流汹涌的河流，同样没有成功。

> 枉然吹嘘了染料——为什么要胡说八道？
> 想像鸟一般地飞翔，——真主惩罚了它。
> 想跳到宽阔的河对岸，——同样没有实现，
> 它一头栽进河水被淹死了。

就如体裁风格要求的那样，寓言以其寓意作为结尾。

> 朋友们，请不要嘲笑这头旱獭，
> 但你们要记住这个教训。
> 许多哈萨克人都相信故事，
> 认为另一种幸福会降临给他们。

　　男人们的无知、傲慢、狂妄、吹嘘、仇视、愚蠢与恭维，这一切都是公认的邪恶，应该与这些做斗争，不管它们在自己身上存在多少。

　　沙卡里姆最难以容忍的是大众们不希望（可能是不会）获取知识与吸收其他民族的文化精髓。因此，他极力去触及哈萨克人的自尊心，正如他自己所说的"痛痒之处"。

　　这种紧张的状况也可以从他的其他揭露性诗歌中体现。比如《巴依与客人》、《下流胚》、《派内之人》、《富人与穷人》、《牲畜增多》、《教范》、《潮人》、《愤怒者》、《癖好》、《懒汉》、《淘气鬼》、《写诗——考虑尺度》与《请自我批评吧》。

　　我们可以从名称上发现，沙卡里姆和阿拜一样继续抨击积习难改的后辈们，苛刻地嘲笑区行政官员的愚蠢、毛拉的两面三刀、巴依的贪婪以及男人们追逐财富的狂热。他愤怒地痛斥了那些丝毫不考虑别的，只为前程、好处和暴利耍阴谋诡计的人。他的语言犹如一面镜子，清楚地映照出了这个典型的动荡社会的一大批人。

　　此类诗歌不具有特别的精确性，也不具备抒情性的标新立异和感觉性的担心。它们只是针对具体问题对社会弊病予以抨击。但是，它们具有一个重要的特点，那就是所有的诗歌都融入了民族智慧中的美学、谚语、俗语以及作者对于格言式语言的准确表现。比如"哈萨克人中没有坏人，坏人们没有活在世上"，"所有的人都是你的人民"。就这样，沙卡里姆延续了美学传统，实现了时间上的链接。《相信科学》一诗——是沙卡里姆对族人们的热情召唤：追逐知识吧！

　　　　在我们这个时代、在今天如果想去了解世界，
　　　　真理，是其中最为永恒的东西，请把它牢记于心：
　　　　忽略那些你已经知道的，你要重新掌握一些东西，
　　　　在已知的基础上去认识其他东西。

　　　　鹦鹉尽管知道一些日常用语，
　　　　依然去倾听那些传说。
　　　　你在村落中犹如鹦鹉一样，
　　　　你不去探寻事情的真相，就永远不会找到自己。

　　　　懒惰应该受到指责而不是得到表扬，
　　　　不要耻于向年老的人学习。
　　　　假如你认识到了科学，请尽量去传播它
　　　　将知识传授给自己的儿子、朋友、孙子，让他们可以去认识世界。
　　　　（巴合提江·卡纳比扬诺夫翻译）

　　沙卡里姆在社会转型时期所推出的作品揭示了草原上日益衰退的古老世界与正在到来的新的社会生活方式之间发生激烈冲突的悲惨现象。这种生活方式是与历史前进的步伐以及诗人的个体新哲学思想紧密联系在一起

的。他的内心世界比以前任何时候都要广阔。

在对社会上某些人的顽劣品行与不良现象给予批评的同时，沙卡里姆并没有排除自己。他做好了将自己作为批评对象的准备，甚至为哈萨克人牺牲自己性命的打算，目的是把他们带到一个更高的精神层面，这个层面就如他在《请自我批评吧》诗歌中所表现的那样。

> 让人们批评我吧，
> 但不要把我从诗人队伍中除名。
> ……
> 如果我们哈萨克人
> 能够成为勇于自我批评的人，
> 像我一样的不惧危险——
> 我情愿死去，毫无声息。
>
> 以爱国者姿态死去，
> 将哈萨克人引上一个新的高度。

沙卡里姆世界观中的自我牺牲理念是与其自我批评理念联系在一起的。也正是这种与另一个世界接触的感受，促使他这位抒情人物说出了自己内心孤独的痛苦。

> 我的言语中没有任何黑色的思想——
> 我只是感谢我的老师。
> 在我身边，除我之外，还有一位哈萨克人，
> 人们也许会嘲笑我们。
>
> 但哈萨克人的本质非常明显，
> 它犹如一首不连贯的歌。

沙卡里姆试图表现的主题是反映一位孤独诗人内心的忧伤。

这种生活类型的特征不只反映在沙卡里姆的命运中。例如，安德烈·瓦斯涅谢斯基在其诗集《解读马哈木别特》中恭敬地写道：

不是荣誉也不是母牛，

更不是尘世间的皇冠——

使我为之而努力，

真主呀！请你再找一个人和我一起呐喊。

我不需要任何爱，

更不需要金钱和勋章，

请再给我派一个人来，

不要让我如此孤单。

受时代诗歌整体情绪的影响，沙卡里姆在其诗集《哈萨克人写照》中确立了独特的沙卡里姆风格，也正是这样的风格使读者把他当作一个诗人—哲学家、思想家与智者，认为他不仅洞悉生活中的一切，而且懂得未来的许多事情。

这种风格是他对生活中接连不断的遗憾进行独特思考的体现。这种遗憾被沙卡里姆以形而上学的方式"生活——这是一场梦"融入其钟爱的诗歌《请问，你是什么朋友?》中：

生活——这是一场梦，使你一无所获

它在休眠，没有任何梦景，

我们没有痛苦、眼泪，也没有信仰，

更没有训诫的幻影?

但是，我们把梦境作为真理接受，

怎么能够去改变现实?

难道我们要忘却节操? ……

在骚动不安的 1919 年，也就是在他已经很难相信好的时代会到来之时，他还是写下了这样的诗篇。他这样写，很显然，在世界历史中没有任何文化的典范，只是他自己不知道而已，而这些，也许是值得注意的。

要知道，在 1635 年西班牙人卡里捷龙就写下了戏剧《生活就是梦》。也正是在同一时期，莎士比亚在自己的一部戏剧中写下"我们是由我们的梦幻所创建"的话语。历史上最为聪明的理想主义捍卫者乔治·别尔克里确信，世界历史——这是真主的一个长久的梦，真主在不停地创造这个历史。17世纪末骑士抒情歌手瓦里杰·富·杰尔·佛格里韦德问道："我梦到了自己的生活，或者我就在梦里。"

这就是说，沙卡里姆并非第一个使用"生活——这就是梦"这一比喻的人。虽说不知道前人的作品，但他本能地用自己的笔重复了许多伟大的同胞们所追寻的精神道路。他研究了人类的精神环境，开始认识到人类的命运在历史的变更中是那样的渺小。

在这里，不由得想起庄子（前369—前286）的寓言。这位中国的智者在梦中看见自己是一只蝴蝶，醒来后怎么也不明白自己是谁：一个梦见自己是一只蝴蝶的人，还是在梦中看见自己是一个人的蝴蝶？

很有可能，沙卡里姆对这个寓言是熟悉的，因为他所熟知的东方诗人都非常喜欢这个寓言，他们都能够熟练地把梦境与现实结合在一起。后来在《三个真理》一书中他讲了以下的话：

> 我们的梦幻与清醒没任何区别。我们能够在梦中看到的一切，在现实中也是一样。我们没有那样的工具去区分梦境中的不现实和清醒时的真实。我们的所有感知，我们对它的信任超越其他的一切，而这却在欺骗着我们自己。因此，梦幻与清醒——它们没有任何区别。

研究《忧愁的老头》一诗的风格，我们可以发现诗人早已经在诗歌《写诗——考虑尺度》中加入了《哈萨克人写照》这个特殊的部分。在该诗中，沙卡里姆只是涉及了不仅贯穿在自己的创作中，而且在整个人类命运中的离去主题。

> 我将彻夜不眠地写作，
> 睡眠被永久地驱逐。
> 我不从人们开始，
> 我掩藏了自己的达斯坦。①

---

① 达斯坦（Дастан）——波斯语，意思为"故事"。近东、中东和东南亚地区民间创作和文学作品中的史诗作品。通常是对英雄神话、故事题材进行口头和文学加工。

> 我要离你而去，留下的
> 是我的话语。
> 年轻人把我的话，
> 在村落间传达。

"我要离去，在我的身后留下了足迹"。后来他曾多次重复这个轮回式话语。

哲学诗集《哈萨克人写照》集中了大量关于永恒的思考的诗歌：《生命》《心灵、身体与情绪》《蠢货与野兽》《无法填补的欲望，极不稳定的世界》《生活充满了遗憾》《请相信科学》《愿望与理性》和《不朽的军队》。这些都是在 20 世纪初期写成。

在诗歌《蠢货与野兽》中，他本着教育的目的把同族男人与野兽进行类比。在此诗中，沙卡里姆成功地表达了自己对宇宙的基本观点。该诗的第一部分如下：

> 大自然造就了多少灵魂，
> 任何家族大大小小的躯壳！
> 他们中间多余的没有一个——
> 真主汇集了无数。
> ……
> 水与风、石头、尘土与树木——
> 世界上所有这一切，它们都有自己的灵魂。

诗人通过非物质的形式看待世界图景，并把不灭的精神实质——灵魂加以体现。灵魂在此并不等同于人，但却与人息息相关。在说明这种关联的同时，沙卡里姆提醒人们注意：

> 什么东西导致死亡，
> 或许，你就是其中原因，
> 捣毁、破坏路途中的障碍。
> 请注意自己的脚下！——死亡不是无缘无故的。

在接下来的部分中，沙卡里姆收集了现实生活中的一些片段，作为自己诗歌创作中所使用的论据。

　　你看，你看没看见石头上的花纹？
　　是谁在昏暗中勾画了这个古老的图案？
　　野草已经凋零——但它的根茎还在。
　　世界上的一切都是那样的珍贵，就如故事的语言。

　　灵魂有坚强的和软弱的，
　　它们都是一样的空虚，却又蕴含丰富的种子。
　　它们都在成长、朝着生命奔去，
　　尽管各自的喜好不一。

诗人关于人类灵魂的概念中包含了沙卡里姆美学的精华："人类——拥有最好的灵魂"。通过灵魂，人类应该不只是任凭激情的驱使（它是那么的黑暗，按照琐罗亚斯德①）去和肉体的生命交融，而应该与安拉的光明交融。为此，人类应该体现出自己的意志。相应地，心灵应该与意志相统一。

　　人类——最好的是心灵。
　　在美好的心灵前一切都是那么的美妙，
　　宇宙赐予了心灵
　　和谐、有序与关照。

　　爱与不爱谁都有权利，
　　请利用你的智慧与美好的愿望，
　　真主造你是为了让你磨炼，
　　他在始终如一的关注着你。

————————

　　① 琐罗亚斯德——在基督教产生以前中东最有影响的宗教，古代波斯帝国的国教，曾被伊斯兰教徒称为"拜火教"，中国史称祆教、火祆教、拜火教。

我们似乎感觉到，沙卡里姆不是在写我们。我们确信，我们能在他的诗歌中获得享受，因为这种感受一直存在。我们始终在感受着喜悦，从他的字里行间体会着一种真正的魅力。没有这种或隐或现的魅力，我们没人会去读这些诗歌。我们就这样不知不觉地进入了他的形象世界，进入了他的思想家园，我们与他一起为燃烧的火炉填柴。我们在大声诵读他的诗歌。真正的诗歌必须大声地读出来，好的诗歌需要人们在大庭广众下大声地朗读。哈萨克语言记得，言语艺术原本是一种口头艺术，它只是到了20世纪才变化成为有局限的印刷形式。沙卡里姆的诗歌，是真正的诗歌，它需要我们大声地朗读。

> 在今天生命拥有三个阶段，
> 童年与老年，彼此差别不大。
> 中年，是探索、辉煌的年龄……
> 你还在折腾什么？——保留你的热情吧。
>
> 不要白白浪费时间，
> 不要介入无意义的争执，
> 你将会为虚度时光而悔恨，
> 不要玷污了自己的名声。
>
> 生命自少年而成，中年——生命的本质。
> 假如人到晚年依然一事无成，
> 那么，你的生命将充满了虚幻的吹嘘，
> 请善待你生命的三个阶段。
> （巴合提江·卡纳比扬诺夫翻译）

如此充满自信的诗歌像一个永垂不朽的战士那样所向无敌地证明了作者那高超的创作潜力。这首诗歌以手抄本形式迅速在社会上广泛流传。因此，丝毫用不着惊奇，沙卡里姆在社会上深受大家的尊敬。

例如，1902年秋天，在哈萨克斯坦南部城市突厥斯坦举行的隆重集会上，沙卡里姆的名字就出现在受邀嘉宾的名单中。该集会是由令人尊敬的长老波利达伊·卡治姆拉图雷（1819—1907）为庆祝自己的儿子从希瓦教会学校"阿米汗"毕业而举办的。

　　考虑到要在大范围内讨论哈萨克社会发展的实质性问题，包括强化伊斯兰教信仰问题，尊贵的波利达伊邀请了哈萨克三个阶层的代表，以及塔什干、费尔干纳、布哈拉、卡拉卡尔巴克、土库曼、中国和蒙古的代表。受邀嘉宾包括阿里汉·布盖伊汗诺夫、艾哈迈特·巴依图尔谢诺夫、朱西普别克·艾依玛乌托夫与沙赫卡里姆·库达伊别尔德乌雷（他的名字在名单中这样写道）。据统计，参加该活动的人数超过三千。然而各种资料表明，沙卡里姆并没有前去参加这次集会。

第六节　地理团体的书籍世界

　　沙卡里姆获得声誉的另一种解释是 1903 年他被吸收为俄罗斯皇家地理协会西西伯利亚分会谢米巴拉金斯克支会的成员。毫无疑问，这是诗人人生经历中一件重要的事情。

　　俄罗斯地理协会在海军元帅费多尔·里特卡倡议下于 1845 年在圣彼得堡成立，协会是帝国从事地理研究的主要机构，主要任务是收集真实的地理信息。

　　俄罗斯地理协会的考察在开发西伯利亚、远东、中亚和周边海洋，在航海发展和开发研究的新领域中发挥了很大的作用。独立研究、开发新的疆域是每一个帝国的本性。因此，在当时的考察者中，除学者以外还有很多军人。研究工作经常与军事侦察等联系在一起。

　　1850 年，地理协会更名为皇家俄罗斯地理协会。1877 年在鄂木斯克成立了皇家俄罗斯地理协会西西伯利亚分会。1902 年成立了西西伯利亚分会谢米巴拉金斯克支会。

　　该支会的成立离不开谢米巴拉金斯克州统计委员会中区域学家的不懈努力。他们在城市里开办了博物馆与图书馆，进行了大量的研究工作，并在 1886 年出版了很有价值的著作《柯尔克孜人法律习俗研究资料》。也正是在那一年，他们对谢米巴拉金斯克市的人口进行了统计，组织出版了"纪念文集"，其中刊登了许多相当具有价值的学术文章。

　　1898 年，州统计委员会书记尼古拉·科申在《谢米巴拉金斯克州信息》中提出了关于在谢米巴拉金斯克成立地理协会分支机构的想法。他的观点得到了州政府的支持。谢米巴拉金斯克州军事州长亚历山大·卡尔波夫联合州统计委员会主席去拜见皇家俄罗斯地理协会副会长彼得·谢缅诺夫（从 1906—谢缅诺夫·田—尚），申请在谢米巴拉金斯克成立分支机构。彼得·彼得洛维奇对他们的申请极其关注。

对于在谢米巴拉金斯克成立分支机构，鄂木斯克需要搞清楚以下几个问题：这座城市中有没有足够的成员可以构成这个学术协会？除分会拨款外有没有足够的资金可以支撑？分支机构有没有办公场所？

亚历山大·费多洛维奇·卡尔波夫肯定地回答了以上问题。他深信，有思想的人总是会支持好的创意。谢米巴拉金斯克州统计委员会拥有很好的条件来"自由地"开展工作。

他们向鄂木斯克发去了愿意参加该分支机构的成员名单。名单中有 49 位申请人。而在 1902 年 3 月 31 日该分支机构成立前申请人数已经达到了 97 人。他们这样确立了自己的目标："探寻并进行西伯利亚、中亚国家和中国西部的信息资料收集。在实地考察的同时进行学术研究。对前来西伯利亚进行学术考察的人员予以应有的帮助，同时对当地进行地区研究的人员予以协助。关注学术著作和文献的收集与保护，比如书籍、手稿、档案和地图等。

谢米巴拉金斯克地理协会分支机构创建者们的目的在于为后代留下对历史、文化与哈萨克人习俗的观察结果，他们力图把有文化的哈萨克人和熟知民族传统与草原法的专家吸收进该协会。首先进入他们视野的第一批人中就有沙卡里姆。熟知俄语、兴趣广泛、令人叹服的诗歌天赋、民众中良好的声誉，这一切都是沙卡里姆的优势。

推荐他加入地理协会的是常驻乌斯季—卡缅诺格尔斯克分支机构的创建者之一叶甫盖·彼得洛维奇·米哈艾里斯。他是沙卡里姆的故交、阿拜的朋友，与这二人过从甚密。得知这个消息，阿拜极其赞同他的俄罗斯朋友介绍沙卡里姆加入地理协会。

1903 年秋天，沙卡里姆正式加入了地理协会谢米巴拉金斯克分支机构。

在皇家地理协会西西伯利亚分会谢米巴拉金斯克支会档案文件中有这样的记载："来自什金斯塔斯区谢米巴拉金斯克县的沙卡里姆·库达伊别尔吉于 1903 年成为协会成员，1907 年脱离协会。"

这件事情对沙卡里姆具有重大的意义，使他的社交圈子迅速扩大。在他经常交往的人员中有被流放的革命党人和不平凡的人，其中大多数是有文化的专家。也正是这些在统计委员会中工作的人认为科学工作与政权毫无关系，需要独立完成，他们竭尽全力地为建立地理协会分支机构而努力。

支会的工作由被流放的博学多识的民意党人尼古拉·雅科夫列维奇·科申负责，此人在被流放前毕业于彼得堡大学法律系，因其在草原地区的历史研究工作以及参加谢米巴拉金斯克地理分支机构的筹建，于 1904 年被授予俄罗斯地理协会银质奖，并连续当选谢米巴拉金斯克州城乡居民第一届、第二届国家杜马代表。

在地理协会谢米巴拉金斯克支会中特别令人瞩目的人物是别罗斯柳多维兄弟——阿列克谢、维克多、费多尔和尼古拉。他们为谢米巴拉金斯克地域研究与博物馆建设事业做出了很大贡献。别罗斯柳多维兄弟出生于来自西伯利亚的哈萨克人中一个不太富裕的官员家庭。四兄弟中阿列克谢是民族学家与民俗学家，维克多是画家与区域学家。阿列克谢记述了近 200个故事、97 条俄罗斯与哈萨克民间谚语，并经常与沙卡里姆一起讨论哈萨克民间创作的细节。

通过多年不懈的区域研究，别罗斯柳多维兄弟建立了包括地质学、矿产学、古生物学、人类学、史前考古学、文物学、钱币学、民族学以及画廊在内的博物馆。例如，在考古学方面收集了 600 多种东西，在钱币学方面有好几千枚罕见的金币、银币和铜币。

沙卡里姆拜访了他们建在二层楼上的博物馆。他饶有兴致地参观了各个展厅并与区域学家兄弟们喝茶聊天。

在建立谢米巴拉金斯克州历史地域博物馆的工作中，阿列克谢与维克多付出了大量的心血。后来，在 1911 年，两兄弟将自己博物馆的 500 多件藏品赠给了州博物馆。

研究阿拜与沙卡里姆的学者卡尤姆·穆罕默德汉诺夫在 1992 年写道，自 1885 年到 1893 年阿拜赠给了谢米巴拉金斯克州区域研究博物馆 "500多件东西，包括毡房"。

1914 年，维克多·别罗斯柳多维编写了《谢米巴拉金斯克历史区域概貌》一书，在书中介绍了城市的发展历史。杰出的画家将波兰诗人古斯塔夫·泽林斯基（1809—1881）的叙事诗《哈萨克人》栩栩如生地描绘出来，同时，他孜孜不倦地在俄罗斯人中推广宣传阿拜的诗歌。

谢米巴拉金斯克支会热情地接纳了沙卡里姆。从第一次见面起，支会就把他拉入了他们的讨论中。沙卡里姆惊喜地发现在谢米巴拉金斯克地理协会支会成员中还有两位女士。其中一位是当时不平凡的哈萨克女性纳泽帕·库里江诺娃（1887—1934），她具有令人惊讶的知识才能。接受了良好教育以后，她开始从事教育工作——这在 20 世纪初对哈萨克女性来讲是一件极其罕见的事情。

纳泽帕·库里江诺娃——一位"我行我素"的人，她在美国得到这样的评价。她的整个人生经历是与人类的追求骄傲地联系在一起的。

她出生于当时图尔盖州北方一个多子女的草原家庭。她竭尽全力想摆脱女性所处的无权利无自由的家庭环境。她在伊尔拜·阿尔德萨林创办的俄哈学校学习，并顺利考入了当时哈萨克地区唯一的一所高等学校——图尔盖女子中学。以优异成绩毕业以后，14 岁的她就获得了在女子中学教书的机会。随后她的命运充满了哈萨克式的戏剧色彩。按照幼年的婚约，她必须回到村子，结婚彩礼早已经送给了她的家人。但是，就如叶丽克——沙卡里姆叙事诗中的主人公一样，纳泽帕爱上了同在中学教书的一位教师努尔卡里·库里江诺夫。他们结成了夫妻。纳泽帕成功地在中学组织举办了好多次培训教师的音乐文学与民俗学晚会。这些经验为她后来在谢米巴拉金斯克创办民族剧院打下了良好的基础。但是，在 1902 年为了逃避陈旧的婚约，夫妻俩不得不背井离乡在谢米巴拉金斯克安下了家，并在刚开办不久的教师中等学校找到了工作。因此，从 16 岁开始，纳泽帕就开始了培养未来教师的工作。

聪明睿智、精力充沛、容貌出众、善于交际的年轻妇女立刻投身于社会活动。库里江诺夫夫妇顺理成章地成了地理协会的成员，他们的家变成了城市中一个特殊的文化中心。沙卡里姆经常去这对年轻夫妇那里做客。他去的目的不仅仅在于想确认自己叙事诗中两位主人公叶丽克与克别克在现实生活中的再现，更重要的是他被库里江诺夫夫妇关于民俗学探寻的事业所吸引。

库里江诺夫的家吸引了当时各式各样的社会人士。在这里，沙卡里姆有幸结识了教师拉赫玛图拉·叶里吉巴耶夫（1877—1919），这是一位博学多识、熟知民间文学创作的人。叶里吉巴耶夫自 1901 年开始负责谢米巴拉金斯克穆斯林儿童避难所的工作，并在当地教书。他是列夫·托尔斯泰的忠实崇拜者，与沙卡里姆有说不完的话题。

沙卡里姆在库里江诺夫夫妇那里与穆罕默德汉·谢伊特库洛夫

（1870—1937）结成了很好的朋友。穆罕默德汉·谢伊特库洛夫是一位哈萨克文化的狂热拥护者，也是阿拜与沙卡里姆诗歌的崇拜者。

听说年轻的纳泽帕·库里江诺娃想把伊尔拜·阿尔德萨林的诗歌《春天》翻译成俄语，沙卡里姆委婉地建议她翻译阿拜的诗歌。在为她朗诵了几首阿拜的诗歌后，沙卡里姆告诉她自己也在从事诗歌的翻译，不同的是他是把俄语翻译成哈萨克语。

过了几年，纳泽帕依照沙卡里姆的建议翻译了阿拜的诗歌《关于爱情》与《无风夜晚的月亮》。

后来，也就是到了苏联时期，以沙卡里姆为榜样，她开始将优秀的俄语作品翻译成哈萨克语。她翻译了乌拉基米尔·克洛林克和鲍里斯·拉乌列涅夫的作品。

总体而言，青年才俊间的相互帮助与相互支持奠定了启蒙阶段哈萨克知识分子的文化政策基础。

比如，在 1914 年，纳泽帕与努尔卡里·库里江诺夫在伙伴俱乐部正式举办了首次纪念阿拜的晚会。一年后，他们举办了第二次纪念晚会。这次晚会具有浓厚的公益性质。这次晚会播放了哈萨克音乐和歌曲，所有募捐的资金用于资助哈萨克青年赴俄罗斯最好的大学学习。在库里江诺夫夫妇的帮助下，几十名男女青年获得了赴彼得堡、鄂木斯克和喀山的学习机会。

库里江诺夫夫妇的命运是非常不幸的。他们一直没有孩子。而在 1919 年，曾经的委员会秘书、圣斯坦尼斯拉夫三级勋章获得者努尔卡里·库里江诺夫被白匪军枪杀，理由是他可能忠诚于布尔什维克。受到惊吓的纳泽帕搬到了阿克莫林斯克居住，经萨肯·谢富林的推荐在报社工作，成为哈萨克历史上首批女记者。但是，到了 1929 年，布尔什维克却指控努尔卡里·库里江诺夫为人民的敌人，从此她失去了一切物质上的援助。1934 年，她因结核病在阿拉木图去世。

加入地理协会对于沙卡里姆来说还有一个重要的意义：他获得了自由进入学术图书馆的机会。

他所熟知的公开性图书馆在这座城市并非只有这一个，另一个隶属于谢米巴拉金斯克州统计委员会。在那里，虽然书籍数量不多，但书架上所摆放的几乎全是学术性书籍和杂志。在 1902 年地理协会支会成立时，统计委员会的图书馆被转交给谢米巴拉金斯克支会管理。

沙卡里姆在这座图书馆中度过了很长时间，在那里阅读研究了俄罗斯出版的所有期刊。其中包括 1891—1916 年间由皇家地理协会民族分部在圣彼得堡出版的杂志《古代生活》。这本杂志经常刊登关于俄罗斯帝国版图中民族历史与民族学的文章。其中包括著名突厥学家拉特洛夫、阿里斯托夫、列夫申、别列金，他们的观点被沙卡里姆引用到了自己后来的《突厥人、柯尔克孜人、哈萨克人与汉朝之家谱》一书。当然还有其他研究突厥民族历史的著名学者，例如思巴斯基、马耶夫斯基、巴尔卡申与卡尔金。他们的研究也被引用到了《突厥人、柯尔克孜人、哈萨克人与汉朝之家谱》中。

与新资料的接触使沙卡里姆下定决心撰写早已打算撰写的学术著作。在这些著作中，按照学术原则将哈萨克民族的人种起源、哈萨克部落家族间的联系以及许多历史事件系统化。书稿提纲按照他多年收集来的素材进行编排。

沙卡里姆后来说道："在撰写《突厥人、柯尔克孜人、哈萨克人与汉朝之家谱》一书时阿拜给予了很大的帮助。"特别是阿拜在某些思想方面超过了沙卡里姆。他在坚持不懈地研究哈萨克人历史的同时，要求学生撰写历史性论文。后来，在谢米巴拉金斯克统计委员会图书馆研究资料的同时，阿拜自己在 1890 年写了一篇《浅谈哈萨克人从何而来》的论文。论文内容包括远古历史与哈萨克汗的教育问题，也就是说研究至 15 世纪中期。关于后来的哈萨克历史的描述，他交给了自己的学生来完成。

沙卡里姆开始这样写道：

> 没有一个民族有过记载从阿达姆—先知到我们今天延绵不绝的家族历史。从阿达姆—先知到先知努赫（霍亚），祖先的名字在《大乌拉特》（真主送给先知莫伊谢的书）里有记录。其他所有书籍都从这部《大乌拉特》（圣经）中转引。另外一些有关我们先祖的家谱只是代代相传的一些故事和传闻。有些作者按照自己的喜好来选择，因此所撰写的东西常常是错误的和虚假的。

就这样，慧眼独具的研究者沙卡里姆那著名的、毫无争议的《突厥人、柯尔克孜人、哈萨克人与汉朝之家谱》一书的前几行诞生了。

抱着对原始资料的批评态度，沙卡里姆在前言中列举了自己所引用的所有基本学术资料：

> 为了了解哈萨克人的先祖，我用很长时间记录了自己所听到的和知道的东西，同时阅读了其他民族的家谱。我所读过的穆斯林书籍有：阿特—塔巴里①的著作，纳特哲普·卡西姆别克的《谷米米史》、《英吉沙·阿尔伊斯兰史》、《突厥人历史》和阿布尔卡兹·巴赫杜尔汗的《突厥人家谱》。除此之外，我从许多书籍上摘抄了引文，其中包括俄语书籍，如拉特洛夫的《关于维吾尔人》、阿里斯托夫的《关于突厥部落》等。引文还包括俄语版的关于其他民族历史的文献，其中有描写突厥人家谱的最为古老的文献《库达特库·比利克》和《科硕·柴达木》，还有中国著作《元朝秘史》。我从以上列举的书中选取自己认为最为必要的和最为符合事实的东西，再用哈萨克民间口头传说对其进行补充完善，目的是编写我们祖先的家谱。因为至今，如果不考虑口头传说的话，依然没有用哈萨克语书写的家谱。

原则上讲，作者指出了三个文献资料来源，它们在木合塔尔·阿乌艾佐夫的专著《阿拜·库纳拜》中构建阿拜的创作源泉时同样被划分了出来。阿乌艾佐夫写道："其中之一是民间口头语书面创作的古哈萨克文化，另一个是优秀的东方文化形象——塔吉克、阿塞拜疆、乌兹别克古典诗歌，第三个是俄罗斯文化以及通过它而了解的世界文化"。

在书中，阿拜与沙卡里姆把"哈萨克人是通过何种途径而诞生的"这个问题放在了首位。

沙卡里姆着手通过科学形成的事实来有理有据地证明这一点，即哈萨克人不是像有些文献中记述的那样由阿拉伯人演化而来，他们的根在古突厥世界。由此进一步深化了古匈奴的历史。

沙卡里姆完成《突厥人、柯尔克孜人、哈萨克人与汉朝之家谱》的写作大体上用了两年时间。但是，后来几年，他还在不断地修改补充，对某些章节进行了补充完善，对有些内容更是做了彻底的更改。甚至在1911 年该书出版以后，他继续对内容进行确认。在 1931 年他到了生命晚期时写给萨比特·姆卡诺夫的信中强调道："我最近找到了《突厥人、柯

---

① Ат-Табари ——阿特—塔巴里，《先知与沙皇历史》一书的作者。

尔克孜人、哈萨克人与汉朝之家谱》一书中所遗漏的东西。在本次出版的书中有一些印刷错误、遗漏的词语。现在，我在对其进行重写和修订"。

沙卡里姆用自己辛勤的劳动恢复了历史长久发展中被遗失的哈萨克民族的重要家谱。

我们的记忆和头脑通常在容纳自己家庭的七代族谱时并不是那样的清晰可靠，而沙卡里姆却为自己树立了具有五千年历史的远大目标，他在追溯石器时代的伟大人物与突厥部落联盟时期的生活面貌。

在罕见的不为科学研究工作忙碌的日子里，他致力于自己钟爱的诗歌写作。他将引以为荣的人类的强烈感受用自己的诗歌语言抒发出来。比如，正是在那个时期他写下了自己的诗歌《战无不胜的军队》：

> 沙皇在军队方面毫不吝惜，
> 他们建立军队只是为了自己的私利，
> 他们想的是让一个杀死一个，
> 而人民却裸露在枪林弹雨之中。
> 世界在变换、周而复始，
> 死亡连年反复不断。
> 哪儿是谁的地盘？人民的权利是什么？
> 墓群堆对此一言不发。
> 难道我不是一个真正的沙皇？
> 我的军队——就是我的一系列诗篇。
> 诗歌自始至终是那样的永垂不朽，
> 真正的诗歌在经受着这一切。

通过对违背自然的战争的反复描写来展示世界的形象，通过墓群堆来展现土地，展示诗人就是语言的驾驭者与创造者。这一切通过一个完整的画面被构建了出来。

这个画面的主要价值在于反复手法的运用。美学的与伦理学的交流在过去、现在和未来总是在人与人之间、真主与人之间循环往复。正如在《言语录》开始时那样写道：

我的军队不会消亡，

假如有机会出版印刷。

诗歌远胜于任何军队，

当所有人反复咏读的话。

无论何种武器，

没有一种可以战胜语言。

永恒的世界轮转循环，

我的军队始终永垂不朽。

语言因其不朽而强大。

（弗谢沃罗特·罗日捷斯特维斯基翻译）

　　沙卡里姆的诗歌形象地展示了诗人的希望：在确立通往光明的道路后通过创作生活来剔除邪恶的循环，从而获得永生。在这条包含了生命、历史、现实和神话的道路上，按照沙卡里姆的意思，语言/诗歌象征着创作的原始精神（就如在《现实》一书中所描写的那样）。

第三章

预感与预见

第一节　黑色死亡之年

沙卡里姆的老师与导师阿拜在生命的后期是以何种形象而出现的？他的名字与形象成了草原人精神状态的象征。

阿拜不仅赢得了家人和周围人的尊敬和承认，而且得到了谢米巴拉金斯克官员们的尊敬。在1903年8月25日区领导纳乌罗兹基呈送给谢米巴拉金斯克州军事省长的第263号报告中有这样的记述：

> 库纳巴耶夫在区上主管工作时表现出了其智慧和果敢的能力，对政府极为忠诚和信任。库纳巴耶夫的一个儿子在米哈伊洛夫炮兵学校毕业后被提拔为军官，后来在突厥斯坦地区服役期间牺牲。库纳巴耶夫已经出嫁的女儿毕业于柯尔克孜大学科学班，其他孩子也都能用俄语阅读和书写。他们的识字学习全由自己的父亲来负责。库纳巴耶夫从书籍、报纸和杂志上摘抄东西并对俄罗斯文学非常感兴趣。早期，库纳巴耶夫在谢米巴拉金斯克的柯尔克孜人中间，以及周围地区的人中都具有极大的影响力，不只一次被选为区里的"久别—毕伊"，也就是协调解决相邻各区之间纠纷的人。因此，他深受柯尔克孜人的尊敬和信任，他们称他是最为公正的法官。现在，他的影响力远不如从前，因为他年岁已高，不愿再介入纠纷而选择平静的生活，遇事也非常谨慎小心，已经不再为别人的事情操心，不再承担任何职务——尽管那些区官员们经常来向他讨教。在政治方面，我认为他不是一个狂热的信徒，而是一个睿智的人。在谈论自己的事务时，库纳巴耶夫总

能体现出对一些有关国家利益方面的问题的全面理解和对俄罗斯国家掌控亚洲地区之责任的正确的观点及看法。他愤怒地谴责穆斯林—狂热分子企图为了自己的利益来对抗政府的行为。总体来讲，库纳巴耶夫在政治方面光明磊落，总是毫不掩饰地发表自己的观点。

官员们不可能把阿拜作为一个诗人来评价，这也很容易理解。因为他们不了解诗人的诗篇，一是因为当时诗歌的俄语译本还没有出现，二是因为市民们大多不懂哈萨克语。

至少我们要承认，在某些方面对阿拜的界定还是很准确的。不只是纳乌罗兹基先生，包括沙卡里姆也强调过自己的某些遗憾，也就是阿拜后期没有表现出像过去那样对成吉思坦乌生活所产生的那种狂热和激情。

他的激情和狂热从未超出过草原现行的俄罗斯法规的界限，笼统地讲，没有任何东西可以证明他是对抗俄罗斯帝国的。将阿拜看成一个像流放党人那样充满了革命思想的人也是没有意义的。相反，在和政府官员们交往时，阿拜一直努力显示自己是一个遵纪守法的公民。

但是，在哈萨克社会内部，他的确是一个改革者，因为他极大地影响了当时的社会舆论。他把俄罗斯在草原上的统治看作历史发展的不可避免的一个阶段。他认为，要想自主管理国家，哈萨克人必须经过一定的文化发展阶段。因此，人民的教育是今天最为关键的问题。阿拜满腔热情地号召哈萨克社会的精英们致力于教育，即为了人民的利益来推广教育。正因如此，他对乡镇的官职不是那么热心，有时候也是不得已而为之。他后来悲伤地描述了哈萨克人的愚昧、懒惰、迟缓和贪婪，并竭力想把自己的民族带上通往真理的道路。

充满力量、威力和热情是阿拜整个内心的写照，对此，沙卡里姆在自己生命的后期已经停止了感知。

可以说，阿拜后期几年内表现出了完全属于自己的生活风格。他感受到了自己所经历过的虚伪，体会到了救赎的滋味，在得到澄清后也就屈服于命运。

在1899年他写道：

> 心中布满了伤痕——
> 我的命运在污秽的世界。

而那——健康的残留，

什么时候远离世俗。

　　拜访阿拜的人似乎应该变得少一些了，但是，事实并非如此。人们依然源源不断地来到他这里，哪怕通常只是对伟大诗人的简单问候。

　　孙子阿尔汉姆那时候已经年满 18 岁，他清楚地记住了他著名的祖父如何与来客们交谈的情景。

　　阿尔汉姆写道："阿拜有一个特点，他习惯用眼睛盯住来访的客人。对别人的问候也不回答就单刀直入地问来访者因何而来、有什么事情。假如客人回答得很清楚，就是说有要事要解决，那他也就迅速着手解决问题。当问题解决以后他会对客人说'现在请你去另一个毡房吃东西吧'

　　"然而，当来访者吞吞吐吐、面红耳赤地说只是为了来拜访诗人时，阿拜就会立刻把他打发到另一个毡房去吃喝，吃喝住宿悉听尊便。但是，当他第二次即使带着事情来的时候，阿拜也不再接待他。

　　"另一个习惯：如果有人要说话，阿拜会放下所有的事情来听他讲。在别人讲的时候他从不插话，更不打断。如果所谈的话题他很喜欢，那就会问一些问题并进行长时间的交谈。如果不喜欢的话，他也会打断说'够了，就到这儿吧！'

　　"他不以出身、财富或者知识来评判任何人。他对一个人的界定完全看他的言语和行为。他从未贬低穷人和弱者。"

　　阿拜在继续接待来访者，帮助他们解决问题，唯一与过去不同的是他再也不会走出热洁拜地区的范围。他会不顾一切地从事创作，而在其创作的巅峰时期他非常合理地把个体与周围世界、与整个宇宙的问题联系在了一起。他留下了那些他应该可以找到答案的问题。世界的杂乱无章与贫穷就如一个不完整的人一样已经使他兴趣大减。

　　不，你不是人，而是一堆狗屎：

毫不漂亮、毫无贞洁、毫无智慧。

你所发出的臭味迅速扩散，

什么时候黑暗会使你死亡。

你曾是一个孩童，现在进入了暮年。

你适应了四季的轮回。

去爱人吧！倾听安拉的召唤。

为你已经获得的而高兴吧。

（米哈伊尔·杜靳翻译）

　　诗歌的写作日期为 1899 年。他那样地描述人，莫非是在开玩笑？不是，根本不是。他比任何时候都更加严肃。他不仅清楚地对自己作出了评价，而且对周围的环境作出了评价。

　　在观察命运的同时他思考着真主，尽管他的创作并不是为了真主，他的文学嗜好也不是广为人知。他只是简单地理解了人越是在这个世界生活，就越来越靠近天国。不要为死亡而难过，我们应该听从先辈的召唤，只有这样才能延长自己的生命。

　　在 1898 年，阿拜写下了犹如告别人世的诗篇《当我死去后，难道大地不能接纳我？》。好像是对自己孤独、幸福和悲伤的生活与诗歌创作活动作了总结。

世间的一切都有自己的次序和结局，

有的人急促，而有的人却很幸运。

你的每一步，都不听从心灵的召唤，

后代们难道不会误解？

我将离开——不幸的我无法作答，

你们尽情地对我评述吧。

谁的心灵能够两次燃烧？

我已经变焦，我的心灵满是伤痕。

我的心灵深处掩藏了本质，

我的人生之路是那样的危险、艰难和崎岖。

请你记住，我是一个难以捉摸的人。

请原谅，我的心脏跳动了一千零一下。

请原谅我年轻时的激情，

原谅我一时的热情与时不时的耍滑。

随着年龄的增长，我变得智慧起来，
我见惯我周围那些干坏事的人。

尽管我变得聪明，但我依然不明白自由的含义，
虚幻的生活！不要随我而活。
我的身后没有我那未获自由的人民。
罢了！让他们平静地睡吧，倾听我的话语。

我的外表很庄重，但我的内心是火与毒液，
我无法改变什么——哪怕是习俗，那我要离去。
诗歌比流言蜚语更快地进入民间，
我的秘密我不愿说出，我已无回头路可走。

毫无疑问，沙卡里姆身上善良的、持续30多年的悲天悯人的情怀是由导师和老师——这位心灵不朽的智者阿拜的思考所引发的。

作为阿拜真正的学生，沙卡里姆没有去贬低阿拜晚年的创作热情，因为阿拜依然通过授课传播知识。在冬季休闲的夜晚，他致力于把中篇小说《杜布罗夫斯基》改编成哈萨克语的诗歌。

沙卡里姆通读了社会学、哲学类以及所有深奥的和有趣的书籍，然后开始对不久前的哲学问题记录进行系统整理。有时候他也产生撰写有关哲学问题的批判性书籍的想法。他甚至确定了书籍的名称为《三个真理》，他埋头于脑海中早已形成的提纲中。因此，他在书籍中的最早记载如下：

所有事物的因果渊源都在于创造者的认识、实力及技巧的无限性。我的理由是：

如果遵照科学，任何事物都无法建立和自我发展。他们自身怎么能够给予自己生命和发展呢？这一切都必须有原因。也就是说，这里还需要另一个原因。当然，终极理由是没有的，而这种无原因的原因是存在的——那就是造物主。这种无原因的原因我们可以看作是原子和光（世间）。但是，要知道它们也不是毫无原因的。因此，我得出这样的结论：它们因运动而产生。变化的事物不会自己成就自己。如果说运动产生于吸引力与排斥法则，那么这样的运动就必须有原因，

也必须有该法则的建立者。对于那些原始的东西，比如说原子，都有其最初的阴阳开端，此外就是物质的力量。它是两位一体的，两个部分相互需要。难道这样就可以说它是自身存在的？因此，它们的起因就是无原因的原因——创始人。

读者们可以任意选择自己应该如何对待这篇形而上学的文章，如何对待这位草原人原始的兴趣或者是找到其论断中的不足之处，或者是与沙卡里姆一起来思考事物的本源、生活的起因，在真主创造世界和沙卡里姆的理论之间做出自己的选择。

撰写《三个真理》这本书用了整整十年时间。随着时间的推移，沙卡里姆找到了所有新的事实材料，获得了对许多哲学观点的认识，对书籍作了许多列举与特别的论说补充，由此而形成了最具个人特征的、完全合理的关于心灵学说的观念。

就在这个过程中，1904 年到来了。

冬天，阿拜的儿子马卡乌伊亚的结核病突然加重，状况越来越差。

马卡乌伊亚在年轻时，也就是 1884 年他 14 岁的时候就染上了结核病。当时他还在谢米巴拉金斯克柯尔克孜男生学校学习。他学习优秀，但是第三年时被咳嗽所困扰。医生确诊他患有肺结核后建议他回到乡下。阿拜把孩子接到了家里。

"灾难又一次降临！死亡的阴霾再一次笼罩在我的头顶。我生命的唯一喜悦刚刚开始就已经凋谢。我那心灵的依靠就这样地损折吗？他只是刚刚开始接受父亲的培养，还没有来得及展现自己就这样消失吗？"——伟大的浪漫主义艺术家木合塔尔·阿乌艾佐夫如此描述了阿拜的感受，为这位绝望的父亲勾画了一幅悲伤的画面。

1904 年 5 月 26 日，年仅 34 岁的马卡乌伊亚去世。当时各村庄都刚刚熬过艰难的冬季准备出发去放牧了。

在祭奠儿子马卡乌伊亚去世的第 40 天，哲学家、伟大的诗人、演说家、哈萨克草原标志性的智慧人物阿拜与世长辞。这一天是 1904 年 7 月 6 日（古历 6 月 23 日）。诗人享年 59 岁。

沙卡里姆没有及时写出对阿拜的悼文，也没有将其刻在墓碑上，而是后来将悼文写入了自己的《突厥人、柯尔克孜人、哈萨克人与汉朝之家谱》一书中。

"哈萨克人把伊布拉吉姆称为阿拜。他熟知穆斯林与俄罗斯文化知识，具有非凡的智慧与才能。自年少时起我就跟他学习，得到了他的指导，从他那里获得了对科学的认识。伊布拉吉姆生活在哈萨克人中间，关于他的伟大知道的人并不多，否则全世界就会认识这位伟大的哲学家和思想家。他生活在无知的人中间，在痛苦中度过了一生。他于1904年6月快60岁时与世长辞。我们祝愿他安息吧！"

阿拜逝世后，沙卡里姆无法从悲痛中走出来，更无法认真思考。他放下了《杜布罗夫斯基》一书的翻译工作。他放弃读书，更没有心情去完成《突厥人、柯尔克孜人、哈萨克人与汉朝之家谱》一书的写作。在书桌上摆放着关于列夫·托尔斯泰的小说的杂志，但是他已经无法被这些精彩生动的文章所吸引。

在长时间的痛苦中，导师阿拜的形象愈来愈清晰，沙卡里姆对阿拜的爱只能用文字来表达，此时此刻对他的思念变成了真心的祈祷。

他决定写下自己在这一时刻、这一地方痛苦的思念。如：

在此死寂般的时刻你是否死亡？
你看见没有，我们如何被死亡所惊吓？
不要离我们而去——因为
不要让你所拯救的人们怀念你？

你在追求不可实现的东西，还有什么？
你比任何人都好，而周围还有什么能超过你？
神圣的死亡给予了我们命运，
谁能逃避死亡？至今还没有任何人。

或者你已经找到自己所寻找的东西？
此时此刻你成了亲人们最喜爱的人？
所有与你为敌的人
你是否已经勇敢地予以清除，正如你所希望的那样？

有时候你认为他是难以根除的，
你也常常为此而退缩。

但是，灵魂依然留存，

你将把它赠予谁？——没有任何人。

　　这首诗充满了对导师去世的极度感伤之情，这种感情是那样的诚挚。沙卡里姆汇编了一部诗集（他各个时期所写的著名的 14 首诗歌），后来把它们汇入了诗集《哈萨克人写照》。诗集的主题是"这就是阿拜离去以后我所创作的东西"。

　　不久，他写下了怀念阿拜的最后一首诗。在诗歌中他不仅表达了自己失去老师后的悲伤，而且塑造了阿拜的形象。一生中，他既关注尘世的幸福与财富，也受到真主的监督，并由真主最终带他进入虚无的"寂静"。

你赤裸裸地来到这个世界，

又破衣烂衫地离去。

你那样急迫地追逐幸福。

谁能知道：你到底是否追到？

……

你的财富数不胜数，

你还在期盼什么？

好处是什么？要知道什么也没有

你不可能把它们随身带走。

世间是险恶的。它就像流水一样，

而我们——就如稻草一般。我们随之而去

任凭命运的驱使，

我们毫无办法。

我们犹如浮萍一般，

没有休息、没有睡眠。

死亡降临我们。就这样

我们被寂静所围困。

（弗谢沃罗特·罗日捷斯特维斯基）

　　1905 年 5 月底，家人们从城市里带回消息说阿里汉·布盖伊汗诺夫想在谢米巴拉金斯克与阿拜的家人见面，商讨出版阿拜诗歌之事。他特别指明沙卡里姆一定要去，因为他的意见对出版阿拜诗集至关重要。得知这个消息，沙卡里姆觉得生活又有了希望，这个希望召唤他回归现实生活。

　　他开始了赴谢米巴拉金斯克的准备。

　　阿里汉·布盖伊汗诺夫（1866—1937）是著名的布盖伊汗——布盖耶夫汗国创建者的后人。他出生于谢米巴拉金斯克州卡尔卡林斯克县。1877 年，父亲将他送进了卡拉卡林斯克穆斯林学校学习。他在小学和市工艺学校学习了七年，在那里掌握了“制靴手艺”。1886 年赴鄂木斯克技术学校学习。在鄂木斯克开始与《阿克莫林州消息》以及该报的增刊《Дала уалаяты》[①] 合作。1889 年，年轻的作者用哈萨克语和俄语发表了18 篇文章以反映阿拜与沙卡里姆的精神思想，同时通过散文痛斥哈萨克社会的弊病——乡官的不称职、毛拉的无知与巴依的贪婪。从 1890 年起，阿里汉在圣彼得堡林业技术学院经济系学习。毕业以后，他在鄂木斯克林业经济学校从事教学与科研工作。随后，他作为校外考生通过了圣彼得堡大学法律系的考试，获得了律师专业毕业证书，当选为皇家地理协会西西伯利亚分会正式成员。

　　阿拜的忠实崇拜者布盖伊汗诺夫通过印刷出版的形式对阿拜的诗歌进行大力宣传。比如 1903 年，他在彼得堡推出了《俄罗斯——我们地域的完整描述》一书。在描述哈萨克大草原的 18 卷著作中，有一位作者就是布盖伊汗诺夫。他负责撰写了章节《按地域划分柯尔克孜地区居民，其民族构成、生活习俗与文化》。在这个章节中，他注重阿拜的观点，对阿拜的作品予以很高的评价。

　　阿里汉·布盖伊汗诺夫可以看作是第一位描写阿拜生平的传记作者。他的文章《阿拜（伊布拉吉姆）·库纳巴耶夫》作为悼文于 1902 年在《谢米巴拉金斯克通报》上刊登发表，该通报由商人布拉克比·布列舍耶夫于 1902 年起在自己的印刷厂印刷发行。1907 年该文章在杂志《俄罗斯皇家地理协会西西伯利亚分会谢米巴拉金斯克支会学术期刊》上发表，并附有阿拜的个人照片。也正是由于这篇文章，阿拜学的研究开始了。

　　天才的政论家、著名学者阿里汉·布盖伊汗诺夫在 1905 年被推举为

---

　　① 《Дала уалаяты》——《阿克莫林州消息报》

最出色的政治活动家之一。精神改革家阿拜的思想在其政治生涯中发挥了很重要的作用。阿里汉先前是通过阿拜的诗歌领会这一思想的。在和沙卡里姆、阿拜的儿子及侄子——图拉古尔、卡吉塔依会面后，他更加深刻地认识到了诗人的诗学与哲学思想。

对于阿里汉来说，真正的发现是沙卡里姆在另一个本子上所抄写的阿拜《言语录》中的部分章节。阿拜的散文还没有计划要印刷出版，但是，沙卡里姆需要将笔记本中关于阿拜美学思想的内容加以解释说明。在高度评价阿拜思想的同时，阿里汉非常高兴地大声朗读其中的某些段落。

"聪明的人应该知道，教徒的责任就是——行善"。阿里汉读到《言语录》第20篇中的话语。正确的事情是不怕经受考验的。如果不给予理智的自由，那就不可能获得真理。只有充满智慧的人才能理解我。假如我们的宗教中存在缺陷，我们如何去制止有理智的人不去想它？没有智慧，如何去建立我们的宗教？如果没有智慧，善良还有什么意义？不，你应该明白与相信，善与恶是由真主创造的，而不是由他来继续创造发展的。真主创建了富裕与贫穷，但他不希望人们因此而痛苦。反之，一切都是腐朽的东西。

最终他们决定将这本书划分为18个章节："关于人民""关于诗歌创作""关于自己""关于爱情""思想"等等。并对每个章节进行了翻译，以便读者更好地领会阿拜的诗学特征。

在鄂木斯克，阿里汉诺夫像一个真正的记者一样，给《谢米巴拉金斯克学术期刊》提供了阿拜原本的创作与对普希金《叶甫盖尼·奥涅金》所做注释的片段以及关于莱蒙托夫与克雷洛夫著作的翻译文本。这些文本由阿拜儿子图拉古尔收集，准备在谢米巴拉金斯克皇家俄罗斯地理协会支会阿里汉·布盖伊汗诺夫出版社出版发行。

阿里汉在生活中自然而然地产生的乐观主义被现实生活改变。"短期休整时间"持续了整整三年半时间，这也是顺其自然的事情。回到成吉思坦乌以后，沙卡里姆着手于阿拜诗歌的整理工作。他将它们按照约定分了章节，对篇章进行了检查，做了最终的校正。卡吉塔依准备了阿拜的简历。

6 月的最后几天，按照原定计划在热洁拜举行了阿斯①——阿拜周年祭奠活动。祭奠活动组织得非常好——这一切都是沙卡里姆的功劳。事实上，他自己却为受邀而来的谢米巴拉金斯克的毛拉而伤心，因为这些城市清真寺的服务者们所关心的是能得到的礼物的数量，根本就不在意穆斯林的法则要求——对这一点，沙卡里姆作为《穆斯林法典》的作者比他们更加清楚。他朗诵阿拜的诗歌、引用列夫·托尔斯泰的寓言，目的是劝服这些信徒崇拜者。但是，这些前来的社会学家大声反对朗读阿拜的诗歌，似乎这违反了伊斯兰的法规，而托尔斯泰直接被他们称为不诚实的人。他们指出，托尔斯泰已经被自己的东正教教堂驱逐了。

极富涵养的沙卡里姆没有和他们争论。他从杂志上得知，1901 年的东正教最高会议宣布了把列夫·托尔斯泰逐出东正教教堂的决定。对此，他有自己的观点。然而，他认为在祭奠典礼上展开争论是极不合适的。

在此期间，阿里汉·布盖伊汗诺夫到卡尔卡拉林斯克科亚金斯基市场处理了一件重要的事情。此次前往与重大请愿事件有关。请愿是由哈萨克社会人士受 1905 年俄罗斯第一次革命的影响而发起的。这批人中间有教育家艾哈迈特·巴依图尔谢诺夫、刚开始工作的记者米尔江吉普·杜拉托夫、律师扎吉普·阿克巴耶夫、工程师穆哈迈江·德内什巴耶夫以及其他积极分子。在卡尔卡拉林斯克、谢米巴拉金斯克、彼得罗巴甫洛夫斯克、乌拉尔斯克以人民的名义签署了请愿书，并发往圣彼得堡以及鄂木斯克的草原元帅—省长中心，然后以军事省长和各地区首脑的名义发往其他城市。发出的请愿书特别多，其中最为著名的要数 1905 年 6 月 25 日发给俄罗斯帝国部长会议主席谢尔盖·尤里耶维奇·维杰的卡尔卡拉林斯克的请愿书。布盖伊汗诺夫与他的同志们成功地聚集了 12767 名哈萨克人，这在当时是极具震撼力的。

卡尔卡拉林斯克的请愿书中写道：

> 当整个俄罗斯要求彻底改革自己生活的重要时刻，与俄罗斯命运息息相关的柯尔克孜草原不能对此漠不关心和无动于衷，不能不提出自己的愿望和要求。

---

① 阿斯：对受尊敬和有影响力之人逝世一年后所举办的周年祭奠活动。

请愿者们指出了哈萨克人民生活的艰难现状：

> ……官僚们在毫不了解情况、不体谅草原实情的情形下所推行的《草原法》，政府官员凭一己之见不尊重法律条款的行为，这一切都忽略了人们的精神与经济利益。

他们还提出采取地方管理，改变诉讼与教育体系，要求心灵与信仰自由，开办印刷厂，出版报纸并采取新的法律，而最重要的是"承认哈萨克人所占据的土地属于哈萨克人所有"。

在 7 月中旬，卡吉塔依整装前往谢米巴拉金斯克与鄂木斯克印刷阿拜的手稿。

阿里汉·布盖伊汉诺夫后来写道："1905 年 7 月底，卡吉塔依带着阿拜的手稿来到了鄂木斯克我这里。他在这里住了几个星期。我们一起拜读了阿拜、普希金和莱蒙托夫的作品并获得了极大的乐趣。"

在此期间他们获悉，用阿拉伯字母印刷哈萨克语不是一件容易的事情。在鄂木斯克没有那么多的印刷厂。因此，他们不得不排队等待。

卡吉塔依将手稿留给阿里汉后回到了成吉思坦乌。

沙卡里姆终于又开始从事文学创作。他通读了所有自己收藏的列夫·托尔斯泰的作品并仔细考虑哪些作品首先要翻译成哈萨克语。

沙卡里姆的诗歌主要以何种形式准确地体现了俄罗斯伟大作家的精神原则？那就是自始至终交织在一起的善恶问题。他们两人都相信，只有善才能改变世界。假如写下的诗行足够引人注目和富于美感，那它就可能会达到应有的目的——对现实生活起到积极的作用和影响。

阅读优秀文学作品所产生的喜悦体现在了他的诗歌中。沙卡里姆很想写出自己对托尔斯泰的献词，然而，正如通常那样，诗歌取决于其语言的变化形式，主题往往脱不开其他固有的感受，事实上，诗歌写成了一种类似于对清真寺那些最近一段时间信仰不坚定的人员的回应。不久前与毛拉的争论给他留下了很深刻的印象，而摆脱这种想法的唯一途径就是写下回应性诗歌：

> 我不退缩：我是托尔斯泰的学生！
> 你称这位神圣之人为不真诚者，

但是，他全部的心灵是为了公平与公正，

他是深邃思想与语言的主宰。

无知的毛拉被他按照当地传统称为索贝①（从苏菲主义而来的哈萨克语）。虽然他们中间有人极力反对，但是没有人能影响到他的思想：

不是他、托尔斯泰，而是你、索贝——不真诚，

不是信仰，而是你的行为下流

无知，你的心灵愚昧与恶毒。

你如何看得见神圣的光芒？

按照沙卡里姆的理解，他在描写这位雅斯纳雅·波良纳②隐士时并没有完全展现出这位创作天才不可估量的力量：

这是一种耻辱，当你对信仰如此挖苦之时，

我不愿做索贝的牺牲品！

有成千上万这样的人，假如实话实说的话，

你们不如列夫·托尔斯泰的一个脚趾。

沙卡里姆在创作这些诗歌时有没有找到自己所期望的安慰？答案是肯定的，但只是找到了一点点。因为给阿拜的承诺——去伊斯坦布尔、麦加和亚历山大求学——令他不安。在深入思考时，他依然像过去那样求助于《古兰经》。他牢记伊朗神学家穆罕默德·阿里—卡扎里（1058—1111）的话："古兰经记载于书上，用语言来传播，人们用心来记述。虽然它永远都会扎根于清真寺，但我们不能把它定性为只能靠书面记载的页数和人们的智慧来传播的思想。"

没有什么可以动摇沙卡里姆对安拉和对知识神圣力量的信仰，甚至当地方上的伪君子们用那些歪曲信仰的下流语言大放厥词之际。

为了实现阿拜的遗愿，沙卡里姆决定立刻完成对麦加的朝觐，去黎凡

---

① Copy——沙卡里姆对无知毛拉的讥讽称呼。

② 俄罗斯图拉市近郊托尔斯泰故居的名称。

特城市的图书馆。去拜见其他地方的人民，了解世界，扩大自己的视野——弥补自己的心灵因囿于狭小的空间和时间而形成的缺憾。他对自己的亲属宣布，秋天他将动身去朝觐。

阿哈特记住了沙卡里姆讲述的话语：

> 在马卡沙死后的第40天，阿拜与世长辞，我陷入了绝望。阿拜在我的梦境中从未离开，我很难熬过三年的祭奠时间。最终经过深思熟虑，在夏季放牧转场以后我召集了家人。我对他们宣布，我要动身去朝觐，为的是完成对阿拜的承诺。
>
> 有一些人不同意我的想法。他们说道："你怎么能离开呢，你最爱的叔叔祭奠之时没有你怎么可以呢？"其他人同意我的想法。我认为，完成对阿拜的承诺比对反对者的愤怒更重要。

在沙卡里姆为旅行准备期间，阿里汉·布盖伊汗诺夫在1905年9月作为哈萨克人民代表参加了在莫斯科召开的俄罗斯农村与城市代表大会。在大会上讨论了民族与人民之平等、公平的选举权以及自由使用母语的问题。

而在1905年10月，布盖伊汗诺夫成为阿克莫林斯克州与鄂木斯克城市委员会"人民自由党"的组织者与领导人。该党的另一种说法是宪法民主党（立宪民主党）。这是一个新的组织，但在较短时间内成为了俄罗斯最大和最广泛的党派组织。布盖伊汗诺夫认为，立宪民主党的目标和任务符合哈萨克人的意愿。立宪民主党人要求："不干涉个性自由，所有公民一律平等——没有民族、信仰、阶层、性别差别；在人民代表大会和地方自治管理方面实施无性别的、共同的、平等的、直接的匿名选举权；合法解决土地改革和满足合理的民族要求。"

无法再回到过去那种汗政权家族机构式的管理时期——这一点阿里汉·布盖伊汗诺夫心知肚明。但是他深信，哈萨克人有能力参与国家管理。他认为卡尔卡拉林斯克请愿书的出现就是哈萨克自治的前兆。关于这一点阿里汉在自己的特写《草原地区的选举》中做了描述，该特写在鄂木斯克报纸《额尔齐斯》上发表。

因此，一点儿都不令人吃惊，稍晚一些，也就是1906年1月8日，在沙卡里姆完成朝觐以后，阿里汉·布盖伊汉诺夫在从巴甫洛达尔赴谢米巴拉金斯克参加立宪民主党活动的途中被捕。他被关进了巴甫洛达尔监狱。他随身携带的大量阿拜诗歌手稿被没收。他被正式逮捕的理由是担任了柯尔克孜政治运动的领袖。

鄂木斯克州国家档案馆中保存有以下的报告：

> 1906 年 1 月 10 日。巴甫洛达尔市。
>
> 本人，巴甫洛达尔县第二级法院法官，在视察巴甫洛达尔监狱时，被关押的阿里汉·布盖伊汉诺夫向我申诉要求把他转为由监察机构监控，要求说明其被关押的原因与指控理由，要求担保释放。同时要求保护好自己被逮捕时随身携带的柯尔克孜语手稿，这些手稿价值 5000 卢布。这些诗歌手稿属于柯尔克孜诗人库纳巴耶夫。

没有等到立刻释放，阿里汉·布盖伊汗诺夫向司法部长发电报说："没有任何犯罪证据，更没有任何诉讼程序，我就这样在巴甫洛达尔监狱被关了 40 天，行政机构违反了军事法令第 23 条和第 8 条以及刑事诉讼法第 70 条，我要求审判或者释放。11 月莫斯科地方代表大会成员公民布盖伊汗诺夫。"

后来阿里汉回忆道：

> 在巴甫洛达尔监狱坐牢的四个半月时间里，我每天晚上花好几个小时为看守的士兵们读普希金、莱蒙托夫和莎士比亚的作品。听众们围在我牢房外面的走廊上，我坐在炉子旁边为他们朗读。我还清楚地记得，莎士比亚的《科利奥兰纳斯》为士兵们留下了深刻的印象。他们非常愿意听当时的报纸文章。

他被释放已经是沙卡里姆完成朝觐归来后的 5 月底。警察们归还了阿拜的诗歌手稿，危险解除了。

阿里汉立刻给卡吉塔依发去电报，要求他动身前来鄂木斯克。卡吉塔依完成了又一次的旅行，这次旅行持续了很长时间，他走遍了俄罗斯的城市和农村。

最终卡吉塔依在鄂木斯克没有等到书籍的出版。在阿里汉的建议下，他携带阿拜诗歌手稿动身前往喀山，因为鄂木斯克印刷厂拒绝履行自己的职责，理由是布盖伊汗诺夫受警察监督。

卡吉塔依向成吉思坦乌发去简短的电报写道："我前往喀山。在鄂木斯克的书籍未能付梓。"

过了一周他又送来电报说："在喀山的印刷厂没有时间印刷书籍，因此我将前往圣彼得堡，请尽快寄给我200卢布。"

200卢布汇出了。卡吉塔依怀揣200卢布坐火车经过莫斯科到达了圣彼得堡。在帝国的北方首府，卡吉塔依通过阿里汉·布盖伊汗诺夫与波拉康斯基私人印刷厂成功地签署了出版诗集的合同。

克里木人伊利亚斯·波拉康斯基在伊斯坦布尔学会了印刷，1882年在圣彼得堡开办了第一家用阿拉伯语、土耳其语和波斯语印刷书籍的穆斯林印刷厂。

卡吉塔依与出版商商定，自己来承担书籍排样的校正工作。准备好的排样将寄往谢米巴拉金斯克校正。

1906年9月，卡吉塔依回到了成吉思坦乌。

半年过后，卡吉塔依在谢米巴拉金斯克指定的收件人阿尼亚尔·莫尔达巴耶夫收到了第一批校样邮件。校正修改完以后，卡吉塔依将排样寄回了圣彼得堡。

6个月以后，跨越辽阔的俄罗斯与哈萨克草原的第二批排样寄到了。卡吉塔依认真校正并寄出排样以后从谢米巴拉金斯克回到了成吉思坦乌。

与印刷厂的这种形式的邮寄往来持续了2年多时间。

阿拜的第一部诗集终于在1909年出版了。扉页上写道：

> 哈萨克阿肯伊布拉吉姆·库纳巴耶夫诗歌
> 出版人：卡吉塔依，图拉古尔·库纳巴耶夫家人
> 圣彼得堡，伊·波拉康斯基东方印刷厂，1909年。

第二节　麦加"糖果"

沙卡里姆于1905年11月动身前往麦加朝觐。

哈萨克斯坦国家中央档案室保存有前往麦加朝觐者的注册登记文件。1905年的朝觐者名单很长，因为那一年哈萨克朝觐者的人数急剧上升。

名单中第 221 位是这样登记的："谢米巴拉金斯克县成吉思区柯尔克孜人沙卡里姆·库达伊别尔金"。

**沙卡里姆国际护照照片，拍摄于前往
伊斯坦布尔与麦加前夕。1905 年**

草原军事省长办公室所注册的另一份文件写道，沙卡里姆颁发的出国护照号为 6424，护照有效期为三个月。而 2637 号登记册上注明，1906 年 3 月 28 日"从沙卡里姆·库达伊别尔金那里收回了出国护照"。

也许是为了办理这本出国护照，好像就是在那个时候沙卡里姆照了这张最著名的照片。很明显，诗人把这张放大了的个人标准照冲洗了好多张，送给了自己的朋友们。其中一张夹在了诗人的手稿中，躲过了 1931 年灾难之年的焚烧，被阿哈特保留了下来。

照片上的诗人以其严肃、深邃的目光注视着我们。脸上是整齐的胡须，头上戴着穆斯林小帽（塔吉亚[①]），鼻子挺直，目光炯炯有神。沙卡里姆在作品中也正是这样表现了自己智慧、严厉和神秘的形象。

---

① 塔吉亚——穆斯林小帽。

肯布拉克河谷，沙卡里姆的诞生地

19 世纪的伊斯坦布尔

沙卡里姆是专程去朝觐的，正如俄罗斯的朝觐者一样。

应该指出，在此前不久，俄罗斯帝国是限制朝觐的，因为朝觐者通常会把在伊斯坦布尔和开罗出版的穆斯林书籍带回俄罗斯。在限制期内，国

诗人手稿

外书籍和教学手稿也被认为是非法的。官员们以卫生防疫为借口停止对朝觐者发放出国护照。虔诚的伊斯兰教徒们不得不铤而走险，通过获得奥斯曼、布哈拉以及中国护照的途径冒险绕道抵达阿拉伯半岛。

但是，沙卡里姆非常幸运。20 世纪初，情况发生了很大变化。转折出现在 1899 年驻麦加和麦地那领事阿卜杜里阿泽斯·达乌列特什给政府上书之后。他指出，对于俄罗斯政权来讲，为朝觐者创造良好的条件去朝觐比限制他们要有益得多。读了该报告以后，沙皇取消了限制令。

在这种情况下，1902 年俄罗斯的朝觐人数超过了 17000 人，几乎所有人都是通过海路到达圣地。最为漫长的路线是通过阿富汗、英属印度到达庞贝城，从那里转海路到达吉达。另一条路线是通过外高加索、伊朗、伊拉克与阿拉伯沙漠直接到达麦地那。相对而言，第二条路线比较实用。

不顾众所周知的 1905 年反政府起义导致的警力措施的加强以及笼罩着俄罗斯帝国的危险，沙卡里姆非常顺利地到达了海域边境。

与他同行的有来自波尔林斯克和恰卡斯克区的库尔曼科扎·古捷诺夫、库旦·热扎萨洛夫和库列什·邵金，他们先乘轮船到达鄂木斯克，在此转乘 1904 年新开通的新西伯利亚火车。该条铁路线的建成极大地改变了俄罗斯东部的生活面貌，过去在宗主国无法想象的事情今天变得极其平常。

沙卡里姆在伊斯坦布尔 / 努尔布兰·奥杰普巴耶夫画作

　　转车后，沙卡里姆与同行者用 5 天时间到达了莫斯科，在此领略了过去期盼了解的生活。莫斯科使他感到不可思议，犹如过去谢米巴拉金斯克对这位来自偏僻小镇成吉思坦乌的 17 岁青年所产生的震撼一样。

　　幸运的是与他同行者都是一些受过良好教育的人，他们结伴前往麦加。他们一起乘车向俄罗斯南方驶去。

　　到达奥德萨之前他们转了好几次车。在乱糟糟的月台上，有人掉到了火车下面，这在沙卡里姆的心里留下了阴影。在奥德萨，他们找到了土耳其领事馆，递交了护照，开始等待签证。奥德萨通往伊斯坦布尔的路线在那个时期对于来自突厥斯坦、伏尔加河沿岸、乌拉尔及草原地区的朝觐者来说是主要的路线。这条线路的好处是每周有好几班轮船，到达伊斯坦布尔只需要 3 天时间。

　　拿到标明"通过伊斯坦布尔到达麦加"的旅游签证，朝觐者坐上了轮船。初见大海，沙卡里姆心潮澎湃、思绪万千，犹如在诗歌创作或者散文写作时一样。

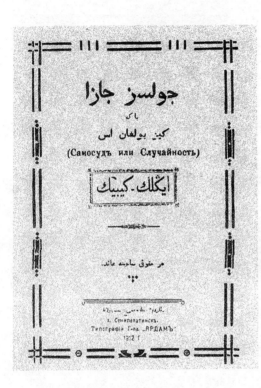

1912 年在谢米巴拉金斯克出版的叙事诗《叶丽克与克别克》首页

很快他们抵达了伊斯坦布尔。

这段旅行被诗人写进了自己的诗歌《生于羊年……》之中：

> 我坐轮船颠簸了很久
> 与各式各样的人在一起。
> 在伊斯坦布尔的 13 天里，
> 我随意地购置书籍。
>
> 土耳其人、波斯人、巴什基尔人
> 比阿拉伯人、印度人安静，
> 而在巴黎学习过的
> 土耳其翻译极其喧闹。
>
> 我与所有的人交流，

M. 阿布洁舍夫找到的学者 Φ. A. 费耶里斯特鲁普在
成吉斯山脉民俗考察期间为沙卡里姆拍摄的照片

我的思绪高涨，
犹如光明的力量
穿越了黑暗。

思绪突然变成了字码抄本，
成了所有民族的词典……
我没有理由不去学习——
否则思想就会一闪而过。

　　与同行的国际协会朝觐者交流成为沙卡里姆此次旅行最宝贵的财富，虽然互相翻译起来有些难度。关于这些，沙卡里姆讲起来时非常坦诚，毫不掩饰。

　　从伊斯坦布尔继续向南，渡过地中海抵达了埃及港口塞得港。在渡过运河的几天时间里，他们在轮船上生活。太阳火辣辣地晒着，腐烂的食物引发了疾病。其中一位朝觐者死在了船上。依照海洋法，人们把他葬到了海里——按照穆斯林的理解，这是不好的命运。

Абай Кунанбаев,
поэт, мыслитель,
дядя Шакарима

Титульный лист
поэмы Шакарима
«Лейли и Меджнун»,
опубликованной
С. Сейфуллиным
в 1935 году
в Алма-Ате

阿拜·库纳巴耶夫，诗人，思想家，沙卡里姆的叔叔

　　最终人们通过苏伊士运河进入了红海，用了近两天时间到达吉达。轮船在慢慢地行进，阿拉伯半岛——这个神圣的世界是那样的遥远，好像是尽力吸引着全世界的穆斯林朝觐者。他们终于到达了当时作为麦加海上门户的吉达港，在边境注册、登记、排队花费了很长时间。第二天行李被放在了骆驼上，好几千人的队伍上路了。部分幸运者骑在骆驼上越过了90公里的沙漠，而大部分人，沙卡里姆也在其中，顶着阿拉伯半岛的烈日步行前往麦加圣地。

　　当我们今天说起100年前朝觐的条件要比今天艰苦得多时，我们所指的是这一路上艰难的转折颠簸。今天，吉达与麦加之间有现代化的高速公路，城市之间有铁路贯通，并建有旅馆和休息地。但是，在沙卡里姆朝觐的那个时期，到达麦加的沿途全是荒漠沙丘。

　　三天的沙漠旅程对于朝觐者而言是极大的考验。有人掉队了，有人生病了，更有人命丧此地。

　　沙卡里姆没有遇到任何危险。在这次旅行中除疲劳以外，他没有受到

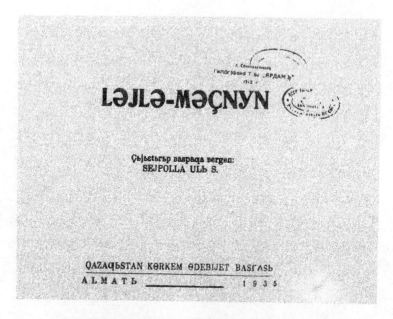

**1935 年在阿拉木图由 C. 谢福林出版的诗人沙卡里姆
的叙事诗《列依丽与梅治努》扉页**

任何疾病的困扰。多年来在草原游牧生活恶劣条件下的历练使他的身体极
为强壮，他比其他同行者都能较为轻松地承受路途的折磨。他时刻都在帮
助掉队的人，一直在搀扶中年的朝觐者，对这一路上的一切没有发过一句
牢骚。

他们来到了麦加，住在了宿营地，开始了几天短暂的恢复休整。

随后他们开始了对圣地麦加的朝圣，履行朝觐的所有礼仪程序，感受
圣地的伟大与崇高。

沙卡里姆该宣誓了。阿哈特记下了他的话：

就这样，在 1905 年秋天我动身上路了。这次旅行——是阿拜的
最后命令——本次旅行对我的人生产生了极大的影响，开阔了我认识
世界的眼界。我有幸与各个国家的学者进行交流，交换看法和意见，
购买了我所需要的书籍，这些书籍我以邮寄的方式发回了谢米巴拉金
斯克……

在伊斯坦布尔停留等待期间我有幸进入了历史基金会的珍藏馆，
在那里花了 13 天时间研究历史。我通读了自《荷马史诗》以来古代

作家和思想家的所有著作，购买了希腊思想家、西方哲学家、古突厥
学者的著作，各民族的词典以及美洲作家的作品。

简而言之，这次旅行打开了我的眼界，满足了我饥渴心灵的需
要，实现了我的愿望，当然，更是智慧的阿拜的建议之成果。

我从伊斯坦布尔到达麦加，参观了历史古迹，获得了很多新的知
识和见识。我到过麦地那，在那里接触到了那些学者的著作，如距智
者穆罕穆德 200 多年的阿布·苏菲杨。遗憾的是，我没能够到达埃及
的亚历山大图书馆。在麦加，我见到了在这个图书馆工作过好多年的
学者，从他们那里我抄写了许多过去所不知道的作品文献。

当我动身返回时，我们当中疾病蔓延，在伊斯坦布尔停留了几乎
一个月时间。经医生允许我走出了城市，再一次拜访了历史古迹，与
印度和波斯学者们进行了交谈。我甚至跟土耳其音乐家学会了乐谱。
我多次与伊朗和印度医生会面，学会了好多治病方法。

沙卡里姆没有展开细节描述，没有把朝觐同行者的名字写出来，也没
有把与自己交谈的人的名字记下来，也没有深入叙述麦加朝觐旅行的细
节。但有意思的是，我们知道了他对什么样的古典书籍感兴趣，他如何毫
不迟疑地购买了这些书并把他们寄回了谢米巴拉金斯克。还有，我们可以
从他后来在《突厥人、柯尔克孜人、哈萨克人与汉朝之家谱》或者《三
个真理》的引用文献中获得他所购买的某些文学文献的信息。

换句话说，在《突厥人、柯尔克孜人、哈萨克人与汉朝之家谱》中
还是有赴麦加朝觐具体的细节。尽管它们在其中不是至为关键，但是，随
着时间的推移，这些传记性细节会变得越来越珍贵。我们是在现有的基础
之上建构今天，对这些没有足够的概念，只有在那个时刻，当我们呼唤那
些离我们而去、被我们遗忘的先辈的名字时，我们才能发现我们那被割断
的历史，我们才想起找回那些对于今天而言极其重要的东西。留在他的印
象中的鲜活的场景，有麦加那些狭窄的街道、清真寺石砌的台阶、神圣的
广场和见证过几千年历史中成千上万朝觐者的古老的克尔白。

身处圣地麦加，沙卡里姆情不自禁地回忆起了到过这些广场的祖父，
他也是那样地触摸了这些石块，而这些石块也是那样吸引着他。多少代
人，多少伟大的人物曾经到过这个广场。而现在，他终于穿越时空的障碍
站在这里，站在了祖父站过的地方。

以下是《突厥人、柯尔克孜人、哈萨克人与汉朝之家谱》中的一个片段：

当库纳拜在 1873—1874 年间朝觐时，他在麦加为哈萨克朝觐者购买了旅馆，在购买的同时举行了祭礼活动。现在该旅馆叫作小屋子，在里面居住的是来自小玉兹部落的伯克·苏丹，他看起来是一位有教养的人。总的来说，该屋子的主人被确定为索贝卡纳特拜，但是他已经去世了，留下了自己的遗孀，她在此培养过他的外甥。这位遗孀把屋子送给了自己的外甥，他就成了该旅馆的主人。

在 1905—1906 年朝觐时，我见过这家旅馆。在我到来之前里面已经住满了朝觐者。为了不使他们为难，我租赁了其他住处。苏丹告诉我说，现在这座屋子登记在小玉兹多思让的名下，但究竟是什么原因他也不清楚。

我决定第二天去麦加最高神职人员沙立夫①那里，目的是通过相关文件搞清楚这家屋子到底属于谁。我把这件事告知我的同伴，但遗憾的是，我没能成功。就在我快要搞清楚的时候，我的同伴伊布拉吉姆·马努阿尼告诉我我们应该立刻离开，我不得不起身离去。

已故的塔基阿尼—卡兹曾经说过："虽然我是最先购买这间屋子的人，小玉兹部落的朝觐者却出了更多的钱。"

也许是因为这样房屋被记在了多思让—卡兹的名下，或许是因为转让所属权发生在祭礼之时，这一点我没有搞清楚。

在库纳拜—卡兹之后，我们家族有亲属阿克别尔德及其儿子扎基普去麦加朝觐。扎吉普死在这里，我在他的墓地做了安魂祈祷。

谁在麦加死去，谁就是圣者。伊斯兰世界认为，在朝觐中死去的人会进入天堂。因此，沙卡里姆带着这份谦恭在墓地做了祭奠。

我们可以对这个故事追加一些东西，那就是哈萨克草原其中的一个清真寺的供职人员多思让与库纳拜在同一时间去朝觐了，也就是这样屋子的所属权被写在了他的名下。

很遗憾，沙卡里姆想搞清楚房屋的所属权却没有成功。要知道，他作

---

① 沙立夫：穆斯林荣誉称号，按照男女不同类型传承。

为库纳拜的直系亲属有理由坚持该屋子的所属权，他可以把屋子转到自己的名下。当然，这不是为了发横财，只是为了表示对库纳拜的一点纪念。但是，造化弄人，他没有完成这件事。

朝觐者按照原路从麦加返回俄罗斯。他们在伊斯坦布尔耽搁了将近一个月——这一点沙卡里姆在前面已经说过。他们这群人因为其中一些人患有肠胃病而滞留在了检验所。诗人充分利用了滞留这段时间，在伊斯坦布尔与来自世界四面八方的有知识的人进行了广泛的交流。

1906 年 3 月底，他回到了谢米巴拉金斯克，把出国护照上缴军事省办公室以后立刻回到了成吉思坦乌。

在家乡他像一位凯旋者那样受到了欢迎。

阿哈特回忆道：

> 父亲在野草泛绿、大地苏醒的夏季来临前从麦加回来了。我们乘坐大车奔驰 15 公里去迎接，在沙克村遇见了父亲。父亲从麦加给阿尼亚尔寄来了一个很大的包裹。阿尼亚尔把包裹通过邮递员从城里送到了乡下，包裹放在了家里。当我们问起包裹里是什么的时候，得到的回答是："这是你父亲给你们邮寄的糖果。等他回来，他自己发给你们。"我们感到非常高兴。当父亲回来打开包裹箱子后，我们看到，整个箱子全部是书。

沙卡里姆非常疲劳，然而他没有任何的失望感。当他给亲属们讲述路途的艰辛时，在他们的眼中看到了恐惧与兴奋、担心与羡慕。他们似乎与沙卡里姆一起乘火车驶过了俄罗斯冬天的辽阔大地，与他一起乘船渡过了大海，整天整夜地忍受着疾病、饥饿和晕船；不分昼夜地在炎热的阿拉伯沙漠上蹒跚而行，目的是到达麦加；三次绕过克尔白并感受到在真主面前整个人类无穷无尽的苦难。

但是，这次旅行的痛苦没有给沙卡里姆留下任何印记，留存在记忆中的是那些为他打开世界之门的所有美妙瞬间。

至今，没有什么能够使他从自己的身上抖掉路途的灰尘、抵御风沙的意志，他完全被另一个世界的景象所吸引。严酷的冬天再也不能使他感到恐惧害怕，在这样的冬天里他还要继续在这草原上孤单地经历无数磨炼。世间的疾病、孤独的痛苦都无法使这位语言创作者屈服。

第三节　接近俄罗斯方式

　　从麦加返回后，沙卡里姆很快完成了《杜布罗夫斯基》的翻译工作。美妙的诗体性翻译使读者读起来轻松容易，就像读普希金的诗歌《叶甫盖尼·奥涅金》一样。沙卡里姆将俄罗斯天才诗人的斯拉夫组合词转换成了哈萨克诗歌语言。

　　他早就有了翻译小说《杜布罗夫斯基》的计划，那已经是 10 多年前的事了。开始动笔是在 1903 年，当时他没有译完就搁下了。现在，受某种心灵热情的激发，他创作了这部非常有趣的作品，他把这看作是叙事诗。

　　不难理解，为什么他要在现在饱受争议之时开始翻译工作。其中一个最为关键的理由是他在旅行中所获得的东西。这种跨越俄罗斯国境的旅行使他对俄罗斯语言、俄罗斯文化、俄罗斯生活都有了新的理解和认识。或许，这种印象带有旅行的性质，对于深刻理解民族的特性是不足的。但是，这种最初的印象感知有许多是值得认真思考的。

　　正如通常情况那样，每一次见到的地方会使我们增加对于世界的新的认识。过去，沙卡里姆脑海中的俄罗斯印象来源于那些居住在谢米巴拉金斯克的官员、商人和军人，另外就是通过阅读普希金、莱蒙托夫、果戈理、涅克拉索夫、萨德科夫·谢德林、托尔斯泰的作品形成印象。他通过自己对真理与公平的探寻从他们那里找到答案。书籍上的印象很大程度上过于抽象简单，虽然它们看起来是那样的形象生动，但都不是最重要的。沙卡里姆通过自己的想象来汲取这些形象，而恰恰是这些吸引了他。在他的想象中出现了某种关于这个具有漫长冬季、金色秋天与凉爽夏天的辽阔国度的标准形象。这个形象带有某种难以揭示的秘密与令人忧伤的诱惑。

　　现在当他接触到其真实面貌，到达了更加遥远的地方时——这些东西在草原时他只是了解到其中的某些方面——这些鲜活的理解和认识对他来说是那样的充实、那样的鲜明，这一切彻底推翻了他过去的"文学想象"。

　　因为俄罗斯人的平易近人、热情好客与特殊的精神面貌和城市、火车站、列车的喧闹氛围，这个过去只是停留在脑海中的伟大国家深深地留在了他的记忆中，并永远铭刻于心，激发了他的希望。沙卡里姆是那样急切

地想去靠近俄罗斯，从她那里汲取滋养俄罗斯人的无尽的知识食粮，将它
们带入草原传输给哈萨克人，为的是使他们感受飞速发展的生活脉搏。

后来在其《逝去的生命》一诗中，他将自己对俄罗斯的印象做了诗
学评价：

> 如果说俄罗斯是母亲的话，
> 那么，哈萨克人就像她的儿子。
> 就让他们成长吧——没有什么值得期盼？
> 如果同意，那就承担吧。

也正是与伊斯坦布尔和阿拉伯印象交织在一起的这种新的认识，使他
对于生活与创作的愿望再一次复活。事实上，当一个人一次又一次地认识
到宇宙空间的变化时，这种现象会频繁产生。

鲜明的印象开辟了他理解普希金小说的途径。博克罗夫斯基村的特洛
耶库洛夫庄园或者是基斯捷涅夫的卡杜布罗夫斯基属地，也不再单纯地作
为地理名称而存在了。

甚至充斥着激情、冲突、爱恨、战争与革命的大千世界，在他现在的
感觉中离他是那样的近，这一切都在他翻译《杜布罗夫斯基》的过程中
得到了体现。事实上，在完成了作品主要部分的翻译的几年之后，他所写
的前言就成了他自己的独立作品。在前言中，真主所赐的和谐观念与毁灭
一切生物的专横相互交织在一起。

> 轮船与货轮，像气球一样——
> 这些都好像是真主的所赐。
> 与进步交织的是危险的炸药
> 在我们的土地上燃起了熊熊烈火。
>
> 在这个世界上大火能轻易杀死一切，
> 大炮、炸弹，是人们智慧所创造，
> 所有生物一瞬间
> 在战争期间在自己的家园被毁灭。

　　对于周围现实环境的担忧使他产生了对于永恒、创作与语言无穷力量的思考。这种思考是沙卡里姆通过某些典故、受其他艺术家语言影响而形成的个人感受。

　　正如在《永垂不朽的军队》一诗中所写的那样，诗人一旦在诗歌中确定了一个词语，这个词就会永垂不朽。沙卡里姆把词形变化作为唯一方式来允许自己对"永恒"一词加以变更。

> 永恒的词语并不是无所不能，
> 没有天赋你将什么也不会留下。
> 或许，你能够写下成千上万，
> 按照诗歌你不要把它与任何人相混。
> 纳沃伊、哈费斯与费祖里，
> 他们用词语能够传达自己的智慧。
> 拜伦、普希金、莱蒙托夫、涅克拉索夫——
> 就像人类的璀璨明珠那样涌现而出。

　　最终，在结束前言时，作者邀请读者来理解俄罗斯诗人的语言。他允许不接受另一种生活的可能性的思想存在，但是作为一个真正的人道主义者，他宣传的信仰是"全球诗歌是一家"。

> 你们在此之前听过我的话，
> 我全心全意地表示感激。
> 去理解俄罗斯诗人的语言——
> 你们会了解你们未知的一切。

> 生活方式，或许，他们是另外一种，
> 但是，诗歌却和我们是一家。

> 现在我开始我的故事，
> 或许，你们中间谁听对谁有益，
> 也许，有人没听完就转身离去，
> 要知道不是每一个人都有出人头地的时候。

　　沙卡里姆以《杜布罗夫斯基故事》为题的创作只是在 1924 年才在谢米巴拉金斯克出版发行（内容稍加改变和补充），但在此之前就已经成为哈萨克人最为喜爱的作品。哈萨克式的《杜布罗夫斯基》被人们口口相传，正如过去的草原社会一样，文学诗歌的传播途径就是口头语言。他的手稿被喜爱者们频繁传抄并被民间说书艺人反复传诵。

　　这部小说的思想内容建立在冲突和对抗之上，贯穿始终的一方是愚蠢的地主特洛耶库洛夫，另一方是小淘气鬼弗拉基米尔——年老的杜布罗夫斯基的儿子。诗歌蕴含与交织了相爱之人追求幸福的艰难以及对玛莎出嫁的愤恨。这一切作为一种共性不只是普希金的读者，也是沙卡里姆的读者所担心的。换句话说，哈萨克诗人在创建文化之间的对话，也创建了作者—文本—读者对话之先例，发挥了自己文学艺术的最大"天赋"。

　　在与列夫·托尔斯泰故事以及普希金另一部小说《暴风雪》接触的过程中沙卡里姆领会到了自己对社会创作发展的亲身参与。他把它们同等对待，就如他自己所说的"在翻译上我还很稚嫩"。

　　"俄罗斯人看得见世界"。阿拜的这个说法激发着沙卡里姆去接近俄罗斯文学，而这一切在沙卡里姆诗歌价值体系中占有非常明显的地位。

　　比如，以诗歌《毛拉称其他人为异教徒……》中俄罗斯文学的人物为论据，其中以"森林"代表俄罗斯人，并以此作为主要的民族形象。按照沙卡里姆的思想，这是个体自我实现的途径：

> 俄罗斯人的个性我们哈萨克人不太了解，
> 因此时常掩饰住恐惧忍受着嘲讽。
> 不要以聪明的和能干的人为例，
> 如果去追逐那些老奸巨猾的人——一切都会崩溃。

> 如果他要是知道谢德林和托尔斯泰，
> 感受到他们的思想和语言的深奥，
> 如果接受了果戈理和普希金——
> 那么金色的光芒将会闪耀。

> 假如能以那些人，如莱蒙托夫、涅克拉索夫，
> 作为智慧的榜样并传播于民众，

　　那样人民就会摆脱了愚昧和无知，
　　他们就开始接近真正美好的前途。

　　我们认为，沙卡里姆翻译了列夫·托尔斯泰的三部作品。其中两部是托尔斯泰于 1903 年撰写的《亚述人皇帝阿萨尔哈多》和《三个问题》。他解释说："创作关于皇帝阿萨尔哈多故事的想法不是我自己产生的，而是我从一位无名作家的故事中受到的启发，该故事以'这就是你'为标题刊登在德国杂志《神通学指南》1903 年第 5 卷中。"

　　那位故事的作者在给总编和朋友切尔特科夫写的信中说："故事是很差劲的。应该从其中摆脱出来。"很明显，沙卡里姆并不这样认为。

　　第三个故事，当然，完全不是故事。这纯粹是关于克列斯皇帝与希腊智者索罗恩的历史性寓言。沙卡里姆将其改编成诗歌并起名为《克里斯皇帝》（也许就是克里斯，而不是克列斯），在自己的手稿中简洁地签署了"引用于列夫·托尔斯泰"。

　　然而，这一点很容易得到证实，因为托尔斯泰既没有写过任何关于克列斯的文章，更没有写过关于索罗恩的东西。

　　或许是另一种情形。在 1924 年，沙卡里姆把这三个故事与中国的神话《一百个东方故事》结合在一起，起名为《六个故事》。这个，作者也以手稿形式传给了儿子阿哈特。

　　沙卡里姆在世时，他的所有故事没有一个出版问世。它们和《六个故事》一样，只是在 1988 年才面世（阿拉木图市，扎祖什出版社）。

　　令人疑惑的是，作者为什么非得把这些作品融合在一起。要知道，沙卡里姆在 1924 年准备发表这些作品时就对其做了诗学的注释。在对读者提出"有没有时间通读六个故事"这一问题的同时，诗人强调了其"隐含的想法"。他未采用当地的原始模式，而是用另外一种形式表现出来：

　　　　我们的人民通常是那样原始地生活，
　　　　我们经受了贫穷与无助。
　　　　我亲爱的，你们不要吹嘘，
　　　　我们只剩下希望——我们的希望到来了。

　　　　哈萨克人或者俄罗斯人是一样的，

不能将他们分开，他们原本是一家。

心灵的责任——为受苦受难的人们。

我们只有去为人民争取利益……

沙卡里姆再一次在《阿萨尔哈多》译文中说道："俄罗斯极负盛名的伟大作家列夫·托尔斯泰的故事《阿萨尔哈多与拉艾利》在 1924 年 7 月被翻译成哈萨克语。"

有两个问题。第一个问题：为什么是在 1924 年 7 月翻译？

符合逻辑的解释是，沙卡里姆译完托尔斯泰的两个故事不晚于 1907 年，因为那时候他正专注于托尔斯泰的创作。如前所说，他是在 1903 年莫斯科中介出版社出版了托尔斯泰的《阿萨尔哈多》以后就立刻开始翻译了。

换句话说，沙卡里姆的翻译符合这个说法。在 1904 年，托尔斯泰的《亚述人皇帝阿萨尔哈多》缩减再版。根据这个缩减版可以看出，沙卡里姆是按照 1903 年的最初版本翻译的。

《三个问题》是按照 1903 年发行的《三个故事》一书翻译而成。同年出版的俄罗斯作家的两个故事好像是同时传到沙卡里姆手中，也就是说它们是在 1907 年翻译而成。而以上所指的 1924 年的日期是其最后加工、增补和修改的日期。因为这是沙卡里姆的个人习惯，他通常是十年以后对自己的作品再一次进行加工和修改。

第二个问题：为什么是《阿萨尔哈多与拉艾利》？要知道，托尔斯泰的作品是《亚述人皇帝阿萨尔哈多》。

回答这个问题不是很难：因为在我们面前的是简化版本。

沙卡里姆是严格按照原版作品来翻译的，他很少对作品进行简化。托尔斯泰的故事是这样开始的："亚述人皇帝阿萨尔哈多征服了拉艾利帝国，摧毁了他们的国家，焚烧了他们的城邦，将他们的居民赶出了居住地，将他们的军队完全击溃了，并将该帝国的国王拉艾利关进了大牢"。嗜血皇帝阿萨尔哈多和无助的拉艾利给沙卡里姆留下了很深的印象，沙卡里姆将他们的名字直接写在了标题上，沙卡里姆只是按照哈萨克习惯对其做了小小的变动。

《三个问题》也被译成了散文。只是在结尾部分，沙卡里姆按照个人的喜好添加了四行诗：

仁慈些吧！自己去祈祷吧

不要把暴力和邪恶强加于人。

不要自上而下压迫人民。

良心、纯洁和诚实做事——这是重中之重。

精神自我完善的主题是托尔斯泰作品的精髓，这一点激发了沙卡里姆坚定不移地追求真理的思想。

1907 年 2 月初，在谢米巴拉金斯克应该举行第二次国家杜马选举。沙卡里姆作为成吉思坦乌区候选人应该出席本次大会。

少不了阿里汉·布盖伊汗诺夫的影响，谢米巴拉金斯克州"人民自由党"委员会突然推举沙卡里姆·库达伊别尔基耶夫为国家杜马代表。现在很难确定沙卡里姆是否真的加入了该党派（或许，根本就没有加入）。然而，当他走上讲台时，他对他人的信任表示了感谢并突然宣布不接受他人的推选建议。

可以回顾一下沙卡里姆为人民服务的热情号召，他的诗歌以及他为人民谋福利的崇高思想。他很好地掌握了俄语，走遍了俄罗斯，完成了麦加朝觐，熟知哈萨克社会的问题。因此，这就是他被推选为国家杜马候选人的原因，在那儿他可以更好地为哈萨克社会作贡献。

但是，那个时候的他为什么断然拒绝了成为国家杜马代表为社会服务的机会？是什么使他远离了政治？原因实际上只有一个——那就是他忙于文学创作。

1908 年夏天，沙卡里姆在谢米巴拉金斯克监狱探望了因为政治活动而再次入狱的阿里汉·布盖伊汗诺夫。1915 年，布盖伊汗诺夫在报纸《哈萨克人》发表文章回忆道："当我 1908 年被放出谢米巴拉金斯克监狱时，沙卡里姆、卡吉塔依和图拉古尔专门前来市内给予我帮助与支持。我们在一起度过了好多天。后来，当我被关入监狱后，他们依然前来与我交往。唉，其他的哈萨克人怎么都比不上他们……"

阿里汉感到惋惜，因为除了沙卡里姆和他的兄弟，再也没有人去监狱探望过他。他遗憾的当然是人民对政权的恐惧，遗憾自己的思想无法在大众中得到普及。最终，这个事实在 1919 年被布盖伊汗诺夫在阿拉邵尔达建立的政权所证明，这个政府的存在是哈萨克历史上最重要的时期之一。

1907—1909 年是沙卡里姆开始深入钻研托尔斯泰宗教哲学原则的时

期，他将托尔斯泰的原则作为自己精神自我完善的观念来接受。他认为，他看到了真理的曙光。他的思想认识的极大飞跃是拜读了论文《什么是艺术?》。托尔斯泰写道："没有什么比享乐更古老和陈腐，没有什么比这段时间从宗教意识中得到的感受更新颖了。"

沙卡里姆在呼唤自己的家人时反复讲过这些。他像托尔斯泰一样认为，正是宗教崇高的精神指引人们触及自己内心的活动。正如托尔斯泰晚期作品中描述的那样，沙卡里姆把托尔斯泰作为自己的"信仰导师"。他把形成宗教的认识看成自己的艺术使命，而不是周围环境中流行的死记硬背和假仁假义。

应该给托尔斯泰写信，与他分享一下自己关于精神范畴的思考，这些思考是他拜读托尔斯泰作品所获得的。沙卡里姆做出了这样的决定。

1909 年温暖的 5 月深夜，就着油灯的光线，他给伟大的托尔斯泰写了一封信，他一下子感到自己在茫茫宇宙中再也不是孤立无援的了。

创作有时候是那样的接近，这是油然而生的，好像是创作者被某一种精神的细线所牵连一样。

沙卡里姆并不知道，也正是在这种情况下，法国大学生罗曼·罗兰给托尔斯泰写了信，请求托尔斯泰帮助他找到生路。罗兰没有寄希望于托尔斯泰给他回信，他以为，这位伟大的作家始终忙于创作，没有时间给他回答。然而，有一天他收到了从俄罗斯寄来的包裹——托尔斯泰的法语回信，整整 38 页的回信。罗兰被震惊了，这件事改变了他的命运。假如作家始终是仁慈的话，他可以在生活中改变什么；假如作家在任何时候准备帮助别人，他至少能帮助到别人，哪怕是一点点。后来，罗兰写下了关于马哈特马·甘地①的书。在书中他介绍了甘地在开明欧洲所组织的反对当时世界上最为强盛的国家英国的非暴力斗争。在出版该书之际，罗兰还不知道，年轻时候的甘地，在其还是一位不知名的律师时，曾经在非洲南部的纳塔尔工作过，在其内心纷乱不宁时也给托尔斯泰写过信。他同样得到了托尔斯泰的回信，这对他的命运也产生了巨大的影响。甘地从此踏上了舍己为公与自我献身公益事业的道路。

---

① 马哈特马·甘地：原名汉达斯·卡尔姆昌德·甘地，印度民族独立运动领袖，印度国大党领导人。人们称他为"马哈特马"，意思是"伟大的灵魂"。三次领导了"非暴力不合作运动"，以争取民族独立。

　　沙卡里姆给托尔斯泰的信中写了什么，实在无人知晓。后世研究者曾经非常仔细地找寻过，但遗憾的是没有发现去信和回信的踪影。

　　比如，沙卡里姆熟知的谢米巴拉金斯克穆斯林孤儿院的负责人拉赫玛图拉·叶里基巴耶夫给托尔斯泰写过信，作者们可以在 90 卷托尔斯泰作品集（1928—1958，莫斯科出版社）中看到去信和作家的回信，并且这些信件不只一次地在哈萨克刊物中刊登。有一次我们很感兴趣地在谢米巴拉金斯克拜读托尔斯泰的信件。托尔斯泰回信写道：

　　　　亲爱的拉赫玛图拉·叶里基巴耶夫，早在多年前我已经说过，所有人都有权出版我在 1881 年以后所写的书以及翻译的东西。但是，我还是非常高兴有机会单独给你回信，这不是批准，而是我对你给我的高水准建议表示感谢。借此机会我向你寄来我手头现有的作品。关于我对伊斯兰的看法，我想对你说，按照我的看法真正的宗教只有一个。囊括一切的真正的宗教至今还没有被人类所创建，而部分的东西已经在所有的宗教中体现出来了。人类的进步最大限度地蕴涵于这些宗教中，因此，所有喜欢宗教的人都应该努力去寻找宗教中的不足。不是要致力于它们的区别，而是应该去探寻它们的相同点与优点。这就是我对待所有宗教以及包括我所熟悉的伊斯兰教所要做的。你是否知道我所写的书籍《阅读范围》一书？此书多多少少地满足了你的这个要求。我认为，将这本书翻译成阿拉伯语还是很有益处的。

　　　　祝你一切顺利！

　　　　　　　　　　　　　　　　　　　　列夫·托尔斯泰

　　　　　　　　　　　　　　　　　　　　1908 年 6 月 10 日

　　我们不应该去怀疑，沙卡里姆到底有没有给托尔斯泰写过信。因为这里有阿哈特的证明，而他也没有必要去杜撰这一切。

　　　　在和父亲的一次交谈中我说："您在自己的诗歌中，在您的日常交谈中，总是非常高地评价托尔斯泰。"

　　　　父亲回答说："我一贯对托尔斯泰评价很高。我请求他回答我三个问题。托尔斯泰给了我关于这三个问题的非常有价值的答案。这些答案使我激动并像教导一样永远地留在了我的心里。

　　"我把我所知道的人的不好的特征列举了出来。我问他，哪些我们所熟知的特征会触及人的荣誉？

　　"托尔斯泰的回答是：'你所列举的所有特征都会触及人的荣誉与尊严。但是，我认为，有一种情况会特别地触及人的荣誉。这就是，如果一个人清楚自己的行为，而这个行为给周围的人与社会带来了危害，而自己却无动于衷。最坏的有三种情形，一是当这个人很富裕的时候，却害怕自己的财富受到损害；二是如果他担任某种官职的话，他害怕失去自己的职位而不顾正义和公平。三是他担心因为说真话而受到惩罚。'

　　"我同样咨询他关于写一部相对宏大的作品的建议说：'我计划写一部宏大的作品，你能给我什么建议？

　　"托尔斯泰说道：'不管是一部含有许多主人公的大作品还是简短的故事，作者首先应该清楚事件的本质、原因以及事件的后果等，了解社会中的秘密和变换，正如自己亲身经历过一般。事件的过程对于作者来讲应该是透明的，感受极深的。否则，文学作品将不会令人信服，而会是无趣的。作者不应该忘记这个谚语——按身影定做的裘皮肯定不合体。没有深入实际、片面写出的作品肯定脱离现实，远离真理，也肯定是枯燥无味的。'

　　"'作者，包括我在内，不能够批判性地评价自己作品的好与坏。用何种方式可以发现与纠正自己作品中的不足？'我问道。

　　"对于我提出的第三个问题，托尔斯泰给出了这样的回答：'作者的素质之一就是能够发现自己作品中的缺陷并改正它。这不是每一个人所具备的。有这样的说法：别人的错误看得更清楚。但是，最好的是一个人能够发现自己的问题并及时纠正它。人具有改正自己错误的天性，这一天性根植于每一颗纯净的心灵。假如一个人所做的每一件事、所写的每一句话都是由其纯净的天性而引发的话，他就会通过自己的认识来揭示真理。缜密思考所得出的结论肯定是通过了心灵的筛选。一个人，如果他为自己培养了用心灵感应的本领的话，他可以自始至终地发现自己和别人的不足。因此，最公正的批评家就是纯净的心灵。'

　　"这就是托尔斯泰给我的回答，我把他当作我的老师并尊敬他。"

阿哈特记录了沙卡里姆与托尔斯泰书信来往的口头讲述。因此，该记述里面与俄罗斯作家风格不协调的地方我们只能归结于转述和翻译。

或许，事实是这样的，也就是说沙卡里姆的确给托尔斯泰写了信，他也给托尔斯泰发去了信件。但是，他到底收没收到回信？

这也是一个值得更进一步探究的秘密，这个秘密吸引着一大批研究者在研究道路上不懈地努力和工作。

第四节　哈萨克草原的卡拉姆津①

1909 年春天，令人烦恼的事情发生了。温暖的冬天使牲畜数量大增，要使这些新生的牲畜活下来需要花费极大的精力。

夏天，沙卡里姆完成了自己早已开始的普希金中篇小说《暴风雪》的诗体翻译工作。

与《杜布罗夫斯基》译本不同的是，《暴风雪》在沙卡里姆在世时没有被印刷出版发行，只是到了 1936 年才在《文学战线》杂志上与读者见面。该杂志的责任编辑为萨肯·谢富林。

沙卡里姆把普希金的《暴风雪》翻译成系列诗体散文。有一段时间他也曾停止过翻译，很显然，他是为了集中精力整理列夫·托尔斯泰作品带给自己的全新的宗教处世态度。

沙卡里姆的信仰可以归结为他是一个穆斯林。但是，他对真主的信仰来源于充满了突厥游牧苦涩精神的草原，并带有极其强烈的杰戈里昂斯特沃②世界观。其真正的信仰是——伊曼——包括了灵性消极地产生的信仰，沙卡里姆内心生活的积极体现为对文化教育的追求。他始终保持着获得世界一切知识的热情并把认识世界的过程称为科学，认为自己所选择的自我完善道路会把自己带入真正的科学之路。他相信，通过文学的真实性、艺术的内心话语，他能够找到通往真理的道路。

精神上的规划不懈地磨炼了他的整个生命。在晚年所写的诗歌《我的信仰》中，可以明显看出他的道德发展宣言。这一宣言不仅仅是世界

---

① 尼古拉·米哈伊洛维奇·卡拉姆津：著名历史学家，俄罗斯感伤主义时代伟大的文学家，被称为"俄罗斯的斯特恩"。

② （Тенгрианство）：哈萨克以及其他突厥民族接受伊斯兰教与穆斯林信仰前关于世界、生命的认识总和。

最年轻宗教信仰者的战斗号角，而且是其疏远人群的理由。这样一种在其
40 岁以后所形成的诗体性信仰持续了整整 30 年，而其所处的充满懒惰的
生活地域加深了他对科学的认识，其中包括对神学的认识。这位浪漫的英
雄批判性地对待"科学"与"狡猾的毛拉"。他在思考中克服了致命的物
质压力而转向了精神追求。沙卡里姆宣告了社会文化发展中科学与宗教的
混合主义。然而，诗人思想家作为一个个体，在其漫长的认识与实现自我
的过程中加深了对周围世界的认识。

> 但人们不相信我，
> 在那清楚、明亮的安宁中
> 在向外蒸发
> 那些，我向他们耳中所灌输的东西。

> "我不知道"——什么是信仰？
> 世界上再没有比此更差的样子。

不开化——这是许多社会的共同特征。但是，族人的狭隘、消极和冷
淡使沙卡里姆陷入了绝望。然而，他并不是因为不开化而痛苦，而是因为
周围所充满的邪恶——无知、嫉妒、贪婪与残忍。他相信，能够从所有先
哲那里获得教育。正是在这一信念的支持下，他一生都在不懈地努力与
坚持。

还有一点令人难以置信的是，沙卡里姆思想的明确性——那更适合自
然科学家，或许更适合神学家和艺术家。比如，他在死亡中看到了自然生
物的过程。他没有给它赋予任何臆造，没有把它神秘化与深奥化。相反，
在他的理解中包含了智慧的明晰性——死亡对每一个人都是或早或晚的事
情。这是广阔的视野促使他把内心的感受与周围的现实结合在了一起。

> 即使我死去，后辈们会继我而行，
> 前面有许多胜利在等待着他们。
> 让他们回忆起我，祭奠我的骨灰，
> 继续传诵我的歌声——这就是他们光明的前途！
> （弗谢沃罗特·罗日杰斯特维斯基翻译）

　　1909 年夏天，草原上推出了俄罗斯行政管理的又一项创举：政府决定给每个哈萨克人划分 15 俄亩土地用于屯垦。目的很明显——教游牧哈萨克人农耕。但是，问题也接踵而至。

　　在此之前，俄罗斯农民向帝国边远地区——特别是向哈萨克草原的移居规模是巨大的，沙皇政府希望通过这种途径解决俄罗斯中央地区的农业问题。与移居相伴的问题是哈萨克居民丧失了他们最肥沃的土地，包括居住地。仅仅 1906—1912 年他们就被没收了超过 1700 万俄亩的土地。

　　移居者出现在了成吉思坦乌。例如，靠近热洁拜卡拉乌尔河河岸出现了拥有 20 户人家的俄罗斯乡镇。

　　依据 1909 年 6 月 9 日颁布的法律，哈萨克草原的土地规划开始按照两个标准推行：移居者每人划分 15 俄亩，哈萨克人每人 12 俄亩。但是，后来为了鼓励哈萨克人定居，政府给予了哈萨克人与移居的俄罗斯人同等的标准。然而，对于以游牧畜牧业为主的哈萨克人来说，这些土地远远不够。因此，15 俄亩也只是杯水车薪。

　　知道阿里汉·布盖伊汉诺夫是政治与法律问题方面的学识渊博之人，沙卡里姆与卡吉塔依给他写了信。在信中他们问道："你有何建议？卡拉乌尔河流域养育了我们祖先几百年的土地就这样交给了俄罗斯人。他们说，让我们每人接受 15 俄亩的土地。我们到底是接受还是不接受？"

　　阿里汉回答说："如果你们露面，就会有人说，托贝克德家族的后人'就像骆驼的鼻子里插上一根棍'，借助于此舒适地被驯服。为了避免这种情况，你们要和别人一样。即使有哈萨克人同意接受这 15 俄亩土地，你们也不要去关注其所种植的作物。假如哈萨克人照库纳拜后人的样子成了 15 俄亩土地的奴隶，畜牧业将会受到极大的损害。"

　　当然，沙卡里姆与卡吉塔依在提出问题的同时也为整个托贝克德家族担心，因为社会经济状况已经不能满足其生活所需。阿里汉在报纸《哈萨克人》上指出，他们拒绝接受 15 俄亩土地的行为将成为具有社会意义的因素。他写道："库纳拜后人认为，应该首先考虑人民的利益，他们毫不虚伪地拒绝接受 15 俄亩土地，不愿意丧失卡拉乌尔河流域。这样勇敢的行为，我在哈萨克人中还没有见过。"

　　官僚的革新极大地危害了哈萨克人的传统生活方式，预示了无法预知的变革，体现了不仅在畜牧经济空间，而且在文化历史与道德心理空间的专横介入。

就在这个令人担忧的事件发生的同时，也有令人高兴的事情发生。

1909 年秋天，在圣彼得堡终于出版了久经打磨的阿拜诗歌集，这些手稿在三年前由卡吉塔依亲自送到了帝国的首都。1000 册的诗集被送到了谢米巴拉金斯克阿尼亚尔·摩尔达巴耶夫的名下，这在当时也是不少的数量。

200 册诗集寄给了成吉思坦乌阿拜的家人，其他的被用以出售。诗集的名称为《哈萨克阿肯伊布拉吉姆·阿拜诗集》。沙卡里姆感到前所未有的激动，因为他还从来没有在手里捧过这样的书籍——它的作者与自己有血缘、精神与创作的联系。

手捧诗集，沙卡里姆感到既兴奋又难过。油墨的气味散发着多年的忧伤。薄薄的书集犹如心灵，又好像世界废墟中的记忆的巨大宝库一般。每一首诗都蕴含了这个家族及整个民族的历史。

沙卡里姆一下子就体会到了每一个印刷文字中的价值和意义，关键是它可以让许多人感受和了解整个民族的历史。同时，他萌发了出版自己作品的愿望，首先是已经完善的《穆斯林法典》和将要完成的《突厥人、柯尔克孜人、哈萨克人与汉朝之家谱》。

他深信，过去几百年这片土地的居住者的名字是历史的纽带。也正是他们对其几百年历史的记述为先辈的口头创作赋予了特殊的意义。而这些先辈是他自小就牢记于心的。

沙卡里姆后来解释说："在《突厥人、柯尔克孜人、哈萨克人与汉朝之家谱》中包含了对阿拜的记载，而这些资料是他从各个家族收集而来的书信。"这一点充分证明：他的后期工作不仅有阿拜的参与，更多的是在阿拜的指导下完成的。

收集哈萨克家族资料的工作于 20 世纪初完成。因为谢米巴拉金斯克的区域学家尼古拉·科申已经从阿拜那里获得了信息，完成了哈萨克族中玉兹部落图表并于 1900 年在出版的书《1900 年谢米巴拉金斯克州纪念册》中的"哈萨克中玉兹柯尔克孜汗国家族源札记"章节刊登了有关内容。阿拜提供给科申的表格内容与沙卡里姆在《突厥人、柯尔克孜人、哈萨克人与汉朝之家谱》所记述的内容毫无二致。这一点更进一步地证明了阿拜参与了《突厥人、柯尔克孜人、哈萨克人与汉朝之家谱》的撰写工作。

最终形成的不只是哈萨克人的家谱，而是自古至今的民族历史。研究中最有价值之处在于它令人信服地证实了哈萨克人的突厥根系。在准备出版《突厥人、柯尔克孜人、哈萨克人与汉朝之家谱》时，作者认为突厥世界的存在意义就是为了进入人类史册。为了对书中信息做进一步确认并得出结论，他翻阅了大量的中国传记文献，同时主要借助尼古拉·阿里斯托夫的《柯尔克孜—哈萨克大汗民族构成探明》（《生命不息的上古》，1894 第 3、4 期）与《突厥部落与民族构成札记与其人数信息》（《生命不息的上古》，1896 第 3、4 期）。

我们可以在《突厥人、柯尔克孜人、哈萨克人与汉朝之家谱》中看到："突厥民族不像波斯人那样是一个很大的民族，他们由许多部落结盟而成。他们或许是与具有几千年历史的其他民族征战并征服了他们，或许是经历失败后归附了其他民族并与其一起去征服另外的民族。他们就这样代代相传"。

作者从匈奴与古突厥人开始描写哈萨克的历史，给其注入了成吉思汗支系，描写一直延伸到 15 世纪哈萨克汗国的建立。

在其有生之年，阿拜撰写了论文《浅议哈萨克人渊源》（1900 年）。文章中有这样的描述："我们的汗—托列，所有人都是从周齐王朝诞生而来"。沙卡里姆将其研究的时间延伸至当代，即以对俄罗斯统治的简要概括结束了宏大的历史著作。

废除汗国，确定新的阿迦·苏丹统治已经在吐尔逊—汗前，即 1822 年开始。自此哈萨克人直接归属俄罗斯人统治。1824 年，草原上建立了单独的区域。起初五年哈萨克人不用缴纳任何税款，随后开始缴纳牲畜数量的百分之一税。最后，随着 1868 年命令的发布，哈萨克人完全归属于俄罗斯法律。哈萨克人自古就是游牧民族，我们一直生活在马背上。有这样的说法："住在城市不如住在坟墓"，"谁开始挖渠，谁就会饿死"。人们是那样的鄙视定居生活。"男人的食物在草原，自由自在"——他们不知道长久性，就那样无拘无束地讲话与生活，生活是那样的简单，这就是哈萨克式的。

在用心与事实来撰写整个民族历史的同时，作者也注重其资料的准确性。这一点在书籍的第一章就展现无遗。

"按照阿布尔卡兹汗遗嘱的习惯，《突厥人家谱》作者必须认真仔细地停留在对每一个个体的描述，但是，我没有从我对自己的祖父——已去世的库纳拜—卡兹的写作中发现任何的夸大和渲染。"

随后，沙卡里姆对自己赴麦加朝觐的几个细节做了介绍，目的在于证明该书是自己完成朝觐后写成的。

书中无诗怎么能行？作者以诗歌《马克苏特》（工作目的）结束了该书的写作。诗歌中回顾性地描述了起初的任务以及个人的期望，即希望本书能成为后人的指南。

> 赞美安拉，我由衷地高兴，
> 我希望我的观点不要消失无影。
> 我完成了《突厥人、柯尔克孜人、哈萨克人与汉朝之家谱》。
> 虽有不足，但心情舒畅……
>
> 我对自己规定了不止一个环节，
> 哈萨克人的过去依然昏暗。
> 我想让哈萨克人熟悉自己的先辈，
> 让他们同样了解我。
>
> 但是你们可曾知道，撰写家谱不是简单的事——
> 必须通过探寻，通过思考才能完成……

作者在本书中补充了自己 25 岁时所写的东西，也就是他初步涉猎哈萨克历史时所写的诗歌《哈萨克人远祖》。该诗现在看来只是《突厥人、柯尔克孜人、哈萨克人与汉朝之家谱》简单的诗体性改编作品。最后他把它用在了《穆斯林教规》与《突厥人、柯尔克孜人、哈萨克人与汉朝之家谱》之中。

按照建议，卡吉塔依在 1910 年秋天将两部书稿寄往奥仑堡海关出版社。随后与奥伦堡出版社主人的来往书信使人充满了期盼。

在此期间从俄罗斯传来了噩耗，列夫·尼古拉耶维奇·托尔斯泰于 1910 年 11 月 7 日去世。

沙卡里姆自然对托尔斯泰的最后书信，对他在雅斯纳雅·波良纳家中与世长辞的消息一无所知。但他确信，在通往真理、真主、启示、拯救与人性化道路上的探索丝毫不能停止。虽说孤身一人，经受苦难，但这可以使自己获得重生。沙卡里姆为此做好了一切准备。

沙卡里姆决定走这条路。他要将一切简单化，使周围的人容易理解。首先，他想到了出版自己所写的东西。

最终，他于1911年在奥伦堡自费出版了《突厥人、柯尔克孜人、哈萨克人与汉朝之家谱》和《穆斯林法典》两本书。《突厥人、柯尔克孜人、哈萨克人与汉朝之家谱》印刷1000册，《穆斯林法典》印刷500册。这些书籍中的一半他留给了自己，目的是送给自己的家人和朋友，另外一半交给了谢米巴拉金斯克书店出售。这两本书是沙卡里姆作品的首次问世。

《突厥人、柯尔克孜人、哈萨克人与汉朝之家谱》是一部非常优秀的作品，也是最早的一部描写哈萨克历史的著作。沙卡里姆可以被看作是第一位哈萨克历史学家，是一位最优秀最现实的撰写哈萨克国家历史书籍的作家。

现代人对沙卡里姆的评价是极其热情的。著名记者、社会活动家米尔江吉普·杜拉托夫申明说，沙卡里姆的书是哈萨克人的血液循环系统。阿里汉·布盖伊汗诺夫1913年（报纸《哈萨克人》4月28日第12期，文章《特殊话语》）在自己的颂词中对这部作品予以了高度赞扬：

在此以前从来没有用哈萨克语撰写的关于哈萨克族家谱的书籍问世。沙卡里姆的这部书对那些致力于探寻自己先祖谱系的人特别有益，他们可以从中找到族源。假如现在有人想写一部关于家谱的书而不好好研究沙卡里姆的这部作品，那他就不会走得太远。

这在今天也不是一件简单的事情——也就是撰写一部与沙卡里姆《突厥人、柯尔克孜人、哈萨克人与汉朝之家谱》分量相当的著作，因为在草原上无法收集更多的资料。

尽管作者本人讲了自己作品的不足，但是《突厥人、柯尔克孜人、哈萨克人与汉朝之家谱》应该是那些教育孩子的毛拉手上必备的书。

随后不久，还是在那份报纸上，刚出道不久的作家汝西普别克·阿伊马乌维托夫（1889—1931）用笔名"热力科克"在1916年2月9日第

168 期发表了同样的赞扬性文章：

> 敬爱的沙卡里姆特别负责与认真地对待自己所撰写的《突厥人、柯尔克孜人、哈萨克人与汉朝之家谱》，他是经过深入研究、深思熟虑和仔细对比后完成的。因此，我认为，我们称他为哈萨克的卡拉姆津毫不为过。想要研究突厥人历史的人，不看沙卡里姆的这部作品是万万不行的。

沙卡里姆这部关于族源的作品在哈萨克社会引起了极大的反响，作者成功地激发了国人对民族历史的浓厚兴趣。《突厥人、柯尔克孜人、哈萨克人与汉朝之家谱》和《穆斯林法典》鼓励着众多有文化之人的创作激情，他们开始了关于哈萨克历史著作的创作。在谢米巴拉金斯克、奥伦堡与鄂木斯克涌现了许多天才的研究者，他们不仅撰写关于民族历史的著作，而且撰写关于哈萨克人宗教史观的著作。

大部分的反响与研究刊登在 1913—1918 年在奥伦堡出版发行的报纸《哈萨克人》上，该报纸的常任主编是艾哈迈特·巴依图尔谢诺夫。此外，1911—1915 年特洛伊茨克出版发行的杂志《阿伊卡普》也刊登过这些反响与研究。这些出版物开创了哈萨克社会各阶层文化人士相互对话的先例。沙卡里姆也加入了讨论，目的是通过报纸这个平台为自己的《突厥人、柯尔克孜人、哈萨克人与汉朝之家谱》收集更多的信息和材料。继续完善撰写这部著作的想法始终在他的脑海中，因此他在报纸《哈萨克人》（1915 年 4 月 4 日第 54 期）上发表以下通告：

> 我从报纸《哈萨克人》第 47 期看到了尼里什巴依——卡兹儿子多斯姆哈梅特的"饥饿的、无权的、四处迁移的哈萨克人"的话语。我觉得，在日扎克县克孜尔库姆区有我们阿尔基[①]、托贝克德家族的后代。除此之外，在锡尔河流域的斯科别列夫区也有我们的阿尔基。需要搞清楚这些人是从哪个祖先衍生而来。在读这份报纸的时候，我

---

① Аргын（каз. Арѓын）：突厥源系部落，现在哈萨克六大部族（库内拉特、乌阿吉、克列伊、吉普恰克与纳伊曼）之一，此六部族构成了哈萨克人中部落，是哈萨克人数最多的部族之一。

希望这些阿尔基和托贝克德以及其他家族的兄弟们给我们提供帮助，提供自己祖父、曾祖父的名字以及更远的先辈的名字和地址，希望你们通过这份报纸告知我们，或者通过信件方式联系我们。

如果我们收到这样的信息，将寄给你们这本关于所有哈萨克人和突厥人后代的家谱的书。我们这里有七个托贝克德家族区：两个在卡尔卡拉林斯克县，五个在谢米巴拉金斯克县。

如果你们决定帮助我们，请给我们写信。我的地址是：阿尔卡特站，谢米巴拉金斯克州，成吉思区柯尔克孜人沙卡里姆·库达伊别尔基耶夫。

过了不久，对《突厥人、柯尔克孜人、哈萨克人与汉朝之家谱》的需求越来越多，沙卡里姆在 1915 年 10 月 15 日的《哈萨克人》中写道：

> 尽管《突厥人、柯尔克孜人、哈萨克人与汉朝之家谱》印刷了 1000 册，但现在已经全部散发完了。假如我还能活下去的话，我将再次印刷出版。我想对那些认真阅读这本书的人说，在此书中也许有不准确和不完善的地方，我请求你们通过《哈萨克人》将这些不足和错误告诉我。但是，你们所找出的不足应该是具有说服力的，应该是被那些熟知家谱学的学者确认过的东西。否则，我会简单地回应说："我的结论是正确的，理由是充分的。"
>
> 当然，所有人都熟悉自己的家族及分支，能把每一个家族编成族谱是一件可喜的事情。如，库阿德克、苏尤杜克、阿德卡伊、卡拉乌雷及其他家族等。这些工作开始由我们来做，然后由那些找到信息的人接续，不要置之不理，请及时告知我们。我们认为每一个家族的代表有义务补充完善沙卡里姆的《突厥人、柯尔克孜人、哈萨克人与汉朝之家谱》一书。

人们对《突厥人、柯尔克孜人、哈萨克人与汉朝之家谱》做了补充与否没人知道。很遗憾，沙卡里姆没有实现再版《突厥人、柯尔克孜人、哈萨克人与汉朝之家谱》的愿望。该书直到 1991 年新的哈萨克斯坦独立前夕才重见曙光。

在值得纪念的 1911 年，沙卡里姆继续为社会公众利益不停地工作着。

他不得不连任乡长职务。

沙卡里姆对阿哈特说："1911年，在西巴家族的萨尔贝分支家族爆发了流血冲突，有人被杀死了，选举无法正常举行。因此，上级机关领导直接任命我为乡长。我跑到县领导那里申明说：'我身患疾病，不能担任乡长一职。'县长说：'我们对你寄予厚望，你能把一切都摆平。等你把一切理顺，我们同意你卸任。'"

"我在夏初去了萨尔贝分支家族，想尽一切办法来安抚冲突双方，最终使双方和解。我要求他们以人民的名义给县长写了公文，说明冲突已经解决，随即进行了选举，推举了双方认可的人作为乡长。随后，我动身回到了家里。"

"从此以后，我再没有担任过乡长一职。"

沙卡里姆以平常口吻讲述这件事情是具有深刻含义的。

这里显示的是沙卡里姆不仅在俄罗斯官员那里，而且在哈萨克人那里都享有极高的威望，他们在复杂情况下都倾向于向沙卡里姆求助。在自我批评方面的正直、对自己年轻时所犯错误的习惯性检讨在当时的草原世界显得那么的不可思议和令人惊叹。阿里汉·布盖伊汗诺夫曾经在自己的一篇文章中写道，沙卡里姆的精神信仰可以用一个谚语来体现："用心追求每一句真话"。自制、理智与顽强的意志是这位不平凡人物的基本性格特征。这一特征不只体现在拯救自己的心灵之上，而且体现在保存民族精神方面。

"慎言立行"——沙卡里姆的这句格言可以在其所收集的《论语》中体现出来。这一点与孔夫子的"己欲立而立人，己欲达而达人"的思想遥相呼应。

因此，沙卡里姆在承担自己乡长的责任时毫不费力。他能够合理解决一切冲突和纠纷。假如他真的成了国家杜马代表，他也会同样得心应手地工作。

但是，他没有前往圣彼得堡，在乡长职位上也没有做过多停留的真正原因不只是年龄的问题。20—40岁期间的权力体验，使他后来转向了对精神层面的追求和完善，即着手出版《突厥人、柯尔克孜人、哈萨克人与汉朝之家谱》一书。

第五节　五个关于永恒的问题

哈萨克文学家沙卡里姆·库达伊别尔基耶夫的作品到了1912年开始与读者见面，其诗歌作品被接二连三地出版。

> 写书、为报纸撰写文章，
> 请印刷这些东西，让哈萨克人看到这些。

在这种抒情式深入思考中（诗歌《愤怒与平静》），诗人表达了实现自己创作动机的愿望。

沙卡里姆用"种子与水"的比喻体现启蒙者对于哈萨克社会那种深深的自觉的责任：

> 种子无水不可能发芽生长，
> 用创造形式给予它水分。
> 让人们按照自己的意愿去尝试
> 他们将会毫无顾忌地接受一切。

1912年，谢米巴拉金斯克新的合营印刷厂"亚尔达姆"（鞑靼语"帮助"）开始工作。该印刷厂由苏尔丹、塞德科与哈桑三兄弟合建。从此，人们再也不用跑到遥远的奥伦堡去印刷书籍了。

1912年春天计划出版的叙事诗《卡尔卡曼与马梅尔》和《叶丽克与克别克》各1000册。

沙卡里姆是当时最为多产和无私的作者。在他写给萨比特·姆卡诺夫的信中（1931年）回忆道："我把自费出版的《哈萨克人写照》《叶丽克与克别克》和《卡尔卡曼与马梅尔》散发给了人们"。

这一点符合列夫·托尔斯泰的品德。哈萨克苦行者不希望通过出售自己的文学作品来获取报酬。

在1903年出版的诗集《哈萨克人写照》中，除收录了许多著名诗歌外，诗人还增补了8首哲学性诗歌，其中包括以歌曲形式在民间广为流传的《生命》、《永垂不朽的军队》等等。诗集中共有14首献给阿拜的诗歌。这些诗歌都是在导师阿拜去世后写成的。沙卡里姆给这些诗歌起了一个整体的名称:《阿拜去世时我对自己说了什么……》。

诗集以诗歌《面对自己》开始,其片段如下:

> 手握钢笔、眼含泪水,而思维敏捷。
> 整夜从山上刮来刺骨的寒风。
> 我犹如身处漆黑的墓穴。
> 过去的欢乐和乐趣去了哪里?
> ……
> 满目疮痍、满眼泪水我问我自己,
> 发生了什么事情? 你自己严肃地告诉自己。
> 我回忆起了过去,并开始为此而羞愧……

"从山上刮来的风"表达的是诗人抒情性的思想,勾起了诗人深深的追忆。把自己的处境比作"漆黑的墓穴"是诗人对自己过去虚度的年华以及难以追回的快乐时光的惋惜。而"满眼泪水我问我自己"的悲泣被以下果断的结尾所中断:

> 好了,无路可退——我继续向前。
> 为什么要停滞不前? 置身事件之中——这样最好!

《哈萨克人写照》一书同样也在谢米巴拉金斯克"亚尔达姆"印刷厂印刷出版,印数 1000 册。

《哈萨克人写照》一书不是很厚,只有区区 50 多页,但是,它以其丰富多彩的内容吸引了大量读者。其特点是具有深刻的内涵以及广泛的见解,常常反映社会全景。诗集总体来说是对无限的时间和空间最直接的体验和感知,正如对多变的草原那种最为贴切的感知。

尽管从表面看这部《哈萨克人写照》诗集充满了诗人的担忧和教训,但是其中却反映着诗人对无法克服的孤独及毫无恐惧的坚韧主义的感知。诗人看起来是那样的无助和孤独,他的话语同时体现着幸福的感受和命运的阴暗面——这种经常性和永久性的东西。《哈萨克人写照》从书面角度证实,在草原社会这位不平凡、土生土长的诗人带有自己独特的风格——

一位真正的思想家和悖论者。

在第一部诗集出版后，诗人又出版了自己在 19 世纪 80 年代所写的早期诗歌集《愤怒与冷静》《勤快人与败家子》《真理与谎言》《言与行》《赞美与亵渎》《批评与嫉妒》等等。

最终，阿拜逝世后，沙卡里姆成为名副其实的首席哈萨克诗人。随之是苏丹马赫姆特·托拉吉洛夫、马格让·朱玛巴耶夫、萨肯·谢福林、伊利亚斯·让苏古洛夫和伊萨·巴依扎科夫。我们可以这样说，尽管年事已高，但沙卡里姆已经成为哈萨克文学"新浪潮"的领军人物，在文学中单纯的描述已经被哲学性与知性所替代。

在一年半时间内推出一部杰出的历史书籍、两部优秀的叙事诗集和一部诗歌集，沙卡里姆向世界展示了其知识的多面性，但这远非全部。

沙卡里姆感觉到，应该抓紧着手酝酿已久的事情，尽快摆脱日常事务的羁绊，否则到晚年会为自己的虚度年华而悔恨不已。

像列夫·托尔斯泰曾经希望的那样去一个"无人的荒野"，沙卡里姆无法做到。草原根本就不可能为他提供诸如此类的修道院/寺院生活——事实上根本就没有。因此，沙卡里姆只能自己动手解决。迈出这一步需要的是自我牺牲精神。德国哲学家叔本华曾经说过，"任何一种行为、一种思想和一个创造都与我们的意志紧密相连"，这句话沙卡里姆在不久前才看到。叔本华在其名著《作为意志和表象的世界》中写道："人的总体本质就是意志，人本身就是意志的体现"。正是这一点激发沙卡里姆做出了最后的决定。

诗人无法控制自己的情感，他向《阿伊卡普》杂志投去了一篇篇幅不长但对他而言非常重要的文章。

《阿伊卡普》杂志于 1911 年在南乌拉尔特洛伊茨克创刊发行。发行到谢米巴拉金斯克常常会被延误，但这对哈萨克知识人士来讲也是莫大的幸运。杂志的主编是诗人与记者穆哈迈江·谢拉林（1872—1929）。他给自己的刊物起了一个不同凡响的名称。有感于该杂志的读者甚少，他不得不常常叹息："阿伊卡普！"（"唉，太遗憾了！"）。就这样，刊物的名称产生了。

下面就是沙卡里姆"请回答我的五个问题"的简讯片段（《阿伊卡普》，1912 年第 5 期）：

　　我的问题不是平常意义的猜谜，我认为，它们对两个世界的人们来说同样重要。对它们的回答，我需要有从宗教书籍中引用的论据。我希望答案是合理的与令人信服的，是可以被我们随后所采用的。

　　回答者不管是哈萨克人还是其他民族的人都必须使用哈萨克语，最起码也要翻译成哈萨克语。在采用阿拉伯语、波斯语与俄语词汇时，最好也翻译成哈萨克语。

　　请你们通过我在《阿伊卡普》杂志上所提供的地址简明扼要地来回答。

　　请你们不要忘记留下自己的地址，因为如果有可能我会采用这些资料出版一本书。我想，我的问题是会给人民带来好处的。如果你们同意我的观点，我希望你们不要吝惜那七个戈比的邮寄费。

　　我的五个问题是：

　　1. 安拉追求什么目标，他是在何时创造了人？

　　2. 人生中最重要的是什么？

　　3. 你是否知道，人死后等待他的到底是喜悦还是痛苦？

　　4. 最好的人是什么样子的？

　　5. 在你看来，随着时间的推移人性会变好还是变坏？

　　不论你怎样回答，不要忘记理由和论据。

沙赫卡里姆·胡达伊别尔德格雷

　　可以想象，哈萨克知识界看到这些问题时是多么的惊讶。在草原环境下从哪里冒出了这样富有深刻哲学思想的人？在舒适的毡房中到底是哪一块石头擦出了这样的智慧火花？乍一看，这些问题并不带有任何新意，但它们从远古至今却一直困扰着哲学家。更不可思议的是，这样的问题竟然由一个熟练写作的游牧人提出来了，这也许就是时代的使命吧。还有一个令人惊讶的原因就是沙卡里姆如此全面和精妙地构建了基础性形而上学问题。这并不是一时的兴趣和突发奇想，而是本身世界观的真实反映。这种思想时不时地在其诗歌中得到体现。

　　以下是诗人自己对这些问题的观点和看法。

　　第一个问题——为什么安拉创造了人？

　　关于安拉（真主）创造了人这一点，沙卡里姆毫不怀疑。这不仅因为他本身是一位信徒，还因为他作为一个批判性的思想研究者以书面形式表达自己的看法，这些观点在其《三个真理》一书中进行了全面体现：

假如不提及创世者，那么对于地球上所有生物按照自然规律产生、存在以及变化这一观点就不会出现任何争论。但是我的认识不接受这种论断，即所有相互类同的东西是一个从另一个中衍生而来，只是后来形式发生了变化。

当我们的地球还没有出现任何植物和动物时，土壤和水作为单质，与周围的一切混在一起，这样就为植物与动物的产生创造了条件。依靠土壤、水和空气的作用，相互接近的东西共生共长、彼此促进，而其他不相似的或者完全不相似的却愈来愈远。为了证实我所说的话，我们可以仔细观察一下我们身边那些相同的、近似的或者完全不同的植物，比如在盐碱地，在绿色壕沟或者是在河岸等仔细观察土壤、水和空气这些东西。

假如达尔文和孟德尔的推论可信的话，就会得出这样的结论，那就是这些植物一个从另一个中产生，随之形状发生了变化。我认为，尽管马与驴交媾可以产下骡子，但是两匹马无论如何是不可能产下骡子的。

我的结论是：世界上的一切都同根，这是准确的。同根后来发生了变化也是正确的。但是没有这种所谓的一切彼此相像的互相促生的说法。相似的、某种程度上相似的或者完全不相似的都是在特定原因下产生的。

我可以毫不羞愧地说，人是由猴子变来的，相反，也有值得欣喜的原因，那就是从坏的事情可以产生好的东西。

如果细加考虑，通过俄语获得知识的年轻人只是肤浅地停留在表面，他们可能会批评我，会说我反对今天欧洲公认的达尔文的观点。为此我要说，如果去读一下德国学者基特瓦尔·多特曼关于达尔文主义的书籍，在这本书中作者批判了达尔文"物竞天择，适者生存"的观点。在你比较完达尔文与基特瓦尔以后，你就不会再来批评我了。

本篇章是后人们最为合适的参考注释。

但对于沙卡里姆的崇拜者来说主要在于本篇是对沙卡里姆个人信仰的确认，也就是安拉创造了人，而不是什么自然选择。

不过，对于作者本人这已经不是什么问题，他自己观察得更深入更彻底。即安拉为什么创造了人？要知道，他也可以不创造人。

一位古希腊人曾经认为，上帝向大地派遣了人从而通过他来感触世界。按照叔本华的观点，"我"——这是另外一些人，任何一个他人——这就是"我"。也就是说我们都是上帝的产物。

沙卡里姆对创世者的万能深信不疑。好像他自己已经感觉到诗人的笔锋由真主的手来操控。《突厥人、柯尔克孜人、哈萨克人与汉朝之家谱》或者是《哈萨克人写照》其中一位读者就是安拉本人。或许，他创造了人的目的是让他去阅读什么？安拉派遣了人，目的就是使人生活。编写的书籍就是为了让人们来阅读。这就是说，安拉从美好的愿望出发创造了人。但是，人类却陷入了残酷、贪婪、野蛮与邪恶。我们有没有权利谈论真主的完善？沙卡里姆认为还是应该注重于人类的不健全方面。

诗人是否得到了许多刊登在《阿伊卡普》杂志上的回应？我们不得而知。

1915 年，写出了令人印象深刻的研究性诗歌《人是什么?》后，他决定自己来搞清楚。

> 学究们在篇章中呻吟，在哪个世纪
> 他们在力图用某种思想来永久充实这个地球
> 目的是改善人们的生活。但是，有谁能告诉我，
> 人有没有公平和良心？
>
> 或者人就是那样的以己之愿，
> 毫不顾忌相互不停地责骂？
> 在人们之间我找不到纯粹的理性，
> 周围看不到任何有约束的东西。

人类并不健全。沙卡里姆不能够在周围生活的人中找到任何一个具有纯粹理性的个体。因此他发问道："人是什么？为什么安拉创造了人，既然他不是一个健全的人。"

关于人的情况似乎已经很明朗：人来到了这个世界，目的就是生存，感受忧伤与痛苦，期望幸福或者抱怨命运。在绝望中人陷入了贪婪、骄淫、奸猾与罪恶。但是诗人对此也充满了怀疑，在他的问题中隐含了一切朦胧与隐秘的东西，这也是至高无上的主所赋予人的东西。真主给予了人智慧，智慧真正的对象就是真理。也就是说，真主创造了人，目的是让他认识真理，但是，许多人却走入了另一个我们难以辨认的世界。他们不去追求真理——不追求宗教、哲学、爱、信仰和科学，不相信真主。不能排

除，这里面隐含了真主的意图：人必须去猜想那永久的谜语。在绝望中沙卡里姆给读者提出了这个问题，即"安拉为什么创造了人"。

在《阿伊卡普》杂志上的第 2 个问题就是"生命中最重要的是什么?"从本质上讲，这个问题归结于"生命的意义是什么"。

响应沙卡里姆请求的人中有米尔江吉普·杜拉托夫，他发表了同类文章《为什么给予人类生命?》。

米尔江吉普·杜拉托夫写道：

> 这是一个很不简单的问题，要对它进行全方位的论证实属不易。人们应该知道，生命的意义是什么，这毋庸置疑。每个时代人类杰出的代表都在寻找答案。有的说，应该为真主而活，响应真主的召唤，脱离世俗，那样人类的心灵才会得到平静，才能摆脱痛苦。而有的人反对说，应该善待家人、亲属及一切生物，这也就是生命的意义。

> 毫无疑问，既然真主赋予了人类灵魂与生命，那么其生命的意义不只是在于吃、喝与睡觉。如果这样的话，那人与其他动物又有什么区别呢?

> 既然真主赋予了人类智慧与语言，人类的生命就不能只是为了虚度时光而存在。

> 既然如此，那生命的意义究竟是什么? 我认为，我们可以从过去的那些思想家与智者的话语中找到答案。他们所说的话内容丰富，意义广泛，思想深邃而广博。"为自己做善事。假如厌烦的话，那就为朋友做善事"，他们如此说道。在这些话语中，我认为，包含了沙卡里姆问题的答案。

沙卡里姆提出的问题更为广泛。他说道："生命——是逐渐消失的灵魂的标志。"

至于他到底是注重于理想主义还是现实主义的多样性，在这里并不重要。重要的是，作为诗人的他是如何推论的。他虔诚地相信，生命取决于灵魂，当灵魂从人体上离开时生命也随之而停止。

沙卡里姆自己的哲学性诗歌中有这样的断言："灵魂可以获得机体，但不能创造自身"。诗人的使命就是维护人类灵魂的和谐。诗人在寻找生命的意义，但是害怕找不到它。因此，诗人要极力停留在自己所创建的形象中，而不是给出绝对可信的结论。

逻辑性语言属于科学，象征性的语言属于诗歌。沙卡里姆掌握了两种语体并合理解决了其间的冲突，因此，他对读者提出了"生命的意义在哪里"，把问题交给读者来思考。

似乎诗人早已知道了答案，至少他也有了自己的见解。

我们可以回忆一下，他在诗歌《蠢货与野兽》（《哈萨克人写照》）中所描写的：

> 爱与不爱是你的权力，
> 动用你的智慧与良好的愿望。
> 创世者造你是为了对你考验，
> 他一直在观察你的动向。

在此，诗歌又一次涉及了真主与造物主，再一次接近了真理。

要知道，如果人类是真主派到大地上来的话，那么就一定会有其相应的位置和特定的命运。假如生命中的一切早已确定，那么还需要说什么呢，更不需要提出任何问题了。在此情形下，沙卡里姆的问题就可以交给安拉自己来回答：生命的意义在哪里？生命中的什么对人最重要？这样就从我们的意识深处出现了答案，这是真主的召唤：生命的秘密在于它只是另一个秘密的一部分，而这个秘密就是我们所说的永恒。

或许，这就是对沙卡里姆问题的最令人信服的回答了。

他的第三个问题掩饰了一个被怀疑的东西，而这个东西似乎不应该用来展示信教的人。

你是否知道，人死以后等待他的到底是享受还是痛苦？诗人特别严肃地提出了这个问题，实际上诗人在此没有放弃讽刺那些宣扬人死以后在天堂获得甜蜜生活的毛拉的机会，比如：

> 在天堂为相爱之人建有一个花园，
> 那里美女如云
> 永恒的真主给予你一切，
> ——我们的毛拉如此宣扬……

在地狱也没有烈火，
那里对于我什么也没有……
我们就这样去那里做客，
在一天之内我们获知一切。

尽情地享乐，
无视地狱的痛苦，
哎，毛拉不顾任何羁绊，
特别是追逐那些年轻貌美的姑娘。

实际上沙卡里姆担心的并不是我们到底死归何处——是天堂还是地狱。他清楚地思考了另外一个问题，即到底人死后还有没有生命？

诞生，死亡——简单神圣的命运，
内部是生命，外面就是荒芜。
在两个世界的中间——幻境，
为何能如此慷慨地赋予生命这么多的含义。

这是诗人 20 年代所写的诗歌中的一部分。

他终其一生都小心翼翼，很明显，他不想以一个异教徒而出名，他反复追问：到底存在不存在阴间？人死后到底有没有生命？如果有的话，它究竟是什么样子？

他似乎已经确定了这一点，对于诗人来说这一点体现在他的诗歌之中：

我死后将因诗歌而活，
年轻人将记住我的每一句诗，
有人相信，有人不相信，
不，不是每一个人都会接受我的诗。

（巴合提江·卡纳比扬诺夫翻译）

无论如何，他还是有所怀疑。他好像是不能理解，什么样的生命才是真正的生命：是我们所经历的还是在天堂等待我们的？怀疑一直存在于他的意识中，过去的一切在他思考永恒的回归时使他的头脑陷入混沌。

柏拉图认为，在纪元结束以后世界的历史又会再一次重复，将会重新诞生像我们一样的人，开始同样的命运，而他自己又会再一次在雅典同样的教室讲述自己的学说。

只有苏格拉底用匪夷所思的方法轻易地解决了自己所要解决的问题。在《斐多篇》中，当雅典法庭审判他饮下毒芹汁时，他对自己的对话者说道："我想解释一下，为什么，在我看来，一个真正献身于哲学的人在面对死亡时他的内心充满了勇气和希望。那些真正献身于哲学的人，他们最终只忙于一件事——走向死亡与已经死亡……请你们明白并记住，然而，我期盼靠近那些善良的人，虽然我还不能一下子作出决定。但是，我绝对臣服于上帝，这位最为善良的统治者。请你们明白并记住，我对此毫不迟疑地确认，别无他意。我找不到任何不满的理由，相反，我充满了甜蜜的希望，那就是等待死去者的是一片光明的未来，一个对善良者绝对好于愚蠢者的更好的未来。"

沙卡里姆在抑制自己逻辑思想思潮的同时，朦胧地认为死亡后的生命更为好一些。他轻易地接受了关于灵魂转移学说的诱惑。

沙卡里姆完全被叔本华在《作为意志和表象的世界》一书中的理性论述所激怒，即"现在，而不是未来，也不是过去，就是意志的表象，也就是生命的表象，或者是客观世界的表象；过去的一切只是保留在人们的记忆中，存在于人的意识中，它需要充足的理由来支持。在过去不是只有一个人生活，而未来也将不会只有一个人生活。只有现在——一切生物的表象，它是一种永恒的财富，任何时候都不能排斥它"。

这一观点并非十分新奇，先驱者就是斯多葛派哲学家。马克·奥里利厄斯曾完美地表述说："无论你生活三千年，或者三万年，你要记住，你还是过着人类所要过的生活，再无其他。所有这一切从一个世纪到另一个世纪都是同一样式的并周而复始地轮回，毫无变化，如此进行一百年、二百年或者永远如此。"

沙卡里姆好像接受了奥斯卡·王尔德的思想，即每一个人在每一时刻都集中了其过去和现在的一切。他无法接受理想主义的结论，更无法抛弃自己的历史著作。因为他在描写哈萨克人历史的过程中明显是按照时间先后次序来进行的。他是这样说的："如果只存在着生命中的每一个瞬间，那么在瞬间与瞬间之间没有任何的联系，也就是没有历史。这是不正确的，沙卡里姆一劳永逸地解答了该问题。生命并不是像理想主义者所认为的那样透明和短暂。过去的不能消失，而未来的又是那样的无穷无尽。这就是说，死后还存在着生命！最令人厌烦的是世俗生活的不可逆转，也就是在某一时刻心脏就会停止跳动。这是令人极其痛恨的，但我们又无能为力。"

诗歌创作——这不是学术性的现象，而是宗教性的。诗人的责任就是将过去与未来的每一个美好瞬间结合在一起，描述此刻心灵追求安宁的感受。

沙卡里姆的第四个问题——关于好的，也就是关于理想的人：他到底是什么样子？

在诗歌《没有再高于人的人……》中诗人确定了几个标准：

> 这就是真正的人应该具备的品质：
> 谦虚、礼貌、仁爱、永远诚实做事。

然而，对于现实生活中的人，对于周围环境的人，他没有给出很高的评价：

> 魔鬼般的仇视，充满谎言与欺骗。
> 你什么都明白，当你实施阴谋诡计时。

这些诗句摘自诗歌《人是什么?》。诗人在其中体现了对处于对立面的人们的相互关系的全面研究。

> 难道说那些有文化、有知识的民族
> 对于人类没有爱和怜惜？
> 或者是在祭奠时没有怜悯，
> 只是犹如自然界的迷幻？
> 外表上看这个民族好像很体面，
> 但是你要亲自对其进行深刻的检验。
> 要知道野兽和蠢货可以感受，
> 只是要对他们的习性好好研究。

"我们至今是那样的和善"——我们有时候那样反复，
就这样，摆脱战争的束缚，勇敢向前。
靠欺瞒做事，耀武扬威，
"没有一个民族比我们更好"，——他们这样夸耀自己……

但是，你试想一下，所有的人——都是同族兄弟，
告诉我，为什么要去争斗。
人类生活在原始状态
为什么？——我拒绝理解这一点。

除此之外一切都是按照兽性比喻．
有学问的民族，我认为，是欧洲人。

显然，1915 年写下的这首诗歌表现出的是对第一次世界大战的痛苦印象——这次战争使上百万人丧失了性命。至少，这是他个人对这场战争的整体评价。

从一个个体的不足开始，沙卡里姆得出了悲观的结论：人类世界是不好的，它依旧在其落后的、兽性般的状态中呻吟。

这样的世界需要理想化，这个理想化世界也许会为通往道德健全之路确立方向。但它应该是什么样子呢？

可以设法从宗教的书籍中找到答案。然而，这里也有困难。从宗教的角度看，理想的人应该是一个虔诚的穆斯林。但这依然不够。拥有诗歌般心灵的沙卡里姆在谈论信仰时内心充满了怀疑，但他在分析时又是那样的客观。世界上存在着许多宗教，没有一个宗教可以自认为拥有绝对的优势。他在诗歌《宗教》中写道：

世界上宗教的愚昧无知遍布，
没有一个能被全信。
它们激起了所有的担忧，
假如它们出现得太多的话。

不过，在指出宗教愚昧无知的同时，他好像已经找到了如何去拯救的

办法。按照沙卡里姆的想法，让那些信教的人去"祈祷入门"，让那些忠诚于自己信仰的人在他们的信仰中去除暴力：

> 心底的纯洁——真主的途径。
> 邪恶——魔鬼的道路。
> 敞亮的心底是最先的
> 用其感受并往下做事。

诗人说得没错，所有的宗教都在探索与自我确定。这种运行是无止境的，正如通往完善的道路一样。如此，信教之人在纯净自己心灵与感受的真主的同时应该始终努力去完善自己。在通往这条道路的过程中，迷途者会得到原谅，但也只是在某些条件下，如，他应该平静其激情，遏制其欲望，总的来说就是时时节制。只有像这样拥有纯洁的心灵、端正的品行、善良的意念之人最终才能成为"好人"。关于这一点沙卡里姆曾经在《阿伊卡普》杂志上发问过。

沙卡里姆是一个善于思考的人，在感受到一些定义的牵强后他明白，单凭这种召唤不可能让人们一下子就奔往理想的目标。也就是说，现在只剩下自己一个人孤单地向前行进。应该纯净自己的心灵，了解真主，这样才能获得完善与达到理想化的境界。只有那个时候其他人才能去追求真理，获得真正的信仰。

这就是沙卡里姆思考安拉的缘由——如果别人问他，到底他心目中不排除自己的理想者是什么样子，诗人所指的就是那些为了世界幸福而在人间努力工作的人。当然他也会回忆起阿拜。但是，他始终考虑的还是安拉。

因为他记得阿拜在38句箴言中所写的话：

> 安拉——这是一条途径，而诚实与真实——是邪恶的敌人。如果心灵中没有对真理的爱，你就不可能获得真理。人类通过热爱真理，靠为自己开发自然世界与揭示事物的本质而获得知识。这不是真主的无所不知，对科学的好奇与渴望给予了人们合乎自己判断的知识。但是，首先必须要钟爱安拉。

第五个，也就是最后一个问题，还是归结到了真主并号召人们付诸行动。人性在人类中是如何变化的？——沙卡里姆如此发问。问题的提法就涵盖了答案。

人类的一切可以变化为好的，也可以转化成坏的，这一切取决于许多状况——个人的、社会的、家庭的、物质的和精神的。不受限于结果，人性，按照其定义，包含着世界的黑白编排。

在生命中总能找到体现精神贫乏或者优秀品质的例子。我们应该因为努力向好的方面发展。但是，要全面摆脱人性的愚蠢趋势也是不可能的。因为按照沙卡里姆的定义，人的本性包含在人性之中。他本人深信绝对的精神价值，但也为道德的沦丧而担忧。他被从 19 世纪末到 20 世纪初在哈萨克社会人们之间发生的高尚品质平均化趋势导致的追逐暴利所吓坏。

对灾难性变迁以及对于传统生活方式改变的预感使沙卡里姆关注人本身的人性问题。公正失去了意义，暴力凌驾于公平之上。假如这一趋势继续发展下去的话，那么人身上还会有人性吗？

然而，族人们是不是能正确地理解这一点？自私的想法和本能会不会消失？他们能不能立刻起程踏上通往真理的道路？

在这一方面，沙卡里姆的疑惑更多。他清楚地看到，没有自我牺牲、没有决然地打破旧的生活习惯的精神，就绝对不可能斩断过去而转向光明的世界。

一方面，他不懈地在诗歌中提倡节制，让人们压制其激情，遏制其欲望，也就是号召人们进行精神禁欲，为真主而放弃个人私利。这一点在日常生活条件下的族人中是不可能实现的。因此，他不得不选择隐居生活。

另一方面，创作的心情要求自己不能去禁欲，而是去逃离世俗的羁绊。为了创作伟大的艺术作品必须远离日常生活环境，超越平凡，丢下一切习惯性与日常性的东西。

草原以其本身所拥有的广阔召唤他，好像是召唤他去创作。令人惊讶的是，在沙卡里姆之前，在成吉思坦乌还没有出现过像这样的清净修为、自我完善与自我治疗之实践。或许是因为无论伊斯兰还是古突厥对真主的信仰都不要求建立教堂，或许是因为在某种程度上游牧民族本身的生活方式就是在辽阔草原上的漂泊隐居。

沙卡里姆对真主、对真理以及对孤独的追求是出于内心的召唤，但在走向唯一的通往永生的途径上，他并不是特别崇敬叔本华。叔本华的著作片段被整理后以俄语出版，命名为《新哲学》，这本书他在晚年一直拜读。叔本华写道："人——是意志的完美体现。人本身的意志完全可以获得自我觉悟的、明晰的和取之不竭的本真知识，犹如最后在世界上所体现的那样。如果那样的知识层次用于实际，它就会衍生出艺术"。

1912 年夏天，沙卡里姆毅然决然地向家人宣布他计划在成吉思坦乌转场的地方建造房屋并在那里独居过冬。而在夏天，他要远离人群全力进行创作。他的宣布吓坏了家人，他们不明白他为什么要离开生活地去那么遥远的地方，因为家人为他的阅读与书写创造了应有尽有的条件。

他担心会加重家人的恐惧，所以并没有做更多的说明和解释。他说道，他将会时不时地回到家乡。总的来说，他也从来没有逃离过。草原就是他的家，独居只是为了进一步思考信仰中的一些问题。他给家人讲了一下关于信仰的事情，他们也就不再担忧了。

经过慎重考虑，他的儿子苏菲扬、卡福尔和卡贝什最后决定，如果这样的确对穆斯林信仰有好处的话，他们就不应该阻止卡兹父亲在独居中获得真理的愿望。儿子们一直支持自己的父亲，他们相信父亲的宗教智慧并希望成为像他一样的正人君子。

但与沙卡里姆的其他亲属们沟通起来相对麻烦，特别是他的兄弟、姐妹和外甥们。因为在这之前还没有先例，他们为此商议了很长时间。这一切都需要用时间来让家人们习惯他的生活方式。随之，神圣的光环会环绕他们，就如先前环绕着诗人那样。

阿哈特简要地描写了沙卡里姆第一次持续六年多的隐居情况："1912年夏天，父亲在转场地肯—克纳什建造了房子，在那里度过了冬天并继续在那里生活。冬季来临前陪伴他的有狩猎者和厨师。冬季来临后狩猎停止，他把猎人打发回家，只留下厨师与他相伴。他致力于读书与写作。"

就这样，诗人开始了哈萨克草原上毫无先例的隐居生活。他的厨师是他幼年时期的挚友阿乌比什。

第四章

离家与隐居

第一节　哈萨克隐居者的心理学与哲学

　　沙卡里姆的想法如果是愚蠢的话，家人希望他很快回到村子里。然而，他在离巴喀纳斯河不远的肯—克纳什的隐居生活却是那样认真严肃。

　　习惯了诗人多年的创作状态，家人们在领会他的新诗歌与叙事诗的激动不已中也习惯了他的想法，即长期有序的创作将会永远进行下去。很显然，他们这次错了。当沙卡里姆开始有这种永久性打算时，就意味着他将不再属于这个家庭。但是，这一切并非突发奇想，当他提出了自我完善学说后，在近十几年内一直在为此而准备。

　　希望产生于自我完善思想的诱惑。甚至在他的热情中也充满着某种具体的幻想，诗人一直努力想要区分出一种简单而明晰的完善思想来作为自己的基本思想。这种思想是在他更进一步地接触了列夫·托尔斯泰作品后所产生的。为了这种思想，自己可以在必要的时候献出生命；为了道德升华，自己可以这样生活。

　　达到了这种脱胎换骨的境界，任何财富都已经无法像过去那样诱惑沙卡里姆。在完成麦加朝觐以后，他重新思考了自己的生活意义。他已经不能用常人的眼光去看待现有的生活，就像大多数哈萨克人那样至今仍然对市侩的理想麻木不仁。他只是在考虑，自己能否一个人忍受孤独，这是追求真理道路上无法避免的东西。

　　在研究阿拜、艾哈迈特或者释迦牟尼的时候，他进一步理解了他们的伟大并非因为天分特殊，而是因为他们有超乎常人的献身精神，他们时刻准备克服生活中的一切，轻视自己的痛苦与得失。

事实就是这样，阿拜并不穷困潦倒，但是他在族人之间是那样的孤单，犹如深处荒漠一样。在号召哈萨克人起来反抗无知的愚民政策时，他感到自己比那些贫穷者更惨，因为他们只是祈求施舍，而在周围环境中没有人对他的呼唤有任何响应。

走出那种孤独的唯一途径在于不要压缩自己的生活空间，封闭自我，而要更加扩大生活范围，接受整个世界。这样的道路释迦牟尼已经走过，托尔斯泰曾经也想走，但是没有来得及。然而，每一个伟人都这样做过了，有时候是在不知不觉中完成的。在这条道路上，如果勇敢的话就可以跨入宇宙。

现在，沙卡里姆踏上了这条通往人性化、通往真理的道路。

当他离开自己生活的世界时，他这样回应那些质疑自己的族人：他说自己毫无理由地离开妻子和孩子，不是老年的疯癫，更不是去找死，而是有托尔斯泰这一普通的例子与藐视目前世界的理由。他希望检验自己已经"不是很长"的生命，将其用于追逐永恒的东西——真理。

> 人们说，我离开了妻子，
> 离开了亲人、孩子，所有人都很震惊，
> 人们都说，我会像托尔斯泰那样的死去，
> 年老的流浪汉不需要脑子。
>
> 成为像托尔斯泰那样的人——是我的理想，
> 不要对我寄以期望，我没有丧失理智。
> 不，你们无法明白我的心思，
> 我远赴荒漠不是为了去寻找死亡。

沙卡里姆早就明白，他的宿命就是成为孤独的创造者，而不是什么政论家或者是议员。

在掌握了新的知识后，受到托尔斯泰创作事例的鼓舞，他决定像托尔斯泰、释迦牟尼与阿拜那样去做，不仅仅是创作伟大的作品，更是建立哲学体系。他知道，必须走上自我牺牲的道路，时刻准备面对失去与痛苦。他做好了准备。安排好了在肯—克纳什的一切生活琐事，他投入到哲学著作阅读与写作中，这是他创作生涯的一个新时期的开始。

　　他感到隐居生活舒适无比。在尽情享受自由的同时，他写下了这样的诗歌：

　　　　就这样，我离开了，躺在蔚蓝天空下的草原。
　　　　或许，我会徒步去狩猎。
　　　　我喜欢隐居并为此骄傲。
　　　　我早就明白，我们不会成为一个民族，
　　　　既然我们对待敌人犹如妻子，而对待亲人犹如巫婆，
　　　　就只能给整个家族残羹剩饭了。

　　我们发现，争议性见解"我们，哈萨克人不能成为一个民族"同样在其他时代有过如此体现。

　　他为此而骄傲，即为他的隐居生活——实现列夫·托尔斯泰的愿望。他满足于自己简易居所的一切，靠狩猎为生，几乎很少向家里和村子索要食品。他养有几只羊，后来有了一峰骆驼。禁欲，并不如想象中的那样难熬，这与阿拜的生活完全相反。阿拜认为精神的自我完善需要严格的节制与全面的忍耐，他在 38 句箴言中写道：

　　　　如果人类为了自我完善而选择了圣人所指出的道路的话，那么我们的世界就会变成一片荒芜。那么，谁去为我们驯养牲畜，谁去为我们阻挡敌人，谁来给我们缝制衣服，谁来给我们种植粮食，谁来开采地球上的财富？难道能拒绝上苍赋予我们的财富？我们不要去冒险成为如此粗野、轻率与忘恩负义的人，从而陷入罪恶的深渊。

　　沙卡里姆按照孔夫子的教诲而生活，他的手头就有孔子的《论语》，即"君子食无求饱，居无求安，敏于事而慎于言"。

　　然而，他常常为族人那对自己的反复不断的关注所分心。最主要的是人们真正明白他们多么需要这位卡兹，有多少善事应该通过他来解决。除此之外，他们依然像过去那样需要沙卡里姆的帮助来解决纠纷，因为他在这方面享有极高的声誉。当他离开村庄以后，族人们很快就开始感觉到他的重要性，人们需要他公正和准确地处理争执，因为他对此从来都是得心应手。因此，从严格意义上讲，独居生活并不是绝对的隐居。因为总有求

助者来诗人这里，有时候家人常常跋涉二三十公里在晚饭前来探望他，或者是派人来请求他回到村庄处理严重的冲突。

沙卡里姆备马系鞍，为防万一总要带上自己的猎枪——阿拜早年送给他的礼物。在马背上他挺直身子，完全忘记了自己的年龄。与他同行的是阿乌比什。他们沿着自己熟悉的丘陵选择最为便捷的道路朝自己的村庄走去，而村庄随着季节变换在不停地更换地方。

在《逝去的生命》中，诗人这样写道："他像一个隐士那样生活，在草原上建起自己的住所，这个住所就像是'墓穴'一样。他是那样地'抱怨自己的民族'，更抱怨无法远离这个圈子，因为这个圈子里不论老人还是孩子都总是相互仇视和敌对"。

关于党派的纷争沙卡里姆说了什么？如果在此之前他已经说过，他的归隐是因为精神上与创作上的原因，而不是与民族格格不入的话，那么是什么样的委屈导致诗人说出这些话？

他诗歌的主人公，他所揭露的那些"党派人士"可以轻易地在他的族人中对号入座。那些伪装者执掌党派，却"传播污染性观念"。

与阿基姆①不同的是，诗人准备把毕伊作为"民族的苦难"来接受。但是当权者"掌握了下流胚的语言，使人们如此轻易地相信他们的话"。

远离家族之间与家族内部的纷争，他的伦理判定不能宽恕无垠的大草原上哈萨克人自古以来的原始本能及其个性，他痛苦地写道：

> 我一下子就揭示了他们的秘密，
> 他们自己也熟知这一点。
> 他们粗野地辱骂，四处挖掘陷阱，
> 将我前行的道路完全堵死……

几次返回村庄深深地影响了沙卡里姆的情绪并完全改变了他远走隐居的初衷。现在，沙卡里姆开始考虑：独居归隐首先是为了民族的苦难，他无法面对那些富人、掌权者，也就是毕伊和乡长。这些人被他称之为阿基姆。还有毛拉与巫师，他们肆意地嘲弄侮辱贫苦大众。

当然，他离群索居是为了精神上的追求，但现在这已经退居次席。

---

① 阿基姆：哈萨克族家族的长者、掌权者。

就这样，满怀心思的诗人回到了肯—克纳什，在愤怒中写下了这样的诗篇：

　　他们说，我背弃了人民，
　　他们说，我天生狂妄，
　　说我获得了真理、丧失了理智，
　　说我如此病狂将持续好长时间。

但是，在这样落后庸俗的社会中还有民族的出路，即有人民和诗人的话语。他不是孤身一人，他不是对抗人民，而是对抗这个拥有罪恶传播者的世界：

　　但是，我不能像一个自私者那样视而不见，
　　吹嘘者、恶棍、活死人与闹事者
　　他们毫不掩饰自己的狼性，
　　丧失了人格，看起来却是如此的问心无愧。

　　现在你们在家，我在草原，真主啊！
　　我就这样离开了，没有从任何人那里带走财物，很好——
　　55年来积累的财富
　　在孤独中我思考，做一全面总结。

　　为什么我要向人民讲述真理，
　　就如废话一般顺便灌入他们的耳朵
　　富人、巫师、毛拉都不是诚实的人，
　　他们像首领一样嘲弄着家族。

　　人们被如此折磨、被疯狂地掠夺，
　　他们遍体鳞伤，伤痕累累，
　　哎，那些伤痕同样降临我身上，
　　要是让你们同样承受你们能吗？
　　……

当我内心真正体会到人民的痛苦后，
我离开了这个野蛮的世界到山里、到旷野，
请你们相信，我没有远离自己的人民，
而只是远离了那些背地里使坏的人……

在此，隐居诗人的自身形象是具有浪漫主义情调的，尽管作者凭印象给出了《疲惫与衰老》的自我评价。

我已经疲惫与衰老，事实如此。
但是尝试的心却不能平静！
让后人用纯洁的心来感知我吧——
我是充满了希望的。

这就是一切，我不是为了追求夸赞。
我也不打算去维护那些唯利是图的巫师。
我计划一直写作到死，
衰老与虚弱，不，我一点不怕！

沙卡里姆的形象，他那"尝试的心"以及让后人用"纯洁的心"来感知的想法与"唯利是图的巫师"形成了明显的对照。他的立场，即彻底地摆脱唯利是图与虚荣的心愿，就是为人民指出一条通往真正生活的道路。

勾画隐居生活的图景并非易事。对其进行详尽的描述不只是沙卡里姆本人，就连托贝克德家族的编年史者都无法做到。因此，只能想象一下群山中幽静的盆地，在其边缘建有一个单独的小院，用栅栏与周围的世界隔离，这些栅栏未必能够阻挡野狼与狐狸。还有用土砖建造的低矮的房屋，旁边是牲畜栏。

我们可以猜测一下，沙卡里姆具备了何等的意志。他在此不仅仅是为了生活，更是为了与大自然结合从而还原其精神导师的哲学宗教探索。

阿哈特可以证明这一点，因为他比其他兄弟更多次地来此探望自己隐居中的父亲。他说："我至今不知道哈萨克人中谁能像父亲那样研究并爱惜大自然。他的某些创举是那样的惊人。

"毫不夸张地讲，他是一个探究一切并爱惜一切的人。从人和动物开始直至非生物界。我来举几个例子。

"有一次，他的墨水用完了，就自己制作了墨水。这是我亲眼所见的。他找到了骆驼刺，将它的叶子煮沸，去掉残渣，加入了明矾就做成了墨水，并用此书写文章。

"在沙克巴克的一个谷地中有一些边缘为浅黄色的黑色泥疗浴场，浴场非常深。夏天底部仍然结冰，冬天完全被冰雪覆盖。过去人们将患病的牲畜赶到这里治疗，人们也用泥浆治疗斑疹，这样病症就会痊愈。父亲将这些泥浆晾晒，在火山上焙干，获取了含硫化合物，将此作为药物。

"父亲说道：'在介于饶尔博德与叶斯基塔过冬地的山中，有一座建有一个石块建筑物的高地波斯比伊克。在这个丘陵上我发现了磁石。这座山实际上隐藏着铁矿。我是如何发现的呢？有一次，我登上山顶等待放牧，就坐在石柱旁边。我观察周围建筑物的石块，发现其中一块石头的表面有红色的氧化膜，这是铁矿石特有的现象。当我把手表上的指南针靠近它时，指针开始旋转起来。当我离开石块时，指针随之恢复了正常。其他所有石块都没有这种现象发生。很明显，我认为此山的下面蕴含有铁。'

"哈萨克人通常用赭石色颜料装饰自己的毡房。在沙克巴克有一座山叫作赭石山，人们在这里开采赭石。有一次，父亲打柴时与朋友阿乌比什登上了这座山。为了弄到一些赭石，他们很晚才回到家里。人们问他为什么这么晚才回来，他回答说：'大家都是从表面挖采赭石，但是，表面的赭石因受到风吹、雨淋与日晒而损坏。我要从里面采集，所以不得不深挖。'的确，从深处采挖到的赭石无论是颜色还是质量都要比以前的好得多，并在木料表面保持了很长时间而不褪色。

"父亲就是这样对一切展开了研究。

"我的象棋中有一些棋子丢失了。在放牧时父亲带我到布拉吉盖丘陵并给我指示应该在哪里挖掘。在地底下我们发现了两种凝灰岩——灰色与白色。我用这些凝灰岩刻成棋子补全了我的象棋。

"我在此讲述了我对父亲的认识，目的是希望人们能够接受他。而他本人最感兴趣的是观察野兽的习性。"

五十六岁前，沙卡里姆在隐居中保持着超乎寻常的健康状况。每天早上他都要做习惯性的早操。白天他从不允许自己躺下睡懒觉。如果没有家务活的话，他就坐在桌前写作。晚上手拿冬不拉为阿乌比什演唱自己在这块冬歇地所写的诗歌。

　　他不仅为自己书写的诗歌谱曲，而且自己创作了一系列乐曲。

　　以下就是形式奇妙、内容有启迪性、思想感知与认识深邃的"标题性"诗歌《关于我自己所创作的歌曲》：

　　　　　去学习，如果你了解歌曲的高度。
　　　　　波涛汹涌就不会下伏，
　　　　　给自己的船舶增添光彩。
　　　　　歌曲的语言与库伊①一声不响，
　　　　　你不懂，这是你的错，我的朋友。
　　　　　自童年起去找寻秘密的线索，
　　　　　而如何去明白，那就去了解乐谱，你知道，
　　　　　你可以去结合民间故事。

　　　　　从美妙的歌曲中飞扬出
　　　　　轻柔的声响，犹如蜜糖一样。
　　　　　微妙的灵魂可以理解它。
　　　　　感觉倾注于歌曲与库伊，
　　　　　年轻人将会激动不已！
　　　　　爱将会不期而至。

　　　　　并不是每个人都能体会到声响的底蕴，
　　　　　许多人都被喊声与噪音所困扰。
　　　　　他们的"石耳"无法听到，
　　　　　他们对歌曲与库伊毫无知觉。
　　　　　他们能否明白什么，如果
　　　　　西列纳②演奏歌曲那样枯燥？

　　　　　荷马给我们写出了西列纳的歌曲，

———————————

① 　库伊（каз. күй）：哈萨克民族传统器乐剧。一般用冬不拉与其他民族乐器演奏。
② 　西列纳：哈萨克族各种高音播放及变化乐器。

谱写了精妙的乐曲

大海般的喧嚣与猛烈，波涛汹涌

期盼着那些内心的歌声。

我按照全新的方式谱写乐章

我给每一个乐曲都予以评价。

我考虑，如果合适的话，

就让那些歌唱家去演唱它们，

假如能够历经世纪

成为纪念，就是说，人们还会知道我。

　　沙卡里姆还为这首关于音乐的作品谱了曲，将诗歌改编成歌曲。族人们被他的博学多才所震惊。他，犹如文章中所展现的那样，熟知荷马的作品。

　　实际上，沙卡里姆不只是拜读了荷马作品，他还通读了亚里士多德、柏拉图、苏格拉底、易卜生、兀鲁伯、叔本华、康德与拜伦的作品，更不用说俄罗斯作家与东方诗人的作品了。哲学家与诗人的著作被他随身带到了肯—克纳什，每天晚上都研读它们。

　　通过研读这些作品，他又一次深深地投入到了世界宗教研究之中。他分析比较其基本原理，找出它们的共同点与差异性。

　　在《逝去的生命》一诗中，他这样描述隐居中的研究情况：

检查对照被粉饰过的信仰

我的思想不受任何束缚。

按常识我发现了许多不好的东西。

真正的信仰不会存在

假如人们之间没有智慧的想法。

许多宗教都在呼唤智慧

但是一无所获。

所有一切都只有一个缘由，

只是再一次做了粉饰。

> 许多信教的人再一次
> 陷入迷途，难以脱身。

他的许多诗歌都是关于宗教对比的，在那些年他的批判性情绪高于一切。抛开自己的宗教信仰，诗人在一切宗教中——世界宗教也不例外——孜孜不倦地寻找弊端。举例如下：

> 当下所有宗教都有弊端，
> 没有一个在召唤心灵，都是邪恶。
> 谎言带走了信仰，到处都是欺骗，
> 而如果你更深一步探究——就会避免罪恶。
> 在其宗教题材中他有机地渗入了战争的题材。
> 宗教的目的——对我们，犹如对兄弟一样，指引着我们，
> 但是我们应该分清楚武器。
> 尽管在古兰经、圣经中一切都说得没错，
> 假如没有人格——那就没有光明的前途。

在此"当下"，沙卡里姆激烈而响亮地定位"所有宗教都有弊端"。诗人所富有的宗教精神无法完全脱离现实世界——世界大战与村镇间的冲突。考虑到族人读者的接受力，他试图通过神奇的词汇去强调"在古兰经与圣经中一切都说得没错"。但是这些书籍只有那些拥有"人格"与"光明前途"的人才会打开看。继而，沙卡里姆研究了人类形象对于至高无上的主的态度。无论是真主或者是安拉，这种人的形象被他认为是具有智慧的灵魂。

基本上，灵魂在人类身上秘密存在，其形式是与外部世界紧密相连的。在认识过程中灵魂的作用——这些客体都是沙卡里姆始终所关注和感兴趣的。他不知疲倦地深入研究灵魂科学——心理学，设计了问题并给出了答案。

因此就很有趣了，当《心理学》到达他的手里后，他开始试图借助它揭示灵魂的秘密。六十年后在《阿拜》（1994年，第九期）杂志上刊登发表的他的文章中给出的答案可能不是那样的全面。文章的标题被定为"关于现实与灵魂"，这或许并不是作者本人起的。沙卡里姆在这篇文章

中研究了《心理学》一书，遗憾的是没有说明这本书是由谁在何时所写。顺便提一下，这本书（或者是部分章节）是由一个叫卡马鲁雷的人翻译的。不管怎样，他写出了哲学论文。论文的开头部分是这样的：

　　　看到我们当下由很有智慧的思想家与学者所创造的许多杰出发明，文化程度不高的人就会发问：这些创造奇迹的学者，到底是圣人还是魔鬼？

　　　我们相信，将会有更多的创造发明出现，然而，时下这些拥有知识的学者还不了解真理，也不了解他们自己是什么人。

　　　这难道不是很令人惊讶？也就是他们用眼睛发现了自然界的秘密，但这些受束缚的人还不能认识自己的灵魂。

　　　假如我们还不明白自己是什么样的人就开始去读那些关于精神与生活的心理学书籍的话，我们不仅不能认识到灵魂的秘密，而且会失去头绪，不知道应该在书中找到什么，因而就会陷入迷途。

　　　我们盛赞那些帮助我们认识灵魂的书籍，但是书籍本身不能为我们揭示秘密，它显得是那样的空洞，其中的话语更是相互矛盾的。

　　　需要来证明吗？

　　　这就是一个例子。去看一看翻译成哈萨克语的心理学书籍。在书的第9页写道："意思是这样的，即植物具有灵魂，这对于20世纪的人们来说似乎是既糊涂又不可信的论断。"我们认为，这些话语本身就是一些空话。你们会问："为什么？"这些话语来自对自然界植物生命的不了解而只是凭自己的想象与感觉做出的结论，另外就是对关于生物本身属性的知识的缺乏。比如，食蚊草。

　　　在书的第30页写道："自然界本身在运动，因为自然界是这个宇宙的一部分，如果不运动就不会有任何东西存在。这种运动是物体的特征。物体靠自身的作用而运动。"

　　　而在书的第32页写道："这种作用是任何力量都无法分割的，它来自充满了相互关联并难以毁灭的物体的自然界。正是因为这种作用，所有物体都存在于整个世界并与这个世界不可分割。"

　　　在本书第103页写道："在人的身体中没有多余的器官……所有器官都是自然的产物并发挥着自己应有的作用。"

　　　原则上讲，这些话语我们都明白。这些异常现象的本质早已经被灵魂所认识。你们会问："为什么？"依照科学，没有一个物体本身不在运动。运动需要原因，心理学在这里所描写的运动原因我们称之为灵魂。无干扰的客体不可能从一个地方运动到另一个地方，不可能生长和变化。但是，如果真的是这样的话，就不可能诞生这个世界。

然而，正因如此也就存在有抽象性，我们不能简单地把它称之为灵魂，而应该是能感知的与有本领的灵魂。为什么？在整个世界中没有无用而无序的东西。所有一切都是因为一个目标而建立的。把它们称之为无灵魂的、无知的与自发的（模糊的）——这只是闲话。

还是在此书 103 页写道："生物以神经系统为基础"。

在 104 页写道："如果没有神经系统或者说神经系统不发挥作用的话，生物就会变成死的物体或者腐烂"。

这些论断都能理解。作者把大脑、骨髓与感觉器官称之为"神经系统"。然而，我们认为并不是这样。

大脑、骨髓器官——光储存器，电池——灵魂的庇护者。如果它们损坏，充电就会停止，灵魂就会失去居所。

我们看不到灵魂，手无法触及它。因此，有关灵魂不存在的言论就不能证实灵魂的不存在。

接下来在这种批判性的线索中，诗人哲学家阅读了那些与他自己的想法完全相反的关于灵魂与现实的描写的书籍。我们可以从不同角度来对待他的观点。首先，可以在沙卡里姆那里找到缺点，或者相反地支持其形而上学的嗜好。但是，无论怎样这都是他本人经过认真思考而得出的结论，因此，我们应该原封不动地接受它，就像是接受个体意志的自由体现那样。

沙卡里姆在一篇论文中谈到了生命是如何诞生的。很显然，《心理学》的作者赞同自发论，也就是地球上的生命都是自发产生的。对此，沙卡里姆说道：

这意味着什么——在生物界与非生物界之间没有任何区别？从哪个时刻开始从非生物界中诞生了生物，能不能对此提出令人信服的论证来说明，在生物界中有一些成分在非生物界中从未存在？

如果没有足够的真正的论据来证明的话，我们就不能把它们称之为胡说八道。

　　难道在巴黎伟大的象征主义中，当布歇申明生物体的始祖可以通过非生物体产生后，路易·巴斯德还没等弄清楚情况就举出了非常有说服力的论证说，生命体不可能从非生命体中产生？

这些就是沙卡里姆令人惊奇的认识。

　　事实的确如此，路易·巴斯德正是通过实验的途径确定了其不可能性，为争论了许多世纪的关于某些生命体形式的自我诞生问题画上了句号。法国学者在水中煮沸各种介质，从这些介质中可以形成微生物。在进一步对微生物的煮沸过程中，他们的争议消除了。随之他判明，煮沸后的培养基到最后是无菌的，在它之中没有发现生物的产生——虽然这是在有空气保障的条件下。通过一系列实验，巴斯德似乎证明了生源理论的公正性并推翻了过去的生命自生性理论（后来似乎出现了许多人都试图去推翻巴斯德的理论）。

　　沙卡里姆身处肯—克纳什，他知道这些实验吗？他十分熟悉地描写了巴斯德与微生物，就像自己坐在显微镜前研究这些微生物一样。

　　从理性的高度他再一次对人类产生的进化理论予以了批评。是不是这样说更好：我们就应该成为人类，而不是继续当猿猴？——他毫无嘲讽地反复发问。

　　至少他对人类种族有很多不同的看法，这些都是由他的精神和心理状况所激发的。

　　　　我们是多么爱炫耀呀，说什么人是开明的生物。好多人至今还没有走出孩童状态与野生状态。人类的孩子不能遗忘其规律性，要像亲人一样生活在和平与和谐中，不要去欺骗，更不要去相互掠夺。

　　　　我们拍打着自己的胸脯吹嘘说我们是有文化、有教养的 20 世纪的人，然而，到今天为止我们的身体还不是纯粹理性的居所。我们是多么想走一条诚实的道路呀，多想在地球上建立一个天堂。在整个世界我们只看到几个人，他们有能力协调这种冲突关系，但是我们未必就能获得什么好的结果。他们的功勋被某些坏蛋所利用，那些人就像恶狼一般肆意地撕扯着羊皮。

　　　　简单地说，在人们还没有充分认识到自己的灵魂之前，他就不会

明白自己是什么。因为不明白这一点，所以虽然他们也对自己进行了
这样那样的修正，话语中也反对邪恶，但是这些话都不是打心底里发
出的。

可以说好多好话，但这并不意味着这个人就是一个信教的人。如
果一个人信教，他就不会作恶。毛拉、牧师与其他宗教服务者在他们
的陷阱中捕捉凡夫俗子，对他们进行关于友谊、平等、友好等的传教
布道。

一个人只有认识到灵魂的高尚以后，他才能真正踏上通往真理的
道路。

突然间，在这篇文章中，沙卡里姆在与天堂生活进行对比的时候发现
了现代生活的缺陷与其光明的方面。这种方法是正确的，诗人在此是用辩
证方法来体现的。

叔本华说："世界就是地狱，人生就是苦难。"他写出了《新哲
学》一书，此书在欧洲被捧上了天。我们不相信他的新哲学。你们
会问为什么？因为世界并不是地狱，而是天堂。自然界的财富对于所
有生物而言都是富足的，但是人们把天堂变成了地狱。

没有领悟到这一点，叔本华就对整个宇宙使坏了。

如果人类善用自然界的财富相互和谐地生活的话，那么就不可能
有人会反对"世界就是天堂"的说法。

每一位伟大的哲学家都拥有自己独到的认识论体系，通常他们的学说
很少产生联系，这一点毫不奇怪。世界是多种多样的，因此有权对世界上
所存在的东西进行各种描述，有时候可以直接按照其原始状况形成完全相
反的描述。但是，这一切构成了世界的整体图景，这种图景不可能用一种
色彩、一支画笔、一个画家的力量来描绘。

这就是沙卡里姆毫不难为情地采用自然的方式来批判叔本华的原因。

除了《心理学》一书以外，诗人还在论文中全面批评了译成哈萨克
语的巴斯金的《思维的空间》。依照沙卡里姆所说，这本书是由一个叫做
斯马古鲁雷的人翻译的。

按照自己的思维方式，这位诗人、形而上学者不喜欢作者的论断，即

在人的身体中没有那种叫作灵魂的东西存在，沉思、喜悦与忧郁都是身体的产物。

沙卡里姆写道："按照这个结论，我们来举一个例子。过去，哈萨克人在窗户上盖着羊肚皮来代替玻璃。在那样的窗子里你能看到什么？歪斜、模糊的镜子与洁净、端正的镜子有什么差别？"

总的来说，身体——就是奴隶，而灵魂——即是主人。或者说，身体——就是镜子，而灵魂——即是照镜子。

而那些自一开始就不知道灵魂的确实存在，说灵魂是在过程中所产生的人将注意力放在人体的五个感官上的人，没有深入地思考，认为灵魂是一切事物的开端，是合理的、是创造性的，是与身体的手脚相连的。他认为可以对全世界做出证明：灵魂是一种平常的东西。

据我们观察，这里有两个主要的原因。心理学家是借助这两个原因来做出自己的结论的。

第一个原因是他们想要摆脱世界上让人迷惑的不好的宗教，所以提出灵魂不存在，甚至脱离了自己本身的灵魂。但是，这就是所谓的刚出虎穴又入龙潭。

另一个原因是病态的。奥古斯特·孔德（1798—1857）认为："没有物理学的详尽资料，我们不可能用形而上学的知识来为难自己。我们只能将那些通过五种感官发现的东西认为是真正的东西"。

孔德的思想是在过程中产生的，被称为实证主义。受之影响的研究者认为，没有什么东西不能通过五种感觉器官来感知。

于是就得出这样的结论。受灵魂——即内心深处杂乱无章的思想的影响，就如从哈萨克人的羊皮窗户往外看一样，他们甚至连自己的灵魂也看不到。

沙卡里姆抓住了奥古斯特·孔德思想中最为本质的东西并为其带来了应有的荣誉。

奥古斯特·孔德"实证主义哲学"的原始论点是一个要求，他的目的是对科学受限于现象的外部形象的描述。依据这一论点，奥古斯特·孔德得出结论：形而上学是关于现象本质的学说，应该被抛开。他说："我们认为探寻那些所谓的主要原因以及终极原因是绝对不妥当的与没有任何意义的。"

把主要原因，即关于存在与灵魂的纯粹的形而上学问题放在首位的沙卡里姆自然难以认同他的说法。

正如孔德所言，他的百科性著作为思考社会历史奠定了基础，给予人类摆脱形而上学的工具。因为这个时代充满了社会动荡并无法自己调和进步与秩序的矛盾。他甚至断言，如果无产阶级不为改革社会而团结起来的话，那么政治问题就不可能解决。

但是，沙卡里姆并未陷入法国实证主义者的深邃的社会观点，他只是主要关注其本体论点。这是可以理解的。社会领域——哈萨克社会还没有成熟到可以接受这些思想观点，更不可能去促使他们来接受。这一切对于诗人来说是极其遥远的和抽象的。

应该指出的是，沙卡里姆不是因为无聊的好奇心而对心理学与哲学书籍进行分析。他计划要把其文章中所阐述的思想收录在自己的《三个真理》里。某些片段已经成型，他打算尽快开始撰写主要内容。

不仅如此，在出色地完成《关于现实与灵魂》的论文时，可以说，他预告了自己未来的书籍。

"关于灵魂的书籍应该只有那些具有纯洁理性的人才能打开看。当他们不带偏见地阅读与理解时，他们既不会偏向于宗教，也不会偏向于科学。这不需要任何辅助的东西，既不需要机器也不需要电源。我思考这些并不是现在才开始的。这个真理是我在 30 年时间内探寻人类之子孙的优点的过程中所提出的。我就像是在探究古代墓穴中的石块，更像是用勺子一年年地舀取，准确地说是用针在掘井。

"像这样的个人真理不可能一次性被埋葬。我这样说并不是自我吹嘘，因为，在人们还不能完全接受这个真理时，我已经不在了。

"唯物主义者通常讲：'如果经过理性所获得的真理哪怕不能被一个感官所接受，它就是无生命力的臆造。'

"对此我一般回答说：'你不明白艺术或者科学的任何类型，因为它是由理性所建立的。哪怕你只有一次脱开身体而认识到理性这一点并利用它来揭示自然界秘密的话，那么你就不会不对其加以关注……'

"无论你是奥古斯特·孔德什么样的追随者，你都不要对宗教、对穆斯林法说得太多，更不要去谈论信仰。不要使用那些预言和圣训，这些是准备用于对那些在宗教中发现问题缺陷的非信徒的解释。

相信自己的眼睛，不要局限于此，敞开你灵魂的窗户（眼睛）！"

在翻到论文最后一页之前，我们去看看沙卡里姆在 1931 年 2 月 3 日写给萨比特·姆卡诺夫的信。沙卡里姆在信中请求他帮助刊登自己的作品。信中这样写道：

> 我认为，人道主义与端正的品行对所有人都有好处。倾听自己内心的声音："为什么不发布你已经找到的真理，对此你就像是用针掘井那样花费了 30 年时间，你为何不刊登发表呢？我已经准备好了简短的文章：《灵魂的秘密——就是自然界的秘密》。"
>
> 啊，世界！会不会有人在什么时候会把权威人士的文献当作自己的职责来很好地翻译成俄语，而不只是用哈萨克语来发表？或者是开始先用哈萨克语来发表？
>
> 假如到我临终之前还没有听到任何来自有知识的思想家的理由充分的批评的话，那我就会死不瞑目。
>
> 如果《灵魂的秘密——就是自然界的秘密》不能发表，那就请尽快把它归还给我。总而言之，如果不能刊登发表就把所有手稿都归还给我。

信中所谈及的是《灵魂的秘密——就是自然界的秘密》这篇文章，但是文章在沙卡里姆的遗物中没有找到，能找到的只有相似的论文《关于现实与灵魂》。在这篇论文中，作者同样提到了"30 年来用针掘井"的话语。为什么论文的题目在他去世后定为这个样子，是疏忽大意还是对沙卡里姆名誉的恢复，这是否针对同样一篇文章而言呢？

写完论文后，1915 年春天，沙卡里姆终于坐下来撰写《三个真理》一书。准确地讲，是继续该书的写作，因为最初的笔记已经在十多年前就完成了。几十次草稿是他在阅读哲学家、作家与诗人们的书籍时打成的。现在要做的不仅是将这些草稿和笔记系统化，而且要准确地表达收集到的关于灵魂、良心与生命意义的知识。

首先，沙卡里姆准确地表达了总体目标：

"自古以来人们就谈论两条生命之路的存在。一些人认为，即使身体死亡灵魂也不会泯灭，它将继续存在，也就是说人死后还会有生命。他们断言说，灵魂是另外一种东西，它与世俗的东西完全不同，它不仅遭受世俗的烦恼，而且要受到关怀，这样才能为后续的生命增添色彩。它被称之为终极的、死后的道路。另一些人认为，世界上的一切自发而生，一切靠自己本身，没有以自己的方式创造的主，没有灵魂，它只是在死后自然复活。

"判明哪一种观点是正确的，我认为，这是一个心智健全之人的特殊义务。要知道，如果我们要努力实现人类的真正幸福，就必须知道什么是对、什么是错，存在不存在造物主和某种死亡后的灵魂。如果承认这是对的，我们就应该让人们感受这种幸福；如果这是臆想，我们就要抛弃这些没必要的痛苦去认真做事。否则，我们如何在这种状况下去探究哪条道路的可靠性？

"有一点是显而易见的，研究者必须是精通各种宗教与学科的人。他清楚关于这个哪位学者说了什么话。"

沙卡里姆在知识的许多领域展示了自己的博学多识，对自古至今生命产生的总体给予概述。描述了毕加格拉斯、伊壁鸠鲁与德谟克利特的思想，更没有忘记欧洲思想家与中世纪的学者，如，伽桑狄、笛卡尔、牛顿与林奈；又比如论证了至今很少有人知道的研究者里杰里、麦恩与赫纳。

他确立了如下观点：

> 特别需要去认识创造万物的主，对其我们竭尽我们的理性去称赞。不顾让—雅克·卢梭所言，起初我认为人可以通过不相信真主的存在而获得自我完善，但是后来我明白自己的想法是错误的。

随后他写了关于什么是灵魂的综述，引用了许多活动家的观点，他们的名字（或许有误差）今天已经很少有人知道，比如：赫尔曼·舍夫勒、乌伊尔索、斯图阿迈里、多尔尼、克多尔斯。他没有忘记在书中加入自己的实证主义批评：

"人们只是相信自己的感知，对其他一切都不相信。他们依据自己的深入思考形成了观念，即只有通过相信感知才可以限制那些纷乱的想法与观点。因此他们认为，在自然界发展中一切神秘学说他们都不可能揭示（形而上学），而只会妨碍理性。

"比如，奥古斯特·孔德形成了实证主义（真知）流派。他的结论是：没有一种理智会无缘无故地去从事我们目光所不能及、感官所不能体会的现象和事物，实际上我们应该相信自然物理学的研究结果。但是，因为人具有很多灵感，这些灵感促使人们思考关于超自然力量的存在，因为每天都会有迄今为止我们不知道的秘密被揭示。而现在，这一切都变为平常，在我们的日常生活中被利用。因此，像孔德所说的话就不可能迫使人们去考虑某种力量，这种力量按照他的观点，存在于自然界之上。今天，成百上千的学者拿起了科学的武器，比如磁学、灵魂学、心灵感应学，夜以继日地开展关于灵魂问题的研究。"

最后自己唯一的结论自然是其书中从学术角度来讲最为薄弱的地方。

沙卡里姆在把其隐匿性学科作为科学时，即便他不是带着崇敬的心情，也是小心翼翼地去谈及灵魂学、心灵感应学与磁学。他书中的很多地方都非常详尽并十分友善地描写了各种灵魂奇迹。当然，我们可以理解这一点。此处的问题不在于没有知识，因为一个人即使过去没有相信过任何东西，现在也可以相信神秘领域的魔力。而游牧人的灵魂自古就与其生活的草原、真主联系在一起，对魔力与神奇一直是敞开的。

还有一个原因。神秘主义在对于活生生的人产生错觉的同时，直接面对的是人的灵魂。沙卡里姆准备接受任何心理学理论与实践，尽管它们用令人怀疑的方法来反驳非常实际的实证主义。

沙卡里姆纠正说："这本书中所有话语的基本目的就是如何去说明造物主到底有没有智慧与认识，人死后灵魂是否会消亡。就这样我写下了所知道的、谁怎么说、谁肯定还有谁反对。我更多地写了如磁学、灵魂学、心灵感应、梦游、梦境等现象，并把它们作为反对那些认为灵魂不存在的人的论据。我写下这些不是为了讲述有趣的故事，而是为了展示每一件事都是真实的存在。"

或许，他认为这还不能令人绝对信服。因此，他补充道：

"所有感官都会欺骗我们。例如，眼睛会以不同方式传递给我们远处的海市蜃楼，耳朵会把同一种声音当作不同的声响，甚至是思维接受某种东西也是按照其固有的方式。而事实上，这是不正确的。我们身上没有一种感官可以非常精确地去确定一切。"

归纳总结这些关于起因的论断是他10多年前就想做的，当时他第一次记录下了无原因——创始人就是世界上一切的起因。

"这种无缘由原因的认识、发明与万能的无限性就体现在以下几个方面。如果去观察，世界上的所有事物、每一个生物体都不是没有目的地产生的，都有其存在的必要性。不必扯得太远，就拿我们的耳朵、鼻子与嘴巴来说，它们都有自己的合理性。或者是植物与树木的根以及它们的木髓、树皮、树叶与花序，从科学的立场看，我们不能说它们任何一种是毫无目的的存在。这意味着什么？

"此处所说创造途径是无原因形成的，指的是，它的认识、威力的精确性是无穷无尽的。如果这一切都是无感知的与盲目创建的，那么诸如目的性、认识、无拘无束与和谐从何而来，哪里还有精致巧雅与至善至美？……

"我们依据事实来判定关于有理性之人的智慧与才能，关于坚毅之人的强大以及关于专家能手的高超技艺。我认为，世界上存在的一切，包括我们自己都是由创世主制造的。他们认识的不可测性与技能每时每刻完全公开地在传送：

> 理智将会为我们讲述这个世界
> 展示其深邃的秘密。
> 我们不要去关注
> 那些不假思索的想法。

"现在有谁能告诉我，到底有没有万物的主宰？自然就是最高的创造者。

"应该考虑到如何理解这些话语的意思，即：世界上的一切存在都由至高无上的主所创造。对这些，古老宗教的毛拉就不能理解和解释，因为任何一种宗教在认识万物产生的秘密时都是很微弱和没有经验的。"

写完了《三个真理》一书的主要部分，沙卡里姆非常满意地构建了自己对诗体性的见解并决定把自己的观点在诗歌中表达出来。他将书命名为《关于现实与灵魂》，随后在以上所说的关于心理学与哲学著作分析的论文中加以引用。

> 你一直手持利剑站在旁边，
> 对自己的朋友花朵盛开，
> 对意志与热情你给予了思想，
> 你用虔诚的语言表达了自己的思想。

"行家"强调——"至今没有灵魂"，

有时候所有傻瓜都相信他们，
没有思想，交谈起来极其轻松，
灵魂无法用理智来核对，
在唯物论教条中
笼统的语言使你陷入了痛苦。

灵魂自始就已经存在，
不要用理智去检验它，
不要相信那些交谈，
纯粹的理性不要急着去理解，
这个珍品不要丢弃……

这只是《关于现实与灵魂》诗歌的开头部分，该诗从篇幅大小上等同于叙事诗，而从内容上看是一篇学术论文。其主要目的与《三个真理》一样，是为了体现灵魂相较于肉体是属于第一位的，而始祖则与产生一切的无中生有相关。

沙卡里姆完全可以对自己的这些创作心满意足，尽管《三个真理》一书还没有完成。后来他把科学的良心——个人的发现注入了本书大概是十多年以后的事了。那是掌握了新的知识以后，他决定记录下来自己逐渐完善的灵魂。

然而，《三个真理》即使缺少最后一章，依然不失为一部令人惊叹的作品。它不是简单随意地反映诗人隐居者自我完善的成就与其罕见的工作能力，而是从那些故事中发掘一些难以发现的东西：不顾独居生活众所周知的花费，隐居生活常常激发着诗人去创作。老子、怡然自得的奥古斯丁、穆罕默德、圣人杰罗姆或者斯蒂文森，这样的例子不少。最令人惊讶的是沙卡里姆富有智慧的百科气质。该书由一个生活在草原社会中的人写出是完全不可思议的。

也许，像《三个真理》这样的书只能是生活在圣彼得堡、巴黎或者伦敦的那些知识渊博的人才能写出，但那样就不会给人留下特别深刻的印象。这并不是说他们的思想或者事实没有新意，而主要在于在任何其他地方所完成的《三个真理》都会丧失草原的特征，失去了原创精神以及在这个环境中生长的草原人那无法遏制的对真理的追求。即使有人仿效沙卡里姆写出了类似的作品，他的作品也肯定不会有很高的价值。因为他无法像这样去探寻智慧与启示的渊源，而这些却完全满足了沙卡里姆的极度渴望。

> 如果牲畜与灵魂对你同等重要，
> 为了灵魂去卖掉你心爱的牲畜吧！
> 如果需要灵魂，也需要意中人，
> 不要怜惜灵魂，为意中人去卖掉灵魂吧！

在完成了《三个真理》以后，沙卡里姆如此写道。这里他把真理比作意中人是按照苏菲主义传统而来的。在这个由"牲畜、灵魂、真理"所构成的三分世界现象中，诗人按照自己的观点在承认真理的价值为永恒与不变的开端的同时，推翻了物质本体以及与其相联系的非物质本质。只有通过获得真理才能认识真主。这也就是为什么他把"意中人"放在了积蓄、财富甚至灵魂之上。

也只有如此才能去理解《三个真理》的真正内涵。不能将它看作是地球上的真相，因为它是社会性的，更是随着时间而变化的。应该把它看作一种精神状态，看作自然界的产物，看作真主所赐予人类的财富。

第二节　灾荒年月

不能说沙卡里姆就这样忘记了周围所发生的一切义无反顾地归隐，一个人居住在肯一克纳什的居所里。

革命转折的时代不可逆转地临近了，在这种紧张时期，高涨的民族对立情绪召唤诗人投入到这些运动中。

当民族自由主义运动的首领阿·布盖伊汉诺夫、艾·巴依图尔谢诺夫、米·杜拉托夫宣告成立"阿扎马特"（公民）协会时，沙卡里姆继卡吉塔依·库纳巴耶夫、图拉古尔·库纳巴耶夫、卡拉让·乌基巴耶夫、马嘎特·阿卡耶夫与哈谢·阿卡耶夫之后积极地为协会缴纳会费。阿扎马特协会的口号是"哈萨克人，苏醒吧！"。该口号借用了米尔江吉普·杜拉托夫 1909 年出版发行的书名。在书中有一首非常著名的诗歌：

增强自己的荣誉感，苏醒吧，哈萨克人，请睁开自己的眼睛吧！
在黑暗中流泪的生活已经够了。
土地流失了，信仰削弱了，情形越来越糟。
不能这样躺着，哈萨克人，苏醒吧！

《哈萨克人，苏醒吧！》出版不久就被当局没收。米尔江吉普在 1911
年不得不再一次出版发行这本诗集。

像那个时代所有伟大的作家一样，沙卡里姆不可能对时事漠不关心。
他经常为报纸《哈萨克人》与杂志《阿伊卡普》撰写文章。

当《哈萨克人》首份报纸发行以后；他不仅为报纸发行送去了自己
的贺信，并在上面发表了自己的评述（1913 年第 18 期）：

> 我们的民族犹如婴儿一般，一看到新的东西就直奔过去，完全丢
> 弃了旧的东西。在报纸《哈萨克人》发行以后我看到了危险，担心
> 我们哈萨克人会丢弃杂志《阿伊卡普》。对于所有的柯尔克孜人和哈
> 萨克人，只有一份报纸与一本杂志实在太少了，我们应该两种出版物
> 都买！我还想再说，没必要增加版面与份数，最主要的是要让现有的
> 能被多数人购买阅读。我认为，现在没有必要增加印刷量，因为我们
> 的读者情况与财富状况是众所周知的。

有时候，他在这些期刊上发表一些重要的作品。

从他的其他作品中可以单独摘出在《哈萨克人》（1914 年 6 月 8 日，
第 65 期）上发表的文章《关于法庭与法官》。拥有丰富的审判工作经验
的沙卡里姆写道：

> 甚至我们不用说这些，所有哈萨克人都知道俄罗斯法庭是如何难
> 以让人接受地判决哈萨克人的纠纷的。通常哈萨克人是不可能去抬高
> 审判费用的，此外他们不得不违背传统的习俗，结果出现了许多问
> 题，最后导致了巨大的损失。
> 关于法庭的职能，我们不能说哈萨克人从来就没有过传统的办
> 法。有一条曾经被踩出的并被时代湮没得不太清晰的道路。这条道路
> 已经被遗忘，在很大程度上是因为人们转向了俄罗斯法律。如，有了

选举法，就有了贿赂。如此一来，他们就把自己亲近的人选为毕伊，导致的结果就是谁想当就当，想说什么就说什么。另一个原因是，传统的法律汇编没有被记载下来加以保存。

然而，那些法律汇编中的许多东西更适合今天的我们。过去人们生活的准则在很大程度上依据于这部法律汇编。如果我们检验一下古代的法规，从中选出适合现代生活所要求的东西，稍加整理写出法律草案，那么对于哈萨克人来说将会非常的适合。写这部法律草案应该召集一些头脑聪明的人和通晓先辈历史的人，再找一些相对年轻一点的作为谋士。至于其他人，无论他们怎么熟悉哈萨克人，但还是没有掌握真正的知识。

我们再一次为这些创造者们见解的相似感到惊讶，因为他们生活在哈萨克大草原的四面八方，甚至是世界的不同地方，更是生活在不同的年代。

应该记住，在1864年，即沙卡里姆之前的50年，另一位哈萨克思想家、爱国主义者、学者乔康·瓦里汗诺夫撰写了一部辉煌的著作《司法改革报告》，该报告被认为是按照西西伯利亚总督阿·奥·久卡梅里的命令而写成的。

乔康在公布对游牧哈萨克人的调查结果时写道："在所有地区大家一致回答了关于毕伊与他们的代表大会法庭的问题。民众认为，他们自古就有自己的法庭，俄罗斯政府所提出的许多世界性法律条文在他们的法律之中就已经存在。被调查的柯尔克孜人认为这样的法庭完全符合他们民族的实际，因此毕伊与他们的代表大会法庭应该维持古老的民族形式。很显然，这就是人民的决议，就是各个地区的决议"。

实质上，乔康与沙卡里姆谈论的是同一个话题，即应该维持传统的诉讼程序体系。

乔康·瓦里汗诺夫写道："我们认为，毕伊法庭的主要优点是没有那些形式化与任何墨守成规的东西。毕伊的作用是建立在其良好的声誉之上的，这个称号就如法庭实践中的许可证"。在完成该报告时他建议说："这种想法对于民族的正常发展是非常必要的，特别是对自我发展、自我完善、自我管理与自我仲裁。我们在此做出最后的结论，即毕伊法庭应该暂时保留1854年新法律出台前的形式。而在官僚主义思想影响下所产生的新法律，其形式主义与繁琐的程序必须去掉。"

瓦里汗诺夫的报告在鄂木斯克受到了极大的关注与研究。虽然没有人废除新的法律，但是，毕伊法庭正如他所建议的那样被保留下来，继而，法庭中毕伊法官的人数相应增多。总督久卡梅里·亚历山大·奥西波维奇是一个非常小心谨慎的人。他采取温和的方式在草原社会推行帝国的政策，反对管理体制中绝对的变化。而瓦里汗诺夫关于民族教育与游牧人税收等问题的建议被搁置下来不闻不问。

沙卡里姆在自己的文章中做了进一步推进：

> 我认为，毕伊法庭的数量应该缩小。他们应该通过社会以选球投票形式，即公选形式而产生。
>
> 对于一些无法判决的争执应该提交仲裁法庭。
>
> 争议双方应该以书面形式提出供状。如果无法通过中介和解并达成一致，那就应该通过毕伊法庭审议并做出最终的裁决。原告所要求的赔偿应该作为法庭诉讼费用而保留。争议可能会因此而持续，这也就是通常情况下的巴雷木塔①（барымта）延续的原因。
>
> 在所有的毕伊法官之上应该还有一个最高法官，他的主要职能就是解决毕伊法官不能达成一致的问题。
>
> 如果俄罗斯最高法庭进行监督的话，那么它就应该消除一切矛盾。

尽管沙卡里姆是用哈萨克语写的，但是我们不能认为他的文章没有人会去关注。在鄂木斯克——草原总督府所在地出版的《哈萨克人》报纸毫无疑问地被人们从头到尾地阅读，翻译们通常更喜欢翻译那些有意义的和有趣的文章。哈萨克草原诗人关于毕伊法官的提议，毫无疑问地被草原地区的总督叶甫盖尼·奥托维奇·什米特所了解。然而，随着危险事件的临近，要按照官僚们的想法在草原上实现这一创举是轻率的。

从民族自觉的立场看，这不是主要的。尽管哈萨克思想家的观点在俄罗斯政府机关没有得到热烈的支持，但是他们的思想反映了社会的觉醒，

---

① 巴雷木塔：该词来源于蒙古语，意思为"进攻、劫掠"。表示为了复仇从突厥游牧民族抢夺牲畜。

其动力就是社会上先进的思想，而政论作品就是其中一种文明与有效的表达方式。

沙卡里姆在文章中补充了民族学的细微知识，他认为这些知识是对传统的毕伊法庭非常有益的东西。

古老的哈萨克法律汇编的部分章节是与法典相关联的，因为法典从来就不是一块冻石，它是随着时代的变迁结合现实而变化的。而致力于将其发展成为冻石的只是那些愚蠢的毛拉。可以举例展示一下，法典中今天看起来顽固守旧的条文在其他时代并非如此。如，法典中关于行为自由说道："如果很难的话，那就不要去做，而是最好去改变。"

在哈萨克文化遗产中也有充满思想的谚语，如，持着马匹将免于痛苦。意思就是说，如果你丢失的马匹被一个勤勉的人捡到，你要给他选择的权利。这就是说，如果他把牲畜归还给主人，他所满意的是，牲畜找到了主人，主人可以拿走自己的财物。要是捡到者不想归还马匹也不想买它，而表示他已经支付过了，如果主人本身不愿付钱购买的话，他可以不归还马匹给原主人。

或者人们常说：在悲伤中衰弱，在礼物中交易。这就是说，通常，两位很好的朋友吵架以后要求对方归还自己的东西，那些因为友情而互送的东西可以讨要归还，而那些因为悲伤所赠的东西则不被归还。因为悲伤中的人们更加亲近一些。

还有一个：好处来源于猎物，而怨气产生于礼物。意思是说纠纷产生于战利品与猎物的分配。

总体而言，哈萨克人关于纠纷的谚语很多，比如：

（1）如果有两个毕伊，争吵者就会有四个。

（2）如果争吵发生就去找法官，如果狗发狂就去找主人。

（3）明显的事情去找目击者，没有目击者的事情值得怀疑。

（4）证据的纯洁——犹如疑问在脖颈。

（5）一次争执中不可能有两种意见，一件事情中不可能有两个错误。

（6）复仇未毕，争吵不止。

（7）捡到者喜悦，而认出者拿走。

（8）相亲的标志——是荣誉与尊重，过冬的标志——是坟墓般的建筑。

（9）牲畜自己成长。

（10）复仇者不带走牲畜，被他追上的不会成为奴隶。

（11）不解开套马索，就不可能自由。

（12）支付男人性命的费用——六百匹精选出的马，对于妇女——少一半的价格（或者说，为男人支付五百峰骆驼。按照法典，其中一百峰骆驼不管其年龄和性别）。

（13）自己摔倒不会后悔。

（14）野兽被追赶上的人所获取，不幸者被侮辱者所掠走。

（15）马匹熟悉自己的第一位主人（某人送出了自己的小马驹，它的优点无须怀疑。马驹变成了善跑的快马，价值提高了，为此而有很多购买者，但是在此时第一位主人出现了，在他没有说出自己不买的话以前，其他人不能买走这匹马）。

（16）强盗依恋朋友，小偷依恋同伙。

这样的谚语多得数不胜数。

这些就是沙卡里姆在政论作品中对传统父权制与新的行政制度进行总结时最主要谈及的。

他对出现不久的生动地讨论现实问题的哈萨克斯坦新闻作品的前途非常担忧。1914 年，在杂志《阿伊卡普》与报纸《哈萨克人》上展开了关于哈萨克人宗教性问题的书面讨论，讨论有逐渐演变为"战争"的危险。因此，诗人用诗歌《致〈哈萨克人〉报与〈阿伊卡普〉杂志记者》来呼吁，号召双方为了民族的共同利益而放弃相互责备、嘲讽等。沙卡里姆讽刺性地分析了当时的情景：

> 喊叫什么，手舞足蹈，
> 像女人一样吵吵闹闹，
> 都说自己公正，
> 这是一场多么无聊的闹剧……

按照沙卡里姆的想法，报纸与杂志之间的敌对不仅引起了各个党派阵营中记者与作家的分裂，而且在民众之中引起了极大的慌乱。

随后，沙卡里姆觉得有必要进一步在书信中表明自己的立场。该书信发表在杂志《阿伊卡普》（1915 年第 6 期），文章的名称为《口头争执》，其内容如下：

> 在报纸《哈萨克人》与杂志《阿伊卡普》上发表了那些令人生疑并空话连篇的文章后，我们再一次看到了言语上的争论。对于第一次毫无意义的辩论我们已经写下了关于其教训的诗歌。时间已经过去，但是争论依然存在。从开始讨论第一次穆斯林大会起，我们就已经从头到尾地了解了其内容，我们在争论没有结束以前只能默默地等待。但是它依然没有结束。现在我写下这些，希望能对事情有好处。
>
> 《阿伊卡普》杂志记者与阿里汉·布盖伊汗诺夫在报纸《哈萨克人》上受到了经常性的批评，这并不是什么坏事。但是，难道除了尖刻的指责与攻击以外就没有其他方式了吗？
>
> 我认为，讽刺与辱骂——这是语言的工具。它们所带来的创伤不会一下子就痊愈。然而，禁止讽刺与辱骂是不是还能带来什么坏处？甚至，假如敌对双方互相对话，还是会刺激到成年人与年轻人。
>
> 假如两个人不是诚心诚意地争吵，只是像亲近之人那样，难道能对他们的话做出注释吗？无论怎样，对待他们应该是客客气气的。
>
> 只有如此，才是受人尊敬的社会！我把我的想法提交给你们来审视。如果我错了——请指出来，如果我没错，那就感谢安拉吧！

在号召报纸与杂志停止相互指责的同时，沙卡里姆利用非常讲究的、纯东方式的风格表达了自己的如下愿望：

> 尽管使用讽刺性的骂人话来指责，但是，我希望社会上任何一个人或者争吵双方中的任何一方不要说这样的话："怎么可能在不指出错误的同时去支持争吵的双方？赞同骂人只是为了维护他。"——我表达自己的一个想法……
>
> "说出去的话就如射出去的子弹"。不要在意谁会说什么。或许，你失败了。但没有其他途径。嘲笑产生仇恨，仇恨产生派别，派别毁坏民族的团结统一。这一点我很清楚。请你们在我的话中添加民族的

观点。请不要默不吭声。

不文明的东西无法纠正。然而，喊叫与刀枪难道就能纠正吗？

沙卡里姆总共在报纸《哈萨克人》上发表了 20 多篇文章。

随着时间的推移，两份报刊间不友好的争论慢慢终止了，这一切在很大程度上归功于沙卡里姆，因为当时对诗人的崇敬是社会性的。

我们可以大胆地做出结论，沙卡里姆在其有生之年是一个古典主义者。草原游牧民族称他为"第二位阿拜"，记者们已经开始以友好的语气在出版物上提及他的名字。

比如，阿里汉·布盖伊汗诺夫在报纸《哈萨克人》上发表的文章"穆斯林大会"中写道："当一个地方集中了诸如阿拜、沙卡里姆、米尔江吉普和马格江这些诗人时，怎么可能在草原 500 万哈萨克居民中没有自己的语言。"

米尔江吉普·杜拉托夫在自己随后的文章《关于〈阿伊卡普〉》之中谈论说："如果人民的注意力集中于《哈萨克人》而不是《阿伊卡普》，就表明一切像沙卡里姆所讲的一样，即报纸以其新闻来吸引人民。这也就是人们冷淡杂志《阿伊卡普》的原因。"

而别依姆别特·马亦林在文章《您是否考虑〈阿伊卡普〉?》中讲述沙卡里姆请求所有哈萨克人中有知识之人订阅《哈萨克人》与《阿伊卡普》时说，两种出版物之间达成了沙卡里姆所号召的和谐与统一。

还有一个例子。有一位著名的七河流域拜①文学赞助者叶谢古尔·马曼诺夫在报纸《哈萨克人》上发表《致公民的公开信》，文中宣布举办哈萨克作家与诗人的长篇小说竞赛。他请求沙卡里姆以评委的身份参加本次大赛。评委组成员包括阿里汉·布盖伊汉诺夫、艾哈迈特·巴依图尔谢诺夫与米尔江吉普·杜拉托夫。

最后，著名记者萨贝尔江·卡巴萨夫（1889—1918）同样在杂志《阿伊卡普》（1915 年第 6 期）上发表了如下文章：

没有人不知道伊布拉吉木，即阿拜。这是一位天才的诗人、哲学家。尽管在他有生之年人们没有能够真正地认识到他的价值，但今天

---

① 七河流域指注入巴尔喀什湖的七条河流，"拜"即首领之意。

所有人都在怀念他。在这位天才的阿拜离开我们以后，我们面前又出现了一位民族之父沙卡里姆——库达伊别尔德的儿子。当你手捧他的书籍阅读的时候，你就会不由自主地想：这位作家之父去世的爷爷——库纳拜卡兹是什么样的人，他的叔叔阿拜又是什么样的人？……

今天所有尊敬与崇拜沙卡里姆的人都在用自己的笔尖为人民的利益辛勤工作。他是那些满足于自己银质笼头与马鞍的所有人学习的榜样。

祝愿像沙卡里姆一样的我们的父辈们生活幸福。愿所有正在学习的年轻人都能成为像沙卡里姆那样的人。

而年轻的苏丹马合姆特·托拉吉洛夫（1893—1920）在读完同行的文章后回应道：

这位哈萨克人的目标很高，
请倾听他字里行间的每一句话。
不要分开：哈萨克人，——与人类
心愿，以及判断极其相近。

不要认为，他是一个普通的哈萨克人，
身上的衣服与脚上的鞋只是一种假象。
没有一个尺度可以丈量一个外行。
请走开！你无法懂得他的气魄。

后来，作为一种回应，沙卡里姆在诗歌中提及了托拉吉洛夫，但是诗人间的友情没有获得任何进展。天才诗人苏丹马合姆特·托拉吉洛夫过早地离开了人世，而沙卡里姆常常被邀请参加城市里举办的各种活动。纳泽帕与努尔卡里·库里江诺夫夫妇特别邀请他出席阿拜纪念晚会。阿拜的首次纪念晚会于1914年1月26日举行，但沙卡里姆未能出席。因为严寒，他无法走出成吉思坦乌。他出席了于1915年2月13日举办的第二次纪念晚会，但也只是以一个观众的身份。他跋涉了200多公里被冰雪覆盖的草原，从成吉思坦乌来到谢米巴拉金斯克，目的是与朋友交流、与音乐相知、与诗歌相会。

这是一个慈善晚会，所有的募捐款都用于资助哈萨克青年男女赴俄罗斯大学学习。

晚会的文艺节目在当时是独一无二的。常规性的歌曲演唱被阿拜、易卜拉依·阿尔德萨林的诗歌朗诵所代替。表演者都是一些什么人呢？他们是汝西普别克·阿伊马维托夫、卡内什·萨特巴夫、拉伊木江·马尔谢科夫、纳泽帕与努尔卡里·库里江诺夫夫妇、著名的冬不拉手姆卡·阿吉里哈努雷以及其他演员。

在鄂木斯克出版的报纸《西伯利亚生活》（1915年3月7日第52期）上刊登了这次命名为"柯尔克孜晚会"活动的大篇幅报道。简要介绍如下：

> 在 H. C. 库里江诺娃的倡议下，当地的柯尔克孜人用柯尔克孜语在谢米巴拉金斯克举行了文学音乐晚会，这是第一次单独为柯尔克孜人举办的晚会。晚会获得了巨大成功，大厅里挤满了柯尔克孜人……

拉伊木江·马尔谢科夫走上舞台，做了关于柯尔克孜诗歌的报告。随后努尔卡里·库里江诺夫作了补充，在观众面前展现了当地人的生活面貌。

歌曲比赛拉开了序幕。受邀前来参加表演的有来自阿尔基家族的即兴歌手布尔江、纳伊曼家族的女歌手萨拉。他们的演唱震撼了全场观众，演唱多次被热烈的掌声打断。

随后表演者开始朗诵与演唱阿尔德萨林、库纳拜耶夫以及其他柯尔克孜诗人的诗歌作品。

演唱结束后大家分室而聚，慢慢回味着最佳女歌手卡普萨良莫娃、最动情演唱歌手巴克别尔格诺夫、最具潜力小歌手阿伊扎古洛夫以及其他歌手的演唱。在这种时候最为高兴的是那些妇女，因为她们平时很少相互来往。她们对一切都非常满意，热烈地议论着这个晚会并把 H. C. 库里江诺娃作为她们的榜样。

晚会共获得了917卢布，其中100卢布用来赞助别伊谢克耶夫赴麦加朝觐。这对谢米巴拉金斯克来说是一笔不小的资金。最后剩下的650卢布集资款一半用于彼得堡的穆斯林医院，另一半用于资助柯尔克孜人学习。

　　沙卡里姆在这个城市待的时间不长。他走亲访友，了解了最新的消息。俄罗斯刮起了改革的风暴，报纸上刊登了第一次世界大战的消息。但是，最使他不安的是哈萨克大草原上的骚乱。虽说这些没有在报纸上出现，但已经人人皆知、口口相传。因此，诗人惴惴不安地离开了城市返回家乡。

　　俄罗斯参加的第一次世界大战影响到了哈萨克人的生活状况，这首先表现在税收的增长。俄罗斯对哈萨克居民下派了"自愿税"、必须认购的公债与战争税，各种税收与募捐总共多达十几种。

　　为了战争还需征收服装、牲畜和粮食，在某些地区还实行了劳动义务。哈萨克人作为劳动力应该在移民村庄耕作、种植与收割庄稼。

　　最为常见的事情就是为火车站运送粮食提供必要的交通工具。谢米巴拉金斯克在当时是最大的贸易中心，主要产品就是粮食。粮食主要在鄂木斯克省购买，然后通过轮船运往俄罗斯和欧洲地区。西伯利亚与中亚的四分之一的贸易要经过谢米巴拉金斯克。

　　对哈萨克人的土地征用仍在继续。

　　由于这些重负，哈萨克人在反对限制其放牧区域的同时抗拒州政府的要求，拒绝缴纳各种赋税，甚至是战争所需的税款。沙卡里姆听说有人从俄罗斯移民那里偷走了马匹，哈萨克人还烧毁了其草垛与草棚。但是，这种对抗暂时还只是个例。

　　回到成吉思坦乌，沙卡里姆陷入了深思，崩溃的感觉困扰着诗人。1915 年春天，诗人再一次受到打击，他的堂弟卡吉塔依不幸去世。沙卡里姆非常喜欢这位小他 10 岁的弟弟，因为他们志趣相同、思想相通。卡吉塔依心地善良，对所有人都以善心对待、竭力帮助，时刻响应着所有人的召唤。设想一下，1908 年，为了出版自己的导师、亲爱的叔叔的第一部诗集，在最终到达圣彼得堡以前他是如何带着阿拜的诗歌手稿奔波于俄罗斯的几个城市。要是换成另外的亲属，也许早就放弃了这件事情回到了家里。但是，卡吉塔依勇敢地克服了各种想到的与想不到的困难，心里只有一个信念，就是完成家人的托付和希望。

　　在对自己兄弟的思念中，沙卡里姆写下了一首首诗歌，他犹如受到了某种启示和震撼，认为自己应该在近几年承受这一切。也正是在那个心里流血的时期，诗人向族人们预告了其悲惨的命运如何去通过诗歌《哈萨克人依然不幸》来评判。面对周围环境的黑暗，沙卡里姆痛苦地感受到，哈萨克人还没有"自己建起的城市",没有"科学家的孩子",在艺术与知识方面还没有"坚固的基础"。

将自己的注意力集中于民族精神生活,沙卡里姆尖锐地揭示了社会哲学生活的狭隘环境,这种环境里充斥着装模作样、杂乱无章与意志薄弱。

> 不要看,这里毫无庄严,
> 外表华丽,内部空虚。
> 有谁来关心年轻人?
> 不会有人,请不要再等。
> 他没有机灵的眼睛,
> 没有自己的主见。
> 今天的哈萨克人
> 徒有虚名。
>
> 没有时间去纠正这一切,
> 一点希望也没有留下。
> 像哈萨克人这样毫无意志之人,
> 我在这个世界上还从未见过。

诗人的本意及观点建立在个人实际生活的经验之上,是对这些生活在草原上的没有勇士、没有首脑、没有意志的普通民众命运的担忧。

对哈萨克人的同情心注入了沙卡里姆的血液,来自父母那里的善良与慈悲毫无保留地传输给了自己的孩子。阿哈特写道:

"我一生都牢牢记住了在我 16 岁时父亲教训我的情景。

"距离我们这个大村庄不远处有两个湖:其中一个里面有水,另一个全是淤泥。在这两个湖之间延伸着一条狭窄的小路。每逢下雨天,道路泥泞难行。

"有一天,当我走在这条小路上时,发现一位老人手牵骆驼陷入了泥泞,驼峰上驮着两袋子粮食。老人先卸下了粮食把骆驼拉到了干燥的地方,然后再回身扛起了袋子想放在骆驼背上。正好这时我走了过来,老人对我说道:'孩子,我要把袋子放上去,你帮我拉住骆驼,等我把第二个袋子搬回来。'我把他的话当成了耳旁风,自顾自地走了过去,到达了一个大的村庄。随后我来到了今天什伊河上的一个村庄，在工作毡房中遇见了自己的父亲。我打算绕过毡房回到自己的毡房中，但是父亲喊了起来：'你过来。'我走进毡房，看见了刚才碰见的那位老人。父亲问道：'你今天是否看见过这位长辈？'

"我愧疚地回答说：'遇到过。'父亲开始严厉地训斥我说：'谁教你这样做？难道你自己不会在哪一天变成这个样子？你这是做了什么呀？没出息的孩子！'父亲还说了许多其他的话，这些话深深地刺入了我的心窝。虽然他没有打我，也没有口出粗言——因为他自己一生中从来就不知道那些污言秽语。我觉得可能还是打我一顿更好些。他的话像一块大石头一样压在了我的心上。

"'我希望这是你的第一次，也是最后一次。'最后父亲教训道。"

从某种程度上说沙卡里姆是不对的，他认为哈萨克人完全没有意志，是无可救药的无所事事。在战争年代，外国企业主利用工人的无权利状况肆意降低工资，而当时的物价却不断上涨。最终，在1915年6月，工人开始罢工，其中包括哈萨克人——叶基巴斯图兹与卡拉干达矿工、柯尔克孜矿业股份公司员工以及斯帕斯克工厂的工人。1916年夏天工人运动遍及里杰尔斯克矿山、艾姆巴油田、叶基巴斯图兹与拜科努尔煤矿、斯帕斯克铜矿、奥伦堡与塔什干铁路。

尽管这类活动并不全是由哈萨克人来举行，但哈萨克人大规模起义被确定为1916年。这次起义的直接原因是1916年6月25日沙皇颁布的关于动员生活在中亚、西伯利亚的年龄自19—40岁的哈萨克男性入伍从事后方保障工作的命令。和过去一样，哈萨克人没有被征召前往前线，但是这次打算用他们在战区建造防御设施以及战事交通线。

7月初，整个草原几乎开始了自发性运动，运动随之上升为武装起义。哈萨克人开始攻击那些确定征召后方保障工作人员名单的乡长与村长。

社会上对待沙皇命令与起义的态度不大一致。部分地方家族首领表示支持沙皇的命令，因为权力机关不征召乡管理者、伊曼、毛拉以及一些高等、中等教育机构的人入伍。

而围绕着报纸《哈萨克人》的那些自由民主主义者代表采取了非常明智的立场。艾哈迈特·巴依图尔谢诺夫、阿里汉·布盖伊汗诺夫、米尔江吉普·杜拉托夫试图让沙皇政府不要急于征召，而是采取准备活动。与此同时，他们号召哈萨克人不要抗拒执行沙皇的命令，因为他们清楚手无寸铁的人民将会成为残酷镇压的牺牲品。他们在 1916 年 8 月发表的《致公民》公开信中写道："我们不能拒绝这个命令，这是政权所不允许的，因为它是在法律基础上所采取的惩罚措施。在草原上如果战争爆发，人民将会失去安宁，受害的不只是人和牲畜，还有社会制度基础……战争对于人民来讲是一场巨大的灾难。"

一切就这样发生了。

人们没有听取这些有学问人士的意见，起义在整个哈萨克大草原爆发了。

在谢米巴拉金斯克州，武装冲突像其他地区一样激烈。10 月底前，沙皇军队镇压了州内的起义者，尽管还有一些战斗继续发生，但也只是在谢米巴拉金斯克一些工矿企业之中。

规模最大的运动是在图尔卡与谢米列奇耶。草原上的哈萨克人组成了队伍，手持长矛与猎枪。7 月 17 日，这些地区宣布了戒严。

发生在谢米列奇耶的起义被木合塔尔·阿乌艾佐夫写入了其著名中篇小说《灾荒年月》（1928 年）。

为了镇压谢米列奇耶起义，政府共派来了 95 个连队 8750 人、3900 名骑兵、16 门火炮与 47 挺机关枪。受到沙皇政府的恐吓，30 万哈萨克与柯尔克孜人，或者说四分之一的谢米列奇耶原居民不得不远逃中国。

此时，图尔卡草原的起义浪潮愈来愈烈。起义的首领是阿曼格力德·伊曼诺夫和阿里比·扎吉里金。起义巅峰时期，人数近 5 万。阿曼格力德·伊曼诺夫（1873—1919）成功地建立了具有战斗力的军事机构。起义者在图尔卡城市外建起了防御工事以抵御沙皇军队的进攻。1916 年 11 月，起义队伍转移到了别特巴卡尔地区，开始了游击战。他们在此迎来了二月革命。在沙皇政权被推翻以后，图尔卡地区的起义随之终止。

虽说起义所牺牲的准确人数没有统计，但是死伤人数肯定不少。例如，仅凭 1917 年 2 月 1 日在突厥斯坦区由突厥斯坦军事区军事督察库洛帕特金所审判的一次法庭裁定就可以证明。那次审判的结果是 347 人被判处死刑，168 人罚做苦役，127 人被投进大牢。这还不包括未经审判而被清剿人员射杀的人。

沙皇的外交官 C. H. 奇尔金在肯定督察库洛帕特金的行为时说："1916 年 7 月 22 日任命库洛帕特金为突厥斯坦区主管长官是完全符合实

际和非常成功的。他喜欢当地人，非常关注当地人的一切所需，熟悉他们的风俗习惯，至少在他来到塔什干后的两个月内就轻而易举地使当地人臣服于他。他不仅完成了上级所交代的任务，而且毫无怨言地组成了支援前线的后方梯队。"

在其他地区，行政措施也是同样的残酷。

例如，据资料显示，谢米列奇耶军事督察省长弗里巴乌木预料在北吉尔吉斯斯坦不可避免地会发生起义，他提前派出军队封锁了通往中国的道路。他给清剿队下达命令——不要怜悯任何人。全副武装的军队没有吝惜任何人，枪杀了孩子、妇女和老人，抢走了他们的牲畜。人畜尸体布满了荒野。最终，死于饥寒交迫与枪杀的人数近十五万。

1917 年 11 月 28 日《曼彻斯特卫报》这样写道：

> 在西伯利亚黑土地带以南延伸着图尔卡、阿克莫林斯克与谢米列奇耶大草原。那儿生活着游牧哈萨克人与好几万不久前迁移而来的俄罗斯农民。新一届俄罗斯沙皇政府采取了从乌克兰等地往这片荒芜之地迁徙移民的政策，目的是从游牧哈萨克人那里掠夺其最好的牧场。到 1916 年前，该地区 200 万哈萨克人丧失了其十年前所拥有的土地的一半。当沙皇政府再一次强行要求亚洲穆斯林人服兵役时，这就成了压死骆驼的最后一根稻草。中亚地区的游牧居民于 1916 年夏天起义，直接导致了国内战争的爆发。将近 50 万人死于战乱，近 100 万人为了躲避战乱于 1917 年年初远逃中国。尽管西欧听到了关于沙皇政权大规模枪杀亚美尼亚人与中亚穆斯林的消息，但都小心翼翼地掩盖了此事。

多米尼克·列文在《帝国——俄罗斯帝国与其竞争对手》《Empire-The Russian Empire and its Rivals》（2000 年）一书中写道：

> 到 1914 年前的十年间，300 万斯拉夫移民涌入了哈萨克大草原。1891 年所谓的"草原法典"打开了通往哈萨克草原的道路，使原始游牧的哈萨克人丧失了其所拥有的大片土地，每人只允许占有 40 英亩土地，这完全不符合实际的游牧生活方式。结果导致了 1916 年原始游牧居民的起义。还有一个原因就是俄罗斯政府试图强迫哈萨克人

支援前线。起义被镇压，20多万哈萨克人被杀害，其他大多数人远逃中国境内相对落后的突厥斯坦，对于移民那儿暂时没有什么大的问题。

二月革命终止了哈萨克人的起义与征召草原人支援前线的做法。二月革命是俄罗斯政府前线失败、上百万士兵死亡以及境内居民生活条件极度恶化的结果。1917年2月在彼得堡所爆发的革命事件的结果是建立了临时政府与彼得堡苏维埃两个政权。3月2日（旧历3月15日）沙皇尼古拉二世退位。

沙卡里姆和其他许多哈萨克人一样天真地为推翻沙皇统治而高兴。起初他以为从此人民的生活会变得越来越好，沙俄政府十几年来所带给哈萨克人民的苦难以及近期对哈萨克人民上升到种族灭绝的肆意侮辱将会随着沙皇的倒台而烟消云散。沙皇的退位被诗人认为是人民获得自由与独立的征兆。

这段时期诗人身处巴卡纳斯草原附近肯—克内什自己的冬季隐居地。自然，对所发生事情的乐观感觉不可能不在他的诗歌中表现出来，如，他在《自由的曙光升起了》诗歌中写道：

> 自由之日来到了。哈萨克人，我的人民，
> 跟随那些成熟的人们朝着日出而去，
> 曙光之后太阳将会升起，
> 哈萨克人，你们即将摆脱折磨。
>
> 摈弃我们的内讧与纷争，
> 永远抛弃谎言、诽谤与所有争吵，
> 该集中我们的意志与勇气，
> 从现在开始我们要公平地生活。
>
> 以纯净的心灵从事你的工作，
> 先进的民族将指引你前进，
> 不要自恋更不能仇视任何事，
> 让人们称你为自由与真实的人。

　　让良心唤醒你的智慧，我的人民，

　　让光明驱散黑暗，

　　拥有一颗善良的心，让智慧与公正的工作

　　指引你走向世界。

　　诗人将诗歌命名为《自由的曙光升起了》，除了光明战胜黑暗的抒情色彩以外，诗人还在美学角度着重体现了唤醒人民良知的智慧。在此诗歌表明了一点：所有人都是平等的，坏人只是那些成了金钱奴隶的人。

　　超然的曙光主题，并非是对新秩序宣言引人注目的感知，而是诗人真挚的期盼——"让劳动者家庭生活着大地的儿子"。

　　在自由民主政权取代专制制度后的八个月时间里，哈萨克人民在平静之中生活，没有受到任何的动荡。

　　托贝克德家族的年轻人成功地在冬季间歇地——奥伊库德克演出了年轻作家木合塔尔·阿乌艾佐夫的戏剧《叶丽克与克别克》。他依照沙卡里姆的同名叙事诗创作了这部戏剧。戏剧作者本人导演了这次演出。戏剧是在送阿拜的孙女阿克什出嫁时上演的，演员是阿拜的孙子们以及作者自己的亲属，戏剧中的女主角像中世纪欧洲剧院一样由村庄中的男人们担任。

　　沙卡里姆非常熟悉这位年轻作家阿乌艾佐夫，因为他在谢米巴拉金斯克师范学校学习时与来自库纳拜家族的同龄人有过交往。

　　阿哈特，有一段时间也曾在这所学校学习，他写道：

　　　　父亲喜欢年轻人，特别是那些受过教育的年轻人。这样的年轻人，比如比良尔·库纳巴耶夫、努格曼·库纳巴耶夫、库塔伊巴·伊布拉吉莫夫，都在这个师范学校学习过。父亲非常欢迎他们，常常与他们交流。他们也经常来我家住三两天。那时候我还很小，不能完全明白他们所说的话。当我长大后，常来我家的学生有木合塔尔·阿乌艾佐夫与达尼亚尔·伊斯卡科夫。他们常常要待好长时间与父亲交谈。

　　　　木合塔尔更感兴趣的是问父亲关于东方作家与诗人的问题。父亲作为这方面的专家，详细地回答他所提出的一切问题。有一次，木合塔尔问父亲谁是东方最有影响力的诗人，父亲回答："他们都是大师，他们写下了非常优秀的诗歌，语言都是那样的精妙。西方诗人与思想家高度地评价了他们，我很难说谁好谁差。"但他把哈菲兹单独提了出来。他说："他的诗歌来源于虚无。"他把哈菲兹称为语言的能工巧匠，读了他的诗歌并把它们翻译了过来。同样他称赞萨阿迪酋长的故事非常有趣与饱含深意，并读了它们。他还对木合塔尔介绍了纳沃伊与菲尔多西的创作情况。

　　这样的情形经常出现。木合塔尔经常前来与父亲交谈。冬天他给父亲写信，信件通过我转交给父亲。他收到了父亲对他所提问题的回信。后来，木合塔尔回忆道："那时候没有人比沙卡里姆更熟悉东方文学。我喜欢上东方文学得益于我的老师沙卡里姆！"

这里先不说过去的相识，可以这样讲，通过上演《叶丽克与克别克》戏剧两位杰出人物——年轻的阿乌艾佐夫与充满智慧的沙卡里姆的创造性会话开始了。两人是同一历史时期最具影响力的人，都是人民自治复兴的参与者，更是游牧生活方式灾难性崩溃的见证者。

我们可以从他献给二月革命的第二首诗歌中感受出他的不安与担忧。在这首诗中已经没有了《自由的曙光升起了》那样的激情，也没有召唤别人去追寻"日出"。代替它们的是不同以往的想法。

诗人给这首诗起了一个激昂的名称《自由的红旗在飘扬》。觉醒的时刻，"流民潮涌而来"之时引起了诗人关注这个问题：

　　　　我们哈萨克人能不能
　　　　涉险而过？

这里没有对自由主义曙光的乐观的陶醉，要知道，人民犹如"丧失父母的可怜孤儿"，或许，他们可以"克服困难"：

　　　　如果他自己能够克服，
　　　　如果真主帮助，
　　　　假如不再蹒跚。

抒情主人公陷入自然流民状态之中的诸如"该死的一天"（И. А. 布宁）的处世态度，没有了上一首诗歌中所表现出的那种对自由之光的激情：

在过冬的地方意志到来了，
土地是否增多？
对于俄罗斯人将会是什么？——
主要的不只是日常生活。

如今沙皇制度不可能复活。
能对它还有兴趣吗？不会，
尼古拉的作用逐渐消失——
我不挖苦他的下台。

俄罗斯人民不会安宁，
他们只是暂时平静，
还有很多阴谋将会爆发
战争在近几年还会爆发。

最近所发生的那些极大改变了哈萨克社会生活的事件要求人民的子孙积极加入到新生活的建设中。因此，沙卡里姆常常返回自己的故乡成吉思坦乌，在那里停留很长时间等待来自城里的消息。

他时刻关注着报纸上关于俄罗斯境内事件的信息。尽管抱有不可泯灭的希望，他还是会担忧。他意识到，暂时的寂静只是暴风雨来临前的沉寂。人民还将不得不承受自然的打击。

第三节　阿拉邵尔达政府的梦想与苦恼

在革命的 1917 年，政治事件发展迅速。二月革命后取代沙皇政权的临时政府并不急于给予边远地区的帝国人民盼望已久的实施自治的权利。总而言之，他们似乎不打算解决民族问题。

在此情况下，合乎逻辑的事情就是等待地方民族代表实行政治举措来获得独立，至少是在俄罗斯管辖下实行自己民族的自治。

因此毫不奇怪，即 1917 年 3 月和 4 月，在哈萨克草原的不同地区同时举行了哈萨克人州级代表大会，他们提出的政治要求五花八门，有时候甚至是完全相互矛盾的。如，图尔卡与乌拉尔代表大会提出建立联邦牧主共和国并否定立宪民主党人关于建立君主立宪制度的提议。脱离了立宪民主主义的哈萨克自由民主主义者（布盖伊汉诺夫、巴依图尔谢诺夫、杜拉托夫）却提出了在俄罗斯管辖下建立自治的哈萨克国家的主要目标（"阿拉什"计划），而立宪民主主义者只承认了其文化自治。

　　原则上反对压迫和流血的同时，阿拉什也要求道："过去所有移民从哈萨克人那里抢走的土地应该归还哈萨克人，土著居民首先要保持应有的土地。"他们在"阿拉什"计划中逻辑清楚地写道："丧失牧场的结果将会导致传统的经营方式彻底丧失。无论执政者认为这种生产方式是多么的原始，但它几千年来就是这样养育了游牧民族，它所存在的基础就是畜牧业"。

　　然而，激进的措辞只能预先确立将来政治力量次序中的对峙。

　　1917年4月27日至1917年6月7日，州代表大会在谢米巴拉金斯克召开。来自谢米巴拉金斯克、巴甫洛达尔、卡拉干达、乌斯季—卡缅诺戈尔斯克与扎伊萨克五个县的200多名代表，以及来自相邻的俄罗斯比伊斯克县的两位代表参加了本次大会。

　　与"阿拉什"运动代表拉伊木江·马尔谢科夫、扎吉普·阿克巴耶夫、哈列尔·卡普巴萨夫一样，沙卡里姆·库达伊别尔吉耶夫做了关于未来民族思考的发言。

　　沙卡里姆的发言内容没有被保留下来，但是我们从苏丹马合姆特·托拉吉洛夫的诗歌反响中可以看出：

> 啊，我们在谢米大会上听到了
> 老人的思想，再没人比他更具智慧。
> 如果不考虑受过教育的哈萨克人，
> 除他之外，谁更具有性格？

　　举办州级代表大会为召开全哈第一次代表大会开了先河。第一次全哈代表大会于1917年7月21日至26日在奥伦堡举行。

　　本次大会最具意义的结果是成立了"阿拉什"党。名称"阿拉什"是阿里汉·布盖伊汉诺夫早已起好的。早在1910年他在其历史性随笔（论文）中写道："'神话般人物阿拉什的名字'是哈萨克人战时的呼唤"。在其论文《哈萨克人历史》中他给出了更加宽泛的解释："朱奇汗被授予了具有民族色彩的名字'阿拉什'。这意味着：阿拉什——国家的首领"（《哈萨克人》，1913 年第 7 期）。

最先回答布盖伊汉诺夫在文章《特殊语言》（《哈萨克人》，1913 年第 12 期）中提出"什么是阿拉什"这个问题的就有沙卡里姆。换句话说，诗人一开始就非常清楚本次运动的任务。他知道，本次运动领袖的目标就是实行哈萨克自治。他没有反驳这一观点，也没有热情地去迎合，这是他个人的天性所致。

奥伦堡代表大会以后出台了"阿拉什"党的纲领性草案。其党派的首要任务是宣布以下制度：普选制、民族代表比例制、拥有总统与合法杜马的民主俄罗斯联邦共和国、俄罗斯管辖下的自治平等、民主自由、宗教与国家分离、语言平等。

事实上，"哈萨克人，苏醒吧！"的口号已经被哈萨克自治思想所代替，哈萨克知识人士就这样从支持临时政府的自由民主党派中彻底分离了出来。

很快就开始成立"阿拉什"党州级组织：1917 年 10 月首先在谢米巴拉金斯克，随后在鄂木斯克，11 月初在奥伦堡均成立了州级组织。谢米巴拉金斯克州委员会主席是哈列尔·卡巴耶夫。

1917 年 10 月 25 日（新历 11 月 7 日），彼得堡"阿芙洛尔号"巡洋舰上一声炮响发出了布尔什维克夺取由社会民主党人克伦斯基掌管的临时政府所在地冬宫的信号，十月革命爆发了。俄罗斯政权被布尔什维克夺取。

"阿拉什"党领导人对十月革命持消极态度。艾哈迈特·巴依图尔谢诺夫（1873—1937）后来在 1919 年写道："哈萨克人对二月革命了解多少，他们就对十月社会主义革命有多少疑惑。他们准确地理解了第一次革命并满怀喜悦地接受它，因为这次革命首先使他们摆脱了沙皇政府的剥削与压迫；其次是增强了他们实现民族自我管理的愿望。而第二次革命对于哈萨克人来说不太明白，这一点很容易解释，那就是哈萨克人没有资产阶级与等级划分，而且哈萨克人的财产并不像其他民族那样划得很清。十月革命的表象给哈萨克人带来了极大的恐惧，在边远地区的布尔什维克运动时常伴随暴力、抢劫、恶行与专制权力。简而言之，边远地区的运动不是革命，而是十足的无政府状态"。

沙卡里姆同样以其惯用的诗歌形式简洁地表达了自己的观点。在叙事诗《逝去的生命》中对革命事件进行了着重描述。作为比周围人年长的老人，他一直关注着所发生的一切事件：

> 60 岁时我再一次关注
> 边疆地区的事情。
>
> 哈萨克人摆脱了被奴役，
> 这是不期而至的财富！
> 像自由之日，兄弟们
> 幸福的甘露降临了。

随后在呼吁年轻人时，沙卡里姆写下了《为什么像牛一样的卧着什么也不做》《既然自由的旗帜已经飘扬》《俄罗斯人代替了我们的先辈》《下流可耻》与《我们躺着等待末日》。诗人没有体会到像过去那样的任何快乐，他所看到的就是两个党派——布尔什维克与孟什维克的胡言乱语，难以搞清楚他们分歧的本质，因此诗人宣称自己的"愿望成了泡影"。

> 布尔什维克与孟什维克……
> 两个党派的胡言乱语出现。
> 你在说什么，我不愿介入
> 俄罗斯人是如何划分的。
>
> 也许谁说，俄罗斯人代替了
> 我们的先辈，这很得意，
> 我再一次躺在原地，
> 我的愿望成了泡影。

是的，沙卡里姆像大多数哈萨克人一样很快就对十月革命的理想变得冷淡，但对于政治事件依然极其关注，他关注那些哈萨克人中十月革命的捍卫者。他们中的一些人在彼得罗巴甫洛夫斯克成立了"乌什—玉兹"（三个玉兹）党。在报纸《萨雷阿尔卡》（1917 年第 21 期）上刊登通告如下："哈萨克人不满意布盖伊汉诺夫所建立的'阿拉什'党的纲领，他们自发地成立了社会主义党'乌什—玉兹'。该党的领导人是克尔巴伊·托吉索夫、穆康·艾伊特别诺夫、伊斯哈克·卡别科夫及其他人。其成员大约有 1000 多人。其中彼得罗巴甫洛夫斯克成员 200 名、鄂木斯克将近 450 名。党纲的目的（归结于）是建立联邦。该党派成员支持布尔什维克。简而言之，哈萨克社会精英分子从思想意识倾向上分道扬镳了"。

1917 年 11 月，在地区选举机关大会上，"阿拉什"党获得了大多数选票及 43 个代表席位，"乌什—玉兹"党败下阵来。总体来看，这次选举中共有 262404 张选票。"阿拉什"党获票数量位列全俄罗斯 50 多家党派中的第 8 位。

"阿拉什"党领袖们认为本次地方自治会选举具有重大意义。开始是县级选举，然后是州级选举。地方自治会是俄罗斯帝国的地方选举机关，具有重要的政治意义（它们在 1918 年被苏维埃政府法令所取消）。

布盖伊汉诺夫与杜拉托夫在报纸《哈萨克人》上号召受过教育的哈萨克人积极参加地方选举，把地方自治管理权掌握在自己手中。

谢米巴拉金斯克州地方自治会选举于 1917 年 11 月、12 月举行，哈萨克居民的积极性远远高于俄罗斯公民。关于这一点，C. 沃兹米杰里痛心地在《事业》报撰写文章《关于在谢米巴拉金斯克县级自治选举会公开选举》，其中写道："11 月 14 日县级委员会研究了谢米巴拉金斯克县的选举结果。为了捍卫农民的利益，我大声疾呼关闭该地区的俄罗斯自治选举会。俄罗斯的两个公开选举自治会与柯尔克孜的 38 个公开选举自治会就能使我们满意。

"同志们，如果我们看一看未来的自治选举会，这里两个俄罗斯代表对抗近 40 个柯尔克孜代表，那么我们的申诉将对谁去讲，我们的土地税为谁而交，经营与经济命令将从何而来？我不知道，博卡吉洛夫与巴拉索契基两个人能不能捍卫俄罗斯人的利益。柯尔克孜代表想去迎合，但这是不是已经太晚呢？

"柯尔克孜居民对此持完全相反的态度。他们放下了自己的一切家务事，甚至提供交通工具送那些有权选举的人去参加选举。因此，他们在地方自治会的选举取得了最理想的结果。所有受过教育的人都顺利通过，而且一位妇女也通过了选举"。

这位妇女就是纳泽帕·库里江诺娃，是谢米巴拉金斯克州 6 位代表中的一个。在 5 个区的代表名单中第一个名字就是"库达伊别尔吉·沙赫卡里姆，成吉思乡"。

总而言之，沃兹米杰里说得没错，在谢米巴拉金斯克县地方自治会选举通过了最优秀的人，可以说是当时哈萨克民族的精英。

参加地方自治会选举或许影响了沙卡里姆出席第二届全哈代表大会，尽管他收到了给他个人所发来的邀请函。

尽快举行"阿拉什"党领导人下一次会议自然是因为彼得堡所发生的十月革命事件。时不我待，国家发展采取的方向关乎民族的命运。

第二届全哈代表大会于 1917 年 12 月 5 日至 13 日在奥伦堡举行。谢米巴拉金斯克州参加会议的代表有哈列尔·卡巴萨夫、阿里木汗·叶尔梅科夫、图拉古尔·阿巴伊乌雷、如梅肯·奥拉扎林、艾哈迈德·沙吉洛夫、卡贝什·别尔达林、阿赫梅托拉·巴尔雷巴耶夫。会议以阿里汉·布盖伊汉诺夫的名义一共向 28 位权威人士发出了出席代表大会的邀请函，其中就有沙卡里姆。但是，沙卡里姆没有前往奥伦堡。

代表大会商讨了民族自治、建立警察局、民族苏维埃等问题。阿里汉·布盖伊汉诺夫、哈列尔·卡巴萨夫、穆斯塔法·乔康以及扎沙·多思木哈梅托夫在大会上做了报告。

代表大会的主要结果自然是通过了实行哈萨克自治的决议。大会决议中写道："称哈萨克柯尔克孜民族自治'阿拉什'，地上与地下的一切财富都属于阿拉什，建立临时民族苏维埃，称之为阿拉邵尔达，其临时所在地在谢米巴拉金斯克"。

1918 年 1 月 28 日，谢米巴拉金斯克出版的报纸《萨雷阿尔卡》正式宣布了关于实行阿拉什民族区域自治与建立阿拉邵尔达政府的通报，计划接下来以自治的方式来确定全俄罗斯立宪会议。

1918 年至 1919 年，中亚与谢米巴拉金斯克阿拉邵尔达委员会就设在谢米巴拉金斯克让—谢米河左岸。在那两年，河的左岸被人们称为阿拉什城。

自治并不意味着国家的彻底独立，阿拉邵尔达成员清楚地认识到这一点。在俄罗斯帝国长达一个多世纪的统治后一下子获得独立是万万不可能的。但是"阿拉什"党关于建立新国家原理的决议是完全能够获得成功的，假如其他拥有巨大国家资源的政治力量不进行对抗的话。

主要的对抗力量是布尔什维克。彼得堡十月革命以及建立苏维埃政权后，在俄罗斯的中央地区，布尔什维克试图首先解决国内政治任务——消除孟什维克与社会革命党人的影响，其次是在全国各地——过去的俄罗斯帝国境内大力宣传苏维埃政权。

1918 年 1 月 1 日，在谢米巴拉金斯克正式成立了布尔什维克谢米巴拉金斯克党组织后，布尔什维克立刻建立了红色近卫军部队。1 月 28 日，工人与士兵代表苏维埃通过决议："最高权力应该掌握在苏维埃自己手中，在州代表大会召开前的这段时间选举俄罗斯社会主义联邦共和国临时州管理委员会"。州军事委员 M. 沙巴诺夫与红色近卫军部队共同监管谢米巴拉金斯克重大事务的决策。布尔什维克把火车站、监狱、银行、邮局与电报局掌握在了自己手中。在扎顿，工人们占领了皮革厂、船舶修理厂与码头。

1918 年 2 月 17 日早晨，苏维埃执行委员会向市民们宣读了呼吁书："谢米巴拉金斯克市与州的公民们！在完成革命劳动人民意愿的同时，工人与士兵代表苏维埃从今天起承担管理这座归属于俄罗斯社会主义联邦共和国的城市。宣布呼吁书的同时苏维埃号召所有机构、企业及所有公民归属于苏维埃政权并安心从事自己的工作。"

阿拉邵尔达政府不打算立刻放弃自己的立场，他们很快就建立了自己的武装警察并占领了让—谢米河流域的村庄。

但是，布尔什维克比阿拉邵尔达党人反应更加迅速。阿拉邵尔达党出版的报纸《萨雷阿尔卡》刊登了令人绝望的文章说："在任何一个乡，在任何一座城市没有剩下一块没有被布尔什维克所占领的地方。他们建立了一个接一个的苏维埃政权，它们如滚滚浪潮，摧毁着一切并统治着一切。"（1918 年第 15 期）

沙卡里姆在这个冬天从成吉思坦乌来到了左岸的阿拉邵尔达机关所在地。

他没有忘记自己的文学使命，向《阿拜》杂志投去了自己对哈菲兹作品的翻译稿。该译本在 1918 年第 3 期发表。

自 12 月份起到夏天，他一直住在"阿拉什城"，哪儿也没去。他像一个全权自治会成员那样与他们一起商讨问题。他与许多人进行了交谈并发现，哈萨克人很难接受和理解眼前所发生的一切。站在苏维埃政权一边的还是少部分哈萨克人，而占有大多数人的"乌什—玉兹"成员基本上是小职员、手工业者、教师与医生等。他们开始用印刷品向阿拉什发难，阿拉什同样在自己的报纸上发表文章进行反击。

"阿拉什"党与"乌什—玉兹"党的对抗没有持续多长时间。1918年6月前"乌什—玉兹"党接受了布尔什维克,其党派因为没有存在的意义而解散。

阿拉邵尔达与苏维埃政权的对抗仍在继续,最终的结果是其中一方受到了灭顶之灾。其危险性可以在1918年初预感到,即红色近卫军与阿拉邵尔达警察的共存不会以好的结局告终。

阿拉邵尔达政府的拥护者,年轻作家别伊姆别特·马伊林(1896—1937)于1918年3月18日在报纸《萨雷阿尔卡》发表了文章《第一位受害者》。内容如下:

> 依据最近全哈萨克与柯尔克孜代表大会决议在谢米巴拉金斯克成立了骑兵与步兵警察队伍,最近布尔什维克开始对他们白眼相待并多次命令:"停止训练,放下武器"。我们的捍卫者警察,我指的是,在他们的心中除了保护人民以外没有任何其他不好的想法,他们没有直接去反对,也没有停止自己的训练。
>
> 3月6日早上9点左右,10—15名布尔什维克军人朝我们正在训练的手无寸铁的保护者冲了过来并毫无理由地开了两枪,子弹没有伤到任何人。听到枪声后部分人开始四散逃跑,在师范学校学习的警察局长卡兹·努尔姆哈姆别图雷站在原地一动不动并勇敢地喊道:"往哪儿跑?接受这无辜的牺牲吧,我们是不会被杀光的!"
>
> 此时枪声密集起来,子弹打中了卡兹本人和他的坐骑,直接穿过了他的心脏,这位拥有天使般心灵的年轻人就这样当场牺牲了。
>
> 同伴们为他的牺牲而嚎啕大哭,抱着他的头大喊大叫。

卡兹·努尔姆哈姆别图雷出身于哈萨克塞巴恩家族,他成了阿拉邵尔达党派与苏维埃政权对抗的第一位牺牲者——第一位但远远不是最后一位。这位年轻人于1915年考入了谢米巴拉金斯克师范中学,应该于1919年毕业。他与同学们一起报名加入了警察队伍并成为首领。其葬礼于3月7日举行,当死者被安放进棺材后,祷告开始了,沙卡里姆第一个进行了祷告。祷文同样被别伊姆别特·马伊林引用在此篇文章中。

沙卡里姆讲道:"我的人民!你们知不知道躺在这里的人?这是为了自己的人民而牺牲的第一位阿拉什公民。你们不要认为他死了,不,他没有死。他对民族的爱不是表现在语言上，而是体现在行动上。他曾经说过：'现在与未来的公民大众，起来为自己的人民而战斗，像我一样来保护自己的民族。'

"死者叫卡兹。他的名字的意义就是毕伊法官。他，就像法官一样，说出来自己有分量的话语。

"我亲爱的卡兹，你不要为自己的牺牲而遗憾！你完成了自己的使命，你在人民与真主面前占据着特殊的地位。

"受过教育的人们！青年们！不要忘记这位年轻人。现在，他们家庭的负担由我们来承担。他留下了一个一岁多的儿子，教育培养他是我们所有'阿拉什'党人的责任。你们不要为今天所发生的一切而灰心气馁，我也只是今天才确信，真主给了'阿拉什'一个真正的儿子。本来我在60岁高龄没有幻想过会看到这样为了自己民族而献出生命的人，但是我看到了，我即使现在死去也无憾。

"亲爱的卡兹。如果我们没有真正认识到你的优秀品质的话，请你原谅。永别了！愿你的墓穴光辉永驻。"

阿拉邵尔达政府早已经明白他们所面对的是何等危险的对手。工人与士兵代表布尔什维克苏维埃认为阿拉邵尔达不是一个正经的机构，他们积蓄力量打算清除"阿拉什"自我宣告成立的自治组织。虽然暂时布尔什维克与阿拉邵尔达共同存在，但是他们没有忘记时常对其施加压力。很快这种压力就演变为枪杀卡兹·努尔姆哈姆别图雷事件。

阿拉邵尔达组织的首领们审时度势估计了布尔什维克党的实力，并及时宣布承认苏维埃政权。他们采取措施去与中央政府缓和关系，试图与俄罗斯政府展开关于保障哈萨克人民在俄罗斯管辖内自治的谈判。如，1918年4月2日，哈列尔·卡巴萨夫直接从谢米巴拉金斯克与列宁和斯大林联系，与莫斯科进行了电报交谈。但是，苏维埃政府不急于承认阿拉邵尔达政府的存在，故意拖延解决这个问题。巨大的反革命运动正在临近，苏维埃政权不得不考虑维护其在1917年10月所获取的全部权利。

那时候，谢米巴拉金斯克地方苏维埃政权决定消灭一切对立党派的活动，其中包括"阿拉什"党。1918年3月初，俄罗斯共和国临时委员会首先禁止出版社会革命党孟什维克的报纸《言论自由》及立宪党人的报纸《事实》，随后禁止出版报纸《哈萨克人》。

布尔什维克特别希望禁止出版报纸《萨雷阿尔卡》，因为它是"阿拉什"党的主要出版物。但是，该报纸主编哈列尔·卡巴萨夫是苏维埃代表大会成员，所以布尔什维克党人为了避免破坏与哈萨克代表的关系，决定把关闭这家报纸之事推后完成。到了 5 月中旬，他们做出了关闭报纸《萨雷阿尔卡》《人民之声》以及杂志《阿拜》的决议。

随之，当政权被白匪军夺取时，被关闭的出版机构恢复了工作并继续发行刊物直至 1919 年 12 月。

虽然面临来自苏维埃代表大会的压力，但是阿拉邵尔达政府在与其共存的"和平"期间做了不少的工作，他们力图像一个真正的政权那样去工作。阿拉邵尔达管辖下的县级与州级自治委员会顺利地开展了自己的工作，他们解决了诸如教育、卫生、畜牧、粮食供应、法律体系、社会保障以及行政管理等问题。

1918 年 4 月召开的谢米巴拉金斯克州自治委员会第一次非常会议研究讨论了关于成立行政管理与法律体系的重大问题。会议结果是选举木金什·博什塔耶夫为州哈萨克法院主席，伊曼别克·塔拉巴耶夫为副主席。法院成员有沙卡里姆·库达伊别尔金、斯马汗·博克伊汉诺夫，候选人有安达马索夫和帖米尔扎诺夫。

在"阿拉什"运动的参加者之中，沙卡里姆是年纪最大的一位，他在人民之中享有极高的声誉。因此，他当选为法院成员，实际上是阿拉邵尔达政府成员。这一切并不意外，这一切完全符合自己关于哈萨克人民未来、关于自己在人民面前的荣誉与责任的想法。沙卡里姆没有拒绝当选为阿拉邵尔达法院成员，尽管在某些问题上他与"阿拉什"党的纲领持有不同的意见。

例如，对待俄罗斯移民的问题。像大多数哈萨克人一样，他对沙皇政府把哈萨克草原最好的土地割给俄罗斯移民的政策极其不满。他深知失去牧场、牲畜的生养地将会给上百万哈萨克人带来多大的灾难。然而，他明白，对于生者来说，移民已经完成，这是不可否认的事实，一切木已成舟，这不是大笔一挥就能解决的问题。他说道："我不是民族主义者/偏向吧——一切一目了然"（《逝去的生命》）。

在杂志《阿拜》（1918 年第 3 期）对阿拉邵尔达成员 M. 图尔干巴耶夫极具特色的文章《民族主义》的评论中，沙卡里姆如此说明了自己的原则：

民族主义可以产生文化，但不可能产生纯洁的心灵。纯洁的心灵是良心（博爱、仁慈、公正），按照哈萨克传统就是像对待兄弟那样去对待所有人，同情他们并做一个公正的人。正如这里所说的，不能成为一个拥有纯洁心灵的人就无法战胜人性。

无论如何，诗人现在身处谢米巴拉金斯克州事件的最中心。他立即开始组织州法庭的工作。例如，1918 年 4 月 21 日他在报纸《萨雷阿尔卡》上刊登了"致谢米巴拉金斯克哈萨克全体公民"公开信，内容如下：

现在的政权确认了哈萨克法庭。

至今，在哈萨克人之间无论出现大的或者小的纠纷，一切都由哈萨克法庭审定。过去由俄罗斯法庭裁决的所有一切悬而未决的案件将交予哈萨克法庭审理。

因此，所有谢米巴拉金斯克的哈萨克人都应该关注以下几点：

1. 提交的申诉必须注明本人、被告与证人的居住地以及所在乡的名称，否则将不清楚往哪里发传票，案件也将会被置之不理。

2. 关于金钱与财产的纠纷必须经过评估并指明索赔的数额，否则该申诉将不被受理。

3. 必须停止那些过去在法庭上常见的虚假控告与伪证行为，因为哈萨克法庭将对这些虚假行为给予惩罚，并且处罚将会很重。例如，一个人在三月份做了伪证至今还被关在监狱等候法庭裁决。

法庭将不会接受其保证申请："以后再也不会说谎，也不会再做坏事。"现在开始将不会承认那些所谓的不清楚哈萨克法庭条例的话。

在报纸上读完这封信，不仅自己要搞清楚一切，而且要给其他人解释清楚。不要试图去偷奸耍滑，哈萨克法庭能够分辨一切。

谢米巴拉金斯克州法庭成员

沙卡里姆

文献非常准确地体现了沙卡里姆作为一个法官和人的原则与世界观。那个时期在左岸的"阿拉什城"聚集了所有的民族复兴者，他们把全部精力都用在了推进民族思想——建立自治的哈萨克国家上。

与沙卡里姆在此一起工作的有年轻的文学家、后来成为杰出的创造者的马格让·朱玛巴耶夫、汝西普别克·阿伊马乌维托夫、苏丹马合姆特·托拉吉洛夫、木合塔尔·阿乌艾佐夫、伊利亚斯·让苏古洛夫、别伊姆别特·马伊林、阿穆列·卡沙乌巴耶夫和伊萨·巴伊扎科夫。阿拉邵尔达成员还包括柯克拜·让纳塔伊乌雷——阿拜的学生、图拉古尔——阿拜的儿子即沙卡里姆的兄长。

阿拉邵尔达党由知识渊博的人领导，他们是哈萨克历史上的新型人物——知识分子，是一些专家和舍身忘己的人。他们是阿里汉·布盖伊汉诺夫、米尔江吉普·杜拉托夫、哈列尔·卡巴萨夫、穆哈梅江·吉内什巴耶夫、哈列尔·多思木哈梅多夫、阿里汉·叶尔梅科夫、叶里杰斯·奥马洛夫、扎吉普·阿克巴耶夫、比艾哈迈德·萨尔谢诺夫、拉伊木江·马尔谢科夫、阿合梅江·克孜巴卡洛夫、马纳恩·图尔干巴耶夫、阿比克伊·萨特巴耶夫、比良尔·苏列耶夫、努尔卡里与纳泽帕·库里江诺夫夫妇等等。

1918 年 2 月，白匪军在美国、英国、法国与日本的财力和物力的支持下开始了武装对抗苏维埃政权的活动。春天到来前，战事在全国范围内展开。国内战争爆发了，并一直持续到 1922 年 10 月。

在此情况下，布尔什维克在"世界革命"的积极支持下提出了在俄罗斯以及欧洲建立无阶级的共产主义社会的目标。白匪军要求召开新一届立宪会议，把解决俄罗斯政治体制的权力交由他们审定。

国内战争的其中一部分是过去那些在俄罗斯帝国的民族边疆地区为独立而采取的武装斗争。试图宣告独立一方面是对白匪军发起的"统一的与不可分割的俄罗斯"的反抗，另一方面是对来自红色一方因为发现民族觉醒而进行威胁的对抗。

在白匪军到达谢米巴拉金斯克前，阿拉邵尔达政府只知道布尔什维克的积极反抗。

5 月 25 日，捷克斯洛伐克军团沿着横贯西伯利亚的铁路自伏尔加河直至黑海沿岸大举进攻。6 月初"白捷克"（如此称呼白匪军混编部队）相继占领了彼得拉巴甫洛夫斯克、巴乌拉达尔与鄂木斯克。

6 月 10 日，谢米巴拉金斯克苏维埃政权机关做出撤退决议。6 月 11 日，满载红色近卫军部队以及苏维埃工人总共 700 多人的列车驶离了城市。

　　当天下午，阿拉邵尔达政府在左岸完全恢复了自己的政权。

　　第二天，部分白匪军部队到达这里并宣布自己政权的优先地位。阿拉邵尔达政府没有反对，继续像过去那样希望获得俄罗斯管辖下的自治。当时，白匪军也没有反对阿拉邵尔达政府在其城市与州内的经营管理，因为他们在与布尔什维克的作战中已经筋疲力尽。

　　6 月 12 日，阿拉邵尔达政府成员，其中包括作为民族苏维埃成员的沙卡里姆，在会议上通过了几项决议。汝西普别克·阿伊马乌维托夫在杂志《阿拜》上撰文写道："在'阿拉什城'聚集了哈萨克人的领袖们，他们恢复了阿拉邵尔达的事业并开始从事自己的工作。阿拉邵尔达现在的目标是——把哈萨克人联合在一起，建立自治。在通往这个目标的过程中建立自己的警察队伍"。

　　报纸《西伯利亚之声》补充了一些关于建立哈萨克警察部队的细节说："柯尔克孜部队从草原上来到了谢米巴拉金斯克。大约晚上 6 点他们开进了城市，在尼古拉教堂前广场受到了隆重的欢迎。临时西伯利亚政府主席达维多夫致欢迎词。此时，著名的民族活动家阿里汉·布盖伊汉诺夫来到了广场。为了表示对他的欢迎，骑兵在中校托合塔梅舍夫的建议下高喊'安拉'口号，在他们白色的旗帜上写着口号：'全俄罗斯与西伯利亚会议万岁！''国家真诚的儿子万岁！'"

　　就这样阿拉邵尔达政府与临时西伯利亚政府的同盟结成，其领导人是海军上将高尔察克。

　　同盟者之间的关系并不是那样的牢不可破。然而，正是在白匪军控制谢米巴拉金斯克州政权期间，阿拉邵尔达政府觉得非常舒适，因为他们终于有机会可以几乎毫无阻碍地完成自己的所有行政事务。

　　布尔什维克执政时期被关闭的印刷厂恢复了。他们首先恢复了县级与州级所有地方自治委员会的工作，当然也包括阿拉邵尔达哈萨克法庭的工作。

　　沙卡里姆在《逝去的生命》中写道：

> 白色的谢米复活了，
> 哈萨克人法庭被允许工作了，
> 他们决定选我为法庭缺席成员
> 一切就这样发生了。

> 但白匪军的基础倒塌了，
> 城市的部分被红军占领了。
> 既然叫我，我就回来了，
> 带着对公正的纯正信仰。

在这两个诗节中，诗人写了自己与阿拉邵尔达政府以及与白匪军代表的关系。在白匪军离开以前，生活是由非自愿的被驱使、退出法庭以及几乎是被迫回归等构成的。

诗人是在白匪军到来之前在临时西伯利亚政府代表的严格监督下当选阿拉邵尔达法庭成员的。特别是白色近卫军自己决定：被审判者由阿拉邵尔达法庭自己裁定，如，谁必须被投入大牢，谁应该被释放。通常他们会改变决定，这也就是沙卡里姆所抱怨和不满的。自然，诗人对这种对自由意志的强制非常不满。

更有甚者，"阿拉什"党人以布尔什维克为榜样企图实现全面领导。在战时条件下采取这些措施也许是对的，但是，沙卡里姆除自己崇高道德原则认可的精神法规以外不接受任何独裁与专制。因此出现了一个决定问题实质的信念，当道德试图屈服于阶级斗争的法规时，"党——本身就是暴行/对于人们来说——犹如谎言"。

根据阿哈特的回忆，沙卡里姆忧心忡忡并在1918年9月悲伤地承认说："我是白白努力了。领导们不打算把人们变成真正的人民，而是和以往一样地钩心斗角。这一切都是个人名利主义、利己主义。那些宗法制度还不打算与党派分离。为了捍卫人民的利益，应该支持那些公正的人——但是没有这种人。可怜的人民除了降临在自己头上的不幸以外没有获得任何东西。我发现，他们没有任何希望。要知道，他们是受过教育的人。我相信了这一点，即他们会把人民领上公正的道路。我大错特错了。"

沙卡里姆拥护古老的民族传统："如果没有公正的法庭，人民将成为病态的人民。"然而，他更加相信，公正的法庭从今往后将不会再有。

当他读着手头随时携带的孔夫子《论语》时，当他开始逐一回想"阿拉什"党的所作所为时，涌上心头的一切都找到了自己的答案。"质胜文则野，文胜质则史。文质彬彬，然后君子。"

沙卡里姆开始思索：按照孔夫子的说法，现在阿拉邵尔达党人究竟还剩下多少真正的君子？"见贤思齐焉，见不贤而内自省也。"

这一点完全正确。照沙卡里姆的想法，自省——这就是意味着与人民同呼吸共命运，不要忘记人民所需。

因此，沙卡里姆断然决定返回成吉思坦乌。他借口自己有病。他看起来真的是病了，因为最近一直为人民而担忧。当然，从医生那里获取患病证明不是什么难事。

在阿拉邵尔达没有人相信他，但是对他来讲这是当时唯一正确的出路。最终他像一个诗人那样行动了。毫无意义的斗争的预感是那样的强烈。流血的国内战争对于"阿拉什"党人实现自己的理想没有任何希望。

第四节　诗学思想的自治

回到成吉思坦乌以后，沙卡里姆在村子里待了一段不长的时间。隐居的自由精神驱使他继续前往肯—克纳什。

在精神上的极度不安时期身处隐居清静之地对于诗人来说非常重要。一个人静心思考，是为了唤回自信，寻找心灵的和谐与平衡。因此，他急着要前往草原，进入成吉思坦乌的心脏，在肯—科内什那满天繁星之下度过自己思潮如涌的不眠之夜。

他的诗歌创作显示出特殊的躁动状态，其中很大部分体现在自由与悲伤的创作氛围之中，这是与其日常操劳（又一次与阿乌比什两个人一起准备过冬的东西）以及脱离生活圈子的实际（"该死的流血日子"）相关的生命的现实主义。

> 没有平静也没有觉醒，
> 也没有一天不进行思考。
> 我的心在流血，
> 夜间我难以宁息。
>
> 在思考中我度过了每一天，
> 我用我的笔尖迎接东升的朝霞，
> 我全神贯注于书籍的字里行间，
> 我余下的精力在此荒凉之地耗尽。
> 肯—克纳什的这个秋天对于诗人来说是非常艰难的。

　　在觉得精神压力大到无法承受之际，他离开了阿拉邵尔达。阿拉邵尔达最终没有实现哈萨克人民的自治。起初"自治"的意思是自我法制。阿拉邵尔达既没有形成表面的自治，也没有完成其内部的要素。宗主国不承认人民的自由，而社会也没能得到什么，准确地讲，只是没有来得及创造出实际的新法规。

　　那时，沙卡里姆实际上已经创建了自己的自治——精神与思想自治。他不管做什么都是依据自己的原则。这个冬天，他写出了名为《永别了，我的人民》的诗篇。

　　这里的永别并非真的永别，而只是用来表明自己的立场。在重回"自己的思想世界"之前，诗人哲学家又一次面对 1917 年十月革命后的现实。这个现实被设计成了许多模型：预示着生活改变的"自由之光"，所有人都不太顺利的"问题"以及"人民"继续走向"黑暗"。现在在他笔下所展现出的"思想演变"中，失望的主人公意识到"我完全与勇气诀别"：

　　　　我的思想，你在游荡，你到底在哪里游荡，
　　　　你从远处注视着我。
　　　　谁在那里，死亡与你结伴？
　　　　在乐曲的伴奏下你在歌唱，
　　　　什么目标把你吸引而去？

　　将两种不同的东西——革命的"那里"与隐居的"这里"糅合在一起，诗人一次又一次回归到主人公的精神生活层面，正如他自己所界定的"乱世"时期。人们可以从他那些饱经沧桑的诗歌中看出以下东西：对抗与吹嘘的"最初"诱惑，诚实途径技能的获得，智慧不轻易受口号的诱惑，劳动文化的确立。

　　1918—1919 年寒冷的冬天，他又一次踏上了探寻真理的道路。对于他来讲，探寻真理就意味着不断创作。创作就是存在，而存在就是自由。

　　阿哈特对存在做了如此的定位：

　　　　1918 年冬天把自己亲密的朋友阿乌比什打发回了村子，他俩自14 岁起就结成了好友。他自己一个人留在了隐居地。

当阿乌比什回到家里以后，村子里的所有人都惊慌起来。阿乌比什不得不给大家解释他独自返回的原因。有一次，父亲请求阿乌比什教他挤骆驼奶。父亲说道："不，阿乌比什，你应该理解我。我知道，你已经准备好了与我同甘共苦。假如你真的体谅我，那就回家去吧。我已经占用了你的所有时间，好多年把你留在我的身边。当然，我明白，你对此毫无怨言。但是，限制一个人的自由——不管怎么说都是奴役别人。我现在已经不再狩猎。饭菜我自己来做。我还有力气自己打水、点火以及给马与骆驼喂草料。如果你真的理解我，你就回家去吧。"

关于自己忠实的朋友，沙卡里姆写下了一首《只有阿乌比什，我的朋友与我相伴》的长诗。

我们从诗歌中可以看出诗人对这位忠实、耐心与善解人意的朋友的尊敬与感谢。沙卡里姆与阿乌比什是现实生活中的两个人，他们两位都是典型的真性情。他们的人生典型地体现了传统道德规范，呼吸着由崇高的先辈们所传承的新鲜的精神气息。这些气息哺育了一代代的哈萨克人并成为了草原民族的道德准则。

因此，在他们那隐居式的生活中从来没有过任何的伪装与虚假。

哈萨克生活中的虚伪是什么时候出现的呢？或许是当草原上出现了金钱之后，或许是传承了许多世纪的古老法规被新的法典代替之后，或许是所谓的外来高雅文化替换了自然文化之后。

为自己的朋友写了好多赞语以后，沙卡里姆还做了补充说明，这些补充对于读者的参照联想是非常重要的。

> 阿乌比什还为财主喂养家畜，
> 给一群群贪吃的牲畜提供草料。
> "我的责任——做一个诚实的人"——我们两个都是这样认为
> 阿乌比什与汤姆叔叔，我们不相信天堂。

将不同文化的形象——自己的现实与外国文学的时代结合在一起，沙卡里姆继续写道：

奴役时代犹如幻觉。

称活人奴隶——亵渎神灵！

但是如果诚实一些，阿乌比什与

叔叔汤姆有何区别？财富难道比他多吗？

难道把汤姆抛向了市场，

还是用剑砍去了头颅。

　　从自己如隐居骑士般的个人思考层面看，诗人把阿乌比什联想成一个失去自由的奴隶：

真的是我不给阿乌比什自由！

我这样地纠错了，我想让他回家……

　　与哈丽特·比彻·斯托的著名小说《汤姆叔叔的小屋》中主人公的对比，使人想起了沙卡里姆的兴趣。这个冬天沙卡里姆开始考虑将这部对其产生巨大震撼的关于美国奴隶的书翻译成哈萨克语。

　　阿乌比什离开后，他打开了俄语版的《汤姆叔叔的小屋》，开始仔细研读这本小说并着手翻译。

　　1919 年春天，沙卡里姆的儿子卡贝什专门来到隐居地看望自己的父亲。沙卡里姆从儿子那儿得到了阿拉邵尔达宣布与他脱离关系的奇怪消息。

　　这对哈萨克人来说不是一件好事。对于到底该不该告诉他这个从报纸上得知的消息，亲属们考虑了很久。当地的一些记者把此事作为某些人希望禁止诗人在阿拉邵尔达出版物上发表文章的轰动事件来描述，并用时髦的话语"排斥"来称呼这个行动。很明显，这是针对不可调和的俄罗斯革命者。

　　沙卡里姆非常淡漠地对待这种排斥。深知沙卡里姆在社会活动中的艰难处境，亲属们竭尽全力地去支持帮助他，即使在排斥阶段也把他推举为法庭成员。

　　在东哈萨克斯坦州谢米市最新历史文献中心，保存有 1919 年 7 月 29 日签署的文献。文献记载着至 1920 年担任成吉思坦乌乡法庭法官职位的人员名单。这个名单中写着："库达伊别尔金·沙卡里姆，60 岁，有文化，第二村庄"。最终，排斥没有持续多久。很明显，阿拉邵尔达政府很快就认识到自己决策的愚蠢，并立刻终止了对诗人的攻击行为。

况且国内战争的情形发生了巨大变化，他们已经无暇顾及这一点。1919 年秋天，红军东线军队开进了西伯利亚与哈萨克斯坦，白匪军撤退了。

11 月，红军占领了巴甫洛达尔、卡梅、卢布佐夫卡火车站及村庄。虽然拥有强大的力量，但高尔察克军队不打算继续盘踞在谢米巴拉金斯克。白匪军反间谍地方机关负责人在 1919 年 11 月 5 日的报告中写道："在常规的战争中可以寄希望于像谢米巴拉金斯克这样的要塞，它能够在战斗中发挥明显的作用，但是，在国内战争中，这一切自然就很困难。我们关于后方对前线的支持援助不抱有信心，我们不能想当然地断言，起义的爆发不可能从额尔齐斯河的对岸开始，至少那儿有布尔什维克建立的军队——铁路军营"。

临时西伯利亚政府的官员、军官、商人与手工业者家庭开始从城市中逃离。

11 月 30 日，由布尔什维克成立的地下组织在城市中举行起义。12 月 1 日早晨，地下组织从白匪军手中夺回了谢米巴拉金斯克。白色近卫军军团指挥官通过电报向其首领阿涅科夫汇报说："所有部队都起义了，在谢米巴拉金斯克只剩下与我一起撤离的不到 50 个军官。"

城市的政权移交至军事革命委员会之手。

阿拉邵尔达党人像所有哈萨克人一样没有参与武装起义。他们认为国内战争是俄罗斯内部的特殊冲突。

12 月 10 日，红军正规军的先头部队开进了谢米巴拉金斯克。在城市中停留不久后，他们便转而进攻乌斯季卡缅诺戈尔斯克、扎撒与谢尔吉波力。至 1920 年 3 月底，残余的白色近卫军部队逃亡到中国境内，谢米巴拉金斯克与谢米列奇斯克州完全掌握在苏维埃手中。

俄罗斯国内战争持续到 1922 年 12 月前，不仅加剧了国内经济状况的恶化，而且使上百万人流离失所。

哈萨克人对于苏维埃政权的法令持小心谨慎的态度。这是因为当时接二连三的革命变革。1919 年 12 月 25 日报纸《草原真理》写道："在穆斯林居民中可以发现他们与工人农民苏维埃政府完全的合作与和谐。过去被高尔察克帮凶所迫害和压迫的穆斯林居民现在清楚地看到，谁是自己真正的朋友和敌人"。

沙卡里姆在其《逝去的生命》中以另外一种方式来描述与新政权的相互关系：

> 红军中英勇者很多，
> 一个对付五个：
> "缴获白匪军的武器！"——
> 如此震撼哈萨克人。
>
> 有些人很厚颜无耻，
> 拿走了自己想要的东西。
> 你如果抱怨——他们就野性爆发。
> 巨大的灾难降临我们的头上。
>
> 哈萨克人中优秀者好像
> 被选进政权机构，
> ……
> 伪装成忠诚的样子，
> 只是对他们的话语表示臣服，
> 用绵羊的皮遮掩，
> 自己的思想不公开说出。
>
> 党没有迟疑，
> 迎接了所有的下流胚，
> 为自己吸收了年轻人，
> 很快就习惯了谎言与诽谤。

诗人在批判的同时也进行了评价，他提及了红军初到之时的中规中矩。然而，他客观地发现，在对抗性窒息结束以后生活开始变得舒适："乌云被驱散了"。

"大多数哈萨克人并不急于为苏维埃政权而欢欣，最优秀者未必会被政权所接纳。"沙卡里姆讲道。这是真的。布尔什维克党在边疆地区采取了非常策略来吸引土著民族代表加入党的阵营。在宣告谢米巴拉金斯克州苏维埃政权建立后，布尔什维克开始在州级与县级党委会建立穆斯林、哈萨克小组。

同样的举措在各地展开。最终，在苏维埃政权建立的前三年就有5000多哈萨克人加入了布尔什维克共产主义党组织。

顺便提一下，吸引哈萨克人加入自己阵营的策略被布尔什维克同样有效地实施于阿拉邵尔达党。1919年7月10日，列宁签署了《苏维埃人民委员会关于革命委员会管理柯尔克孜地区的临时条例》。在其组织成员中纳入了艾哈迈特·巴依图尔谢诺夫。

在把白匪军从谢米巴拉金斯克驱逐出去以后，倡议建立的政权组织立刻从哈萨克文化精英转到布尔什维克党人手中。新政权开始清除阿拉邵尔达管理机构，关闭了由木合塔尔·阿乌艾佐夫和汝西普别克·阿伊马乌维托夫任主编的报纸《萨雷阿尔卡》《阿拉什》以及杂志《阿拜》。

1920年3月5日，管理柯尔克孜地区的军事革命委员会做出决议，取缔了阿拉邵尔达西部分支政府。

召开了革命委员会会议，艾哈迈特·巴依图尔谢诺夫没有出席本次会议。通过的决议写道："在报纸上向居民公开，在革命委员会与阿拉邵尔达之间没有签署任何合同，而阿拉邵尔达的移交条件在1月21日第253期革命委员会的回应中已经指明，就是对于他们过去个人行为的不追究和赦免继续有效。"

从这份文件可以看出，阿拉邵尔达曾经尝试过与苏维埃政权达成协议并准备与革命委员会融合，但是，布尔什维克党已经强大到不需要与他们结成同盟的地步。

事实上，虽然那个时候阿里汉·布盖伊汉诺夫是革命委员会成员，但他已经处于中立立场，没有参与谈判。

革命委员会申明："在1920年7月全柯尔克孜代表大会举行以前，本次大会是唯一可以选举全柯尔克孜合法苏维埃政府的机构，柯尔克孜各州由俄罗斯苏维埃联邦社会主义共和国人民委员苏维埃指定的革命委员会管理。因此，阿拉邵尔达与革命委员会的合并只可以通过这种形式，即人民委员苏维埃接纳一些阿拉邵尔达成员加入柯尔克孜军事革命委员会"。

1920年秋季前，阿拉邵尔达政府实际上已经不复存在。与此同时，"阿拉什"党的活动也停止了。

阿拉邵尔达政府的许多成员被俄罗斯苏维埃联邦社会主义共和国中央委员会赦免后投靠了布尔什维克。但是，在后来的十几年他们都没有躲过政府的惩罚。

"阿拉什"党——哈萨克文化精英代表没有能够实现自己的自治理想，虽说当时还有可能开辟国家独立的道路。机会是有过，然而受到了一系列因素的影响，包括客观的和主观的。正因如此，在那个时期国家没有实现独立。"阿拉什"党基本上联合了狭窄的知识分子群体，而哈萨克社会是由大部分没有文化的草原人构成的，他们不急于支持该党派代表关于公平、人道与独立的思想。这是其客观原因。从自身来说，"阿拉什"党活动家没有能够成功地采取政治措施来巩固民族利益，他们只是高高在上地通过州级管理来工作。1918 年年中之前，阿拉邵尔达政府受制于社会富裕阶层，有钱的哈萨克人把自治看作是扩充与加强自己权力的机会。在"阿拉什"党内部，谢米巴拉金斯克、乌拉尔斯克与突厥斯坦三个集团之间也存在着巨大分歧。这是其主观的因素。

最终，当阿拉邵尔达政府在 1918 年 6 月 11 日宣布了不论收入多少每户都必须缴纳 100 卢布住户税的指令后，人民彻底失望了。"阿拉什"背离了其党纲中所宣称的征税原则——征税按照其财产状况而定，即富人多征，穷人少征。

一个最主要的客观原因自然就是俄罗斯领导人绝对不希望给予其民族自治权。按照布尔什维克党领导人的意愿，过去俄罗斯帝国管辖的所有地区都必须参加社会主义建设，结成一个统一的国家。

1918 年 4 月 7 日，民族人民委员会约瑟夫·斯大林在发给阿里比·扎吉里金的电报中说："资产阶级民族团体要求自治，目的就是把它变成奴役自己人民的武器。"

阿拉邵尔达政府既没有物质与财政，更没有军事资源来对抗中央政府。

从 1917 年 12 月至 1919 年秋天，在阿拉邵尔达政府存在的两年时间内，哈萨克人生活在期待中，期待能有他们自己的国家。

很难确定，这两年他们是否曾有过自己货真价实的国家。如果谈及国家的阶级性质，那么，"阿拉什"自治没有自己的宪法、货币体系与武装力量，也没有与其他相邻国家划定自己的边界。显而易见，在俄罗斯境内国内战争正在进行，在它结束之前无论如何都应该解决其主权问题——让其他国家承认其存在。苏维埃俄罗斯在战争未结束前就不承认阿拉邵尔达政府的存在。

虽然这样，"阿拉什"运动依然对民族觉醒产生了极大影响，他们重新举起了早已被放倒的人民自由的旗帜。阿拉邵尔达政府的历史意义在于他们早在很多年前就拟定了迟早要实现的哈萨克国家体制。

"阿拉什"党首领们致力于自己希望中的崇高目标——民族独立，没有考虑自己的个人利益。他们是一些勇于牺牲的人，他们诞生于时代转折期，他们是民族的真正英雄。在这些人中当然包括阿拉邵尔达政府的正式成员沙卡里姆，虽然他在 1918 年秋天被不怀好意的人不合情理地排斥。

在 1920—1924 年期间，布尔什维克党把哈萨克土地统一成了一个自治国家，似乎实现了"阿拉什"党人关于哈萨克自治的思想。1920 年 8 月，在哈萨克大草原宣告成立了隶属于俄罗斯苏维埃联邦社会主义共和国的柯尔克孜自治苏维埃社会主义共和国，其首府为奥伦堡。1925 年 4 月，柯尔克孜自治苏维埃社会主义共和国更名为哈萨克自治苏维埃社会主义共和国，这一举措纠正了有史以来所形成的民族命名误差。首府从奥伦堡迁移到克兹尔奥尔达。然而，宣告成立的民族自治并非哈萨克式的，它与"阿拉什"党运动所提倡的自治有很大的差别。共和国的管理处在莫斯科的监管下，看不出任何独立国家的特征。

沙卡里姆这段时间就像其他哈萨克诗人那样没有创作任何歌颂苏维埃体制的诗歌。他没有被白匪军所鼓舞，也没有因被人民称为"红色恐怖分子"的布尔什维克而振奋。

他根本就没有歌颂体制与执政者的习惯。二月革命后他写下的《自由的曙光升起了》成为他一生创作中唯一的颂歌。那时候诗人由衷地相信哈萨克人民的自由来到了。然而，事实击碎了诗人的希望。在 1919 年所写的一首诗歌中，他把苏维埃政权比作建在沙滩上的宫殿：

> 建在沙滩上的宫殿
> ——命系一线。
> 值不值得我们的子孙
> 在痛苦中祈求帮助？

如此的国家形象是沙卡里姆个体与总体相互作用的结果。未来国家的

神话是暴风雨的比喻（在诗歌中的"幻影"），是意志的承诺。然而这种
自由却"深藏于黑暗中"，远远不具有很强的召唤力。

> 生命之屋在地面上，
> 希望之家——在幻影中，
> 在那遥远的湖面上，
> 自由深藏于黑暗中。

> 谁在绿色的穹顶下
> 成了真正的自由人？
> 在此浮生之中未必
> 你能成为真正的自由人。

沙卡里姆预见了即将来临的悲剧，依此产生了他那明智的悲伤性情景
伦理学。

> 不要悲伤，不要糟蹋荣誉，
> 去满足现有的一切。
> 你知道，为我们不是那样开辟了
> 通往自由的道路，但是这条道路确实存在。

当诗人回到自己故乡后，人们依然把他作为威信极高的卡兹来对待，
前来咨询请求帮助的客人络绎不绝。1920 年，前来拜访沙卡里姆的还有
德国医生、学者、教授马克斯·库欣斯基，他经苏维埃政府允许完成了对
哈萨克草原的考察旅行。

除了俄罗斯翻译，伴随库欣斯基的还有正在学医的哈萨克人柯什克·
柯梅戈洛夫。年轻人非常熟悉木合塔尔·阿乌艾佐夫，因此他的第一件事
情就是与客人一同前往博尔里，前往他的故乡。

木合塔尔·阿乌艾佐夫于 1919 年加入了共产党。1919 年 10 月参加
了反对高尔察克军队的地下组织。12 月，当红军到来以后，他担任了州
革命委员会外族分部的主要领导职位。目前是省执行委员会成员，新政权
的重要官员。

　　马克斯·库欣斯基表达了自己想与那些博学多识的哈萨克人交往的意愿。木合塔尔·阿乌艾佐夫把客人带给了自己的导师——创作上远远高于自己的沙卡里姆。

　　库欣斯基询问了沙卡里姆许多关于哈萨克文化、哈萨克诗歌以及哈萨克民族口头创作类型的问题。将哈萨克语翻译成俄语的工作基本上由木合塔尔·阿乌艾佐夫完成。获知沙卡里姆的哲学探索以后，库欣斯基长时间询问他所读书籍的情况，对他的世界观以及对待著名哲学家的态度特别感兴趣。

　　在库尔邦节期间，他们特意为库欣斯基举办了赛马——巴依嘎①，甚至让他骑在了小马上。随后开始了激烈的赛马比赛——科克帕尔②和勇士们之间的比赛。晚上他们用冬不拉与小提琴为库欣斯基演奏了哈萨克与俄罗斯乐曲。库欣斯基边听边记录，并用铅笔画了草图。库欣斯基非常感谢主人的热情招待，获得了极大的满足。白天他们四处走访，在河里洗澡，喝着马奶酒。库欣斯基非常惊讶，哈萨克人的身体怎么能吸收那么多的肉和马奶。他说，哈萨克人一顿晚饭所吃的肉足够德国家庭食用一个月。随后他详细地描写了哈萨克餐，从一个医生和学者的角度给予了评价。

　　按照阿哈特所述，在分别时库欣斯基对沙卡里姆说："与您相识与交往使我感到非常荣幸。我认为您是草原上真正的学者和思想家。当我回到德国后，感谢真主，我要写关于草原生活的书籍。如果有机会的话我还要再一次来这里。我想学哈萨克语，您也应该学会德语。到那时我们就可以不用通过翻译来交流了。"

　　回到祖国以后，马克斯·库欣斯基撰写并出版了《草原与它的居民》一书。而木合塔尔·阿乌艾佐夫离开前曾经答应帮助诗人出版他的作品，起初拿走了他的叙事诗《列依丽与梅治努》手稿。沙卡里姆对这位年轻人的文学天赋给予了很高的评价。年轻人履行了自己的诺言。实际上，当时阿乌艾佐夫的政治前程达到了顶峰，他成了哈萨克自治中央执行委员会的委员，是1921年12月在莫斯科举行的第九届全俄罗斯苏维埃代表大会的代表。但是，1922年秋天，25岁的木合塔尔·阿乌艾佐夫在奥伦堡辞

---

　　① 巴依嘎（Байга）：突厥民族（哈萨克、柯尔克孜、乌兹别克以及鞑靼等）古老又普及的一项骑马比赛。

　　② 科克帕尔（кок-пáр）：中亚哈萨克及其他民族传统赛马叼羊比赛。

去了重要的国家岗位，以旁听生身份考入了塔什干中亚突厥斯坦大学。

也正是这个时期，他才能出版沙卡里姆的叙事诗《列依丽与梅治努》。在 1922—1923 年期间，叙事诗分章节在杂志《邵邦》第 2 期、第 5 期和第 6 期、第 8 期上刊登。叙事诗和作者的手写体一样以阿拉伯字母排版。沙卡里姆对多处印刷错误非常不满。

在特殊的历史条件下，当执政党用准备好的决议与一般规则来束缚人民的时候，沙卡里姆写下了诗篇并继续提出关于现实的根本性问题，即生活现在会变成什么样子？人们如何在不自由的条件下行事？良心与荣誉将以何种形式来保持？他把这些生存问题抛给了新一代哈萨克人。

> 你们自己喜欢这个世界吗？
> 是什么把它变成了这样子？

宇宙的迷雾中含有什么样的秘密？我往大洋中抛进一粒盐，它能分解成多少份？木犀草散发气味多少年？他在诗歌《测量黑暗与光明》中反复追问。为得到答案，他在 1922 年写出了一系列优秀的诗歌并命名为《山顶上的思索》。

> 登山了成吉思坦乌山峰，我停下了脚步。
> 在山顶思考命运是多么的惬意。
> 我默默地祝愿他们晚安，
> 白天过去了，夜晚又回到了我的身边。

也只有在独居时，在寒冷的冬天夜晚他有时候能感受到自己所度过的时光。这些年代所遗留的关节疼痛加深了诗人精神与心灵的担忧。在那种痛苦时刻，他写下了悲伤的诗行：

> 我那幸福日子的怡然自得，
> 我那幸福之夜的心满意足，
> 我从你那里没有获得任何好处。
> 我这样活了 60 年，
> 我的头发已经发白，

我在哪里能够找到安宁？

我注定要泪流满面，
我毫无罪孽的陶醉，
命运将熄灭我的火焰，
我已看到了我的墓穴。

第五章

良心的教益

第一节　最后一片净土

1923 年夏天，《哈萨克语》报主编来信邀请沙卡里姆为他们的报纸撰写文章。

沙卡里姆重新开始了被继阿拉邵尔达"排斥"之后所中断的新闻报道活动。例如，1924 年他在《哈萨克语》上发表了两篇关于文学问题的优秀文章《致报纸主编》（1924 年 1 月 31 日，第 3 期（412））与《批评与批评的批评》（1924 年 3 月 4 日，第 26 期（425））。

沙卡里姆写道："自哈萨克报纸与杂志发行之日起我就阅读它们，尽管不可能每期都读。我始终非常关注那些哈萨克文化人士所写的批评性文章，他们对其他作者的文章给予了偏袒性研究"。

在诗歌中把文学目标与清真寺塔尖比较的同时，他首先号召人们从更高的学术角度来评判它。这就是为什么他极力推崇运用比喻的原因。

"著名古突厥诗人费祖里有一次说道：'真主呀！保护我的诗歌不受损伤要提防三种坏蛋。第一，提防那种对诗歌从不思考的人，他们不能区分好的和坏的诗歌。第二，提防那种嫉妒者，他们会把好的诗歌说成是不好的诗歌，歪曲诗歌的真正含义。第三，提防那种不负责任的雇佣作家，他们有能力歪曲作者的原意'……"

依据文艺学"比喻性"美学，沙卡里姆以此为例抱怨自己的创作在某些杂志刊登不成功，文章内容如下：

"如此的情形发生在塔什干出版的杂志《邵邦》所刊登的我的叙事诗《列依丽与梅治努》中。印刷错误与笔误多不胜数，仅对其的纠正就形成了完整的一本书"。

在哈萨克文学黎明时期所写的文章《批评与批评的批评》中，沙卡里姆论述了诚实的与论证性的批评，即公正的、不带恶意攻击的批评可以促进文学的发展。

> 我认为，如果写什么与做什么只是为了短暂的赞扬，那么就不可能获得任何真正的东西。我从来就不想让我的名声飞扬或者流传后世。一切都很简单。无论你获得好评还是恶意攻击，你的言行都需要经过自然法规的评定。在对你的言行批评还没有获得评价前，读者们就不会平静。因此，无论你做什么，都要正确地去做，为大多数人去做，为使文学不受损害去做。

> 对于"谁能成为批评家？"的问题，我的回答是："每个人都有权来讲话，也就是说，每一个人都可以不受限制地批评。然而，实际上，诚实的批评家应该不带有病态的敌对感，不具有恶劣的性格。健康的理智！——没有人会去反驳他的批评。如果这种人今天没有，那就希望在未来的一代中有这种人出现。

> "结论不管是对还是错，批评、批评者以及庇护者都应该具有纯洁的心灵。否则，那就会演变成有人挖苦嘲笑，有人自吹自擂，甚至还有人嫉妒憎恨。那样我们只能失望地告诉哈萨克人——让罪孽饶恕你们吧！"

与报刊出版社的交往为他带来了实际的好处。多亏与报纸《草原真理》和报纸《哈萨克语》主编的书信来往，他的早期著作《杜布罗夫斯基的故事》于1924年7月出版，该故事是普希金中篇小说的诗体性翻译。

其中一份在人们手中传看的翻译手稿转到了当时谢米巴拉金斯克省委员会检查哈萨克出版印刷的成员手中。委员会主席沙伊马尔丹·托克瑞吉托夫、委员会成员伊马木·阿里木别托夫与萨比特·多涅塔耶夫在《杜布罗夫斯基故事》前言中写道："这部作品好像很早以前就已经写出来了，但是作者只能以手稿的形式在民间推行。就这样，其中一份手稿转到了委员会成员手里。弄明白这是谁的作品后，我们从作者那里拿到了原始手稿，将它转换成现代字体并交给了出版社"。

沙卡里姆当然对《杜布罗夫斯基故事》的出版感到非常高兴，并开始准备出版自己早已完成的其他东西。

1924 年夏天，沙卡里姆突然失去了自己在肯—克纳什的独居地。虽说他不认为新政权有什么不好，但他极力避免与新政权发生任何关系，更不愿与其发生公开的冲突。不管怎样，苏维埃政权还是触及了他的居所。

肯—克纳什扎良乌①土地已经交给了俄罗斯农民种植小麦，沙卡里姆不想再回到那里。夏天他住在自己的故乡巴卡纳斯，与亲人们交流，溺爱孙子们。

卡米拉·卡贝尔吉泽，卡福尔的女儿回忆道："我爷爷非常喜欢孩子，他经常关照我们。早上一醒来我们都朝爷爷的毡房跑去，在那里吃得饱饱的然后开始满屋子乱跑起来。"

不知疲倦的木合塔尔·阿乌艾佐夫在这儿与沙卡里姆相见了。木合塔尔·阿乌艾佐夫结束了在塔什干的学习后，1923 年 10 月考入了彼得堡国立大学语言部（从 1924 年 1 月改称列宁格勒大学）。但是，大一学习结束后，应哈萨克斯坦教育机关的要求他回到了谢米巴拉金斯克，开始在谢米巴拉金斯克师范中等技术学校教授哈萨克文学、文学理论与历史。

1924 年夏天，木合塔尔与其年轻的朋友阿里克伊·马尔古兰一起前来巴卡纳斯拜访沙卡里姆。

过了半个世纪，科学院院士、杰出的哈萨克考古学家、东方学家、历史学家、文学家阿里克伊·马尔古兰（1904—1985）回忆道："1924 年当我第一次前往成吉思坦乌时，那里不平凡的生活文化让我觉得非常特别。具有深邃思想的老年人和年轻人是那样的彬彬有礼，他们不允许自己空谈多语，说话都非常严谨。当大家聚集在一起时，著名的长者用语言来唤醒他们的心灵，激发他们的思想，使他们陶醉于复杂的术语之中，有时候在对话中不时地引用著名思想家的格言。"

如此的"著名的长者"当时在成吉思坦乌并不是很多。实际上，只有沙卡里姆一个，他的名字在被禁锢时期的马尔古兰不能被说出。在那个时候，除了沙卡里姆外未必还有人能够引用著名思想家的名言。

作家阿列克谢·布拉金在木合塔尔·阿乌艾佐夫的回忆录中引用了作者以下的话语："后来，已经是在大学期间，当我真正地对哈萨克诗人阿

---

① 扎伊良乌（джайляу）：也作扎依拉、让良乌、雅依拉，突厥语，夏季牧场，通常在中亚、高加索以及克里米亚的高山与亚高山地区（如，雅依拉，克里米亚山区平坦的山顶牧场）。

拜的生平产生兴趣后，我拜访了那些熟知我小说中主人公的所有人"。

这里不必怀疑阿乌艾佐夫关于沙卡里姆的讲述，因为在那一年他已经着手准备出版阿拜的作品集。他收集了那些没有公开发表的诗歌，核对了词语，与那些曾经在阿拜身边的人交流。沙卡里姆完全不在乎两人年龄上的差距，给予了年轻学者很大的帮助。他通常会花好几天与木合塔尔在一起校对诗歌词语、修正导师的诗歌。或许就是这个夏天，木合塔尔萌发了撰写有关阿拜文学作品的介绍性文章的念头，因为最近几年他经常来到成吉思坦乌与沙卡里姆见面，就伟大的诗人与他进行交谈。

和以往一样，沙卡里姆写了很多东西。其中包括一首具有象征意义的诗歌《微不足道的人》。词汇"零"在诗歌中再也没有出现，这就让我们首先想到其象征意义"微不足道"。这是一种古老的（还是在巴比伦时期）符号。沙卡里姆曾经研读过毕达哥拉斯的著作，他把符号"零"看作单位的始祖，其中包含了世间的一切。零——这是空寂、神秘、虚无，但也是永恒性、普遍性、产生时段的潜能。

诗人以这个非数字来命名自己的诗歌到底是什么意思？诗歌从对笔头的描绘开始，它所体现的是近亲间的情感。其他令抒情主人公担忧的"发挥作用"的人物——"朋友"，是"敌人的圈子"。

> 笔头——你是我的亲属与知心的朋友。
> 最近的朋友融进了敌人的圈子，
> 他们没人看我，更没有一丝的笑容，
> 过去那些渺小的人一下子就成了巨人。

在主人公的自述中，笔头象征着面对敌对圈子进攻时的创作行为。按照伊斯兰教的象征意义，书信工具——这是世间创造的第一种东西。因此顺理成章的是，随后在诗歌中出现的带给现实勃勃生机的"灯"的形象，或者与之相反，黑暗里那难以摆脱的痛苦。

> 灯已经点燃，给我们慷慨地送来光明，
> 它照亮了我的角角落落、给我们温暖，
> 如果风把它吹熄
> 或者是把它弄坏——那它就毫无用处。

沙卡里姆试图用自己的笔头来点燃真理的光明，使那些已经丧失了智慧与仁慈的人们开始思考现实的真正意义。

> 痛苦中的我不想评判他人，
>
> 他们的本性为什么如此的反复无常。
>
> 试着举着灯笼走过这凡世，
>
> 如果没有纯洁的心灵——那他就只能悲哀地生活。

（弗谢沃罗特·罗日捷斯特维斯基翻译）

以《零》命题的诗体是对当时社会现状的准确反映，反映了停滞的时代、敌对与仇视的僵局与布尔什维克所承诺的光明未来之间的相互矛盾。

1925 年 2 月底，灾难降临到沙卡里姆的头上。

沙卡里姆的大儿子苏菲扬身患重病，当年 4 月他才应该满 50 岁。从城市里请来的医生确诊他患了肺结核。事实上，在医生没来之前，沙卡里姆就已经明白儿子得了什么病。他把所有希望都寄托在了医生的医术之上，然而，奇迹没有发生。两个月过后，饱受疾病折磨的苏菲扬离开了人世，留下了五个孤苦伶仃的孩子，沙卡里姆承担起了抚养照顾孙子的责任。

随后，当丧子的痛苦慢慢减轻以后，他又一次动了去隐居的心思。

"邦无道则隐。"孔夫子说道。古代中国哲学家似乎与沙卡里姆生活在同一个节拍中。"邦有道，贫且贱焉，耻也；邦无道，富且贵焉，耻也。"孔夫子说道。

无论什么荣誉，什么敬仰，还是什么财富，都已经不能再吸引沙卡里姆。只有一种激情充斥了他的心，占据了他的大脑，使他的心跳加速，这就是创作。他的愿望是那么的强烈，构思是那么的宏伟，话语好像是自己涌现在字里行间。因此，沙卡里姆希望再一次去隐居，目的是在那荒无人烟、万籁俱寂的遥远之地整理自己的思想，把自己的一切都写在洁白的纸上。

他在诗歌《告别词》中写道：

> 死亡——对我而言不是遗憾，

　　我所拥有的一切，我要保留：

　　独居——这就是我的梦想。

　　当他第二次准备去隐居时，隐居已经成了悲伤至极的神话。

　　这一次他为自己的隐居选择了非常合适的地方，在卡拉布拉克景区建造自己的居所，这里是他家族的领地。他对自己说，他有充分的权利在自己家族任何一片土地上建造自己的居所；然而，同时他也担心新政权会对私有财产采取另一种政策，担心自己家族丧失对土地的所有权。

　　1925 年夏天，他与儿子卡贝什和阿哈特在卡拉布拉克一座小山下用土砖建起了一座小屋子。许多年来人们都称这个小屋周围为萨亚特—柯拉——"狩猎场"。

　　为了补充食物，天气好的时候他常常在自己家的属地上狩猎。他所猎获的野物有大雁和野鸭，如果幸运的话还可以猎获狍子和羱羊。阿哈特回忆说，有一次他骑马追逐一只胖狐狸，父亲慢慢地跟在后面。胖狐狸跑入了一个空穴之中。沙卡里姆用圆石头将空穴堵起来就转身离开了，过了两天他又回到了这里。狐狸在这两天内为了钻出地面重新挖出了一条几乎达到地面的通道，沙卡里姆一伸手就抓住了它。沙卡里姆就是这样一位有经验的猎手。

　　阿尔金别克·阿赫梅江是阿哈特的朋友，他曾经在沙卡里姆的隐居地度过暑假。他这样描写隐居地：按照卡兹个人意愿设计建造的这座屋子造型独特。两间屋子自地下直接供暖，火炉也是沙卡里姆自己设计的。沿着两间屋子的墙面摆放着装满书籍的柜子。在第一间屋子里有一个低矮的石桌，沙卡里姆就坐在这张桌子旁工作。他所坐的地方恰好离火炉不远。他没有用过椅子或者沙发。

　　当他们还在卡拉布拉克建造房屋的时候，亲属们为他从城市里带来第一期杂志《唐》（黎明）。该杂志的主编是木合塔尔·阿乌艾佐夫，杂志自 4 月份开始出版发行。阿乌艾佐夫在杂志上刊登了自己的文章，以他的文学语言以及年轻文学家对于世界的个人观点来赞扬沙卡里姆。

　　沙卡里姆立刻给该杂志写了几首诗歌，其中一首是直接写给杂志主编的，其内容如下：

　　对于自己的孩子

不要怜惜钱财，
让他们多读一些
各种各样的书。

你是一位大思想家，
你有天赋，真主发现了你：
用心灵美化生活——
这是你毫无疑问的职责……

　　这是对年轻作家漫漫创作道路的赠言。的确，在 1889 年阿拜也是这样祝愿沙卡里姆本人，只不过阿拜用的不是这种欢悦的言辞，而是含蓄的批评。

我恳求你，我聪明的小兄弟，
不要让你心灵被空话所诱惑。
这些话对你有什么好处？
那只会让你的天赋消失永不复返。

　　很快就有第一批客人来到了建好的萨亚特—柯拉。这些客人是隶属于谢米巴拉金斯克省土地管理局的土壤改良考察队成员。很显然，在省执行委员会中，沙卡里姆被认为是当地居民中最有文化、最具威望并通晓俄语的人。与他交流能够获得他们所要得到的相关信息材料。总之，土壤改良考察队成员不仅在沙卡里姆那里受到了热情的招待，而且获得了他多年来细心观察所得到的结果。

　　考察队队伍庞大。除了考察队队长安德烈·萨摩赫瓦洛夫外还有队员尼古拉·斯梅斯洛夫斯基、亚历山大·奥维奇金、维克托·博奇卡列夫以及随同的助手、翻译和向导。

　　沙卡里姆为考察队讲述了成吉思坦乌的水系情况，列举了这里所有的河流，解释了如何划分分水岭，甚至与考察队员一起深入山中实地指示某些河流的源头。

　　客人们拍摄了照片。其中一张照片有沙卡里姆本人。这是一张深入群山中的照片。在山坡的左边笔直地站着一位身穿长袍、没戴帽子的中年哈萨克

阿拜区诗人狩猎居所废墟

成吉思山脉，河流上游。图中人物——沙卡里姆。

拍摄于 1927 年。照片于 2009 年找到。

阿哈特·库达伊别尔吉耶夫，沙卡里姆的儿子。诗人遗物的收集者
与保存者。努尔布兰·奥杰普巴耶夫画作

人。他有浓密灰白的胡子、浓浓的眉毛、锐利如鹰的目光，手持皮帽，注视
着镜头。这就是沙卡里姆。照片于 2009 年在谢米新历史文献中心被发现。

在照片的下方有机器打印的字母：T. 第 37，成吉思山脉，河流上
游，哈萨克诗人与作家沙卡里姆·库达伊别尔金。

考察队员收集了自己所必需的资料信息满载而归。

随后其他客人陆续到来。有些人是来找老人问事，而大部分人来到这
里只是为了拜访这位德高望重的卡兹、著名诗人和成吉思坦乌的智者。朋
友们更是常来探望伟大的诗人，其中极具声望的哈萨克诗人伊萨·巴伊扎
科夫也与朋友们一起来此看望了沙卡里姆。

1925 年秋季来临前，一群共青团员从托贝克德来到了这里。

其中一位是成吉思坦乌第一批共青团积极分子萨德克·卡西玛诺夫
（1904 年出生），他回忆道："与我同行的有来自马迈家族的波塔拜·阿雷
斯坦拜乌雷和苏维埃党校学员肯热吉列乌、博肯什家族的杜兰别科夫。没
什么需要掩饰的，我们是当时的共青团员，我们仇恨霍奇①、毛拉、卡

---

① ХОДЖА—— 霍扎（来自于波斯语，哈者——先生）——中东与近东国家穆斯林的崇高
的称号。该称呼产生于中世纪，用于称呼那些达官贵人、神职人员及商人。

库尔库德克水井纪念碑，1931—1961 年
诗人沙卡里姆骸骨留存地。

兹、财主，我们辱骂他们、嘲笑他们。的确，我们自始至终没弄清楚为什么要这么做，但是，我们把沙卡里姆作为一个智者来尊敬，我们称他为'第二个阿拜'。"

当我们到达时，沙卡里姆正坐在小屋前喂养自己的金雕。身上穿着小羊皮做的多哈①。我们恭敬地向他致敬。

卡兹像对待老朋友那样非常热情地接待了我们。他把金雕安放在树荫下的架子上，洗完手后邀请我们走进了屋子。

屋内陈设非常简朴。右边是席地而设的卡兹床铺，远处角落有两个低柜，中间有一个低矮的圆桌。

为我们倒了马奶酒后，他友善地看着我们，似乎是在回忆有点忘却的

---

① ДОХА— 多哈（或者达哈）（蒙古语）裘皮大衣。乌沙科夫详解词典。Д. Н. 乌沙科夫，
1935 1940 …

地区社会政治生活大会哈萨克知识分子代表。前排由右至左：A. 巴依杜尔谢诺夫，M. 扎克让努雷，K. 扎纳塔伊乌雷，T. 阿拜乌雷，Ж. 阿杰克乌雷；后排由右至左：Ж. 巴尔基巴依乌雷，M. 杜兰多夫，K. 穆纳伊特巴耶夫，C. 卡德尔巴依乌雷，E. 奥马洛夫。谢米。1918 年拍摄。

朋友，询问我们是谁，都在做什么。

当他得知肯热吉列乌的出身后，说道："博肯什家族的男人都是演员、金翅雀，他们都善于言辞。我听说在民间这样有这样的说法：'这些俄罗斯人都没有脑子，他们为电报树立了这么多电线杆子，花掉了那么多钱。随便在阿尔卡特与谢米之间找十几个博肯什家族的小伙子，一切信息即刻就能获得。'"

我们全都大笑起来。

67 岁的诗人没有回避那些意识形态方面的谈话，当然，这些话题都是这些共青团员非常感兴趣的。

沙卡里姆说道："你们都是幸福的人，不像我们过去生活得那样，当时周围的一切都不确定，我们找不到出路，更不知道绝望时刻往哪里去。"

回忆录作者萨德柯·卡西玛诺夫插话道："卡兹，您，真像一位真正的共产党人。"

阿拉绍尔达领袖。从左至右：A. 巴依杜尔谢诺夫，
A. 布盖伊汉诺夫，M. 杜兰多夫

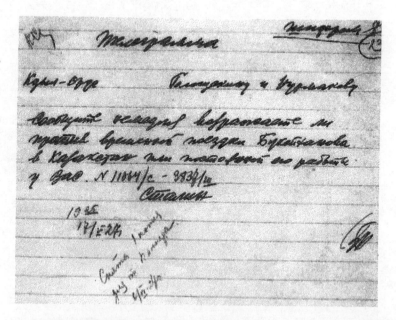

斯大林发给哈萨克苏维埃社会主义共和国领导关于 1927—1937 年禁止
A. 布盖伊汉诺夫进入哈萨克斯坦以及不允许参与任何社会政治活动
的电文。

肯布拉克诗人出生地纪念碑

沙卡里姆大笑起来。

"现在有些人故意说，先哲穆罕默德曾是一位共产党人。无论是先哲、毛拉还是卡兹都不能成为共产党人。甚至即使他们想当，那也不可能。这是新事物对于新一代的量定。"

在谈话的最后，他几次重复说："不要放弃学习，应该继续学习。你们将来会明白这是多么重要的。"

就这样，在 1925 年沙卡里姆的第二次隐居生活开始了。

原则上讲，一个人生活并不艰难。游牧民族天生习惯于在辽阔的空间单独生活。虽说有时候这种孤独难以忍受，但是它已经融入了哈萨克人的血液中。正如有些民族着迷于海洋是因为他们生长于海边一样。哈萨克人生长于无边无际的广阔草原，草原是他们的摇篮。

沙卡里姆在萨亚特—柯拉写了很多东西。秋天，第一件事情就是完成了悲剧《阿吉里与玛丽娅》的结尾。沙卡里姆称自己这部不平凡的作品为长篇小说，但是，出于对作者的尊敬，从传统意义上说，自然不能把它叫作长篇小说。尽管这部作品的情节的时间跨度非常长，但是篇幅并不是很长。作者以场景建构了作品的结构，其中感人的对话和独白更像是一部戏剧。如果没有这些令人震撼的心理描写与哲学性短评以及精彩的、抒情式的情景描述的话，这绝对是一部很好的戏剧。

尽管现代读者可能会认为这是一种纯粹的莎士比亚式的常见的冲突，

热洁拜沙卡里姆纪念馆《萨雅科尔》狩猎居所收藏展品

但该作品的情节特别引人入胜。当然，请不要忘记这部作品写作的时间。那时候哈萨克的散文才刚刚起步，天才的作家们仅仅凭着自己的认识来从事故事、中篇小说与长篇小说的写作，像这一类作品在他们的民族中根本

诗人平反昭雪猴在哈萨克斯坦出版的沙卡里姆书籍封面

就没有。但是他们为世界文学增添了光辉的一页，成为后来的哈萨克作家们可资借鉴的基础。他们所创作的东西是那样的与众不同，时至今日依然是杰出辉煌的文化成果。

沙卡里姆叙事诗主人公相恋之人叶丽克与克别克纪念碑

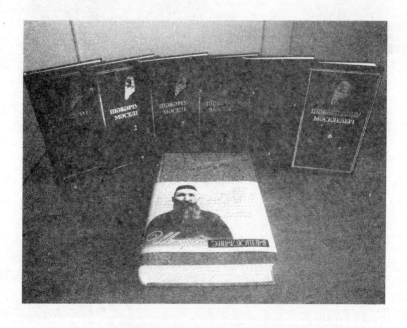

哈萨克斯坦沙卡里姆学研究成果

热洁拜地区阿拜与沙卡里姆纪念碑

故事于 1910 年发生在成吉思坦乌山脚下的一个小村子里。宏伟与古老的成吉思坦乌是整个事件的必然见证者。它记住了阿吉里与玛丽娅的第一次相会，它从一个 14 岁小姑娘眼里看出了真挚的爱。

天空那明亮的月亮，看见了相会中的恋人阿吉里与玛丽娅，它默

热洁拜地区沙卡里姆博物馆

默地把这种爱与古老的成吉思坦乌分享："啊，阿克萨卡尔！① 他们是多么的相亲相爱啊！好像过去从来没有人如此约会，似乎他们一点也不惧怕在相拥中死亡。从沉思中醒来的古老的成吉思坦乌以及月光下清澈的河水都悦耳地欢笑起来。"然而，你什么也没看到。事情发生在白天，因此你不可能会看见这一切。

阿吉里与玛丽娅的父母赞同他们相爱，但是由于人们的嫉妒，他们不得不接受死亡惩罚。玛丽娅的贪婪的哥哥决定把妹妹嫁给叶尔吉姆别克，一个富有的财主的儿子。但是，另一个善良的哥哥帮助妹妹逃往阿吉里那里。在朋友的帮助下，他们躲进了山里。但是那样的生活让他们感到非常难受，因此，他们回到了村里。阿吉里被诬告为偷窃并被发配到了另一个县，在那里他得了重病。有人把这个消息告知叶尔吉姆别克，他四处造谣说阿吉里已经死亡。叶尔吉姆别克威胁说，如果玛丽娅不嫁给他，他将杀死玛丽娅的家人和村子里的所有人。玛丽娅做好了面对死亡的准备，她死也不愿意嫁给这个可恶的叶尔吉姆别克。正是这个时刻，痊愈后的阿吉里

----

① Аксакáл 阿克萨卡尔（突厥语）——家族首领，中亚与高加索地区突厥民族的受人尊敬的长者或者智者。

梅列克——沙卡里姆的孙子

出现了。在不公平的决斗中，阿吉里被叶尔吉姆别克射伤，生命垂危。玛丽娅扑向了阿吉里。叶尔吉姆别克使劲把玛丽娅从阿吉里身上推开了。玛丽娅试图用马刀砍叶尔吉姆别克，但是叶尔吉姆别克抢先一步杀死了玛丽娅。

按照沙卡里姆的意图，在兄弟们的冲突中展现的是这个世界——在这个世界上，亲情会变成阴险狡诈，而对于年轻人来说，爱与忠诚的高尚感则是与其对荣誉与尊严的理解密不可分的。

沙卡里姆这部作品的基本特色是体现了哈萨克语言的美妙与生动。他对作品中的反面人物也采用了非常富有表现力的文体。叶尔吉姆别克对其同伙说道："好了，打住，舍什拜。阿拜曾经说过，对于看家狗任何一块烂肉都是猎获物。你，一看见姑娘，就马上被她的美貌所惊呆。"

还可以举另外一个关于自然风光与主人公心理状况的诗体性描写的例子。当警察们逮捕他的时候，他突然看见秋日天空中涌现出了一团乌云：

谢米巴拉金斯克大学纪念沙卡里姆·库达伊别尔吉耶夫诞辰 150 周年
国际学术会议

莫斯科市阿拜·库纳巴耶夫纪念碑

谢米市中央公园沙卡里姆纪念碑

此时此刻，从成吉思坦乌方向的天空中涌现出了一团令人厌烦的乌云，漆黑的飓风升起来了，雨变成了雪。当他们走出村子后，阿吉里发现，风驱逐着风滚草并把它们填入了井中。看见这些，他开始思考监狱的生活："怎么离开没有亲人一个人独处！唉，生活是多么的残酷呀！"

而在描写哈萨克村庄的生活时，沙卡里姆添加了自然写实主义特征，这一切是任何一个局外人都无法想象的。他写道：

　　　从村子里走出了赤身裸体的小孩子们，他们用手捂住了双耳并开始模仿羊羔与母羊的叫声，他们的喊叫声忽高忽低，高声呐喊时而被低沉的声音所代替。孩子们拍打着自己的腰跑到了羊群的前面。

　　　从远处寒酸的毡房中走出了一位老人，他手拄着拐杖走了过来并朝母羊喊道："伊沙伊特，沙伊特！"①

　　　此时此刻，你，古老的成吉思坦乌，投下了你的影子，犹如往大地上放了一条黑色的围巾，遮住了聚集在你脚下的人们。而在毡房中，他们似乎知道了你的离去，走出了一位老态龙钟的老人，他扔掉了自己的帽子开始聚拢羊群。

　　　在这黄昏前充满了各种生物喧闹声的活生生的草原场景中出现的不仅仅是人——孩子和老人，而且还有把自己黄昏前的影子投入到居所的永恒的山峦。这种世界的和谐一致对于诗人来说是非常重要的。他身边的那些年轻人中谁能与这和平与和谐匹配？

　　　但是，沙卡里姆在这部作品中完全放弃了道德说教。他没有按照文学的时尚方式来介绍事件，比如表现阶级斗争或者是通过叶尔吉姆别克的恶行来展现"新一代"哈萨克人的堕落。当然，人们的争斗与激烈的反抗情节完完全全在《阿吉里与玛丽娅》中得到了体现，但这并不是诗人要重点介绍的，他的目的是以一个艺术家崇高的感受来展示痛苦生活中的美好。

　　　非常遗憾，"悲剧小说"《阿吉里与玛丽娅》这部独特的文学性生活矩阵没有出版发行，未能与现代读者见面。很显然，它只能以手抄本的形式传阅，而且数量少得可怜。

　　　1925年年底，木合塔尔·阿乌艾佐夫又一次赴列宁格勒学习。因为他的离去，杂志《唐》很快就被定性为"民族主义的"而被关闭。沙卡里姆本人也没有找到出版自己作品的任何办法。见到这部小说已经是在63年之后了。

　　　这是一件令人瞩目的事情。沙卡里姆于66岁高龄时在萨亚特—柯拉开始了自己的隐居生活。然而，也正是在这一时期，他创作生涯的另一个高峰期到来了。更加值得注意的是他在草原乌云密布时期的创作。苏维埃

————————————

　　① 伊沙伊特，沙伊特：哈萨克语中招呼羊群的呼语，即"过来，过来"。

政权要求人们屈服于其统治，这对传统的哈萨克人的生活方式造成了无法避免的灾难，游牧世界走向了深渊。

在这个时刻，诗人比以前更加尽心尽力地工作。他不间断地写作，把自己的文章投向报纸，把诗歌投向杂志。他在完成抒情性小说《阿吉里与玛丽娅》和论文《三个真理》的同时，继续撰写传记性作品《逝去的生命》。

他像跟极度的邪恶战斗那样投入了自己喜爱的创作之中。他以自己的责任感来写作。责任感出自他对人民、对草原以及对生他养他的这片土地的挚爱。为此，他必须写作，要像列夫·托尔斯泰那样地写作。

他时常思考托尔斯泰的形象与个性，久而久之他明白了。前往萨亚特—柯拉隐居，这是托尔斯泰式的前往荒野之路，是一条审视自己的道路。他把自己的一切都交予了这种感受。托尔斯泰，他最为喜爱的托尔斯泰说过，如果不往墨水瓶中留下一块带血的肉的话，那你什么也写不出。沙卡里姆在这份炽热的感觉状态中深受煎熬，他为草原所有人而煎熬，为整个人类而煎熬。他的创作就是对现实中那些邪恶势力的积极反抗，是他生命晚期人生道路的有意识选择。

第二节　死亡之路

根据他本人做事有始有终的习惯，1925—1926 年，冬天沙卡里姆完成了自 1918 年底开始的对哈丽特·比彻·斯托《汤姆叔叔的小屋》的翻译工作。在过冬地肯—克纳什，在自己好友阿乌比什多年的帮助下，他突然开始关心起自己的社会地位。

关注此事的理由就是接触了比彻·斯托 100 多年前，即 1852 年所写的这部小说。这部小说在 1858 年被翻译成俄语作为副刊刊登在杂志《现代》上。许多年来，俄罗斯民主主义者把这部关于美国奴隶制的小说当作推翻俄罗斯农奴制的小说来研究。

沙卡里姆使用雇佣劳动力，实际上，这是一个完全有意识的生命体。他在一定程度上为此而难为情，因为虽说他对待工人非常的友善，但在他这里有雇佣工人存在。

《汤姆叔叔的小屋》彻底推翻了他关于游牧社会划分财主与雇工的概念。自然，诗人对社会革命没有进行过思考，但是，他认为自己是一个奴隶主，在肯—克纳什压迫着阿乌比什。他立刻打发阿乌比什回家，为他们多年的友谊以及他多年对自己的服侍给予了物质上的回馈。随即他开始投入到《汤姆叔叔的小屋》的翻译中，但是，这项工作直到1920年中期才结束。

要说沙卡里姆的工作是很不容易的。要知道，《汤姆叔叔的小屋》的译本被认为是遗失了的。诗人在1931年写给萨比特·姆卡诺夫的信中回忆道："小说《阿吉里与玛丽娅》的译本，好像是在去阿拉木图工作的巴克达乌列特·库达伊别尔德乌雷的手中。他的地址是阿拉木图，列布西斯卡娅大街63号。在他手中，很可能，有我对美国作家哈丽特·比彻·斯托关于美国奴隶生活的《汤姆叔叔的小屋》的译本。他经我允许拿去印刷出版。这两样东西被我们的一位年轻人改编成了诗歌。假如你能够找到的话，我同意你把它们印刷出版。至于对他们的诗体性改编，你自己看着决定"。

很遗憾，无论是他提到的译本，还是诗体性的改编本，都没能被找到。

另外，在萨亚特—柯拉所创作的作品中，我们要特别划分出其苏菲主义的形象性的诗歌。诗人，很明显，在其生命的晚年想要对自己的宗教观做一次梳理，而这些在过去他只是非常简单地诗歌中提及。他的目标依然是获得真理与研究神圣之奥秘，也就是外部世界无法获知的心灵之奥秘。

诗歌《在通往真理的道路上没有痛苦……》中采用了广泛的象征——眼睛是精神燃烧的动机，沙卡里姆确立：

> 为了看透你的心灵，请睁大你的眼睛。
> 为了在交谈中看到真理，
> 亲爱的，我们不被允许，
> 带着空洞的与漠然的眼光徘徊。

诗人像一个真正的创造者一样，没有在哲学与宗教思想之间划分界限。或许，正是因为这一原因，这些年中他的诗歌构思才能在苏菲主义美学中实现，而这一美学被他创造出了更多的表达方式。沙卡里姆感受到自己接近于承认真主与永生存在的苏菲主义文化。因此，他给予诗歌《在通往真理的道路上没有痛苦……》纲领性的特征。

首先要能够全面认识自己的灵魂，
对自己提出更高的要求。
如果想要去认识真理，
对自己提出三个基本问题。

因此，认识自己的灵魂——这是精神的象征，而非肉体上的。按照诗人的想法，应该首先认识真理。在解决三个基本问题之前人不可能做到这一点。

不必着急，我们死后会成为什么？
我们从何而来，从我们能获得什么好处？
我的智慧——是一面镜子，而"我"——就是灵魂，
一切都是这样毫无灵魂的消失？

但是，空洞影响着什么？
会不会消除那些曾经存在过的一切？

显而易见，真理作为认识论上的概念与体现，首先与以"空洞"形象来考证的运动轨迹的原型相联系。也就是说，所有"过去存在"的一切都有可能消失——这是摆脱存在环境的唯一出口，这是完全缺失、无个体精神苏醒的状态。

从另一个方面讲，诗歌包含有苏菲主义美学的象征成分：

在通往真理的道路上没有痛苦，
给我美酒，我想成为快乐的人。
悲伤与喜悦——一切稍纵即逝，
在艰难的现实中没有永恒的东西。

痛苦轻易而来转瞬即逝。
你忧伤吗？你怎么就不能变得精神抖擞？
不要脱离光明的道路，
坚定你的脚步，快速地向前行进。

> 我很遗憾，我没有这样来到清真寺，
> 但是，不要严厉地辱骂毛拉与索普。
> 脚喜欢在真正自由的道路上
> 跳跃飞驰。

　　这里的美酒——苏菲主义的象征。词语"美酒""意中人""斟酒人""酒馆"自古就被收入了所有苏菲主义诗人的词典中。提及绝妙的饮料象征"美酒"具有超验的意义。诗人以美酒作为宗教性理解的陶醉比喻，而斟酒人的形象则成为对真主的参照。因此，苏菲派并不一定非要喝美酒。

　　沙卡里姆，从来就没有沾过酒精，因为在草原上根本就没有这种东西。但是，深陷于苏菲主义美学中，他描写了美酒、斟酒人与相爱之人——这是一种"激情"，这种激情在苏菲主义诗学中就是——真主。

> 当你点燃了希望之灯这天。
> 你的智慧中福音飞扬。
> 钟爱之人遗憾之后，环顾而盼，
> 用自己的光芒照亮了我的眼睑。

> 我烧掉了过去的信仰，
> 当我接受了真正的信仰。
> 我找到了自己钟爱的信仰，
> 自我接受真理那天。

　　《新信仰》诗歌集的显著特点是必然地加入了苏菲主义形象元素。打开这部诗歌集，就好像是打开了诗歌《在通往真理的道路上没有痛苦……》一样。

　　诗人在叙述诗歌原则之前先把建立在与穆斯林神学相互关系上的个人见解进行了介绍。这里没有任何出人意料的东西，他早就对清真寺服务者的行为持批判性的观点。他对待信仰、对待真正的信仰就如对待圣物一样。而毛拉对待伊斯兰法典的伪善态度激起了他强烈的不适。在确立认识真理的道路的同时，沙卡里姆不能对那些破坏信仰基础的行为漠不关心。

清真寺服务者的宗教实践全都是为了"利益与夸赞"。被他们粉饰过的那些衰老退化的信仰教条产生着典型的"毫无生气的智慧的瞎子"形象。

《新信仰》汇集了 28 首哲学抒情性诗歌。整部诗集是诗人热心于公正、诚实、良心、理想的鲜明写照。诗集中的作品显示出沙卡里姆是世界上一位真正的诗人。要知道，那时候他已经快 70 岁了。在这样的高龄他不仅创作了自己优秀诗集中的其中一部，而且涉足了象征主义美学。

这 28 首诗歌全部收藏在哈萨克诗人伊利亚斯·让苏古洛夫（1894—1938）的个人档案室中。自 1928 年起他开始在报刊业工作，1932 年负责领导建立作家协会委员会，1934 年当选为哈萨克斯坦作家协会第一任主席。

可能是在这一时期，沙卡里姆的诗歌集《新信仰》转到了时任共和国作协要职的让苏古洛夫手中。作者亲手在上面写着："写于七十岁"。

沙卡里姆生活在偏僻的草原，身处成吉思坦乌的群山之中。山脉，不仅仅是地理上的高地，而且是精神的高度与世界的中心，是天与地的融合之处。在沙卡里姆的意识中，山脉就意味着上升，是他奋斗的常态以及与周围社会的纷繁复杂隔离的象征。他，作为一个寻求真理的老诗人，有自己的历史榜样。先哲们的历史与传奇方式，通常是远离尘世隐居在希拉山①的周围，是对上苍为人类所创建的唯一的大地的显示。关于人类自己，他认为这是一个奇迹，由"小小的一块泥巴"所构成。在山中一伸手就可以够着天，在此可以观察宇宙，也可以试图与真主聊天。

> 他写下了自己精神上的孤独感。
> 我——是一个孤儿，我自己剪断了自己的脐带，
> 我艰难地为自己开辟了狭小的洞穴。
> 你何时能明白，我如何在痛苦中挣扎，
> 那时你会看见我全部生活的情景。

众所周知，自古以来洞穴的形象总是与母亲的脐带相联系，是生命的

---

①　希拉山洞，伊斯兰圣迹之一。位于沙特阿拉伯王国麦加城近郊 4 公里处的光明山腰，为一狭窄石灰岩自然凹洞。相传，公元 610 年 9 月，40 岁的伊斯兰先知穆罕默德在此山洞静修时，天使吉卜利勒将造物主安拉的启示（al-Wahy）传达给了穆罕默德，后被整理成《古兰经》传世至今。

开始与中心。也正是因为这样，沙卡里姆产生了"剪断了脐带"的比喻。古代哲学家把洞穴看作是整个物质世界的象征。按照柏拉图的观点，人类的智慧似乎是包含在洞穴之中。在沙卡里姆的诗学中自由的人类智慧能够跟想象和精神一样了解世界。

诗歌《当我步入了四十岁以后……》是一首但丁式《地狱》的鲜明对照。沙卡里姆与自己的导师一起走过了人类那充满各种弊端的历史长廊。

但丁如此开始了自己的《神曲》：

> 我走过我们人生的一半旅程，
> 却又步入一片幽暗的森林，
> 这是因为我迷失了正确的路径。
> 啊！这片森林是多么荒芜，多么险恶，多么举步维艰！
> 道出这景象又是多么困难！
> （米哈伊尔·罗瑞斯基翻译）

或许沙卡里姆没有读过但丁的作品。但是，作为一个伟大的佛罗伦萨人，他生活在新旧时代变更的年代，正处于世界绝对启示的时期。沙卡里姆的诗歌写于自己 40 岁时，即他明确了自己在世界中的地位之时。从此他为自己的后半生选择了新的道路，选择了一条通往智慧、自由和信仰（真正的信仰）的道路。因此，他如此写道：

> 当我步入 40 岁之后，
> 智慧立刻与我结为知心的朋友。
> 未来 30 年的自由
> 信仰——是我的朋友和指路明灯。
>
> 我思索性地打量一下整个世界。
> 我开始了翻译。
> 苍穹下那挚爱的光芒
> 照耀着我勇敢地面对地狱的炼炉。

因为地狱之火周围一片光明，
有妙龄女子对我讲：
"不要说，你知道的少，
继续努力，我将成为你的人。"

通过炼狱之火的洗礼，主人公能够为发现世界的不完善而采用神秘的象征主义方法。

在炼狱之火中烧灼，
眨眼间就如煤那样变成了灰，
心炸裂之际我颤抖了一下，
为了把此妖孽尽快抛开。

真主实现了自己的诺言，
纯洁了心灵，抛弃了痛苦。
她对我说："紧紧抓住我的手"，
"我们去往何处？"——我起身随她而去。
"带上人类的创造，
他们的信仰、荣誉与渴望，
他们吃什么，他们的愿望——
我揭露一切并粉碎一切神话。"

这首诗说的是什么呢？通过一个堕落之人的形象来解释世界并使他获得重生，同时提醒他明白：按照上苍的赐予他能够达到完善。按照自己的诗歌的现实主义形式，沙卡里姆建构了一个介于物质地球与精神天空之间的形象，而他推崇的是后者。

诗人以情人的眼光观察了这个世界上那些神职的人、显贵的人与达官贵人：毛拉、神职人员、索普、沙皇、比依、富人、商人与高利贷者。他像但丁与维吉尔那样一起通过了地狱并面对了那些人。随后，沙卡里姆在自己的诗歌中绝妙地把他们塑造成了影响下层人的抒情标本。

在沙卡里姆的文学性诗歌概念中，哈菲兹的创作占据很重要的地位。对他作品的翻译开始于1918 年。对哈菲兹一个作品的翻译刊登在杂志

《阿拜》上（1918 年，第 3 期）。

> 索普在祈祷什么，
> 他能看见什么或者了解什么？
> 无论他对谁说了什么
> 关于我的，我都不在乎。

这首诗歌曾被 Г. P. 杰尔扎温翻译成俄语：

> 你从何而知，朝觐，给我们带来的喜悦。
> 啊，你是那样的贫乏，你的诽谤是多么的无聊！

　　沙卡里姆对自己的翻译预先做了说明："在那遥远的过去，在波斯住着一位杰出的学者、苏菲主义者卡扎·哈菲兹。为了使哈萨克青年了解他的世界观，我决定翻译这首诗。沙卡里姆"。

　　对于哈菲兹深的热爱还体现在他给子孙所起的名字上。沙卡里姆把自己的外孙——女儿的孩子——起名为卡扎卡潘（1921 年）、卡扎卡别思（1924 年）与卡扎尼亚斯（1928 年）。

　　而现在，在萨亚特—柯拉，他翻译了 9 首哈菲兹的优秀诗歌，其中包括著名的诗歌，如：

> 当把设拉子美女作为你的偶像时，
> 为她我把撒马尔罕和布哈拉给予她。

俄语版的沙卡里姆文本是这样的：

> 当她那明媚的目光
> 吸引住我时，
> 无论是布哈拉，还是撒马尔罕
> 我都为她而捧出。

　　这首诗歌的俄语版翻译非常多。沙卡里姆是不是从波斯语（沙卡里姆掌握这种语言）、阿塞拜疆语（土耳其语）或者从俄语翻译过来，我们不得而知。我们只是发现，他的翻译非常接近俄语版的。很显然，沙卡里姆被这首诗歌中所蕴含的美丽神话所吸引。

众所周知，哈菲兹晚年（1325—1390）生活在沙曼苏尔莫扎法尔王朝统治时期。民间传说记载，在残暴的帖木儿到达设拉子后，他认为哈菲兹这首诗歌的前几行具有侮辱性，就命令哈菲兹前来见他。关于这件事情，著名的《诗人选集》作者达乌拉特沙赫·撒马尔罕吉（15世纪）做了叙述："人们传说，在那个时期，也就是帖木儿攻占了法尔斯并杀死了沙赫曼苏尔以后，哈菲兹依然活着。帖木儿派遣自己的近侍前去把哈菲兹带到跟前。当哈菲兹到达以后，帖木儿说：'我用自己锋利的剑征服了半个地球，我摧毁了成千上万个村庄，目的就是把撒马尔罕与布哈拉变成我的国土。而你，一个微不足道的人，却要把他们交给一个设拉子的突厥姑娘。你曾经说，当把设拉子美女作为你的偶像时，为她的胎记，你把撒马尔罕和布哈拉给予她。'哈菲兹鞠躬说道：'啊，世界的君主！您看看，我的懒惰把我弄到了什么地步。'（哈菲兹穿着破衣烂衫前来朝见）帖木儿对于他这聪明的回答感到很高兴。他改变了初衷并亲切地接待了诗人。"

在另外一个版本中，哈菲兹对帖木儿说："啊，君主！您听到的不是真的，我没有写'撒马尔罕和布哈拉'，我写的是'谢马特罕及忽尔马—拉（三个糖包和两个柿子）'。"

这只是传说而已，事实上，在帖木儿统治设拉子时期那样的会面是不可能存在的，因为哈菲兹在帖木儿到来的四年前就已经去世。

接触哈菲兹诗歌所体现出来的精神世界的完整，有可能，不会被后来沙卡里姆的亲人和崇拜者所发现。但是，一个孤独隐居者的圣洁的形象自始至终鼓舞着所有前来拜访他的人。

来访者中有不少远道而来的客人。

阿哈特写道："大约是1925年，一位列宁格勒的俄罗斯人费里斯特洛夫来到了我们卡拉布拉克过冬地的村子里。他毕业于列宁格勒大学的语言系。与他一同前来的是一位还在大学学习的年轻的哈萨克人。

"这位费里斯特洛夫研究哈萨克习俗与传统。

"他们在我们这里逗留了大概一周时间。他们长时间地与父亲交谈，反复询问了哈萨克人的各种习俗，关于婚嫁、信仰、与民俗有关的器皿餐具以及日常生活中的物件等。甚至询问了哈萨克人古老历史文学的情况。

"他们为父亲拍了标准照和手持猎鹰的照片。

"回到家以后，费里特洛夫出版了关于哈萨克人民族特点的书籍并给父亲寄来了一本。"

阿哈特这一次似乎搞错了来客的名字和来访日期。热杰拜阿拜博物馆的工作人员马拉特·阿布杰绍夫于 2002 年在谢米巴拉金斯克报纸发表了一篇自己写的推测文章。在 Б. Х. 卡尔梅舍娃的文章《1920 年中亚与哈萨克斯坦民族研究。Ф. А. 费叶力斯特鲁普野外考察》《俄罗斯民族特点、民俗学与人类学历史概况》（米克鲁霍—马可拉伊民族学研究所著作）中，马拉特·阿布杰绍夫发现了一位头戴皮帽、手执猎鹰的中年哈萨克人的照片，题字显示："手执猎鹰的猎人，哈萨克人，原谢米巴拉金斯克县，1927 年"。按照博物馆工作人员的看法，这张照片上的人就是沙卡里姆。照片的拍摄者是俄罗斯学者、民族学家费多尔·奥尔杜洛维奇·费耶里斯特鲁普。他在 1927 年随俄罗斯共和国科学考察团在谢米巴拉金斯克地区工作过。列宁格勒俄罗斯博物馆工作人员费耶里斯特鲁普负责该考察团民族学小队的工作。正是他从沙卡里姆那里记下了该书中所引用的民族学信息。书上有标注："根据谢米巴拉金斯克县尊敬的沙卡里姆·库达伊别尔吉耶夫的话……"

当时一共拍了两张照片，一张是手执猎鹰的，被引用在了卡尔梅舍娃的文章中，而另外一张个人照没有被找到。所以，阿哈特所谓的"俄罗斯公民费里斯特洛夫"就是民族学家费多尔·奥尔杜洛维奇·费耶里斯特鲁普。他来到这里不是"大约在 1925 年"，而是在 1927 年。

被这些个人来访搞得有些疲倦的谢米巴拉金斯克的沙卡里姆在 1928 年春天和夏天对这种生活方式做了总结。在诗人的精神哲学反省中，常常可见其创作的深刻的忏悔记录。对自己的作用一筹莫展的诗人思想家在自我评价中经常显得非常严厉：

> 我想建造生活的屋子，
> 毁坏了上千个房子，
> 我只来得及收拾砖头，
> 但一切都被连根泡湿。

> 我没在自己身上发现一丝奸诈，

> 我像刽子手那样地收取费用，
> 我为自己找寻心灵的良药，
> 哭泣中我求助于那些无家之人……

可能是由于年龄的缘故，沙卡里姆不仅病态地对待那些不愉快的回忆，而且针对那些来访者"善意地"告诉他的所有评论：

> 他们写的越多错误就越多，
> 他，这个伪君子说了。
> 不要用谎言来代替真理！
> 你不需要这种毒药。

这些是在他70岁高龄时所写。他的头脑还是那样的清晰和纯净，他的诗歌依然是那样的清晰明快。他在当时是那样的充满热情，甚至有些亢奋激昂。

他要求家人不仅关注他本人，而且关注他的创作：去读完它们，深入进去，理解它们！

是的，他对自己的生活方式做了总结。但是，与此同时，他也反驳了那些评论家，因为他们一直在批评他及他的生活方式。这种生活方式对于当时的人们来说是极其罕见和不可思议的。

> 如果突然又有像我这样的
> 在哈萨克人家里出生，
> 他想要与真理交融并追逐真理——
> 这将是很好的预兆。

把用真理的威力模拟哈萨克人的感性生命作为主导思想，沙卡里姆开始与自己所提倡的概念和谐相处。他无法从精神上找到为自己身边比比皆是的不合理现象辩白的理由。

> 毛拉怜惜我们，的确，
> 他们说，我是一个很坏的丈夫，

他们冠于我"不忠诚者"，
他们自己愚蠢，嫉妒使他们愚蠢。

没有他们亲属们也在骂，
好像我惹了他们。
自己做什么，他们不知道，
事情中的龌龊他们不操心。
显然，大家都觉得我是名人，
也都相信，我曾是一个富人，
回避这些"错误"的交谈，
年轻人在奔跑，唉，真主！

但是，这不是殉难式的忏悔，而是这位真理的拥护者显而易见的精神孤独之痛。他用他的铅笔——创作的武器，试图积极地对周围的那些不健康的行为发起冲击。

大家都走了，就我留下了。
我对你们是什么样的人？
我拿走了什么？我有什么不敢坦白？
看，只有铅笔和纸。

沙卡里姆认为自己是一个勇敢的人，因为他总是有勇气进山去狩猎。他发现了人类的弊病，并为此而伤心。他试图去理解："我和他们到底谁错了？能不能在此获得真理？"

诗人关于另一条道路的观念不是产生于宁静的书房，而是来自于人民的实际生活。沙卡里姆在关于他的精神生活哲学被拒绝的前因后果的思考中得出了结论："难道是我错了"，或者是"他们"？人们，是按照习惯生活，而他的"语言——犹如毒药"，只是"启发着一大群人"。

联系现实生活，精神上无可非议的孤胆英雄认识到了自己的无能为力：

我用长矛刺向了目标，

你们的意见我全部带走。

接下来我去往何处？

这儿无可怜虫的容身之处。

用不着奇怪，在那种条件下诗人赋予了哲学悲观主义和忧伤。他把与邪恶的现实对抗的结果与墓穴联系在了一起。

你使我摆脱了痛苦，

你把我从苦海中拯救出来，

你，墓穴，吞下了一切。

半步之遥请为我打开进入之门。

但是，他还是不得不继续承受生命中最为艰难的考验。

1927 年 12 月，在莫斯科召开了像著名的集体化代表大会一样的苏联共产党第十五次代表大会。遵照大会的决议，在极短时间内，即在 1932 年春天前，必须在国内建设强大的农业，同时也指出了发展的道路：把小型个体农民经营改造成为巨大的集体经营——"没收剥削经营"的集体农庄。

这项决议对适合于个体经营生活方式的哈萨克牧人的生存造成了毁灭性的打击。

没收的主意出自维护其本身阶级利益的国家高层圈子。根据柯尔克孜军事革命委员会第一任主席 C. 别斯特科夫斯基回忆，1919 年春天，弗拉基米尔·列宁在回答俄罗斯共产党第八届代表大会代表团成员中的哈萨克斯坦人提出的"以何种方式可以动摇村庄中大财主的经济实力"问题时，他直接赠言说："显而易见，你们不得不迟早提出重新分配牲畜的问题。"

在哈萨克斯坦，集体化思想的宣传员是菲利普·柯罗什金，他于 1925 年 9 月当选为哈萨克斯坦区委会第一任书记。职业革命家柯罗什金来到克孜勒奥尔达以后立刻申明说，在村庄中没有苏维埃政权，只有财主的压迫。很快他就提出了自己的主要思想："我确信，在我们的村庄应该进行'小型的十月革命'。村庄中的经济条件应该尽快改变。必须帮助穷苦人与财主进行阶级斗争，假如这是一场国内战争的话，我们就支持这场战争。"

为了对所发生的迫害行为提供理论根据，柯罗什金把哈萨克人的游牧生活方式定性为生活习惯，这种习惯在一定的措施帮助下很容易被戒除改变。他说，在把牧人转变成农民的过程中不可能没有牺牲，在向社会发展的高层次生活水平转变的过程中，牲畜数量的减少是客观规律。

1927 年 11 月，柯罗什金领导下的第六届哈萨克斯坦共产党大会讨论了关于没收财主财产的问题。党员们认为"准许从大财主那里没收部分牲畜与财产"是可行的。1927 年 12 月 13 日，组建了专门委员会来研究没收大财主产业法的草案。该草案在经哈萨克斯坦区委会审议确定后提交联共委员会与中央执行委员会通过。

政权的领导者们立即着手实施这一计划。1928 年 3 月，哈萨克斯坦统一国家政治管理局全权代表卡什林给苏维埃社会主义共和国联盟国家管理局作报告说："在前期工作中，我决定先在省内没收身份显赫的、有影响力的、经济与政治地位高的资产阶级民族主义分子的财产，例如大财主，即社会中坚，目的是排除没收运动中有可能产生的危险。因此，准备工作应该以飞快的速度转化为大规模的政治行动，而所有这一切艰巨任务都由我们来承担。"

1928 年 8 月 27 日，在中央执行委员会与共和国人民委员苏维埃会议上通过了《关于没收财主产业》的决议。两周后又通过了一项《关于大财主与封建主对抗没收与迁居的刑事责任》补充决议。

随即在共和国所有地区都确定了推行没收活动的全权代表，向所有村庄派遣了 1000 多名全权代表。除此之外，在协助委员会中还有 4700 多人在工作。

没收运动开始了。实际上，这是一场大规模的对哈萨克人的掠夺行动。哈萨克人失去了自己在草原上赖以生存的主要依靠——牲畜。

第三节　贫困线上的创作

当然，没收财产运动不只是在哈萨克斯坦进行，而是在整个苏维埃国家内进行。该运动在哈萨克斯坦则导致了毁灭性的后果——近三分之一的哈萨克人死于饥饿。

遵照 1928 年 8 月 27 日的决议，没收财产及遣送"大财主"是板上钉钉的决定。在哈萨克游牧地区，这类人就是指那些在牧区拥有 400 头大型带角牲畜、在定居地拥有 150 头牲畜的人。为了给其运动冠以"人民"的性质，组织者们吸收了一大批穷困的哈萨克人。这些积极分子把没收来的牲畜全部赶到了区中心并给予武装保护。

　　未完成预先规定的没收牲畜数量计划的区会被看作对抗苏维埃政权。惊恐的积极分子想尽一切办法来抢夺牲畜，甚至不惜从进入没收名单的自己的近亲与远亲身上下手。这种方式被频繁地采用。有时候为了凑够要求的 150 头牲畜，他们不得不把亲属们的牲畜集中在一起，然后抢走自己所需的牲畜数量送往区里。

　　沙卡里姆的儿子阿哈特这样讲述了成吉思坦乌没收财产的情形："1928 年，出台了关于没收大财主，即过去'人民的压迫者'以及所谓的'骨干'富人财产的决议。这个决议含有几个条例。特别是，被没收财产的必须是那些拥有许多牲畜的显赫家族之人，他们曾在某个时期担任过乡长或者毕伊，欺负和压迫过普通老百姓。还有就是那些雇用过雇农并对其进行过剥削的人。其他的条例我没有记住。

　　"他们要求被没收财产者之中必须有库纳拜的某个孙子——即使他不符合条件。主要原因是，库纳拜曾经是一个'贵族'级人物，他担任过乡长和苏丹。因此，他们决定没收沙卡里姆的财产并将他发配。

　　"所有必须被没收财产的人都必须通过人民会议来商讨。我们的村子隶属于村苏维埃'卡拉扎尔塔斯'管理。沙卡里姆要在村苏维埃会议上接受讨论。

　　"先是来自谢米巴拉金斯克的官员科亚巴耶夫发表了讲话，随后又有几个人发了言。大家开始讨论这个问题，即沙卡里姆到底应该不应该被没收财产？

　　"有人说：'沙卡里姆确实是库纳拜的孙子，还有他的确担任过乡长。但是，我们从来就没有听说过和看见过他曾经压迫过别人或者剥削过他人。如果说在我们的人民之中有正直的人，那就是沙卡里姆。'

　　"'如果要让我们决定，那么我们将反对没收沙卡里姆的财产。'他们这样说道。

　　"我记住了年轻人库尔扎别克的话。他说：'我在沙卡里姆身边工作过。尽管我是为其看护牲畜，但是他们待我犹如家人一样。他从来就没有欺负过我，更没有克扣过我的工钱。'其他人也重复了同样的话。

　　"当人们开始投票时，只有三四个人同意没收沙卡里姆的财产。

"最终，会议完全变成了为沙卡里姆作辩护。"

可能人们会觉得很奇怪，沙卡里姆为哈萨克文化做出了巨大的贡献，但是新政权却对此视而不见，因为对他们来讲最重要的是其财主与敌对的出身。他的书籍、诗歌和叙事诗很容易被忽略，它们在阶级斗争中没有任何价值。过去那些富裕的阶级被宣布为阶级敌人，他们必须被消灭。

在哈萨克草原社会，阶级敌人就是苏丹与他们的后代，还有毕伊、乡长、贵族以及他们所有的近亲。事实上，生活的新主人绝没有被过去的状况所困扰，也正是这些富裕之人——所谓的财主——世世代代管理着游牧社会，保障了家族结构的稳定。但是，他们应该"作为阶级被消灭"。

尽管村苏维埃"卡拉扎尔塔斯"决议为没收沙卡里姆的财产做了辩护，但是苏维埃政权却没有放过沙卡里姆。他们决定把沙卡里姆提交另一个村委会"阿克托别"来审议。诗人前往"阿克托别"村委会。但是，在这次会议上，大多数人依然反对没收沙卡里姆的财产。

接下来的第三次对著名诗人卡兹的审议提交给更远的村委会"库德兹德"。该村委会的大部分成员来自梅尔斯家族。过去，沙卡里姆曾在他们那里担任过一届乡长。在"库德兹德"村委会会议上，梅尔斯家族成员全部站在诗人一边。"由此我相信了父亲说过的话的真谛，即正直的人民永远支持他。"阿哈特写道。

但是，此事远远没有结束。现在，沙卡里姆的事情被决定提交给谢米巴拉金斯克市扎顿工人会议来审议。70 岁高龄的诗人不得不在深秋赶赴城市。

在工厂的会议上，人们对他进行了当时最为严厉的指控。会议组织者说，尽管他的牲畜数量不多，但是按照其他条款，他完全符合被没收的条件。因为他曾担任过乡长、完成过朝觐、雇用过牧人并剥削过他们的劳动，还有他曾经是阿拉绍尔达党的成员。除此之外，他还是库纳拜的孙子，他的爷爷曾经是大苏丹。针对负责人及大会的参加者阿尔德巴耶夫的讲述，工人们站出来支持沙卡里姆。

"他没有使任何人受害。我们不能说沙卡里姆应该被没收财产。"他们说道。

一个中年人接着说："是的，沙卡里姆曾经担任过乡长。但是，再也没有人比他更正直了，这一点人民非常清楚！沙卡里姆雇用了雇工，但是有没有人说过他剥削了他们的劳动？他朝觐过，难道这也算理由吗？试想想那时候谁没有朝觐过？难道他的爷爷曾经是一个统治者他就应该受到惩罚？不知在场的哪位还记得，我曾经亲眼所见沙卡里姆是如何公平决断的。当阿拉绍尔达法庭审判之时，也正是他给予了别里吉拜的女儿自由。因为她爱上了自己的老师并违背了家族的传统想要与相爱之人建立家庭，而不是凭聘礼嫁人。难道不是这样吗？同志们。"

同志们大声地表示赞同他所说的话："如果我们支持党和政府的公平决策的话，那我们就不能同意没收沙卡里姆财产的决定。"

最后，在扎顿没有人对没收沙卡里姆财产的表决投票。

最终，因为沙卡里姆个人的崇高威望只能免除没收其财产的决定，再说从他那里也的确没有什么可以拿去，因为他本身就没有什么牲畜。

但是，他们觉得对他还是可以进行发配的。因为在当时沙卡里姆的几个亲属已经被发配去了南方，他们的命运不得而知。

当时的发配情况是这样的。谢米巴拉金斯克人被发配到锡尔河地区，锡尔河与谢米列奇耶地区的人被发配到乌拉尔斯克，乌拉尔斯克人被发配到谢米列奇耶，阿克莫林斯克人被发配到古里耶夫，古里耶夫人被发配到彼得拉巴乌拉夫斯克，彼得拉巴乌拉夫斯克人与巴乌拉达尔人被发配到阿克纠宾斯克，阿克纠宾斯克人被发配到卡尔卡拉，卡尔卡拉人被发配到库斯塔奈，库斯塔奈人被发配到谢米巴拉金斯克。如此强行逼迫哈萨克人大迁移的整个过程成了全苏联人民无形苦难的开始。

1928 年，在成吉思坦乌首先开始没收财产行动，有 17 个人及其家庭成员被发配迁居。随后又有 3 个人被发配，他们是：穆萨塔伊·莫尔达拜、阿拉绍尔达成员哈列尔·卡巴萨夫、图拉古尔·伊布拉吉莫夫——阿拜的儿子。对此有文件证明。

"根据村级穷苦者与雇工及其他劳动者会议、地区穷苦者与雇工大会以及实施哈萨克政府 8 月 27 日颁布的地区执行委员会决议的强烈要求，又推出了成吉思坦乌地区新的发配补充名单如下：1. 哈利尔·卡巴萨夫，2. 图拉古尔·伊布拉吉莫夫，3. 穆萨塔伊·莫尔达拜。他们被定性为派别的著名头目。尽管前两位拥有的牲畜数目远远不够，而后者作为过去的乡执政者已经被发配到西伯利亚的鲁布佐夫区。地区委员会的此项决议通过电传送交哈萨克中央执行委员会审定。

穆萨塔伊·莫尔达拜，过去的乡执政者，作为"社会危险分子"被发配到了鲁布佐夫区。

图拉古尔是沙卡里姆的堂兄及与其志同道合的人,族人都非常尊敬他。按照其牲畜的数量他不符合政策规定,但是,他被定性为"煽动家族敌意与从事反革命活动"而遭到审判,与其他许多家庭成员一起被发配到了锡尔河流域。

1928年11月19日第27号纪要记载如下:"根据10月8日区委员会决议,第14号纪要以及哈萨克中央执行委员会HP16881/5电报,发配伊布拉吉莫夫(库纳巴耶夫)及其家人:第一位妻子西赫布扎玛尔,53岁;儿子哲布拉伊尔,25岁;儿子祖巴伊尔,23岁;儿媳拉西娅,18岁;儿媳卡纳尕特,25岁;儿子阿尔帕雷斯坦,5岁;孙子肯涅萨雷,3岁。没收其家庭36.9头(原文如此)牲畜、6—7间带附属建筑的屋子、一块地毯。给其留有16头大牲畜(7匹马,6匹小马驹,2峰成年骆驼和25只羊)。

图拉古尔于1934年在奇姆肯特去世,他的墓穴无人知晓。

那些没有被发配的托贝克德家族的人同样遭受了巨大的不幸。对于哈萨克人来讲最可怕的是全方位地失去牲畜。起初抢走牲畜只是针对那些被宣布为草原财主的人,后来演变成从他们的亲属那里抢夺,一切都被抢得一干二净。失去了生存支柱的人被流放发配,而留在村子里的人惴惴不安。继而,那些积极分子开始从剩下的人手里抢夺牲畜,目的是完成新的税收任务,没有完成任务指标者则被提交法庭审判。

在成吉思坦乌没收来的牲畜被赶往卡拉乌尔,关在了离村子几公里远的大牲畜棚里。草原上空不分昼夜地回荡着马匹绝望的嘶鸣、牛群饥饿的哞吼和上千只羊的叫声。全副武装的积极分子驱赶着那些试图靠近这些小牲畜的草原人——他们不过是想给牲畜们一点水喝。大量的牲畜就这样死在了棚里。

一部分牲畜交给了集体农庄。而这些转交来的马匹与牛在用于小型自主经营时并非经常够用,再说,这些穷人还不习惯于经营管理。即使得到了一定数量的牲畜,他们还是不能在短期内使其数量增加。最终,这些穷人又回到了自己过去的社会地位,出售或者宰杀牲畜。

冬天,开始大规模地宰杀没收来的剩下的牲畜。按照指令把宰杀的肉发给俄罗斯的无产阶级,成千上万的马、牛和羊就这样死在了屠刀下。

马车和拉车的马非常少,因此,没收所获得的肉也没有被送到谢米巴拉金斯克。整个春天一大堆的动物腐烂物都堆积在草原上。最后,人民的财富变成了一堆堆的白骨。

沙卡里姆意识到情况的危险性。他看到，政府是如何利用自己的影响力吸引那些普通人并招募其中的积极分子为他们服务，然后通过他们在游牧环境中推行自己的决议。他们以最具毁灭性的形式改变了哈萨克人的传统生活方式，而且更主要的是改变了他们的意识，使他们产生了恐惧、仇恨与逢迎，使他们赏识告密行为，认识到行政暴力的价值。

政权命令的积极执行者们试图对民间熟知的卡兹采取惩罚手段，这些卡兹实际上对社会观念没有任何直接的影响，但是，成吉思坦乌上空依然没有任何精神光明的迹象。沙卡里姆明白，政府决不会放过他，决不会允许这片土地上的任何一个人不屈服于它。这与他的"故土"概念背道而驰。

因此，丝毫用不着吃惊，当逃脱了被迫害以后，沙卡里姆立刻动身前往萨亚特—柯拉。这不是躲避政府，因为躲在众所周知的隐居地是没有用的，而是他有一个关于构建自己哲学体系的内心计划，这一思想多年来一直萦绕在他的脑海。在萨亚特—柯拉他度过了自己所有的时间，并试图只与自己的亲属来往，帮助他们维持残留的支离破碎的产业。

事实上，来访者比以前更多了。现在，那些有理智的人都想来萨亚特—柯拉，因为他们为逐渐袭来的灾难所担忧，他们希望从这位卡兹这里听到建议以预测未来，而这些预测是绝对令人失望的。

诗人70岁高龄时到底在做什么？

无力对抗政府摧毁游牧社会物质与精神生活基础的力量，诗人转入了继续创作，目的是恢复自己的文学事业，完成最近几年开始的诗歌哲学特写与论文。

1906年10月，当被拿破仑军队摧毁的普鲁士军团离开耶拿时，法国军队的士兵包围了57岁歌德的居所，威胁到他的性命。此时此刻的歌德正在做什么呢？他在研究中国智者们的伟大思想以及波斯诗人的诗歌。

只有在写作时沙卡里姆才感觉到自己是这个世界上的一个完全自由之人，这一精神力量促使他将来写下不朽之作，完成了一系列的诗歌与故事。诗人把这些诗歌起名为《雪莲花之园》。

17篇中有些诗歌是以最近所发生的悲伤事件为题材的，并通过这一件件事情引申而来。

难道可以凭一时怒气蛮干？

灾难散播着亲人的哭泣。

在哈萨克人中不加考虑的蛮干

历来都被认为是不理智的……

其他的诗歌在展示诗人哲学家关于理智、心灵与信仰观点的同时，把读者带入了作者多年经营、现在已经长出冲天智慧大树的那片沃土。

啊，芬芳的雪莲花在绽放！

他给整个花园带来了好运，

年轻人温柔的心在苏醒。

他们必须接受很多的任务……

系列诗集《雪莲花之园》抒情性内容由 11 篇短小的"掌中宝"故事构成。实际上，这是由东方历史故事改编的寓言。沙卡里姆采用了这些故事，比如，采用了著名的《一千零一夜》中的著名智者哈基姆·泰故事的情节，诗人按照哈萨克习惯称他为阿吉木泰。按照阿拉伯的传说，哈基姆·泰要求母亲卖他做奴隶，用所得的钱买回两峰骆驼宰杀后招待客人。在沙卡里姆眼中，阿吉木泰的慷慨与仁慈全都具体落实到了穷苦人身上。招待好了城里来的穷人与孤苦之人，阿吉木泰动身前往草原。在那儿他遇到了一个衣衫褴褛的人，他叫这位穷人去城里获取施舍。穷人反对说，一个诚实善良之人不能只靠施舍而活，必须凭自己的能力和劳动来养活自己的家庭，仅靠施舍家庭是很难维持下去的。他补充说，他今天已经为自己的家庭捡够了柴火，现在是在为一个需要帮助的瘸腿老人而捡。

这位穷人说："阿吉木泰，你供那些健康的人吃饱了，没有把他们变成乞讨者。最好是帮助那些无家可归的孤寡之人。阿吉木泰可以慷慨施舍、宰杀牲畜，而我用我的劳动和汗水尽可能做一个慷慨之人。让人们自己评价，我们两个谁更加仁慈。"

按照穷人的理解，施舍性的"慷慨"如果没有自己的劳动与汗水来保障的话，那就是过眼烟云。换句话说，在沙卡里姆的寓言中有两个仁善特征——施舍与劳动。几千年来保留下来的两个特征在本质上是完全不同的。从哲学角度看，这两种仁慈也只是看起来很相似。

　　沙卡里姆认为自己有必要完成这些简单故事的撰写。而这些无论是在他的诗歌体系中还是在他的美学观念中都是至关重要的东西。

　　在关于捕鸟的寓言中，他这样写道："就如丝绸做的枕头使脸感觉特别舒服一样，就如精致的食物使胃感觉舒适一样，诗人发自内心的美妙话语就如5月的和风，在勾画出宝贵生命那深邃的秘密的同时表达出了朝气蓬勃的年轻人的喜悦。诗人描绘了犹如12月严寒一样的生活中的灾难，它们摧残了生长中的玫瑰，使它们花朵枯萎，使它们容颜衰颓。如果表达喜悦与痛苦的话语符合人的心情，准确地体现着心灵的状态，那在这个世界上还有什么能与之相比？如果说美貌是身体的礼物，那么，语言与声音的美就是心灵的礼物。当然，心灵美远远超过了容貌美，这毫无争议。但是，容貌美是任何人都可以看见的，而语言与声音的美却很少有人发现"。

　　实际上，这就是关于心灵和身体、关于人类不朽精神的深思。

　　好像就是为了这一至为重要的思想，沙卡里姆才写下了《雪莲花之园》，但是这种思想同样也包含在他的另一则寓言中：关于意中人，当他的情人走入房间时他关掉了房子里的灯。

　　　　"你为什么关灯？"女的问他。

　　　　"看到你的光彩，我以为太阳照了进来。既然太阳高照，为什么要点灯呢？"他回答说。

　　这也仅仅只是一个悖论，玩弄词语，从这个寓言中沙卡里姆得出了一个极其抽象的结论："一千个人中只有一个人有能力摆脱恶习，听从理性的召唤"。

　　这种思想在寓言的开头就已经提出："人有两种需求：身体上的和精神上的。时刻关注自己，自恋和虚荣——这是身体的需求。柔情、渴望诚实劳动——这是心灵的需求。谁具有第一种需求，他为了那些横财、利益与荣誉就会不择手段。拥有第二种需求的人除了无私的劳动与善举以外什么也没有，他不会对别人使坏，更不会仇恨他人。

　　"明白这一点，可以将吹嘘看作是人类恶行的根源。通常是这样的，如果一个人在自小毫无阅历的情形下钟爱华丽服装，他就会渐渐地对此入迷。如果一个人习惯于以钟爱的眼光看待魔鬼，那他很快就会把魔鬼当作天使，对魔鬼的眷恋就像是对待心爱的情人一样，而逃避真正的美丽就像逃避毒虫和毒蛇一样，根本就无法评判自己的行为。"

良心与劳动，这是凌驾于身体之上的精神的主导思想。正是由于这种思想他写下了《雪莲花之园》。

与《雪莲花之园》创作时间相近、内容相仿的是 1929 年撰写的《三个真理》。

在把良心思想看作是自己最高的价值来表述的同时，沙卡里姆把自己关于良心的想法与人的心灵及其劳动的秘密相联系。所有动物都有心灵，但是他们没有精神。要想使它们像人一样生活，那它们就必须拥有被称为"精神价值"的东西。因此，沙卡里姆把"人的谦虚、公正与善良结合成为一体"，并用穆斯林的词语"乌扎"、俄语的"良心"来概括。

"乌扎——良心。这是什么意思？是谁创建了它？有些人回答说，它的庇护所是人性和贞洁。我认为，不管叫作什么，说的都是良心。我同样也提出了一个问题，乌扎——良心之词从何而来，好像没有任何答案。不管怎么，我认为，良心就是心灵的愿望和需求。这是因为它属于那种从来不消失、不损坏，并且一天天完善，逐步变得崇高的东西。崇高的升华需要特殊的原因，比如，机体的洁净，道德、思想与行为的纯洁与健全。其中最首要的与最关键的就是良心。良心不仅仅是现世生活所需的，而且是来世生活所需的……"

《三个真理》是一本罕见的、独特的和无可匹敌的书。诗人在书中反映了自己认识的演变过程，体现了自己信仰中精神的完善，并发现了其顿悟的源泉。像这样深邃的思想智慧并不是每一个人都能有幸得到的。

很明显，沙卡里姆哲学体系的关键问题就是关于灵魂的探索。这个问题在他 40 岁时曾经讲过，研究其状态与属性是在他 50 岁时，而推翻所有关于灵魂存在的谬论则是在他 60 岁时。

现在时至暮年，他依然继续探讨人死后的灵魂与生命问题。他不是为了刨根问底去探究死后灵魂归于何处，他很清楚地表明，对于游离于认识边缘的形而上学问题不可能形成任何答案。真理不在于获得答案，而在于问题的提出；真理不在于达到最终目标，而在于朝着目标的运动；真理不在于直接证明其伟大的原理，而在于对原理的论证。

这就是为什么诗人哲学家在其生命的顶峰时能够深信，他对人死后灵魂与生命的存在有自己的证据。按照沙卡里姆的意思，这个证据就在自己的信仰之中——不是在简单的信仰之中，而是在真正的信仰之中。如果你相信死后还有灵魂与生命存在的话，这就是说，你拥有了良心。在临死之时你是那样的怡然自得，是在自我完善，是在认识真理。

沙卡里姆在《三个真理》一书中像一个精神的公仆那样论述了真理。

我对有人关于人死后没有灵魂与生命这个说法感到非常惊讶。这些话是从何而来？今天，当发现了那些犹如太阳一般的明朗清楚的关于人死后灵魂永远存在、永不消失的例证时，我们还能继续坚持毛拉所宣扬的那些使我们陷入宗教迷途的观点吗？

一个拥有理智的人，如果他真心相信死后灵魂永存，他就会变得更加纯洁与高尚。相反，在别人的理解中，人临死时他的灵魂就永远消失。现在我们做一个假设，两个人都处在死亡状态，而且他们明白这点并处在完全清醒的意识中。那么在那一时刻精神处于何种状况，它们是以何种想法从生命中离去呢？或许，相信灵魂在死亡之后会变得纯洁并得到升华者，在临死之时会接近某种崇高境界。而相信灵魂消失者则留下这个充满烦恼的世界，他所想的是最好一下子一切都消失不见。除此之外，相信良心的人就有灵魂的需求，正在经受着良心的谴责，正在为自己一生中所做的恶事痛苦；或者相反，正在为自己所做的善事而高兴。如果一个人没有如此的信仰，就会认为良心只是为了装样子、是人的假象，那么，他就不可能看见和分辨善恶了。

在此情形下最好是寻找到一种消除痕迹的办法，否则，人心，即使是不相信灵魂存在者的心都会相信，良心和灵魂是两种生命存在所必需的基础，它们不可能被任何科学、任何艺术、任何途径和任何法律所清除。

但是，如果一个人完全相信死后灵魂的存在以及相信良心是人的第一需求的话，那么没有什么可以把他的心污染。因为人类就是以兄弟相伴的方式产生并互敬互爱地生存。

有些信教之人因为缺乏宗教知识的痛苦与自己的懒惰而注定失败。这就如创世者一样，他也有自己的知识和自己死后灵魂的独特生命。假如在今生和来世一直汲取营养与净化灵魂的话，那就没有什么可以使人类的灵魂变得贫乏。

这就是精神升华的最为坚固的基础，正因如此，我把它们称为三个真理。

或许，这就是灵魂永恒以及相信死后生命存在的论证中最无懈可击的其中一种。因为这是纯直觉的，是灵魂诗歌的朗诵，不含有任何说教成分。但是沙卡里姆不仅想要关注它，而且想要研究它。

近几年所发生的残酷事件致使沙卡里姆更加怀疑世界的道德完善。

"什么良策可以改善人的本性？采取什么样的措施能使人类学会在这个世界上生活？"这远远不是修辞性的反问，这是诗人哲学家把自己的道德与精神理想现实化。

1930年春天来临之前，沙卡里姆在《七十二年人生》随笔中对自己的原则做了彻底的、更加宽泛的论述。

> 按照我的理解，改善人类生活、使所有人和谐相处的基础应该是诚实劳动、责任心和坦诚的心。这三种品质应该高于一切。没有它们就不可能获得和平与和谐。
>
> 毫无疑问，人应该学习、积累知识。没有知识、没有科学，他就不可能机智能干。如果把获得的知识与技能应用于开发自然资源的诚实劳动中的话，那就没有什么不可能完成。人类智慧所获得的一切成就应该用于人类的所需与利益。
>
> 仁慈、爱、和蔼、诚实产生于纯洁、无私的心灵。
>
> 一个拥有智慧的人不会为非作歹，不会把痛苦强加于别人，他一生都会远离空话连篇和自私自利。
>
> 毋庸置疑，拥有以上品质，人们就会得到一切好处并将会和谐生活。

无私的心、诚实的劳动、有良知的理性——这就是沙卡里姆美学范畴中的三个真理。这是他一生经过深思熟虑、深刻体验与痛苦的探寻所获得的。这就是唤醒人们远离毁灭人类的那些丧失理智行为的箴言。

> 最为严重的障碍是那些人们自然为之、习以为常的恶劣品质，即情欲、自恋及吹嘘。因为这些弊端可以衍生出许多其他的诸如暴力、谎言、贪权、贪财、残暴与残忍等恶习。

应该坚持不懈地寻找摆脱这些弊端的途径。

首先，要培养人们诚实劳动的习惯。为此，必须选举无私的人作为执政者，他们应该制定公正与人道的法规，并按照这些法规吸引当地的精英与青年参与管理。应该训练他们，必须让他们接受教育。

但是这一切对于根除恶习还远远不够。在诚实劳动和接受教育的同时，还应该进行'良心学说'的教育。关于这点，学者与聪明人应该加以关注，应该把它看作是学术课程加以研究。应该培养人们的正气和自尊，以帮助人们彻底根除动物的本能。如果能够根除致命的欲望，其它的改变起来就省事多了……

很显然，沙卡里姆对全权执政者的定位、对执政人士的业务程序以及学者们的理性是与"良心学说"的概念相结合的，并号召恢复人性应有的和谐。

以充分的论据来谈论自己的发明——良心科学，沙卡里姆从方法论角度阐述了自己的纯粹理性，其研究的客体就是人类的灵魂，新学说的目标就是把人与人类从弊端中拯救出来。

沙卡里姆的精神力量是非常强大的，因此他被认为是通晓真理者之一。但是他不想把自己看作圣人。他也从未大声说过"我什么都知道，来我这里"的话语。

但是，不管怎样，人们还是继续来他这里讨教。在《三个真理》之中所确立的崇高精神风范可以明显地在其个性、思想与行为中感受出来。他像人们所描述的通晓真理的人那样生活。他虽然远离人群而生活，但从来没有与人们脱离。因此，在所有艰难时期他始终与人民在一起，总是那样充满着自由、精神、美丽与天真的秉性。

有关来萨亚特—柯拉拜访卡兹的故事不是很多。有一个故事是由卡里姆库雷的儿子卡贝什所留下的。

沙卡里姆的朋友卡里姆库雷在距离他们不远处的拜科什卡尔过冬。他的儿子与沙卡里姆的儿子同名，也叫卡贝什，他们一起拜访了沙卡里姆卡兹。

卡里姆库雷·卡贝什（1907—1970）回忆说："在最严寒的季节，在可怕的暴风雪中，我和卡贝什——沙卡里姆的儿子一起到达了萨亚特—柯拉沙卡里姆的的屋子。沙卡里姆一会儿走出来，一会儿走进去，他捅开了炉子开始煮肉，招待我们喝茶和骆驼奶。他的屋子建在两座山之间，这里较为安静。屋子的地面铺着毡毯，上面放着被子和枕头。在桌子上放着书写用的纸和一堆堆的书。墙上挂着手风琴、冬不拉、鸟枪、皮弹夹、木棍、带鞘匕首、马鞭、银质烟袋及衣服。

"在炉子旁边的小马驹皮上卧着一只狗，猎鹰从屋子的角落里胆怯地注视着我们，与屋子相连的牲畜棚子里拴着马匹。"

按照对屋子摆设的描述我们可以看出，沙卡里姆晚年依然保持着生活情趣。

客人继续回忆说，沙卡里姆要求自己的儿子把不幸的情感注入自己的歌曲中去。他的儿子——天才的诗人拿起了冬不拉开始演奏。这是一首悲伤的歌曲，反映的是人民失去了牲畜、失去了赖以生存的根本，背井离乡的巨大灾难。

当时，苏维埃政权郑重地宣布了公有化与集体化的巨大成果。据官方资料显示，如果在 1928 年哈萨克斯坦集体化程度达到了 2% 的话，在1930 年 4 月 1 日，集体化程度已经达到了 50.5%，到 1930 年 10 月已经达到了 65%。一系列的集体化运动的"灯塔"胜过了这些指标。比如，在乌拉尔与彼得罗巴甫洛夫斯克州集体化程度达到了 70%。1931 年秋季前，在共和国境内的 78 个地区的 122 个集体化组织中集中了 70%—100%的住户。

然而，实际状况是非常糟糕的。为了实现中央政策建立了畜牧小镇，小镇上集聚了来自大村庄的居民。这样的囤集举动导致大量牲畜因为饲料不足和草场不够而死亡。1929 年的没收已经使大家认识到了粮食的不足。人们艰难地度过了冬天，勉强糊口度日。

灾难降临前的最后时刻，沙卡里姆原本有机会避过这场灾难。1929年夏天，哈萨克斯坦政府成员奥拉斯·伊萨耶夫、哈萨克斯坦苏维埃人民委员会主席图拉尔·雷斯库洛夫以及其他政治家联名从阿拉木图向居住在成吉思坦乌的沙卡里姆发来了信件，他们在信件中建议沙卡里姆前往阿拉木图工作。

阿哈特讲述道："我看到，信件在区上曾经被打开过并重新封住，我也打开了信件读了其中内容。信件来自奥拉斯·伊萨耶夫、图拉尔·雷斯库洛夫以及一些领导。他们邀请父亲前往阿拉木图历史部门工作。他们也询问了还有多少家属在卡拉乌埃尔，距离铁路到底有多远。如果同意前往的话就回信告知，他们马上汇款过来。他们在信中告知，接受他在历史局工作的决议已经审议通过。

"当我把这封信读给家人听的时候，所有人都感到非常高兴，并决定搬家。我动身前往父亲孤身居住的萨亚特—柯拉。

"深夜前我来到了萨亚特—柯拉。与父亲打过招呼后我把信件交给了父亲，同时告诉他家人是如何高兴并准备开始搬家。

"'他们是高兴自己能搬家还是我要前往？我看，你们已经决定了。'父亲一边说着一边开始读信，随后他陷入了沉思。看见他的不安我问道：'您不愿意前往？但是这样对吗？您看，现在是什么时候？'

"他的脸色有点变了并说道：'我已经给你和其他人讲过，没有人能够理解我。的确如此，没有人关心我的感受。'

"我回忆起了他说过的话：'我的理性与思想有自己的位置，这一点即使我自己也不能准确认识到它的所在。那朋友们从何而知我的秘密呢？'

"疲劳加上心里对父亲的不满使我躺倒休息了。

"过了一会儿父亲对我说道：'好了，来坐下来一起喝茶吧，随后我告诉你我是怎么想的。'

"我们开始一起喝茶。

"父亲说道：'你，还有其他人做出了不正确的决定。你们以为我要是离开前往的话，无论是你们还是我都会过得容易一些。亲属们觉得这样就可以摆脱即将来临的困难，拯救性命。但是，你们没有考虑到未来，只是顾及眼前。你们不能这样狭隘地想，我的孩子们！现在还不是时候，未来就在眼前。好了，让我暂且开始研究历史吧。在此情况下，我诚实地采用我所熟知的历史事实，但是它们却与今天的现实背道而驰。你们会对我说什么呢？你的研究不符合今天的实际，换个角度写吧？假如为了适应现代社会让我把所熟知的精确历史改写，那我会成为什么样的人？你就会说，难道未来的研究者不会去探寻真理吗？毫无疑问，他们会的。历史的真相不会消亡。但是我在历史面前、在诚实人面前成了什么样的人了？结果显而易见，我就成了历史的罪人。或者是我离开前往，为了拯救你们和你们的妻儿子女？不，事情不是这样，你们的幸福掌握在你们自己手中。假如你们想要诚实地生活、善良地生活的话就不要混淆黑白，这一点你们没有我也可以做到。你们要学会诚实劳动。慢慢地你们就会想，让那些邀请我前去工作的人安稳地坐在自己的岗位上工作吧。最终，真理会战胜一切的。然而，通往真理的道路不是一帆风顺，而是荆棘密布。你们不能忍受今天的困难，却要去谈论你们无法看到的未来。假如我还年轻的话，那就另当别论。现在，我离死亡仅差一步之遥。你们不会为我不愿前往而生我的气吧。"

这不是卡兹想要说的全部。阿哈特与父亲在隐居地共同相处了两天，帮助父亲做家务。

在分别时沙卡里姆对于自己做了一个独白，好像是对自己的一生作了总结。阿哈特牢牢地记住了他所说的一切。

"你生了我的气，因为我没有前往阿拉木图。你们都生气了，你们不明白，我在想什么，我是如何度过这一生的，我是生活在什么时期。我生活在恐怖的暴风雪中，生活在腥风血雨之中，生活在漆黑的夜里，在闪电的打击下，生活在狂风暴雨之中，犹如大海中的一叶孤舟。我的周围有什么呢？我看见了什么？这些你们一无所知！我被争吵、丑闻、欺骗、偷窃、屠杀、无知、妄自尊大、吹嘘、党派林立、贪婪、懒惰和打斗所包围，这就是我的生活，这就是我看到的一切。在跟他们的斗争与抗衡中我度过了自己的一生。我不是为我自己一个人而战斗。如果我只是为了自己的清净和安宁的话，我早已经成了一个富甲天下、生活安逸、声名显赫的人。因为良心与道义不允许我这样做。我生是一个人，我就要维护人的称号！我决定，我要为大多数民众的利益而工作，为后代们而努力。我要成为后代们的榜样，留下自己的足迹，让我的名字在历史上留下哪怕是一丁点的痕迹，这就是我所期盼的。我不会为了个人平安而违背自己的良心，我要激发民众，我要把我所知道的和看到的一切都写出来。我要打开民众被蒙蔽的双眼，唤醒后代，这就是我为自己树立的目标。

"但是，我这里所说的一切，这样明确的目标我无法实现，因为我力所不及，因为世道很残酷。残暴、冷酷、愚蠢与无情的统治者和野心家，废话连篇、目光短浅的下流胚及奸诈之人，他们不允许我实现自己的目标，我孤立无援。

"为了保住自己的想法和荣誉、保证自己名字的纯洁性，我远离人群隐居。你们知道不知道，我的追求是什么？我希望把我的余生全部用于研究和创作。我想为后代记录下来我全部的所思所想。我不是为现在而写，而是为未来的人们所写。人类的基础不仅仅是现世的人，而且包括未来的人。时间不会倒流，它只会继续向前推进。生命在不断地更新。如果生命不断更新的话，人就会变得越来越纯洁。没有什么会消失得不留下一点痕迹，而只是发生了变化以另一种方式出现。历史是永恒的，它会从过去选择一切纯洁与有益的东西。新时代同样会从历史中选择所有一切纯洁与有益的东西。烈火锤炼过的历史非常珍贵，犹如钻石一般，应该成为新时代的奠基石。因此我想要找到这块奠基石把它纳入历史之中。在我的生命中除了这样的探索之外我别无他求。孩子，我希望，你现在能够明白我的想法。"

毫无疑问，这些绝对是沙卡里姆的肺腑之言。

贯穿于他全部诗歌中的那种无法遏止的浪漫情怀在这些话语中得到了体现。诗人想要说的是，自己心目中的理想世界到底是什么样子以及自己想要改变这个世界的愿望。

在人类社会的历史中曾经出现过许许多多建立理想世界的设想，从柏拉图的"理想国"、托马斯·莫尔的"乌托邦"、托马索·康帕内拉的"太阳城"到共产主义社会——共产党人牢不可摧的理想。然而，他们之中没有一个人是现实的，他们的目标是建立理想社会——但是都没有获得成功。

或许，这是对的，因为真正的理想就如某种渐近线一样无法达到。但是，原始的、鲜活的和有趣的理想社会方案总是催发着人类的思想，推动社会发展。在此种思想中，沙卡里姆的设想即试图改变世界的想法，在今天看来不再是那样天真，而是真正的哲学体系，目的在于改革人类的精神。诗人，作为一个过去时代的伟大的人道主义者，勇敢地用自己的研究来巩固自己的思想，甚至不惜牺牲性命。

第四节　哈萨克部落的崩溃

1928—1929 年所推行的没收"大财主"财产行动只是大规模掠夺其他居民财产的前兆，相继而来的大肆搜刮游牧哈萨克人牲畜的行为使哈萨克草原的所有居民陷入了绝境。

按照最先的计划是在哈萨克斯坦没收 700 个"大财主"的财产及牲畜。据资料显示，从 696 家财主那里没收了牲畜，但实际上数字远远高于登记所示。因为没收自开始之日就不只是从大户人家下手，而且也从政权机构所认定的不法的中产人家进行。

　　第一阶段结束后，1929 年苏维埃政权宣布了新的没收法。在全国范围内的集体农庄以及家庭掀起了征收粮食运动。在哈萨克斯坦的畜牧区同样施行必须缴纳粮食的政策，哈萨克人为了完成国家计划而不得不用没收所剩余的牲畜来交换粮食以抵税。

　　1930 年初，再一次宣布了大规模储备肉类与畜毛的新运动。给每一个毡房（家庭）规定了所要提交的肉与畜毛数额。这是对牲畜的又一次大规模的屠杀。冬天被剪毛的羊群因为寒冷而大面积地死亡。

　　未能完成定额的农户未经审判被投入了监狱。被吓坏的哈萨克人为了完成任务杀掉了最后的牲畜，剪掉了裘皮衣服、被子等上面的毛来充数，但这一切还远远不够。

　　1930 年 2 月 1 日，卡福尔——沙卡里姆的大儿子，因为没有完成所要提交的肉和畜毛数额而被逮捕。随他一起被关进大牢的还有其儿子巴亚泽特，他们家的所有财产和牲畜全部被没收充公。

　　随之沙卡里姆也被逮捕。他被从萨亚特—柯拉叫了回来，同时拉走了他在那里为数不多的牲畜和财产，没收了阿拜送给他的猎枪。他不在家时，家中事务由他的小儿子阿哈特和泽亚特打理。沙卡里姆卡兹和他的儿孙们一样被关进了卡拉乌埃尔监狱。

　　过了几天，沙卡里姆在签署了不离境保证书后被释放。而卡福尔与巴亚泽特被押送到了谢米巴拉金斯克关进大牢，一直到悲惨的 7 月 6 日。后来，在萨亚特—柯拉，沙卡里姆在其悲伤的歌谣中讲述了这一年所发生的一切灾难。这一切成了这位老人及其家人生活的痛苦记忆。

　　　　1930 年，
　　　　2 月，犹如长了翅膀的消息，
　　　　犹如心中的火焰，我深陷其中。
　　　　7 月 6 日，悲惨的一天，
　　　　对我来说是漆黑的夜晚，
　　　　我到死也不会忘记。
　　　　他们首先带走了我的儿子卡福尔，
　　　　与他一起的还有他的，
　　　　与他形影不离的儿子。

牲畜，财产全部被抢走，

他们两人被关进了大牢，

他们对我们人类没有丝毫的怜悯。

我于 7 日被逮捕，

房子、牲畜和家什，一并被夺去。

至死我都感觉难过。

10 日我被释放，

为了能回到家里，我签署了保证书，

在结果还没出来前我只能这样。

在哈萨克草原建立之初沙卡里姆并没有接受苏维埃政权，因为他很快就发现了该政权的重要缺陷和弊病，即其盲目狂热地追寻一种理念而仇视另一种理念。他不接受社会主义的理念并不是因为它的某些空想性，这一点恰恰是他所喜欢的。他不能接受的是布尔什维克分子毁灭性的政策以及无情地残害那些不愿意屈服大小领导决议的人们的做法。

拥有独立思考、长期带有批判性观点的诗人在任何平凡社会都很容易被区分出来，沙卡里姆对苏维埃政权以及精神文化的对抗正是存在于这种环境，因此，在任何情况下都不可避免对卡兹的镇压。

这一切没有发生在 1928 年秋季的第一次没收浪潮之中，也没有发生在 1929 年哈萨克传统经营体系毁灭之时，但是，在 1930 年，在没收财产及牲畜之时没有任何一个人能够幸免。沙卡里姆、他的儿子卡福尔、孙子巴亚泽特成了大规模恐怖活动的牺牲品。

不知缘于何故，关押在谢米巴拉金斯克的卡福尔及其儿子的事情毫无进展。骄傲、热爱自由、倔强并继承了父亲优秀品质的卡福尔承受着难以言表的关押之苦。他把人身的禁锢看作是对精神自由的束缚。

在关押期间给他送食物的是堂兄梅德维汉及其妻子卡泽扎。她回忆道："卡福尔是一个非常沉着的人，他的性格很是与众不同。当我们给他送饭时，所有在押人员都朝着窗口张望。但是卡福尔从来都没有这样做过。我和梅德维汉带着自己的孩子卡姆朗与阿里姆汉喊道：'卡福尔兄弟，孩子们来看你了。'听到孩子的喊声，卡兹的儿子才终于朝窗口看过来。这是我们最后一次看到活着的卡福尔。"

卡泽扎的回忆被卡福尔的女儿卡米拉记住了并随后记录下来。1930

年那年她只有 12 岁。她牢牢记住了沙卡里姆如何来到家里探望他们，并如何在困难时期给予他们尽可能的帮助。

卡米拉讲述道："这段时间我的父亲和哥哥正在坐牢。有一位中年人来到家里，看起来像一位猎人。他的手上持着猎鹰，头上戴着狐狸皮帽，肩挎羊皮袍子，显得非常英俊和庄重严肃。但是，他的脸色显得非常憔悴，好像正在为什么事情担忧。按照习俗，我的母亲没有出现在公公的面前，妈妈做好的饭菜由邻居送了上来。客人受到了很好的招待。

"在家里过了一晚后爷爷告辞并抚摸了我们的头，满怀忧郁地跨上了马离去。在他的身影还没有消失在远处丘陵之前，我们一直眼望着他，戴着头巾的妈妈就站在我的身旁。

"我们的邻居把自己的孩子带了过来并对他说：'你要成为像爷爷卡兹一样的人，儿子。'按照迷信的说法，他把自己的儿子放在了爷爷坐过的地方。"

1930 年 5 月，阿哈特接到了法院的传票，他被指控未能支付肉和畜毛的税款。在动身前往大牢之前，他有幸最后一次见到了沙卡里姆。

阿哈特回忆道："在 2 月底我们得知父亲病了。在草原上追杀白匪军的军人在他那里过夜。好像是在他们到来之前父亲就已经身染重疾。士兵们让这间屋子变得暖和起来，附近村庄的居民因为冰雪无法到达这里。士兵们艰难地回到了村里，马蹄被严重地刺伤了。他们的首领布列梅诺夫给我们传话说，我们必须有人过来。

"接到这个消息后，我向邻居借了一匹健马。我知道，我无法直接从雪堆中到达那里，我只能沿着山岭前行。就这样，我在日落前艰难地到达了肯—巴斯附近的奥尔雷巴萨尔村庄。

"马蹄损坏严重。奥尔雷巴萨尔村庄的长老对我说，他几次打算去探望父亲，但都因为马腿受伤而不得不返回。他还告诉我说，在沙克巴克山附近堆积有大量的冰雪，很难穿行。

"我在村庄长老处借宿了一晚，第二天早晨他给我指示了前行的道路。

"的确，沙克巴克附近积雪严重。马匹无法行走，马蹄在颤抖流血。我下马牵着它前行。午饭前我们到达了迪克鲁耶泉水边，在那里让马休息了一会儿。然后在夜幕降临前艰难地走下了沙克巴克山脊。我骑上了马朝父亲的住地疾驰而去。

　　"我听到了父亲马匹的嘶鸣声,这匹马被父亲称之为科内尔—阿特(灰色马)。我的坐骑大声回应,我飞快地跑近了父亲的住处。房子被栅栏所围绕,除了科内尔—阿特的嘶鸣声外一切都鸦雀无声。我的心跳到了嗓子眼,脑海中闪过了一丝恐怖的念头:是不是父亲已经离开人世。栅栏的门紧紧地关着,我无法打开。我也没有勇气去敲房屋的窗子。天色渐渐暗下来,刮起了暴风雪。我走近了窗子。如果他还活着的话,房屋的灯会亮着。但是,房子里漆黑一片,没有一点光亮。我开始失声痛哭,周围死一般的寂静。我就这样痴呆呆地站在那里,脑海里全是不祥的想法。"

　　万幸,沙卡里姆还活着。当阿哈特胡思乱想之时,主人正好拿起了火柴准备点燃房间的灯。欣喜若狂的儿子在窗子上敲了起来。父亲手持油灯认出了自己的儿子并把他让进了屋子。

　　沙卡里姆对儿子讲述说,自己确实病了三天,一直卧床不起。国家安全管理局工作人员(阿哈特称之为士兵)来到了这里,他们为他准备了木柴,燃起了火炉,为马匹提供了草料。

　　阿哈特点燃了炉子,开始帮助父亲做饭。

　　阿哈特继续说道:"当我们一起喝茶时,我注视着悬挂在父亲床上方钉子上的纸张。父亲看见我眼瞅着这些写满字的纸张,取下来读了起来。这是父亲写给住在附近的巴伊克什卡尔村子的便条。内容如下:'我死后不要远葬,直接把我埋在这个园子里。请转达我对所有人的崇高问候'。后来他把便条内容写入了自己的诗歌之中。

　　"我看着父亲,突然间开始为他而惋惜。雪白的头发和胡须、布满皱纹的消瘦脸庞,使人联想起了被冰雪覆盖的无人丘陵。他像一个被家人抛弃的孤独老人。他想知道,自己的心中还蕴涵着什么,是什么样的愿望、梦想和思想支配着他。但是,无论从其形象、举止以及外表都无法感觉到或看出他那深藏于内心的秘密。

　　"我决定劝说父亲回到我们的村子,我不能让他在这荒无人烟的草原离开人世,无论如何也要让他在家里安然离去……"

　　夜间父子俩就人间的痛苦现状、关于谁又因为未缴纳税款被投进了大牢交谈了很久,同时谈及了无法逆转的饥饿威胁。

　　第二天,阿哈特收拾了房屋与院子,照看了马匹。沙卡里姆勉勉强强地恢复了知觉,又写下了一首关于自己饲养长大的马匹"科内尔—阿特"的诗歌。

　　这是一匹非常漂亮的灰色马匹，它身躯高大，四肢健壮修长，眼睛炯炯有神，尾巴黝黑。它始终伴随着沙卡里姆，一刻也没有离开过。

　　赞美马匹的题材是哈萨克诗歌的流行体裁。同样，阿拜也有过类似的对马匹的精彩描述：

　　　　稠密的鬃毛犹如芦苇一般，
　　　　脖颈高昂，傲睨自若，粗犷不羁。
　　　　密集的马鬃犹如丝绸一般，
　　　　没有什么能与之媲美……
　　　　（阿乌艾兹汉·柯达尔翻译）

　　沙卡里姆也是这样在诗歌中怀念自己的爱马。的确，这不只是对其优点的描写，而且是把它作为自己的兄弟、自己的挚友和使者。他请求爱马排除万难去传送自己的消息：

　　　　请告知亲爱的阿卡莎，
　　　　死亡在逐渐来临，
　　　　肢体在逐渐僵硬，
　　　　她的意中人在离去。

　　　　如果我的古丽娜尔最先询问
　　　　请告诉她……不过，还是晚些……
　　　　如果卡贝什、泽亚特、阿哈特——
　　　　你是否可以告知他们一切，我的兄弟？……

　　诗歌那惜别的语调与忧伤的情绪显然缘于突如其来的重病。毫无疑问，要想自己一个人隐居草原，必须具有非同寻常的体魄和勇敢的心。我们只是惊讶，70 岁高龄的沙卡里姆的那种力量是从何而来，但是，这只是他近 20 多年在成吉思坦乌心脏隐居期间唯一一次身患重疾。

　　在这里，在萨亚特—柯拉，沙卡里姆随后完成了自己的叙事诗《逝去的生命》。

　　传记体神话叙事诗《逝去的生命》的结尾体现了他对人生的总结。

在其七十多年的生涯中，他不懈地在世俗生活中前行（从 20 岁到 40 岁），完成了文化圣地的朝觐（48 岁），在自己的著作中考证了"先辈传承下来的所有精神财富"（列夫·托尔斯泰）。这位成吉思坦乌的隐居者给自己的"离去"赋予了形象化的对立。他把在外部世界那"单调"的生活看作是"活地狱"。

与此同时，他的内心世界充满了对自己知识不完善的担忧（"许多知识我都没有获得"），诗情画意般地表述了自己的精神自由化过程（"请细想一下，要知道我是自由的/我摆脱了一切痛苦"）。沙卡里姆为后代模拟出了未来浑噩的模型，很遗憾，这个模型符合他那死后的命运。

> 我的心中将不存仇恨，
> 我不为闲话而恐惧，
> 即使事情变得更坏……
> 在此我不期待朋友和敌人，
> 我不因悲伤而逃避，
> 我不追求任何享受
> 在寂静中我是一位沉默的狂人。
>
> 为了心灵的提升，
> 为了黄土掩埋我的身体，
> 为了让那软弱的人们忘记我，
> 我给自己起了一个名字："逝去者"。

春天来临了。阿哈特开始劝说父亲回到家乡，主要原因就是担忧他的健康。同时他提醒父亲说，大家现在都过得非常艰难，他本人也还处在被审讯之中。

沙卡里姆似乎是同意了儿子的建议并准备离开。但是，此时有人给阿哈特送来了传票，要求阿哈特必须于 5 月 29 日出庭。

以下是阿哈特的回忆：

"为了不让父亲担心，我把出庭之事告诉了他。

"冬天，侦查员传讯过我一次。那次我了解了自己的事情。我想，我很快就会被释放。

"父亲笑了起来问道：'你是从何而知呢？'

"我回答说：'我被指控为未缴纳够肉、毛和粮食税款数额。事实上，我不必汇报我的牲畜到哪里去了。还有，税款应该计算所拥有的牲畜数量。而我的牲畜数量远远不够村苏维埃所规定的缴纳税款数额，他们很轻率地定下了数额。缺少的牲畜我没有在集市上贩卖，我按照他们的命令缴纳给了合作社，我这里有证明。一部分被吃掉了，一部分被做成了衣服。因此，我不应该受审。'

"父亲说道：'儿子，你想得太简单了，对待这些你永远都要小心谨慎。我觉得，这次你肯定会被审判。现在时局不稳，你已被裹挟进洪流。但这也只是暂时性的，最关键的是你要承受狂风巨浪。如何去承受呢？如何扛过这段时期而不被击垮并依然保持自己的正直？这是时代的洪流，是历史倒退的举动，是错误的行为。人们和你一样都在承受痛苦，在这种时候你只能忍受痛苦，理解事情的原委，才可以在逆境中前行而不改变自己的初衷。一个鼠目寸光的人将会采取各种诡计，不择手段，出卖灵魂，陷害忠良，成为让人鄙视的小人。远离这些吧！耐心等待另一个时代的到来，一切都会变好。不要忘记，人格是永恒的！当灾难降临时，有人觉得大难临头，失去了活下去的勇气。但是，失去自我，这是无能、不懂得生活法则的表现。生活随着时间的推移在不断地变化，会越来越好，社会同样如此。有人常常会犯错，那就是在困难降临前就已经痛苦不堪。这样他就不会看到未来，而会丧失自己的幸福。有人能够从过去的事情中汲取经验。如果他回忆过去并与自己的生活相比较，那么他就会清楚地看到前面等待他的是什么。"——父亲就这样结束了自己的话。

沙卡里姆为儿子送行。他们来到了帕尔雷白河，河水溢出了河岸，滚滚奔流、浪花飞溅。河水淹没了马腿，在渡过河水之前，阿哈特听到了父亲最后一次教诲。

父亲说道："我对你有两个祝愿，请你永远牢记它们。在我的所有孩子中你是最为暴躁的一个，从不听从别人说什么，经常发火。最重要的原因在于你是在玛乌叶的溺爱下长大的，你要什么她就给你什么，不允许任何人说你的不是。你在玛乌叶身边谁的话也不听，为所欲为，是一个十足的淘气包。哈萨克人说，愤恨是敌人，智慧是朋友；要给智慧上添加智慧。他们知道，愤恨中没有任何好的东西，人们不能摆脱它，因为已经形成了习惯。习惯是一个人的一部分，但是，坚强的人能够很轻易地战胜自己的不良习惯。有人在侦查你，他可以帮助你纠正你的缺点。我希望你戒除暴躁、易怒与报复心理。我的儿子！

"我的第二个愿望请你永远记在脑海、铭记于心。一个人的一生什么事情都会遇到。因此，为了生存常常会使别人陷入困境。请远离这些使别人为难、给别人带来牺牲的行为。因为这不是人类要走的路，而是动物的本能，如果这样活着还不如死去。这样的人不仅丧失了自己做人的根本，而且是给父母抹黑、使父母蒙羞。人们常常会对一个品行不端的人说：'你是一头猪吗，谁把你教育成这个样子？'想想看，什么样的人会被别人称为猪呢？

"如果你要出卖别人的话，先辈们会诅咒你，我也会诅咒你，如果我还活着的话！

"这就是我要说的。我已经讲过了，一切皆有可能。要对得起人的称号！这是我最后的希望。"

这是父亲与儿子的最后一次对话。

阿哈特在5月29日出庭当日因为未给国家缴纳够肉与畜毛的数额而被捕。直至1932年他才从谢米巴拉金斯克监狱释放。为了躲避迫害，他远赴南方，在南部地区教书。1937年以"人民公敌的儿子罪"再一次被捕，发配至西伯利亚。1939年在布尔拉克重获自由（从布列因斯克铁路劳教所）。

当时，失去生活依靠、极度恐惧与饥饿的哈萨克草原居民纷纷背井离乡，他们不知道出路在哪里。

骚乱在一个地区和另一个地区相继发生。1930年春天，骚乱遍及整个中亚地区与哈萨克自治共和国。在谢米巴拉金斯克与阿拉木图地区，零星的骚乱演变为大规模的对抗行为。国家政治保卫局断然采取措施立刻镇压刚刚爆发的骚乱。1930年春天，镇压活动在阿布拉林斯克、成吉思坦乌与丘巴尔塔乌斯克区相继发生。所有持有敌对情绪的村庄被国家政治保卫局人员团团包围。随之，保卫局人员开始采取行动：有的人被逮捕，有的人被掠夺了财产，有的人被杀害，有的人被送交国家政治保卫局经受"三人审判"。这是一个由政府指定的庭外机构，三个人就有权裁定刑事处罚，其中包括直接枪毙。

1922—1933年期间，凭借对抗政府以及试图隐瞒肉、毛和粮食等罪名，保卫局一共审判了33000多人。

　　在被审判者之中包括 47 岁的卡福尔。但是，他没有等到法庭的最后判决。据谢米巴拉金斯克监狱看守人员讲，1930 年 7 月 6 日，卡福尔割颈自杀。这一资料很值得怀疑，但是因为缺乏相应的资料和证据，要去确认或者推翻这个事实实属不易。

　　沙卡里姆未能赶上参加卡福尔的葬礼。卡福尔什么也没有留下，那又该如何去相信政府关于自杀的说法？在写给儿子的悲伤的叙事诗中，他这样写道：

> 在狱中熬过了五个月，
> 七月六日到来了。
> 卡福尔突然悲壮地死去，——
> "我无罪！我是牺牲品"，
> ——他切断了自己的喉咙，
> 不愿成为孤家寡人！
> 他的灵魂皈依安拉，
> 我的儿子无畏地成为人体炸弹，
> 他不接受另一个体制的谎言。

　　儿子死后的整整一年，沙卡里姆都在悼念中度过。为他写了许多诗篇，梦中梦见了他，悲伤地在夜晚哀悼，犹如 35 年前阿拜为他的爱子阿布德拉木汗哀悼一般。

> 我不知道，实际上是痛苦还是什么，
> 或许，巫神开始唱了起来，
> 我的儿子，今天他在这里，
> 他来到了我狭小的小屋，
> 过去的一切展现在眼前，
> 死亡似乎没有使我们分离，
> 他在此面带神奇的微笑……
> 卡福尔，我亲爱的宝贝！
> 我在此被抢劫一空，空无一物，
> 我深陷痛苦的深渊……

卡福尔的死对于沙卡里姆一家来说是一场巨大的灾难，这场灾难很快被笼罩整个游牧社会的灾难所淹没。饥饿、严寒、疾病降临于每一个哈萨克家庭，死亡成了司空见惯的事情。哈萨克的游牧生活走到了尽头。

第五节　成吉思坦乌起义

1931 年来到了。这一年看起来无限漫长，就像是一百年一样。但是，对于沙卡里姆来说，这一年却如悲剧情节一样飞快地直抵死亡。

诗人生命中的最后一个冬天是非常艰难的。但是，在萨亚特—柯拉，他依然坚守自己的原则。由于依靠储存的食物艰苦度日，时常忍饥挨饿，他变得面黄肌瘦。1 月，他收到了作家萨比特·姆卡诺夫（1900—1973）——哈萨克国家出版社总编的来信。朋友表示了帮助他出版作品的想法并请求他将自己的手稿寄去出版，诗人非常高兴地答应了。出版著作在当时是相当麻烦的一件事情，以前他几乎全是自己掏钱出版自己的书籍。

当然，我们可以这样说，与阿拜相比他是一个非常幸运的诗人，因为阿拜在有生之年仅仅出版了几首诗歌。沙卡里姆出版了叙事诗、诗歌翻译、诗歌集，在期刊上发表了文章，出版了历史著作。但是，还有大部分诗作未能被出版发行。他还想出版发行自己的抒情性作品。在苏维埃政权时期，按照自己的意愿和资金出版书籍是万万不可能的，诗人深知这一点。出版社与印刷厂处在政权的严密控制之下，一切事务都需要经过上级领导的批准。这也就是诗人非常高兴的原因。因为萨比特·姆卡诺夫身在官场，他有出版自己著作的机会和可能。

他挑选了一些未曾发表的作品并给萨比特写了信，在信中他对自己的一生创作做了简要的总结：

> 亲爱的朋友萨比特，您好！
> 直到现在才收到了您于 12 月 11 日所写的信。我立刻写回信，目的是为了让前往阿亚古斯的人捎去。我给您捎去手头现有的部分手稿，它们是《雪莲花之园》《纳尔塔伊拉克民间故事》《青年时代与晚年》《三十二岁所记》《我是如何争吵与输给了年轻人》。我没有钱，我随包裹寄去附言，也就是说邮寄费用由您来支付。

　　过去我自己出资出版的 1000 册《哈萨克人写照》《叶丽克与克别克》与《卡尔卡曼与马梅尔》我散发给了人们。

　　最近我找到了一部分遗失的《突厥人、柯尔克孜人、哈萨克人与汉朝之家谱》内容。在过去的出版印刷中有许多印刷错误和漏掉的词语，现在，我忙完了孩子们的事情坐下来对此进行重新补写与修改。

　　我有一部小说《关于真正幸福的叙述》，这部小说应该改写为戏剧。尽管它现在就在我手上，但我不能把它寄给你，因为这是我用钢笔所写，别人无法看明白。

　　除此之外，几年以前在谢米巴拉金斯克曾经印刷出版过我翻译成哈萨克语的普希金中篇小说《杜布洛夫斯基》。手稿我放在了家里，也无法给你捎去。

　　另外，我还有一些翻译作品与诗歌。我没有把它们发表，原因之一是时间非常紧迫。二是，正如我所说的，政权机构指控我的客观论述，而且不允许印刷我 45 岁以后所写的带有哲学倾向的诗歌。要想把它们向民间推广是极其困难的，因为它们所反映的是关于心灵的秘密、创作的秘密以及关于世界的不完善与宗教问题等。

　　我还有一个请求。您能否在出版之后把我的每种作品给我免费寄来 50 份，给我的孩子和朋友作为留念。

　　如果把我的所有东西以"穆德尔尕"（遗忘者）的名字发表，绝对是正确的选择。

　　我再补充一下，我的一些诗歌韵律不符合古老哈萨克诗体的风格。每一首诗歌我都是自己给予旋律。关于旋律在信中无法具体解释，如果要我自己前来详细介绍我也受控于当地政府机关，再说我手头也没有钱。

　　如果出版不了，请您把我的全部手稿返还与我。

　　再见！祝一切安好！

　　　　　　　　　穆德尔尕（沙卡里姆·库达伊别尔德乌雷）

　　信上的日期注明是 1931 年 2 月 3 日。

1969 年 12 月 3 日，诗人名誉恢复后过了 10 年，在木合塔尔·阿乌艾佐夫文学艺术院举行了出版沙卡里姆作品的会谈。出席本次会谈的有萨比特·姆卡诺夫、尕比特·木斯列波夫、阿布吉利达·塔基巴耶夫、木斯力木·巴扎尔巴耶夫、艾斯卡克·杜伊谢巴耶夫、谢里克·吉拉巴耶夫、阿布吉扎米尔·努尔别伊索夫以及其他诗人和作家。萨比特·姆卡诺夫骄傲地向与会者宣布说："沙卡里姆没有给任何一个哈萨克人写过信，除我之外。这封信在我手里，信中他阐述了自己的许多观点、他所遵循的原则、他在忙什么、什么著作是什么时候写成的。信中有许多非常珍贵的东西，它就是其整个写作生涯的概括。"

然而在 1931 年，收到卡兹的来信后，萨比特·姆卡诺夫没有出版他所寄来的任何东西。就像沙卡里姆所说的，当权者不允许出版那些与新苏维埃意识背道而驰的东西。

1931 年春天，前所未有的饥饿降临哈萨克草原。饥寒交迫的人们甚至吃掉了野草、鸽子与猫。哈萨克自治苏维埃共和国首府阿拉木图自 1927 年开始就获悉饥荒的消息，但是地方政府忽视了这一切，依然继续加大其行政压力。哈萨克人不允许离开自己的村庄，凡是离开者一律按照"反革命分子"对待。国家安全保卫局人员与警察像对待匪徒那样追捕那些逃亡之人，将他们团团围住并射杀这些手无寸铁的难民。

整个历史中人民从来没有像现在这样一下子就失去了全部的牲畜。人民曾经经历过缺衣少食，经历过干旱等灾害，也曾被敌人攻击过并被迫离开过自己的家园，但在这些不幸之后，人民很快就会打起精神，重建家园。

这一次牲畜全部被抢走，而抢走牲畜的是全副武装的政府代表。他们甚至抢夺了那些穷苦人，那些人在 1917 年夺取资产阶级政权之际利益曾受到了维护。个人家庭不允许恢复饲养牲畜，只允许种植粮食。牲畜饲养只能是集体经营，如有偷养的依然被没收。从此牲畜饲养一蹶不振。

在巴卡纳斯先前建立的合作社解体了。过去的老苏丹库纳拜的后代阿尔哈姆·伊斯卡克夫被定为阶级敌人，从合作社首脑岗位撤职。居民们放弃了经营土地，试图以狩猎为生。沙卡里姆对此极不赞成，他认为狩猎只是一种消遣，在饥荒时期应该采取各种手段进行经营。作为一个猎人，他清楚地知道，仅凭狩猎是不可能养活全体人民的。他希望尽快理顺这种集体经营以确保预防这场灾难。

他重新开始在巴卡纳斯出现，但是他的建议已经完全无济于事。

1988 年，当地居民乌基什·克孜巴耶娃回忆道："1931 年我们迁到巴卡纳斯，住在了阿尔哈姆的家里——他们搬到了卡拉乌诶尔。我丈夫巴舍尔在商店工作，我当厨娘。这段时间卡兹常常来到巴卡纳斯送交洗涤的东西，要求为自己油炸巴乌尔萨克①。他请求说：'我亲爱的，我不要酸面的巴乌尔萨克，它们会很快发霉的，我要死面的。'我一下子就明白了，他显得非常高兴，就像一个孩子一般。"

另一个居民泽依达·萨尔巴萨娃叙述说：

"当时在扎尼别克地区有一个很大的村庄。大部分居民都属于柯克申家族。当沙卡里姆来到村庄经过我们的毡房时，我们妇女们只能偷偷地掀起门帘窥视。当时绝对不允许我们出现在这位圣人面前，我们更不敢走到他的跟前。

"或者是由于哀悼卡兹，也许是恐怖的时代来临，在他死后整个民族都陷入了饥寒交迫之中。

"哈萨克人说，小鸡躲在窝里，老鹰藏在巢里。自 20 年代初定居在巴卡纳斯的人们在饥荒袭来之后纷纷逃离家乡，四散而去。木合塔尔·阿乌艾佐夫与阿尔哈姆·伊斯卡科夫领导所修建的灌溉渠、风磨等合作社财产全部被遗弃。人民因饥饿相继死去。

"说与不说，现在都无济于事，但愿这'世界末日'不要危及未来一代。"

1931 年夏初，哈萨克自治苏维埃共和国中央执行委员会主席叶尔泰·叶尔纳扎洛夫（1887—1945）来到了成吉思坦乌。他的级别在共和国内仅次于党的首领克洛什金。很显然，最高行政长官完成了对去年爆发过骚乱的地区的考察，目的是建立新的表面上的秩序。得知他到来以后，沙卡里姆离开了萨亚特—柯拉，专门来到了卡拉乌诶尔，目的是与国家官员见面。

关于这次会面，阿尤拜·克涅萨林讲述说："我是一个见证者，我目睹了沙卡里姆与叶尔纳扎洛夫进行长时间会谈的情景。

"事情发生在 1931 年夏天。人们专门为叶尔泰在卡拉乌诶尔河岸搭建了几个毡房。叶尔泰的毡房由警察护卫看守。前来会见的人非常多，大部分人等待了一整天时间都没有获准接见。只有著名的歌唱家阿尕沙雅克有幸见到了叶尔泰并非常满意地从毡房中走了出来，高兴地宣布自己的牛被

---

① Баурсак——哈萨克民族食品，油炸发面小馒头。

同意归还。

"同时沙卡里姆也走出了叶尔泰的毡房并对等待的人群说:'我给叶尔泰长时间地讲述了人民失去牲畜并忍饥挨饿的事情,但他没有同意。他不像是一个能够解决问题的领导,你们没有必要再去找他。'

"随之他跨上了马动身离去。"

诗人所说的话没有被国家官员当成耳旁风,他们不仅敏感地嗅到了时代的政治气氛,而且听到了许多积极分子的告密。

存在着一个广义性的党的观念。苏维埃工人阶级自然熟知这位意志坚强、特立独行的卡兹的诗歌、叙事诗及其所有言论。毫无疑问,他们还记着沙卡里姆如何在十月社会主义革命以后在诗歌《什么时候从母亲那里诞生了……》中所写的话:

> 现在没有任何自由之人,
> 在此政权绝对独裁时代。
> 世纪的所有噩梦将会展现,
> 生活将会被强加惨剧与恐惧。

诗人的预言早已经开始应验。与此同时,诗人的个人声望也在一天天提升,因为他看到了生活中别人难以发觉的东西,因为他能够看到未来。

他能不能像其他来访者那样对国家领导避而不谈那些他们所不愿意听到的话?这是绝对不可能的,诗人是不可能改变自己的初衷的。

回到萨亚特—柯拉以后,他写下了随笔《真正幸福的写照》,这一切是他与叶尔泰见面后有感而发的。

> ……睁开双眼,我看见了面目表情严厉的人,他身穿雪白的服装,他扶住了我的头。
>
> "老人家,你再照照镜子。但是你不要看自己,更不要看你身边的人,你应该关注带着两个孩子的一对夫妻。"他说道。
>
> 我再一次地瞅了瞅镜子并发现了富裕高贵的青年和正在玩耍的孩子,再往远处坐着一对夫妻,他们的身旁是他们的孩子。他们亲吻自己的孩子,溺爱着他们。孩子们拥抱自己的父母,以同样的爱意回报自己的父母。

　　这时，身着白色衣服表情严肃的人对我说："老人家，真正的幸福就是父母对孩子的爱和纯洁的心，这一切只能进一步看到。这份爱与心你同样拥有。如果你时常拥有这份爱心，继续为爱和正义而努力，对待所有孩子如同自己亲生的一样，那就是真正的幸福。

　　"你在寻找幸福过程中所经受的考验与磨炼是无法避免的。你把你的爱与纯洁的心浪费在了毫无价值的事情上了。现在，请你牢记你生命中所剩下的一切。别再抱怨什么！现在赶紧祈祷，祈祷吧！——他这样说道，我又一次失去了感觉。"

　　不，沙卡里姆不可能与政权妥协，放任它实施反人类的政策，或者是对那些灭绝人类的行为视而不见。因为他还没有失去爱心，更没有放弃自己对平静生活真谛的追求。现在对他来讲只能廉洁地度过自己的余生。这就是这位创造者在自己的随笔中所要说的。

　　73 岁诗人精神的不屈服、不妥协以及坚强，可以用他与中央执行委员会主席叶尔纳扎洛夫会面后回到萨亚特—柯拉后所写的诗歌来证明。

　　　　从高处我俯视整个世界。
　　　　我早已经过了 70 岁。
　　　　我孤身一人保护着这些山谷，
　　　　因为我周围没有一个朋友。

　　　　这就是我，一个孤寡老人。
　　　　整个草原被冰雪覆盖，
　　　　那无形的力量使我
　　　　悲伤连连痛苦不堪，
　　　　死亡在等待着我，
　　　　你是否听到那绝望的喊叫？

　　　　已经不再看重自由
　　　　我的家人，我们的世纪已被压缩。
　　　　政权对于你的抱怨充耳不闻，
　　　　一切都置之不理。

> 哈萨克人—代表与我进行了交谈，
> 全是遗憾的话题。
> 怎么能够如此毫无感觉、毫无判断地
> 睁大眼睛去选择？
>
> 不可能解决任何东西，
> 人民无法理解他，
> 他只有从高位下来。

这首诗歌很快就被人们所熟知。民间将这首诗背诵熟记，相互传诵，口口相传，户户相告。

人们传诵着沙卡里姆的诗歌，事实说明了一切。

沙卡里姆以人民的名义在讲述着一切。

这首诗或许也被政府所获知。当然，政府将此诗看作挑拨性的、危及苏维埃政权形象的蛊惑性诗歌。

一个人所共知的例子是，奥西普·曼德尔施坦在 1933 年写下了谩骂斯大林的诗歌：

> 我们就这样的生活，毫无归属感，
> 我的话语十步之外无人听到，
> 哪里的说话者更多，
> 只有那克里姆林宫的山人。
>
> 他那粗胖的指头，肉乎乎的，
> 话语的真实，犹如沉重的砝码，
> 胡须蟑螂般地跳动，
> 皮靴筒在闪闪发光。

曼德尔施坦没打算出版自己的诗歌，他的诗歌被十几个现代人所牢记，这已经足够。1934 年 5 月，他被逮捕发配到了沃罗涅什。1938 年再一次定刑发配克雷马集中营，后来在符拉迪沃斯托克（海参崴）集中营医院去世。

沙卡里姆毫不害怕镇压和迫害，更不恐惧逮捕，他对此从来没有在意过。他按照自己的良心生活，按照自己的精神法则生活。现在他要面对犹如冬天暴风雪般地降临于成吉斯坦乌的一切难以避免的灾难。

1931 年 6 月，成吉思坦乌区肃反委员会工作处任命出生于巴亚纳吾尔的阿布扎尔·卡拉萨尔托夫（1906—1979）为民警机关和刑事部门侦缉人员。年轻的肃反委员会工作人员把自己的工作重点放在了沙卡里姆身上。据见过他的当地居民讲述说，这是一位特别严厉的年轻人，经常头裹白色布带、手持毛瑟枪骑在马上。

阿布扎尔·卡拉萨尔托夫在机关工作的经历只有区区 9 个月。在此以前他曾经在巴甫洛达尔州肃反委员会担任临时负责人，以其"摧毁反苏维埃组织"的业绩受到了表彰。很明显，这是一位非常敏锐、非常可靠的工作人员，因此他被临时调到了令人担忧的成吉斯坦乌区。

在被公开的学者叶甫涅伊·布盖托夫与阿布扎尔·卡拉萨尔托夫于 1978 年的交谈录音中有如下的片段：

卡拉萨尔托夫：我被征调到了谢米巴拉金斯克。在州机关有人告诉我："我们决定把你派往成吉思坦乌区。那儿的局势非常不稳定，到处都有匪帮出现。人们，互相学着样子，似乎也在准备起来闹事。这是沙卡里姆·库达伊别尔金、阿拜侄子的故乡。沙卡里姆，我们可以说，他不仅在哈萨克斯坦家喻户晓，而且闻名全球。他拥有崇高的声誉，受众人崇敬。因此，你的任务是找到他并与之交谈。你应该知道他的想法……"就这样我来到了成吉思坦乌。

布盖托夫：给你下达命令的州肃反委员会负责人叫什么名字？

卡拉萨尔托夫：他是一位俄罗斯人，他姓帕诺夫，比我年长，他的副手叫沃尔科夫。当我按照他们的命令到达成吉思坦乌以后，在我之前的区负责人姓尤金，他把一切事务都交给了我。

卡拉萨尔托夫的残酷一下子就成了千夫所指。他把所有的区肃反委员会成员派往成吉思坦乌去抓匪帮，也就是那些为了寻找食物而离开村庄的哈萨克人。按照他的指示，肃反委员会成员一旦发现逃亡者可以立刻开火。

在询问了当地人关于沙卡里姆的事情后，卡拉萨尔托夫惊奇地发现，成吉思坦乌的人们对待这位老人就像是对待圣人一样。这不得不使他小心从事。遵守教规者、神的侍者、显圣者、先知者与所有宗教首领，都被看作是苏维埃政权的主要敌人。肃反委员会成员依据卡拉萨尔托夫的命令监控萨亚特—柯拉——沙卡里姆的居所。

有一次，卡兹从村子回到卡拉布拉克后发现他隐居的小房子门被打开了。有两个陌生人闯了进去，吃掉了他储存的食物和黄油。

这个场景被诗人按照其通用的诗歌形式予以了描述，并起名为"在隐居居所"。

令他感到惊讶的是谁会闯进他的房子，他决定弄明白这个。到底是猎人还是其他客人来到了他的住所：

> 我按足迹尾随他们两人
> 午饭前追上了这两位肃反委员会成员。
> ——这是与逃亡者有牵连的人！他们抓住了我，
> 他们在庆祝胜利的同时带我前去。
> 我被带到了巴卡纳斯，
> 把我被捕的消息汇报给了上级。

沙卡里姆按照诗体故事叙述方式构建了一个寓言。在去巴卡纳斯的途中，他的押送者看见了两只绵羊，他们认为这是羱羊并向它们射击。卡兹说："它们就像我一样被看作是逃亡者，尽管我只是一个孤独的诗人。"

在巴卡纳斯，沙卡里姆只被关押了一天。城市来的俄罗斯侦查员审讯他："你是什么人？你为什么要选择那种奇怪的生活方式？"沙卡里姆回答说，他选择独居生活并不是自己对谁有什么敌对情绪，而只是为了自己的创作需求。他提醒说，列夫·托尔斯泰在生命的晚期也是希望过如此的独居生活。

受过良好教育的俄罗斯侦察员为这位老人内心深处追求真理的执着所震惊。这位肃反委员会成员似乎也是从内心与这位哈萨克老人接近，也是非常崇敬伟大的俄罗斯作家。他立刻释放了诗人。

沙卡里姆如此续写了这个寓言故事：

> 羊羔就这样幸运地完整保留，

情景是如此的偶然。

一个人如果没有真正的自由——

这实际上可以成为现实。

　　他以证据不足为由获释，与那些因为饥饿而起来反对政府的逃亡者的联系也没有被确认。

　　尽管某种牵连确实存在。被驱散的那些装备极差、失去拯救自己牲畜与赡养家庭能力的人们就躲藏在成吉思坦乌的山脚下，躲避肃反人员的追捕，他们完全陷入了绝望境地。那些有头有脸的逃亡者来到萨亚特—柯拉，向这位著名的卡兹求助，问他们接下来该怎么做。

　　按照在木合塔尔·阿乌艾佐夫博物馆工作多年的工作人员别肯·伊萨巴耶夫的确认，沙卡里姆对他们说："你们想推翻苏维埃政权在卡拉乌诶尔的统治，但是人们是不会支持你们的。他们发现，这个政权在此已经深深地扎了根。即使你们推翻了该政权在此地的统治，中央政权也丝毫不受影响，她会杀害追随你们的人民。因为这个原因，我就当作你们没有来过我这里，我什么也没有听到和看到。要是你们再来的话，我就把你们交给肃反委员会。"

　　无论沙卡里姆是否这样说过，他已经绝对清楚，肃反人员对他已经有理由追查了。

　　据目击者讲，卡拉萨托夫对市侦查员释放诗人的决定非常不满，并突然亲自来到了萨亚特—柯拉。如果相信他在布盖托夫的单独采访中所言，这次来访完全是事先计划好的。

　　卡兹非常平静地接待了他与随行者。他与他们相互介绍，招待了他们，做了交谈并留他们过夜。

　　这是一次非常奇怪的会面。交谈似乎没有什么实质性的内容，宾主双方都没有涉及严肃的话题。卡拉萨托夫告诉沙卡里姆他自己也是一位诗人，并极力选择令人信服的语气。然而，沙卡里姆可以感觉到这位不速之客所隐含的某种危险，只是他现在还无法确定。

　　卡拉萨托夫是一位来客，沙卡里姆不可能对其有什么不好的想法。因为他始终期盼人们不只是跟随自己，而更主要的是追逐真理。因此，他不惧怕任何人，他比任何一个恶人都要强大。拥有如此的精神力量，他才能够接待这位不速之客。

　　此次会面之后，卡拉萨托夫开始经常传唤沙卡里姆前往肃反委员会地区办事处。至于卡兹已经年近 80 这个事实，对于肃反人员来说毫无意义，他们反而觉得这位老人气色很好。卡拉萨托夫甚至从来就没有考虑过老人骑马奔驰 40 公里会不会出现什么问题。

　　沙卡里姆平静地前来赴约，逐字逐句地对答，始终保持着自己的尊严。会谈始终是毫无实质性内容。区肃反委员会领导极其罕见地对待沙卡里姆采取了好言相劝的办法，而不是常见的施压和强迫。卡兹对这些问题丝毫不感兴趣，他始终严肃对答，从来没有笑过。

　　他没有什么值得要笑的。他已经明白，这个年轻人很快就会开始血腥镇压。

　　当然，肃反人员与诗人的公开性会面的目的在于在人民面前败坏诗人的名誉，这也是肃反人员的一个惯用策略。这些信息完全可以从哈萨克斯坦共和国国家安全委员会的档案资料中得到证实。当时这些资料提供给该委员会，是为了帮助他们研究沙卡里姆的创作与生平。委员会于 1963 年在阿拉木图建成，领导是诗人哈密特·叶尔卡里耶夫。

　　这里有一些例证。这是 1958 年 1 月 23 日成吉思坦乌区肃反委员会副主任阿布德拉伊姆·沙里巴耶夫的审讯记录。上面记载："沙卡里姆经常夜间来到区肃反委员会工作处与卡拉萨托夫交谈，然后返回自己的过冬地……我作为区肃反委员会副职没有接待过沙卡里姆，但是，因为我们处工作的特点，我知道他为何而来"。

　　成吉思坦乌肃反委员会区委成员叶思潘·别克瑞于 1958 年 1 月 11 日回忆说："我记得，1931 年在成吉思山区我们遇见了沙卡里姆。卡拉萨托夫与沙卡里姆关于什么交谈了将近 30 分钟。随后我们全体前往卡拉—阿乌村庄，而沙卡里姆返回自己的过冬地卡拉纳伊—沙克帕克。"

　　成吉思坦乌区警察署战事指挥官泽伊奈里·奥斯帕诺夫于 1958 年 1 月 15 日说道："我非常熟悉沙卡里姆·库达伊别尔吉耶夫，因为我不止一次地把他带入肃反委员会区委办公楼。沙卡里姆通常是骑马而来，很晚返回。经常有这些情况出现，卡拉萨托夫派肃反委员会成员跟踪沙卡里姆。"

　　我们可以略加揣测卡拉萨托夫如此积极的目的，即肃反委员会成员利用沙卡里姆来缓和饥饿所导致的人民的绝望。至于他们将采取什么样的方式，只是暂时还不明朗。

　　然而，情形很快发生了变化。8 月底至 9 月初所爆发的事件有可能彻底地改变了卡拉萨托夫的设想。

　　当时，人们依然处在水深火热之中。在遥远的村子里人们早已经没有了食物，他们在警察与肃反人员的围困下开始因为饥饿而死亡。而那些税务人员在警察的协助下继续征收人们的剩余资产。他们奔走于那些欠债人员居住的村庄，把他们洗劫一空、一扫而光，抢走了他们的牲畜、粮食与皮毛。在沙岗河岸的一座小村庄（现在的萨尔江村），一个清贫的家庭被抢走了唯一一头产奶的奶牛。不幸的主人因此而大喊大叫起来，他的亲属们全部赶过来与这些不速之客发生了打斗，结果是杀死了两名税务官员。

　　政府立刻采取行动并宣称他们为暴徒，整个村庄也就成了"暴徒"村。警察与肃反人员朝他们射击并逮捕了许多村民，根本不考虑他们到底参与还是没参与这次冲突。

　　这次镇压事件后，成吉思坦乌的居民彻底醒悟，他们决定反抗苏维埃政权。反抗行动在 3 个地区同时展开——成吉思坦乌、阿布拉林斯克与丘巴尔塔乌斯克。

　　成吉思坦乌的起义于 1931 年 9 月 3 日凌晨在今天的巴卡纳斯附近的科克巴依村庄爆发。起义者中有沙卡里姆的儿子泽亚特。起义者抓住并杀死了年轻的教师拉马扎·阿比舒雷及其妻子拉比什，对他们的指控是肃反委员会的奸细。他曾经是卡拉萨托夫在别斯卡拉干区工作期间的文书，卡拉萨托夫以教师的身份把他带到了巴卡纳斯。

　　成吉思坦乌起义主要发起人别尔洁什·阿兹木巴伊雷（1885—1965）——塔尼尔别尔德的孙子，也就是库纳拜后人的证明材料保留下来了。

　　别尔洁什（出生时名叫费尔多乌西）是托贝克德家族的著名人物，但是他不被沙卡里姆卡兹欣赏，因为他经常残暴地对待家族成员。然而，别尔洁什在大没收期间同样也未能幸免，他的财产被全部没收，因此，他也有理由反对苏维埃政权。

　　1958 年，别尔洁什从中国回到了卡拉乌谁尔。他提供了证据，这些证据在 1963 年被转交给了哈密特·叶尔卡里耶夫委员会。

　　别尔洁什的言论被公开发表了。比如，在谢米巴拉金斯克报纸《三个真理》（1991 年，第 3 期）上，他特别提道："当我们整个村庄起来反抗以后，人们把这位教师从科依塔斯农庄带到了我面前。从他的靴子里我们搜到了他写给卡拉萨托夫的信件。信件中说：'别尔洁什，阿吉木拜的儿子，将带领 500 骑手向你们进攻。'我们因此而枪杀了拉马扎"。

这个证据非常重要，因为随后肃反人员指控沙卡里姆杀害了教师及其妻子——这就是说沙卡里姆与这次杀人没有丝毫关系。

9 月 3 日早晨，200 多人的巴卡纳斯起义者队伍中又加入了成吉思坦乌的 100 多人。虽说这是一次军事行动，实际上却没有任何武器装备。但是，饥饿至绝望的人们依然朝卡拉乌诶尔进发。在距离卡拉乌诶尔 3 公里处，他们遇到了正在返回的工农检察机关领导奥尔扎拜·沙拉巴耶夫。他们杀死了这位大家极为仇恨的税务官员。其中最为踊跃的是博克什家族的卡西姆别克·索尔塔巴耶夫，他抢走了其坐骑。此后，人们继续朝卡拉乌诶尔涌去。

肃反委员会区办事处获悉了起义的消息，肃反人员做好了战斗的准备。帮助他们的是从城市秘密前来的一支拥有机关枪的正规部队。

能对这些手无寸铁的起义者抱有什么期望？很显然，他们的希望极其渺茫。驱使他们前往的只是那种绝望。

发现前来的人群，军队立刻从掩体开火。手无寸铁的人群开始四散逃窜，完全舍弃了那些伤员与死者。肃反人员的骑兵队伍在阿布扎尔·卡拉萨托夫的率领下追杀。有 50 名起义者被杀害，许多人被捕。

被捕人员中有人在办事处供认，他们是受沙卡里姆的指使。一下子谣言四起，传说是沙卡里姆于 9 月 3 日指使起义者攻打卡拉乌诶尔。甚至有人指出了前往沙卡里姆住地人员的名字，他们是别尔洁什、泽亚特、卡西姆别克、索尔塔巴耶夫、木合塔尔·杜特巴耶夫及其儿子库里巴丹以及阿拜的女儿们。

必须承认，这个信息在当时成了肃反委员会区办事处负责人卡拉萨托夫的主要理由。五年后他对叶乌涅伊·布盖托夫讲述了他对沙卡里姆的看法："我对此人只是做了好事，希望能够获得他足够的信任。但是，他对这一切都置之不理。最终，9 月 3 日，他召集成吉思坦乌地区七八个村庄的居民并带领他们向区中心涌来，开始朝我们进攻。"

怀疑卡拉萨托夫口是心非是没有意义的。应该清楚地知道，他是时代的产物，是新政权组织机构中不可或缺的人物。对于卡拉萨托夫来说，他只承认苏维埃政权，其他一切不满意者都是敌人，他们必须消灭。他对饥饿以及人间的疾苦毫不关心。在通往共产主义的道路上这些牺牲是不可避免的，这些问题应该由其他人来考虑，他的主要任务就是——惩罚！他可以轻易地把沙卡里姆在路上干掉，就像对待别人那样：枪杀、逮捕、关进大牢或者集中营，但是上级解释说："沙卡里姆不仅在哈萨克斯坦家喻户晓，而且闻名全球，对待他要倍加小心谨慎。"的确，他是苏维埃政权的敌人，卡拉萨托夫对此确信无疑。这就是说，他必须被消灭。然而，杀害著名诗人不仅要深思熟虑，而且应该做得非常全面周到，不引起任何人的丝毫怀疑。

肃反委员会区办事处领导自从来到成吉思坦乌的那一刻起就反复考虑究竟该如何行动。然而，最终的方案直到起义爆发后才在卡拉萨托夫的脑海中形成。毫无疑问，成吉思坦乌起义的原因一方面是可怕的饥荒与人民的贫穷，另一方面是执政者置人民于死地的残酷。然而，成吉思坦乌地区领导把人民起义的根源追溯到个人对苏维埃政权的仇视上面，首当其冲的是沙卡里姆。他们开始四处散布谣言说，本次起义的组织者就是沙卡里姆。

很快这个消息就传到了萨亚特—柯拉沙卡里姆本人的耳朵里。他该如何是好呢？

卡兹只能像任何一位诚实之人那样去做，毫不掩饰和做作。他认真地分析了这场起义，认为这是一次毫无意义的冒险牺牲。他动身前往卡拉乌诶尔，目的是与卡拉萨托夫见面。会面没有取得任何结果，镇压的最佳时机还没有到来。过去的肃反委员会机要通信员艾—特梅尔扎·杜林克巴耶夫于1958年1月11日通报："卡拉萨托夫对沙卡里姆讲，要他在哈萨克人中间进行解释说明的工作。沙卡里姆回应说，他已经给起义参与者说过这些，但是他们完全听不进去。我清楚地记得沙卡里姆说：'我的儿子泽亚特也不听我的话了。'"

沙卡里姆卡兹顺利地回到了萨亚特—柯拉，然而，局势使他感到非常抑郁不安。他深知，卡拉萨托夫这次绝对不会善罢甘休。的确，随着时间的推移，民间关于沙卡里姆领导了这次起义的传言也越来越广。

最令人惊讶的是这个传言比卡兹本人更使人民群情激奋。人们像肃反委员会成员那样把这次起义称为"沙卡里姆起义"。

肃反人员在此期间加快了在成吉思坦乌山区抓捕起义者的行动步伐。他们实施突袭，搜捕躲藏在山中的"匪徒"。诗人的儿子泽亚特、外甥别尔洁什断然决定逃往中国，在成吉思坦乌等待他们的只能是死亡。如果他们落入肃反人员之手，那绝对会立刻射杀。

　　他们再一次来到了萨亚特—柯拉，劝说诗人与他们同行，但是诗人又一次拒绝了。他甚至认为一切都会变好的，只是需要忍耐一段时间。为了以防万一，他在巴卡纳斯躲避了肃反人员 10 天。

　　显而易见，预先的小心谨慎不是多余的。肃反人员来到了萨亚特—柯拉，但是没有找到诗人。随即卡拉萨托夫正式宣布，沙卡里姆躲避政府。他这样在区肃反委员会公函中写道："既然他躲避，那就说明他是匪徒，而且沙卡里姆还是起义的组织者"。他还补充写道："就是沙卡里姆导致了巴卡纳斯合作社的垮台，他是杀害教师拉马扎夫妇的最大嫌疑人"。

　　公函发出后，卡拉萨托夫知道他下一步该做什么了。

第六章

被遗忘者的光辉

第一节　不朽的诗魂

9月底，诗人回到了萨亚特—柯拉。

但是，肃反委员会不打算饶恕这些起义者。他们立刻开始了在成吉思坦乌大山与河谷之间的全面搜寻行动，抓捕那些叛乱分子。

别尔洁什、泽亚特以及其他沙卡里姆的亲属们断然决定逃出边境，远赴中国。诗人已经不再劝说他们，但还是不能下决心与他们同行。他的理由是："我生于此地，也将死于此地。我不想被人这样传说，说一个成吉思坦乌的哈萨克老人逃亡中国的目的就是为了在那里死去。"

9月2日早晨，泽亚特潜回了萨亚特—柯拉。他告诉父亲说明天将与别尔洁什、他的兄弟们以及其他逃亡者离开家乡，前往中国。沙卡里姆感到非常恐慌不安并建议他们要万事小心谨慎，随即难过得哭了起来。他长时间地拉住小儿子的手不愿意放他走，并用奶茶与干肉招待了他。但是，长时间的耽搁危险重重，每分每秒都有可能会出现肃反人员。父亲要求儿子第二天一大早过来，他决定把自己的部分手稿交给儿子带走。因为他知道眼下是不可能印刷出版的，所以他非常担心这些东西在自己的手上。还有一部分手稿他计划藏在附近山上的石头下面。因为他心里清楚，一旦儿子出走的消息公开，他肯定会被立即逮捕。

沙卡里姆从马厩里牵出了自己心爱的坐骑——科内尔—阿特，这是他远行最为可靠的交通工具。靠着它，他不仅走过了最危险的道路，而且躲避了任何一次追击。他把坐骑交到了儿子手里，只有这样他才能心安一些。泽亚特走了。后来，在中国新疆，他写下了叙事诗《科内尔—阿特》

以纪念父亲赠送给自己的马匹。

沙卡里姆坐下来抄写诗歌，检查了自己的手稿与诗歌，并挑选了最为重要的部分。习惯性的工作使他激动起来。他开始一首接一首地朗诵诗歌，每一次都和他当初写下这首诗歌时的感受一样。

多年来诗人一直相信，诗歌可以使人们走上通往真理的道路，诗歌能改变执政者，把所有哈萨克人团结在一起，而现在已经到了生命的晚期，阿拜所希望的那种心智苏醒还是没有到来。

他拿起几页纸朗读起来：

> 远古之时生活过的科内吉特，
> 后代将会忘记他的存在，
> 我为他祈祷，
> 其意思只能对很多人隐瞒。

这是上年就开始动笔但后来搁置下来的一首诗，诗人为其起名为《科内吉特旋律》。他非常喜欢古老突厥关于科内吉特、关于这位永生不老追寻者与神奇音乐创作者的神话。他的音乐源于天籁并用来促使世界和谐。

"不要忧郁，去努力看懂他"——抒情主人公以此来号召沉思中的听众跨过昏睡的"门槛"。接下来的诗行主要是涉及科内吉特的"生平"的情节：

> 科内吉特的空贝斯如此的呻吟！
> 没有一片土地，他没有去过，
> 他用悲伤的歌曲勾画了生活，
> 他把歌曲献给了生活，
> 歌曲是那样的悲伤与压抑。

按照迷信的传说，科内吉特在睡梦中看到了为自己挖掘坟墓的人。为了逃避死亡他远离自己的家乡，但是，还是看到了挖掘坟墓的人。他问道："这是谁的墓穴？"他听到的回答是："这是科内吉特的墓穴"。

无论他走到哪里都能遇见自己的墓穴。

　　至此他终于明白，他不可能摆脱死亡。他回到了锡尔河岸，在那里昼夜用空贝斯演奏悲伤的乐曲，乐器空贝斯是用自己的骆驼热玛尔的肩胛骨制成的。

　　1920 年手足相残时代，沙卡里姆精神心理状态与神话人物科内吉特担忧的时空转换相呼应。死亡的阴影已经降临到头上，而他依然把自己的创作信念与一系列的永生不死相对照，就像科内吉特的"思想—歌曲—心灵"。当大地一片黑暗，什么也看不见的时候，光明就会在上苍的音乐中出现。诗人就是这样试图站在深渊之上，目的是用象征自己生命渊源的音乐——科内吉特的故事——让人们开始了解其创作的实质，带给人们省悟的光辉：

> 我全身充满了仁慈，
> 歌曲的思想喜欢音律，
> 如此灵魂得到了平静。
>
> 可是，什么样的理由
> 都不合年轻人的心愿。他们从何而知，
> 老人似乎从他那里嗅到了什么。
> 年少者无法明白
> 他的思想的实质。

　　"科内吉特"的名字指的是"先兆性的恐怖"，而逃离死亡的理由——就是不愿意与死亡妥协。

　　按照神话，是疲劳挫伤了科内吉特。他睡着了，毒蛇咬死了他。很长一段时间，他遗弃在墓穴的空贝斯自己在弹奏悲伤的曲调。

　　亲人逃亡离开前的最后一个夜晚，沙卡里姆明白，他应该写完自己的诗歌。他呼吁那些喜爱自己诗歌的"聪明的朋友"关注"正义"：

> 不幸的人实在是太多了。
> 有那些肮脏的东西，他们
> 像对待野兽那样对待人们，
> 没有比此更为奸诈与邪恶的生物，

不要让他们靠近我。

看着那些危险的说谎者，
就像用毒药灌输我们，我说，
他们下流地对待一切，
我把正义带给你们。

在突厥文化的象征意义中，"蛇"的形象体现着隐秘的含义，诗人介绍被蛇咬死的科内吉特作为引路人，他具有永久的含义：

镜子既无锈迹也没窟窿，
你告诉我，真理的旷野在哪里，
益处在何方？请把我
带上通向真理之路。

象征性地求助于镜子，"既无锈迹也没窟窿"的镜子，从抒情哲学角度看，沙卡里姆的镜子是正面的象征，他是与光明、正义、自我意识与真理的寓意紧密相连的。

此时此刻他比任何一个追击者都要强大。应该收拾所有东西，准备好手稿与泽亚特及其朋友们一起离开。他们将朝东而去，奔向那遥远的边境线。而他返回到卡拉乌诶尔，收拾那些遗留下来的手稿把他们藏在安全的地方。

很快从山谷中出现了一队骑兵。正如卡兹所想的一样，儿子泽亚特不是一个人来的，与他一起的还有其他逃亡者。

别尔洁什回忆道："我们早上来到了沙卡里姆住处。他没有接受我的问候。卡兹就是这样的一个人，当他对谁失望后就再也不与其说话。当我从马上下来时他斜眼看着我。他一个人招待我们喝了茶。他决定与我们一起离开返回家中，去取回自己的作品与书籍……"

在喝茶期间他们商量了应该选择的最佳路线。沙卡里姆详细地说出了自己的看法。从这里到边境路途遥远，大概有500多公里，应该选择最为安全的小路。他交给了泽亚特一捆用毛巾包住的纸，这是他的手稿。

别尔洁什坚持要把被杀死的税务官员奥尔扎拜·沙拉巴耶夫的坐骑留

给诗人。对此他后来回忆说："起义后一个月我把马匹牵到了沙卡里姆跟前，建议他骑马越过边境到达中国。但是，他没有同意，马匹也没有被接受。我希望他这次能够改变主意，就把这匹马留给了他。"

这次，诗人出乎意料地同意并接受了马匹。他觉得骑这匹马能够更加稳妥地到达卡拉乌诶尔。他宣布，他将把这匹马交给肃反委员会，觉得放在自己这里不太安全。

安放好了马鞍，沙卡里姆将一把老猎枪挂在了马鞍上。阿拜所赠送的那把猎枪被没收后依然放在肃反委员会办事处。用石块堵住了住所的房门，他跨上了马随大家一起离开了。

卡拉萨托夫据线人通报得知，9月3日别尔洁什一伙人将从成吉思坦乌朝中国边境方向逃去。他非常希望沙卡里姆能够与他们在一起。肃反人员已经通过告密者获悉沙卡里姆不去中国，但是他将与其他人一起去送自己的儿子。

随后，他试图证明杀害诗人那天自己不在出事现场。但是，所有证据已经表明，就是他亲自指挥了这次行动。事件的过程可以通过目击者提供的信息完全复原。虽然所有信息在一些细节上有所出入，但还是能够提供一个完整的悲剧场面。

别尔洁什·库纳巴耶夫说："我、我的哥哥马涅克什、泽亚特、萨巴和木合塔尔与沙卡里姆走在一起。在泉水附近我们开始祈祷。沙卡里姆说他想爬上山顶看看附近有没有人。15岁的马涅克什随他一起去。过了大概10到15分钟，我们听到了两声枪响。马涅克什跑到我们面前说沙卡里姆被打死了，我们就开始逃跑。"

在哈密特·叶尔卡里耶夫委员会保留的资料中有别尔洁什·库纳巴耶夫的另一种讲述："早上。这一天天气非常阴暗。我们才一开始动身上路四周就响起枪声，我们躲了起来。沙卡里姆说，这好像是那支追击匪徒的军队，他去给他们说说我们到此的原因，并开始朝他们走去。他刚开始行动就响起了两声枪响。我们一下子就明白，沙卡里姆被打死了。我们想，都能把他打死，还能饶过我们吗？我们立刻就朝中国边境逃去。"

接下来是另一个阵营的人们的证明材料。

艾伊特梅尔扎·图林克巴耶夫说："迷雾笼罩的秋季早晨，大地一片苍茫。站岗的巴什基尔人哈利托夫告诉我们说，他隐约看见一队武装骑兵从山那边向这里运动。卡拉萨托夫认为他们是匪帮并下令射击。听到枪声，这些骑兵停了下来。这时，有一个人骑马从他们中间出来向我们跑来，他边跑边摇手，好像是向我们示意，他没有带任何武器。当他跑到我们跟前时，我们都认出他是沙卡里姆。但是，停止射击的命令没有下达。因此，哈利托夫又开了两枪。沙卡里姆松开了缰绳从马上摔了下来。他的马匹同样受了重伤。沙卡里姆已经不能说话了。我们，有的骑在马上，有的骑在骆驼上，围着沙卡里姆一言不发地站在那里。沙卡里姆的同伴好像是从空气中蒸发一般逃得一个不剩。"

阿布德拉伊姆·沙里巴耶夫说："卡拉萨托夫从伏击点朝马打了一枪，马倒了下去。随之响起了第二枪，子弹击中了骑手的左胸。我们跑到跟前，认出了库达伊别尔德耶夫·沙卡里姆。他坐在地上说：'不要碰我，我对苏维埃政权有用。'但是，哈利托夫受州肃反委员会指令，当着我的面朝沙卡里姆打了一枪，杀死了沙卡里姆。后来州肃反委员会曾经展开过调查。卡拉萨托夫劝告我作证说沙卡里姆是在相互对射中被打死的，因为他朝肃反委员会成员射击。但是这一切都没有发生过。沙卡里姆是一位出色的猎手、狙击手，他可以杀死我们所有人。"

泽伊涅利·奥斯帕诺夫说："有传闻说，沙卡里姆作为卡兹中最有威望的人正在率领起义的匪徒朝卡拉—阿吾尔村庄运动。因此我们在搜寻他们……在他的身旁躺着一匹枣红马，这匹马曾经属于沙拉巴耶夫·奥尔扎拜。沙卡里姆身背猎枪。当我看见这杆猎枪时我感到非常惊讶。我去给州肃反委员会领导送公函，他在阿布拉林斯克区塔伊拉克村庄出差。在那儿，肃反委员会成员尤里耶夫给了我这杆猎枪，后来我把猎枪交给了成吉思坦乌肃反委员会办事处。"

10月3日早上，一群逃亡者包括沙卡里姆在内进入了伏击圈。肃反人员开了火。沙卡里姆跑到了前面，目的是要制止他们。他始终相信，人们是不会朝他开枪的。但是，有人开了两枪，两发子弹全部命中。一发击中了坐骑，另一发击中了沙卡里姆左肩。

开枪者是来自谢米巴拉金斯克的民警机关和刑事部门的侦缉人员哈利托夫，很有可能就是受卡拉萨托夫指使。沙卡里姆倒下了，他被警察和肃反人员围住了。当着这么多人的面，巴什基尔人哈利托夫朝诗人开了一枪，子弹射入了诗人的心脏。沙卡里姆被杀害了。

毫无疑问，没接到命令哈利托夫是绝对不敢开枪的。命令只会由一个人下达，即阿布扎尔·卡拉萨托夫。或者是哈利托夫已经获得了州机关领导的命令，因为他是从州上派到这里来出差的，这是众所周知的事情。

按照卡拉萨托夫的命令，人们把猎枪放到了诗人的尸体旁边，在此以前这杆猎枪一直保存在区办事处。

疑点在于这是不是一次有计划的谋杀。卡拉萨托夫现在可以在呈函中写：肃反委员会成员击毙了成吉思坦乌反对苏维埃政府的起义头目沙卡里姆。他手持猎枪骑在从沙拉巴耶夫手上夺过来的马上朝合法政府代表开枪。他的呈文成为指控沙卡里姆的反苏维埃行为以及后来封杀他作品的依据。

卡拉萨托夫的呈文前后矛盾、漏洞百出。特别是好多人都发现，如果沙卡里姆朝肃反人员开了枪，那就会有很多伤亡者出现。因为沙卡里姆在狩猎时经常会单手射中飞行中的野禽。也就是说，沙卡里姆从来就没有朝人类开过枪。

艾伊特梅尔扎·图林克巴耶夫说："按照指令，人们开始从死亡老人身上扒衣服和武器。包括狼皮袄、皮帽、皮靴、带花纹的外套以及裤子在内的一切都被扒了下来。血迹斑斑的老人就这样躺在了冰冷的大地上。"

首领朝我喊道：

你为什么什么也不拿？

给我剩下了什么？我气愤地回应说。

那就把他拿上！把他送到巴卡纳斯。首领命令我说。

我从骆驼上下来，把他的尸体放入毡子挂在了骆驼上。我骑上了骆驼，向巴卡纳斯走去。

第二节　毁灭

沙卡里姆的尸体被肃反人员带回了巴卡纳斯。按照其首领卡拉萨托夫的命令，肃反人员将村子里所有人驱赶到了村子中央，目的是震慑与威胁这些村民。

巴卡纳斯女居民乌基什·克孜巴耶娃回忆说："当裹在毡毯里挂在骆驼上的老人遗体被送来之时，我差一点失去了知觉。哭悼死者完全被禁止。男人们将尸体从骆驼上放了下来放在了芦苇上。他的坐骑也受了很重的枪伤，它被人们宰杀成肉随身带了回来。"

1978 年在与叶甫涅伊·布盖托维伊的谈话中，阿布扎尔·卡拉萨托夫绘声绘色地在人们面前做了说明。应该理解，肃反人员这样做的目的只有一个，就是展示他是为了苏维埃政权而消灭了敌人而并非那些品德高尚的公民，因此他们在国家与自己的良心面前都是清清白白、问心无愧的。

> 卡拉萨托夫：第二天我们召集了巴卡纳斯与拜伊科什卡尔的居民，我们把沙卡里姆的遗体放在了专门准备好的木质台座上。我开始讲话："你们面前就是沙卡里姆，他就是过去你们所尊敬的长老，真理的追求者。他去过麦加与麦地那，他写下了著名的《叶丽克与克别克》。你们看看，他现在落到了什么境地？在交战中被打死了。"
>
> 布盖托夫：您说过，他对抗苏维埃政权？
>
> 卡拉萨托夫：当然。我说过："现在你们面前躺着沙卡里姆，他手持武器反对苏维埃政权并鼓动他人从事此项活动。他与许多人的流血牺牲有关联。"我指了指尸体，不然他们不会相信。我就是想暗示别人说："沙卡里姆的死与别人毫无关系，完全是咎由自取。"
>
> 布盖托夫：人们难道不会想，他会被子弹打死吗？
>
> 卡拉萨托夫：的确如此。他就是这样的人……随后我下达了命令，把他葬在了那里。具体在哪里——沙拉巴耶夫、警察巴伊马舍夫和其他人知道。
>
> 布盖托夫：人们说，你把沙卡里姆的遗体丢进了井里，后来有人把他打捞了出来安葬了。本地有这样的说法。
>
> 卡拉萨托夫：这完全是谎言。我不知道他具体葬在什么地方。我当时的确不在场。因此，我不能准确说出他的安葬地点。
>
> 布盖托夫：这就是说，你讲完话就转身离开了？
>
> 卡拉萨托夫：不是。沙卡里姆是当着我的面安葬的。
>
> 布盖托夫：什么？当着你的面？
>
> 卡拉萨托夫：我再一次重复，我不知道他到底葬在什么地方。因为我自己根本就没去那儿。负责指挥安葬的人是沙拉巴耶夫，是他当着众人的面埋葬了长老沙卡里姆。

卡拉萨托夫的狡辩被目击者的证据彻底推翻。

沙卡里姆一直不崇拜苏维埃政权并从不掩饰自己对它的消极态度，也不害怕在诗歌中直接表达自己的评判与见解。然而，要说他是苏维埃政权的敌人并手持武器来对抗苏维埃政权，那实属夸大。他从来就没有手持武器去对抗苏维埃政权，就像卡拉萨托夫所说的那样。他没有参与互射，更没有与许多人的流血牺牲产生联系。

关于诗人的安葬，卡拉萨托夫也没有说真话。他清楚地知道，诗人的遗体被他下令扔进了村子外边的枯井里面。马拉特·图林克巴耶夫——他部队的其中一位成员说："我们的指挥员是阿布扎尔·卡拉萨托夫。他所说的一切就是法律。他让我们躺下我们就躺下，他让我们开枪我们就开枪。"

卡拉萨托夫说把尸体扔进井里，我们就扔进了井里。卡拉萨托夫明知这不是人类的行径，因此在和布盖托夫的谈话中一直在绕弯子。

但是，目击者大有人在。卡贝什——卡里姆库雷的儿子亲眼看见沙卡里姆的尸体如何被扔进了井里。乌基什·卡兹巴耶娃回忆道："我的爷爷热吉拜说：'人已经死了。那就让我们把他归还大地吧。'但是，首领不同意。凌晨，当人们还在睡梦中时，卡兹的遗体已经被运到了巴卡纳斯河岸。在那儿，河的右岸，尸体被扔进了一口深井。随即人们扔进了树枝、石块与土来掩盖它。"

卡拉萨托夫完成了上级交给他的任务：恐吓人们，让他们在死亡的威胁下不再起来对抗苏维埃政权的政策。最具威力的威胁方法自然就是人的死亡。肃反委员会成员接到的命令是不要怜惜任何人，要坚决消灭苏维埃政府的敌人。

死了很多人，生命威胁是那样的真实，因此人们妥协了。离开巴卡纳斯时，卡拉萨托夫警告当地居民说，如果谁敢靠近这口投入沙卡里姆尸体的井，那等待他的就是死路一条。死亡的威胁是那样的巨大，以至于此后30年间没有人敢靠近这口井。人们害怕谈及关于沙卡里姆身葬何处的话题。

这些年中所发生的哈萨克历史上最为恐怖的场景发挥了其应有的作用。草原上的人们因为饥饿而大面积死亡，每天都有死讯从四面八方传来。

10月，卡福尔的儿子巴亚泽特终于从谢米巴拉金斯克监狱释放出来。他一共坐了一年零八个月牢。饥饿、疲惫与沮丧的他朝成吉思坦乌步行走去。在途中他获知了自己的爷爷沙卡里姆的死讯。他的其他家人也因为饥饿而死亡。在寒冷的夜晚他无法找到避寒之处，饥寒交迫的他一连 6 天没有吃任何食物。就这样，他没有能到达亲人的跟前，他无法承受痛苦的折磨，自己割断了喉咙。亲人们把他葬在了玛乌叶附近的过冬地。

1931 年秋天，在谢米巴拉金斯克，阿哈特的儿子与女儿因为饥饿而死亡。沙卡里姆非常喜欢他的儿子卢赫。他在叙事诗《科内尔—阿特》中写道："我那满头金发的卢赫是否在想我？"

在未经任何审讯而杀害诗人以后，卡拉萨托夫立刻着手消除人们对诗人的怀念。对于他来讲，诗人的创作遗产毫无意义，他只有一个信念，那就是一切不赞同布尔什维克的人就是苏维埃政权的敌人。

沙卡里姆在萨亚特—柯拉居所的东西被运到了肃反委员会区办事处。肃反人员对其居住的村庄、家人的毡房等进行了仔细的搜查，没收了诗人的所有文稿与书籍。从没收的东西中选择了一些后，卡拉萨托夫下令烧毁了剩余的东西。负责执行烧毁命令的是一个被大家称为沙乌肯的人。他的真名叫做奥拉卡里·巴卡肖夫（1904—1977）。他生下来就是一个哑巴。很显然，他被选定执行此项任务是他们认为他不会泄露秘密。在要焚烧的东西中他偶然看见沙卡里姆的照片并把照片藏进了怀里，其他的东西被他扔进了火中。回到家中他把诗人的照片交给了母亲，她把照片藏在了衣服中。就这样，沙卡里姆的照片被保留了下来，这张唯一的体现诗人面貌的照片于 1950 年被交给了他的儿子阿哈特。

沙卡里姆于 1905 年秋天动身前往麦加时照了相。这样的照片有好几张，它们被沙卡里姆散发给了自己的亲朋好友。在这张被拯救的照片上用阿拉伯文字写道："送给阿布萨吉特·哈里厄尔留念。沙卡里姆·库达伊别尔德乌雷，1912 年 1 月 11 日"。所注明的日期也就是照片送出的日期。阿哈特将这张照片小心保留至诗人恢复名誉之日。

完成了自己那见不得人的工作，卡拉萨托夫立刻离开了成吉思坦乌。

另一位杀害诗人的刽子手哈利托夫第一个被召回谢米巴拉金斯克肃反委员会州管理处。

1931 年 12 月，卡拉萨托夫被调到肃反委员会扎尔敏斯克区办事处工作。在他的简历中这样写道："在肃反委员会州机关工作期间参加了在成吉思坦乌粉碎沙卡里姆与库达伊别尔吉耶夫匪帮的战斗"，"获得了扎尔敏斯克区肃反委员会区办事处颁发的成功消灭匪帮奖金（制服）"。

阿依卡莎说："我们哭够了。世界从来都不能只靠一个人来维持。我们共同度过了美好的生活。我们不知道痛苦，也没有担忧过到底穿什么或者吃什么。好像不好的时刻来到了。没有什么可哭的！我们从安拉那里看见了一切好的东西，现在是我们该面对不好的时候了。"

沙卡里姆几乎所有的亲属都被肃反委员会刑侦人员关进了卡拉萨托夫在卡拉乌诶尔附近所建的地方集中营。这个集中营被称为"阿布扎尔集中营"。与诗人亲属一起关押的还有许多人。他们吃的很差，经常被提审。

春天开始了释放。诗人亲属中第一批被释放的是儿子卡贝什。在饥饿年代他开始远离人群生活，目的是不给家庭带来危险。他在热洁拜的什伊河岸搭起了毡房。1932 年夏天，他病情恶化，孤独地死在了草原上。

古丽娜尔，沙卡里姆与阿依卡莎的小女儿，为了摆脱痛苦，她决定在集中营喝下毒药，差一点也丢了性命。她被阿拜·库里巴丹的女儿所救，并被灌了很多牛奶。从集中营出来后，古丽娜尔到达了阿拉木图，在阿拉木图州伊林斯克区加里宁农场生活。她的丈夫在伟大的卫国战争中死去。古丽娜尔于 1970 年去世。

阿依卡莎，沙卡里姆最为钟爱的女人，在集中营大概被关了一年时间。1932 年夏末，消瘦不堪、衰弱无力与疾病缠身的她被放了出来。她立即动身前往城里，希望能找到自己的女儿们。然而，她们都不在城里。阿依卡莎不得不借住在伊尔泽克拜家族的杜伊谢普家中。在这里她因为饥饿而死亡。

她的大女儿扎吉木与丈夫卡比波拉·马合木托夫及其孩子们居住在谢米巴拉金斯克。在沙卡里姆死后，他们作为"匪徒与人民的敌人"的家属全部被捕关进了市监狱。塔乌菲克·达萨耶夫，扎吉木与卡比波拉的儿子，在回忆录中写道："父母与三个孩子在监狱中等待自己命运的判决。在那个时期卡里波拉——穆萨巴依卡兹的儿子，在阿拉木图担任很高的职务。他寄来书信说卡比波拉及其家庭的事情将在阿拉木图得到解决。1931年 12 月，全家在两位护卫的伴随下乘"红色车厢"火车动身前往阿拉木图。与此同时，卡里波拉劝说自己在阿亚古兹警察局工作的朋友乌鲁克别克把卡比波拉从火车上弄下来，理由是他们的事情将重新在谢米巴拉金斯克审理"。

警察乌鲁克别克完成了自己的任务。他把卡比波拉一家从火车上弄了下来，用雪橇送到了乌尔德扎尔，那儿离中国边境仅有一步之遥。那段时间边境正好关闭，越境者一律格杀勿论。这一年这家人就待在了乌尔德扎尔。扎吉木与卡比波拉一共有四个儿子，其中三个都是沙卡里姆为他们起名，为的是纪念哈菲兹的朝觐。其中两个儿子科扎尼亚斯与科扎卡别斯于1932 年因饥饿在乌尔德扎尔死亡。

1933 年，饥饿的人们开始大规模地向中国逃亡。卡比波拉一家经过艰难步行越过了边境。"1933 年 3 月当我降生时，已经是在中国境内了。"塔乌菲克·达萨耶夫这样结束了自己的讲述。在中国，扎吉木与她的家庭遇见了自己的哥哥泽亚特，他当时已经在地区教育机构担任文化处处长的职务。他帮助他们安家落户。

即使在中国泽亚特本人也没有逃过迫害。1937 年，他的岳父谢伊特卡兹·努尔塔伊乌雷——著名哈萨克文化瑰宝的收藏者，被肃反人员以"人民公敌"罪而逮捕。泽亚特与之一起被带走，1938 年被杀害。

不仅是沙卡里姆的亲属，就连他的朋友以及那些熟悉他的人都受到了迫害。曼苏尔·吉雷木拜乌雷说道："沙卡里姆被杀害后，过了两三天，我的父亲克列木拜——吉雷木拜的小弟弟带来了不好的消息说，出台了抓住卡兹的爪牙的命令。吉雷木拜在当天晚上带上自己的儿子与女儿向阿亚古兹逃去，在塔迪库尔干卖掉了马匹与车辆。也是在这个时候我出生了。"

我们可以通过卡福尔的女儿卡米拉·卡贝尔吉泽的叙述来判断沙卡里姆的亲人如何度过这个饥饿与恐怖的时期。

"当肃反人员宣布发配沙卡里姆家人到卡拉乌诶尔时，我刚好在阿尔卡雷克的婶子良比芭那儿上二年级。阿依卡莎奶奶与古丽娜尔婶子通过其他交通工具被发配了。我们其他人被发配到了卡拉乌诶尔。

"我与妈妈被关进了寒冷黑暗的屋里。夜间在黑暗的角落里传出了老鼠叫声，我们差点儿被吓死。我们就这样彻夜不眠，不敢闭眼。至今我面前还时常闪现妈妈那苍白的面庞，她胆战心惊地把装食物的袋子紧紧地搂在怀里，害怕被老鼠抢去。

"过了两天，我们家族中某一个重要的人物把我和母亲偷偷地放了出来，送到了卡斯卡布拉克。我记得，从那儿我们骑骆驼到达了谢米巴拉金斯克婶子拉伊汗家。她是沙克的女儿，她的丈夫扎木什拜是一位拥有实权的人物。许多库达伊别尔德家族的后人逃离故土时都曾获得过这个家庭的援助。在饥荒年代到过此地的有梅德乌汗——伊尔谢科拜儿子及全家，阿哈特的妻子萨基拉及其孩子，古丽娜尔——姆基什（姆斯丽玛）、克扎卡潘的母亲。我们之间只有梅德乌汗能做点什么。他把缝制好的手套以及肥皂、火柴运往阿列伊克换回面包。

"我实在难以表述我们是如何挨过那个冬天的。既没有食物也没有工作。我一会儿被放进寄宿学校，一会儿被送进保育院。我很难想起我学了什么，做了什么。我们躺在简易的板床上，全身都冻僵了，整天整夜地盼望着那个点燃炉子的妇女到来。

"人似乎会因为饥饿而记忆力变差的。我几乎什么也不记得了。那些活到夏天还尚存体力的人离开这里去了西伯利亚。留下的人们为了寻求食物朝谢米巴拉金斯克市场涌去。我们同样也向市场奔去。许多人都筋疲力尽地躺在地上，无力睁开眼睛。一旦发现商人手上的小面包，就有人跳起来抢起来就啃。人们开始打他，抓起什么就用什么。我至今清晰地记着人们是用脚踢他的情景。

"沙卡里姆的整个家族四散而去。他们相互不知道对方的任何消息。"

在这一年，许多人就这样死去了。在成吉思坦乌到谢米巴拉金斯克200多公里的道路上布满了无人收拾的尸体。

村子里的居民在城市里寻找活路。肃反委员会成员在草原上阻拦他们，把他们赶回自己的村庄。许多村庄中的积极分子、警察与肃反人员不允许村民走出自己的家门，他们就这样全家死在了空无一物的毡房与家中。

从没见过的景象出现了：因饥饿而发狂的人吃掉了别人的孩子。冬天，不知是哪一个丧心病狂的人在草原上杀死了沙卡里姆的知心朋友阿乌比什，抢走了他的骆驼。

卡米拉·卡贝尔吉泽回忆说："人们把孩子交给保育院远赴西伯利亚。我的母亲与婶婶纳吉玛也去了西伯利亚，我被寄养在熟人家里。但是，'熟悉的婶婶'不久就告诉我必须离开。放学以后我无处可去，哭了起来。一个鞑靼女孩可怜我，把我带到了她的家里。在没有转入学校以前我一直住在她的家里。

"玛什姆——卡贝什叔叔的妻子，把女儿卡比雅什——我的同龄人交到了保育院，自己前往阿亚古兹亲戚那里，在那里因饥饿而死亡。艾克什——巴亚泽特的妻子，饿死在了自己兄弟阿里木克扎的家里。阿里木克扎本人被审判，他唯一女儿的命运我就不太清楚了……

"就这样，我爷爷沙卡里姆的亲属们一个个离开了人世。我列举他们命运的目的是为了说明，在他死后不仅销毁了他的诗歌，而且还有他的家人。我什么时候才能摆脱痛苦？要知道，我们生活在充满悲伤的时代，过着苦不堪言的生活。我想让人们知道，沙卡里姆的后人还活着。"

据资料显示，饥荒的结果是在哈萨克草原从 1931 年至 1933 年饿死了 200 万哈萨克族人，或者是当时的一半哈萨克族人；以及 20 万—25 万哈萨克斯坦的其他民族。

近百万人远离故土，在饥荒年代远赴境外，其中 61.6 万人没有返回哈萨克斯坦。他们去了中国、蒙古、伊拉克和阿富汗。他们还去了邻国俄罗斯、乌兹别克斯坦和土库曼斯坦。

有些研究者提供的饿死人数要少一些，数字为 175 万人。这只是为了获得一点点心理安慰而已。无论如何，在饥饿年代死亡人数都是无法想象的。

因可怕的灾难而沮丧的哈萨克人民几乎没有注意到他们的文化精英是怎么失去的。在 1930 年，有 100 多名受过高等教育的政治家、创作人士与社会活动家被指控为各式各样的政治与刑事罪，他们被投进了监狱。大部分人以背叛祖国罪，或者像沙卡里姆一样被指控为对抗苏维埃政权罪而遭到杀害。没有被杀害的全部被投进了集中营，在那儿同样面临死亡的威胁。

"阿拉什"党与阿拉邵尔达政府成员几乎无人幸免，他们不是病死就是被枪毙。只有残留下来的少数人移民国外。

"阿拉什"党领导人——沙卡里姆的兄弟与志同道合的朋友阿里汉·布盖伊汉诺夫于 1922 年秋天被捕。那个时候，他被押送到了莫斯科关进了市中心舍列梅捷耶夫旧居一所单独的住宅。在需要利用著名地区学家阿里汉·布盖伊汉诺夫广博的知识的借口下，苏维埃政权把他与人民以及阿拉邵尔达政府隔离。在其 57 岁被勒令退休以后依然对其进行监控，实际上就是采取了家庭关押。1937 年 7 月，阿里汉·布盖伊汉诺夫在莫斯科家中被捕——在这里度过了生命中的最后 15 年——随即被关进了布德斯克监狱。过了两个月，9 月 27 日，苏维埃社会主义共和国联盟最高法院军事委员会判处阿里汉·布盖伊汉诺夫为"日本间谍"并于当天枪决。

艾哈迈特·巴依图尔谢诺夫，"阿拉什"党的创建人之一，共和国教育第一任人民委员，于 1929 年 6 月以"国家罪犯"的罪名被捕押送莫斯科。他被指控为试图与穆斯塔法·乔康联系实现哈萨克斯坦脱离俄罗斯的计划。1931 年巴依图尔谢诺夫被流放到阿尔汉格尔斯克州。1934 年得到马克西姆·高尔基及其妻子以及国际红十字会帮助，巴依图尔谢诺夫恢复了自由，返回哈萨克斯坦。但是，在 1937 年他又一次被捕，关进了阿拉木图内务人民委员会刑侦监狱 7 号牢房。1937 年 12 月 8 日，艾哈迈特·巴依图尔谢诺夫被枪决。

另一位"阿拉什"党首领、记者、作家及政论家米尔江吉普·杜拉托夫于 1928 年被捕，被关在刑侦监狱了两年。在定其罪行为民族主义者时，他回答说："为了自己的民族的未来，我应该竭尽所能。假如我迷失了方向，那就是和人民在一起。迟早有一天真理一定会胜利的。"米尔江吉普·杜拉托夫被定罪为"人民公敌"流放到白海到波罗的海运河建设工程的索洛维茨克集中营，于 1935 年 10 月 5 日去世。

几乎所有阿拉邵尔达政府成员被枪杀。"阿拉什"党的 4297 名成员被镇压了。

在整个哈萨克斯坦，内务人民委员会肃反委员会有 183 个机构 3720 名成员在工作。从 1920 年到 1953 年总共有 11 万人受到了政治迫害。

顺便提一下，在政治迫害死亡名单中还有卡拉萨托夫——杀害沙卡里姆的刽子手。哈萨克斯坦共和国国家安全委员会卡拉干达州资料显示，阿布扎尔·卡拉萨托夫于 1938 年 1 月 8 日被捕。实际上，在 1 月 9 日因为缺少犯罪证据已经终止判决。正如在证明中写到的那样，卡拉萨托夫被恢复了名誉。

而沙卡里姆的名字，阿拉邵尔达政府成员之一，多年来被封杀。提起诗人也只是作为"人民公敌"来对待。

比如，内格梅特·马尕乌伊雅乌雷，熟知沙卡里姆作品的其中一位，记住了这样的场景。当木合塔尔·阿乌艾佐夫来到阿拜的故乡时，他的周围通常都围满了朋友，其中一位就是内格梅特。"通常，木合塔尔·阿乌艾佐夫来到村庄丝毫不显骑马的劳累。有一次，他请求大声朗诵叙事诗《纳尔塔伊拉克与阿依苏鲁》。他说道：'如果有人要问起，你就说，这是诗人的儿子卡贝什所写的。'"

木合塔尔·阿乌艾佐夫知道他在说什么。因为提到沙卡里姆的名字，最幸运者也要被开除公职，最惨的是发配到集中营。

后来托贝克德家族就这样把沙卡里姆的作品改换成了卡贝什的名字。

沙卡里姆的亲人始终相信会有那么一天的，到那时沙卡里姆的名字与他的创作会重见天日。

卡米拉·卡贝尔吉泽说："那段时间成吉思坦乌对我来说是世界上最为可怕的地方。我记得，我满含泪水对自己说：'真主呀！如果我能活下去的话，千万不要让我再回到这个地方。'有时候，身处遥远的他乡思念自己的故乡与亲人，但是我没有回到那里的勇气。在我的脑海中一次又一次地显现着成吉思坦乌那可怕的情景。到达阿拜区，我只是顺便去了一下热洁拜，目的是拜谒阿拜与沙卡里姆的陵墓。从那里到卡拉乌埃尔近在咫尺，但是我直接离开那里返回塔迪库尔干州。我依然相信，在这个世界上再也没有比成吉思坦乌更为恐怖的地方了。"

第三节　昭雪纪要

在斯大林政体年代，沙卡里姆的名誉与创作的恢复根本无法提起。

借助于阿布扎尔·卡拉萨托夫的努力，当局代表根本不经审判就定诗人沙卡里姆为苏维埃政权的敌人。他的名字不能被大声说出，他的诗歌和叙事诗无人敢读。所有人，谁要是犯了这个禁忌，可能很快就会被定性为"人民公敌"并后患无穷。

这就是为什么木合塔尔·阿乌艾佐夫，为数不多的阿拉邵尔达政府成员中的一位，虽然逃脱了死亡，却没有躲过迫害。他在小说《阿拜的道路》中不能提及沙卡里姆的真实姓名，而是给他起了笔名"舒巴尔"。

阿乌艾佐夫，毫无疑问能够写出很多关于沙卡里姆的趣事。1930 年10 月，在监狱关了整整一年，他开始着手撰写题为《阿拜学派诗人》的著作。当阿乌艾佐夫被放出来时，沙卡里姆已经被杀害并被指控为苏维埃政权的敌人。阿乌艾佐夫不得不毁掉自己的著作。

1939 年，阿哈特·库达伊别尔吉耶夫从西伯利亚布尔拉克流放归来。他做的第一件事情就是去找木合塔尔·阿乌艾佐夫询问自己父亲手稿的下落。阿乌艾佐夫对他说，所有的手稿都放在科学院的储备处。

阿哈特给他们写了好几次信，准备将手稿在 1936、1959 和 1960 年单独出版。但是，等待印刷书籍耗时很长。他寄希望于这个时间的来到，就是父亲的名字会出现在印刷出版的书籍页面上。这个机会虽然为数不多，但也曾经有过。

卡尤姆·穆罕默德汉曾经提到过沙卡里姆的名字，他为此付出了惨重的代价。

1951年他通过了题为《阿拜文学学派》的副博士答辩。在此之后的几个月，也就是1951年12月1日他被捕了。由于他细致认真地收集阿拜遗产与其诗歌创作以及在论文中出现沙卡里姆的名字，因此他的作品被指控为脱离了马克思主义轨道，表现的是资产阶级民族主义。

穆罕默德汉·谢伊特库洛夫——卡尤姆的父亲，被视为人民公敌于1937年枪毙。而现在卡尤姆·艾哈迈特汉本人因反革命活动被处以限制人身自由25年的判决。

卡尤姆被发配到了卡尔拉克（卡拉干达劳改集中营）。1954年12月对于他的指控被取消（借助于作家亚历山大·法捷耶夫的帮助），这位囚徒被恢复了名誉，但是直到1955年他才真正获得了自由。

斯大林死后，恢复沙卡里姆名誉的希望再一次被点燃。他的亲属与亲近的朋友开始给国家安全委员会写信。

卡尤姆·穆罕默德汉不仅为大学生开办关于沙卡里姆的讲座，而且给谢米巴拉金斯克州党委写申请书要求恢复沙卡里姆的名誉。

领导机关进行了咨询调查。作家卡比特·穆思列波夫关于诗人的创作给出了极为可信的回答：

> 哈萨克斯坦共产党中央，A. 拉赫曼诺夫同志
>
> 对于您提出的关于诗人沙卡里姆·库达伊别尔吉耶夫的问题汇报如下：19世纪末与20世纪前30年，著名诗人沙卡里姆·库达别尔吉耶夫出生于一个封建大家庭（他的父亲是苏丹库纳拜的大儿子）。成为孤儿后，他自七岁起在伟大诗人阿拜·库纳巴耶夫家接受教育，这一切促进了他的天分的发展，对他后来的创作产生了极大的影响。沙卡里姆很早就掌握了阿拉伯语，在阿拜的指导下刻苦学习东方诗人与俄罗斯古典著作，很快就成为当时最为有知识的人。在写诗的同时他撰写了关于哈萨克民族伦理、宗教以及历史的论文。
>
> 在自己的诗歌中沙卡里姆·库达伊别尔吉耶夫歌颂诚实、人道、公正，号召人们掌握知识，抨击贪婪的巴依、无知的毛拉以及妄自尊大的官员……
>
> 他创作了著名叙事诗《卡尔卡曼与马梅尔》《叶丽克与克别克》

《纳尔塔伊拉克与阿依苏鲁》，中篇小说《阿吉里与玛丽娅》。在叙事诗《叶丽克与克别克》中，诗人首次在哈萨克文学中描绘了一位勇敢声明自己追求幸福的权利、积极为自己的自由而斗争并向旧传统发出挑战的妇女形象。结构合乎逻辑、语言形象生动、传统题目论述观点新颖、对于主人公性格的勾画更是突出其特点。正因如此，这部叙事诗在促进哈萨克文学叙事诗风格的发展道路上迈出了一大步。

沙卡里姆·库达伊别尔吉耶夫是古典文学的忠实崇拜者与传播者。他把 A. C. 普希金的中篇小说《杜布洛夫斯基》与短篇小说《暴风雪》翻译成了哈萨克语。这两部译作在当时的读者之中引起极大反响，受到了读者的广泛欢迎。沙卡里姆还翻译了列夫·托尔斯泰的部分作品以及东方诗人费祖里、哈菲兹等的一系列诗歌。沙卡里姆认为《列依丽与梅治努》是直接从费祖里那里翻译而来的，实际上，这不是改变其过去东方民族生活情节、改名叫《纳泽拉》的简单翻译，而是建立在著名情节《列依丽与梅治努》之上的一部真正的叙事诗……

或许，在诗人的世界观中具有时代所造成的矛盾性与局限性，这也正是他生活并且进行创作的基础。这些缺陷可以在其哲学与政论文章中清楚地看到。沙卡里姆·库达别尔吉耶夫始终坚持启蒙主义与人道主义立场，而这些都在他的作品中得到了体现。我们认为，哈萨克斯坦苏维埃共和国科学院文学部应该仔细研究沙卡里姆·库达伊别尔吉耶夫的创作，着手准备出版他的优秀作品以及采取措施使他的创作进入大学与中学文学史课程体系。

沙卡里姆·库达伊别尔吉耶夫的优秀作品值得广大读者把它们作为自己的财富来对待。

哈萨克斯坦作家同盟管理处秘书

卡比特·穆思列波夫

最终，谢米巴拉金斯克州检察院进行了审查，没有发现沙卡里姆从事反对苏维埃政权活动的任何证据。1958 年 2 月 19 日州检察院副检察长格里申科夫做出结论：未证实沙卡里姆·库达伊别尔吉耶夫曾经参与反革命起义，因此对其昭雪平反、恢复名誉。

这一结论被 1958 年 11 月 28 日苏维埃社会主义共和国联盟检察院的

决议所证实。在沙卡里姆唯一幸存的儿子阿哈特接到的苏维埃社会主义共和国联盟检察院来信中写道："……对沙卡里姆·库达伊别尔吉耶夫的指控因为证据不足而彻底撤销"。

似乎真理胜利了！现在人们提起诗人的名字再也不怕被关进监狱，可以印刷与阅读他的诗歌。阿哈特获得正式许可去拿诗人的手稿。按照恢复名誉法，应该要求恢复沙卡里姆亲属的权利。

然而，事实并非如此。

1959 年年初，在《哈萨克文学》报纸第二期上刊登了沙卡里姆八首诗歌的专栏并在旁边刊登了诗人的照片，也就是被锅炉工沙乌肯所挽救的那张。

在这个时刻，卡拉萨托夫开始插手这件事请了。当时他已经不再年轻气盛，像过去那样手持毛瑟枪追杀饥饿逃亡的人。但是，他的蛊惑依然和过去一样富有极大的煽动性。他继续像过去那样以苏维埃政权敌人的进攻来恐吓政府官员，他声称，为了苏维埃政权利益他可以毫无保留地献出自己的一切。

在报纸《哈萨克文学》准备刊登沙卡里姆诗歌的前一天，卡拉萨托夫给总编——诗人阿布吉利杰·塔基巴耶夫打电话，声称发行阿拉邵尔达政府成员的诗歌不合时宜。沙卡里姆的诗歌到底还是印刷了。他又通过自己党内的熟人施加压力，最终阿布吉利杰·塔基巴耶夫被免除了报纸总编的职务。

1969 年，诗人如邦·莫尔达卡里耶夫在哈萨克苏维埃共和国科学院文学艺术研究所会议上发言说："沙卡里姆的作品我读过，但要说我不得不去专门研究它们，我不能。1959 年，当时我是杂志《茹德思》的主编，准备从其某一部叙事诗中选出 400—500 行刊登发行。我们选择了《叶丽克与克别克》，但是，这些已经在报纸《哈萨克文学》上刊登了。这件事带来不好的反响，这都是因为某些喧嚣者迫使我们不得不改变初衷。有些人问我们：'为什么当时朱玛巴耶夫还处在被禁止之列？'有人甚至利用了当时极其复杂的环境。就这样，我们把一切责任都推给了党的领导人。"

卡拉萨托夫的行动达到了自己的效果，他的目的就是要让其他出版机构害怕印刷这位失宠诗人的诗歌。

那些被取消禁令的沙卡里姆的遗产开始再一次从一个官员的保险柜到

另一个官员的保险柜中辗转。

遇到了这些现象，诗人哈密特·叶尔卡里耶夫针对卡拉萨托夫说道："他多年来对诗人那摆脱不掉的监视阴影杀害了诗人不是一次，而是两次。假如他在 1959 年不做出那样的举动的话，人们就会揪着他的领子要求他回答，那么诗人的精神遗产早在 30 年前就会成为人民的财富。卡拉萨托夫巧妙地利用了斯大林时代所产生的心理学。"

当时苏维埃意识形态领域工作人员在卡拉萨托夫反攻之时是如何行事的这一话题也在本次文学艺术研究所会议上进行了讨论。

乌杰拜·卡纳黑说："当我刚开始成为哈萨克斯坦共产党中央指导员时，就出现了关于沙卡里姆的问题。他的名字我早已熟悉。我们组建了委员会，其成员有塔依尔·扎罗科夫（主席）、哈密特·叶尔卡里耶夫与热肯·朱马汉诺夫。委员会立刻开始了工作。已经过世的朱马汉诺夫是阿拜的同乡，换句话说，他熟记许多阿拜与沙卡里姆的作品。在此之前萨肯·谢富林、别伊姆别克·马林与伊利亚斯·扎苏古洛夫都已经平反，准备出版他们的作品集。简而言之，工作是非常多的。受到近几年成就的鼓舞，我们着手检查带有沙卡里姆名字的材料、匿名信和信件的可信性。这些材料所说的极大部分都是谎言或者捏造。这就是委员会最终做出的结论。我们准备出版两卷沙卡里姆的作品。当一切工作接近尾声时，意识形态领域书记奴雷姆别克·扎吉里吉利用自己的权力终止了这项工作。不久，在 1966 年我被撤销了宣传处副处长职务。情况又一次变得复杂了，我只好主动要求离开。"

阿比尔马瑞·朱玛巴耶夫说："在 1963 年我被任命为指导员一职。上任伊始一个绿色的文件夹就交到了我的手里，那是整整 19 页的委员会决议。自然，我就仔细地了解了关于沙卡里姆的材料。一切都很清楚，阿拜地区的居民委托自己地区的书记、人民代表彻底解决诗人的命运问题。我就此问题咨询了扎吉里吉。他的回答是：'我们把这个问题放在局会议上讨论。'咨询完后我们决定预先征得局内 13 位成员的同意。这一切我们也做了。但是，采取最终决策的时刻还是没有到来。1968 年，在哈萨克国立大学举办了首都知识分子代表会议。在这次会议上人们展开了激烈的讨论。有一位与会代表允许自己提到马格让·朱玛巴耶夫的名字。有人就此事极其激动地汇报给了意识形态书记萨塔尔·伊马舍夫。他非常生气并终止了关于沙卡里姆文学遗产命运的讨论。按照他的命令，所有与诗人有关的东西一律提交档案室保管。"

至少恢复名誉之事应该进行。

1961 年，阿哈特·库达伊别尔吉耶夫利用检察院恢复名誉的决议重新安葬了父亲的遗骸。根据卡贝什·卡里姆库鲁雷的话，阿哈特知道了父亲遗骸的准确地点。

阿哈特写道："1961 年 7 月 26 日，我来到了巴卡纳斯。第二天我就开始挖掘那口埋有父亲遗骸的井。这一天我只掘了一米多深，因为我没有带任何人来帮忙，只有我自己。我害怕，如果有人在旁边我会因为着急弄坏父亲的遗骨。

"7 月 28 日我收集了所有遗骨。受到枪击损坏的只有两根骨头。一发子弹伤害了右肋骨，第二发子弹穿过心脏损坏了脊椎骨……

"遗骸被我运回了家乡。8 月 8 日它被安葬在日洁拜阿拜陵墓的旁边。区领导为我提供了汽车及其他一切所需。为安葬总共花费了 6 只羊和 240 卢布。参加葬礼的有 100 多人。'阿拜'集体农庄的所有居民以及其他农庄的居民前来参加安葬仪式。当遗骸运来之时，所有人都大哭起来。他们除了满目泪水以外，脸上还露出了幸福的喜悦"。

1962 年，年轻的诗人奥扎斯·苏列梅诺夫为纪念沙卡里姆写下了这样的诗篇：

> 靠近成吉思坦乌山脉是他的陵墓，
> 四周开满了黄色的花朵；
> 饥寒交迫、不受欢迎的人们
> 衣衫褴褛地来到了墓前。
> 他们笑着、喝着并唱着忧伤的歌曲，
> 野草在轻轻地晃动，
> 黄色的花朵在静静地绽放，
> 靠近成吉思坦乌山脉是他的陵墓。

1962 年 8 月，在谢米巴拉金斯克州阿拜区成立了专门委员会。该委员会在地区党第一书记卡里姆·努尔巴耶夫的领导下研究沙卡里姆的生平与文学遗产。委员会由 9 位熟知地区历史的人物组成，其中包括巴塔什·塞德科夫、卡梅·奥拉扎林、巴尔塔卡·托尔冈巴耶夫、萨克塔·比格金、阿尔吉别克·艾哈迈德扎诺夫、阿谢姆汗·斯良姆汉诺夫与吉尼斯兰姆·让努扎科夫。

在4个月里，委员会成员对将近30人做了录案，记录下30位看见过沙卡里姆的人员所说的一切证据，同时询问了卡拉萨托夫的同事泽涅里·奥斯潘诺夫、艾伊特梅尔扎·图林克巴耶夫、马乌特康·巴伊梅舍夫、巴尔塔卡·托尔冈巴耶夫。他们一致表明："沙卡里姆与匪帮没有任何关系，他不是敌人。"委员会的决议发给了州与共和国党委，同时发给了木合塔尔·阿乌艾佐夫文学艺术研究所。

1963年，在阿拉木图创建了哈密特·叶尔卡里耶夫作家委员会。该委员会成员有塔依尔·让罗科夫、热肯·朱玛汉诺夫、梅尔扎别克·杜伊谢诺夫、乌杰拜·卡纳黑与萨杜·马萨科夫。委员会的目的同样也是研究沙卡里姆的文学创作。哈密特·叶尔卡里耶夫委员会的想法与卡里姆·努尔巴耶夫委员会做出的结论不谋而合，即沙卡里姆不是苏维埃政权的敌人，他的创作应该尽快回到人民中间。

然而，这种愿望又一次泡汤了。

1964年8月，阿哈特在卡尤姆·穆罕默德汉诺夫的帮助下给苏共中央第一总书记尼基塔·赫鲁晓夫写信请求出版沙卡里姆艺术遗产。他在信中写道：

> 目前的现状是，再也没有人直接公开反对出版与研究沙卡里姆遗产的事情，但是，在把沙卡里姆的作品归还哈萨克人民这件事情上没有任何实质性的进展。无论如何，这些都早已经在人民的心目中留下了很深的记忆……今天，在苏共中央第二十二次代表大会结束以后，再让我们这位最杰出的文化代表的名字长眠于地下那就显得极其不公平。

很遗憾，信件依然没有起到任何作用。

卡拉萨托夫继续用所谓动摇苏维埃政权基础来恐吓党的领导人并在其中找到了自己的知音。不仅如此，他们还发出了匿名信。

例如，在1968年5月有人向哈萨克斯坦共产党中央第一书记吉木哈梅特·库纳耶夫发来了一封信，信中写道：

我们听说，哈萨克科学院准备出版沙卡里姆·库达伊别尔吉耶夫的书籍……然而，我们知道，正是这位沙卡里姆与杜拉托夫利用卡泽·努尔马汆姆别托夫的死召集了2000人的游行集会，在集会上，他在悼念死者的同时还指责苏维埃政权。他与"阿拉什"党勾结在一起。1918年他们聚集了四五千人的武装军队对抗谢米巴拉金斯克布尔什维克，抵达了巴尔纳乌尔。在这些战斗中，他曾经是最为著名的人物，这一点人尽皆知。我们知道，1931年完成了祭祀、举起了白旗后，他组织了对抗苏维埃政权的起义，在他的指示下人们砍掉了区执行委员会首领奥尔扎拜的头颅，杀死了共青团教师拉马扎及其妻子。我们知道，他还组织了360人冲击地区共产党与地区苏维埃所在地，杀死了共产党员与共青团员，抢劫了银行与合作社。

此份匿名信的作者们（或者作者）把能捏造的都捏造了出来，他们完全不顾及这样一个事实，即沙卡里姆、米尔江吉普·杜拉托夫以及其他"阿拉什"党人都已经被恢复了名誉。他们就这样以虚假的形式歪曲了事实。比如，他们认为沙卡里姆剽窃了阿拜与马卡乌伊的诗歌，而木合塔尔·阿乌艾佐夫对沙卡里姆的文学遗产感到厌恶。这一切都足以证实，沙卡里姆手持旗帜骑在白马上指挥好几千人的军队朝巴尔纳乌尔进攻，这一切会给人留下印象的。

"请原谅我们不能说出自己的名字。但是请你们相信，如果举行全党与全民讨论，我们将把它们公布出来"。这份信件以"同情者"的署名作为结束。

一直到了1978年，事情才有了转机。

这一年在《苏联作家》列宁格勒出版分社出版了沙卡里姆俄译本的诗歌集《哈萨克斯坦诗人》（《诗人丛书》系列）。与读者见面的14首沙卡里姆的诗歌中，其中10首为弗谢沃罗特·罗日捷斯特维斯基所翻译，4首是乌拉基米尔·岑斌翻译的。木合塔尔·马卡乌因为诗集撰写了引言。

1987年2月，木合塔尔·马卡乌因收到一封来信（内容简要翻译如下）：

亲爱的木合塔尔：

你，或许不认识我。但是，这并不重要。我早就打算给你写信，只是没有时间而已……

　　我叫木易阿兹·卡拉萨托夫。我已经在卡拉干达州乌里扬诺夫斯克区巴巴耶夫集体农庄担任工程主任25年。

　　……听到人们开始谈论，我还不太相信。而后来，当1978年《苏联作家》彼得格勒出版分社出版的《哈萨克斯坦诗人》诗集拿到我手上之后，面对亲眼所见我终于确信了。该诗集第一页上写着：'M. M. 马卡乌因引言、生平资料与注释'。我想要说的是沙卡里姆·库达伊别尔吉耶夫，这个人也进入了该诗集。他的诗歌翻译自284页到314页。而在他的生平资料中你是这样描写的："1917—1925年沙卡里姆短期地回归到了现实的积极生活之中，欢迎新的社会变革并在报纸杂志上发表了自己的诗歌，并在诗歌中支持新的体制。然而，过了不久，老诗人再一次归隐，于1931年死去"。

　　当我读到这些时我感到非常难过。木合塔尔·马卡乌因，作为一个熟知古代历史的人，却不清楚昨天的真相！随即我开始安慰自己，也许他自己搞混了。

　　假如说我的哥哥——老肃反人员阿布扎尔·卡拉萨托夫还活着的话，那他就会立刻产生疑问。因为他比我更清楚沙卡里姆·库达伊别尔吉耶夫是个什么样的人。我们所有人——他的亲属拥有足够的关于此人的证据材料，这些都是已逝的阿布扎尔遗留给我们的。他于1979年过世。要是我的哥哥还活着的话，这些材料就不可能不产生影响。我记得，1959年报纸《哈萨克文学》曾被允许刊登发表过沙卡里姆的诗歌专栏，就是因为阿布扎尔·卡拉萨托夫的干预，这件事情才没能继续下去。

　　所有问题的原因在于，当沙卡里姆掀起对抗苏维埃政权的武装起义时，那段时间我的哥哥正好是肃反委员会成吉思坦乌区办事处的负责人。武装起义于1931年9月5日开始。阿布扎尔·卡拉萨托夫自然参加了镇压起义的活动。与本次事件有关的所有文件与证据材料都保存在哈萨克苏维埃共和国国家安全委员会的档案室里。依据这些证据，卡拉萨托夫证明沙卡里姆领导了这些反对苏维埃的活动并给出了应有的回击，即究竟是谁企图篡改历史。后来这些问题没有再被提起，因此，当我得知沙卡里姆的诗歌出现在1978年出版的诗集上以后，我无论如何不能相信这个事实。

　　现在，我或许提出以下问题比较适宜：这么多年出版沙卡里姆的诗集，为什么不是在哈萨克斯坦，而要在列宁格勒以俄语形式出版？为什么在这本书中能出现苏维埃政权反对者的名字，却不能看见激昂的革命诗人萨肯·谢富林的名字与诗歌？我这样问的理由是沙卡里姆反对苏维埃政权是一个不争的事实，这已经被足够的证据所证实。如果你不相信我的话，那你就去查一下国家安全委员会所保存的资料。

　　出版沙卡里姆的作品，这就意味着愚弄那些曾经为这次革命而流血牺牲的人。在这次反革命起义过程中，就是在此人的命令下人们把拉马扎·阿巴耶夫与他的妻子拉比什拴在了马尾巴上痛苦地死去。也是在他的命令下砍下了奥扎拜·沙拉巴耶夫的头颅。在这些事实真相已经大白之际你们试图为沙卡里姆的作品开辟道路，这至少会引起人们的困惑不解。

　　如果这样，沙卡里姆难道不是木合塔尔·阿乌艾佐夫小说《阿拜的生平道路》中宣传的泛伊斯兰主义的舒巴尔？我们都知道，民间称之为"舒巴尔"（麻子）。如果他是一位忠诚的与有功勋的人，那为什么在哈萨克苏维埃百科大字典中没有他的名字？在包括从阿拜到苏尔坦马赫姆特·托拉吉洛夫的诗集《五个世纪诗歌总集》中也没有沙卡里姆……因此，为什么诗集在列宁格勒而不是在哈萨克斯坦出版？这到底有什么企图呢？

　　自1978年开始我就用心关注你们的所有出版物，甚至关注其他文学家所写的东西。从此再没有人提起过沙卡里姆的问题，他的诗歌也再没有被印刷过。简而言之，我的兄弟木合塔尔，我想知道你如何回答这些问题……如果你不回应这封信，那我就把这些（不要认为这是恐吓）提交给哈萨克斯坦共产党中央委员会和国家安全委员会。因为我们，卡拉萨托夫家人，不想因为不久前某些人的结论被称为'哈萨克的丹特斯'。① 我们决不允许。

木易阿兹·卡拉萨托夫

1987年2月3日

---

　　① 丹特斯：普希金的决斗对手。普希金的创作和活动令沙皇政府颇感头痛，他们用阴谋手段挑拨法国籍宪兵队长丹特斯亵渎普希金的妻子纳塔利娅·尼古拉耶芙娜·冈察洛娃，结果导致了1837年普希金和丹特斯的决斗。决斗中普希金身负重伤，1837年2月8日不治身亡，年仅38岁。

　　这是苏联许多对内政策发生改变的"改革"时期。公开性在某一时期成为社会生活的显著因素。苏维埃领导者在苏维埃政权威胁幻影前的恐惧被另外一种恐惧所替代，使许多人的名字重见天日成为可能。

　　阿布扎尔·卡拉萨托夫的亲属已经无法阻止沙卡里姆的创作重返民间。

　　尽管木易阿兹·卡拉萨托夫还给《哈萨克文学》的编辑们写了信，但令他非常生气的是，1988年1月8日，这份报纸上刊登了扎伊克·别克图洛夫的叙事神话《诗人与恶棍》。他给叙事诗作者打了电话后更加生气了，因为作者对他说："你什么时候才能让我死去的亲属安静下来?!"

　　1987年7月，卡尤姆·穆罕默德汉诺夫给苏联作家同盟第一书记乌拉基米尔·卡尔波夫写了请求函，要求出版沙卡里姆的所有成果。

　　他还给杂志《星火》发去了自己写的关于沙卡里姆命运与创作的俄语文章《走出迷途》，并提供了作家的照片以及恢复名誉的文件复印件。

　　1988年2月23日，在给杂志总编维达力·克罗季奇的信中穆罕默德汉诺夫写道：

　　　　这已经是我用哈语写出的关于1931年秋季73岁时逝去的沙卡里姆·库达伊别尔吉耶夫，伟大的诗人、作家、哲学家、历史学家、原生态作曲家、翻译与政论家的生平与创作之文章在报纸《哈萨克文学》编辑部被搁置的第13个年头。至今没有任何具体的或者是明了的回答。我认为，延迟刊登是出于某种谨慎之缘故，那就是最好不出事。

　　在那个时期，1920—1930年期间被迫害的哈萨克人民杰出代表的委员会在积极开展恢复工作。该委员会的主席是科学院院士扎巴伊汗·阿布吉里基。关于这项工作，他在2003年2月1日《哈萨克斯坦真理报》的采访中说道：

　　　　被任命为委员会的负责人我认为是最为重要的任务，我们立即开始了工作。按照我们的设想，从最简单的准备恢复沙卡里姆·库达伊别尔吉耶夫名誉的材料开始，预计1987年底结束这项工作。在我们之前有人不止一次努力想恢复他的名誉，但是碰到了不理解以及被指控为资产阶级民族主义以及与阿拉邵尔达党有关系。那时候还存在着1986 年著名的十二月事件后对于哈萨克人民民族主义的虚假指控。

我不得不再一次阅读沙卡里姆的所有文献，我被许多东西所震撼。我感觉我早就熟记了他的某些作品，比如《卡尔卡曼与马梅尔》。他的歌曲，我们在童年时期把它们作为民歌来歌唱。这项工作得出的最后结果是，沙卡里姆是一位最为诚实的人，他没有参加阿拉邵尔达党，他只是被"缺席"拉入。这是一位启蒙者、阿拜的侄子、阿拜事业的继承者，他在诗学、美学、哲学领域发展了阿拜的思想。他隐居于大山之间，没有从事过任何政治活动……

分析完沙卡里姆的活动与其作品，委员会做出了客观的证明，在哈萨克斯坦共产党中央委员会局级会议上我做了现场报告。突然，哈萨克斯坦国家安全委员会主席米罗什尼克站了起来声称，委员会没有能够胜任自己的工作，它把沙卡里姆的形象理想化了。他，事实上是苏维埃政权的敌人、资产阶级民族主义者、谢米巴拉金斯克州富农起义的领导人等等。

在他的发言后，大厅内呈现出死一般的寂静。如果这时候有局成员出来赞同米罗什尼克的话，那讨论的进程就会一下子变得复杂而且极为糟糕。此刻，努尔苏丹·阿比舍维奇·纳扎尔巴耶夫说道："这个问题让委员会主席来回答吧。"他用此种方式挽救了整个局势。我再一次开始发言并表示完全不同意米罗什尼克的观点，我坚持了自己的立场。随后，局成员中再也没有人发言，中央委员会第一书记科尔宾提议支持委员会的观点。就这样，第一次交锋我们因为努尔苏丹·阿比舍维奇的支持而获胜……

最终，在恢复名誉委员会的工作结束以后，1988 年 4 月，哈萨克斯坦共产党中央委员会决议被印刷发行。决议指出：沙卡里姆无罪，应该予以恢复名誉。

作为这项事业最为积极的推动者，卡尤姆·穆罕默德汉诺夫收到了哈萨克斯坦作家同盟第一书记阿吉·沙里波夫的贺电。贺电中写道："祝贺你！沙卡里姆被决策机关平反昭雪。此致！阿吉·沙里波夫。1988 年 4 月 7 日"。

在 1988 年年底，扎雷与查如申出版社立即联合出版了两本沙卡里姆的著作。遗憾的是他的儿子阿哈特没有能够活到这一天。

在日洁拜，即安葬阿拜和沙卡里姆的地方，建立了"阿拜—沙卡里姆"纪念馆。沙卡里姆的作品继续印刷出版，关于他的研究著作同样也在继续发行。尤其是，2000 年在阿拉木图，阿雷斯出版社出版了沙卡里姆诗集《伊曼》。2003 年，阿塔姆拉出版社出版了汇编《哈萨克人的写照》。2007 年，阿拉木图拉里杰特出版社出版了由谢米国立师范学院科学研究中心所编辑的 5 卷本的沙卡里姆研究系列研究报告汇编《沙卡里姆学问题》。2008 年，在谢米出版发行了《沙卡里姆》百科全书。

沙卡里姆生平与创作的主要时间

1858 年，沙卡里姆·库达伊别尔吉耶夫出生——诗人、翻译、音乐家、历史学家、哲学家。

1876 年，沙卡里姆与玛乌叶结婚。

1879 年，第一个孩子降生——儿子苏菲扬（阿布苏菲扬）。

1881 年，阿拜介绍沙卡里姆与 Е. П. 米哈艾里斯认识。

1882 年，沙卡里姆与艾伊卡莎结婚（依据家族传统丈夫可以往家带回年轻的妻子）。

1903 年，沙卡里姆与艾伊卡莎的最小儿子——未来的诗人、戏剧学家、记者、1931 年卡拉乌诶尔起义的积极参与者泽亚特出生。

沙卡里姆被吸收成为俄罗斯皇家地理协会西西伯利亚分部谢米巴拉金斯克支部成员。

1905 年 3 月，沙卡里姆就出版阿拜诗歌书籍的问题与阿里汉·布盖伊汉诺夫会面。

11 月，沙卡里姆出发去朝觐。

1906 年 3 月，沙卡里姆朝觐归来。

1907—1909 年，沙卡里姆学习研究列夫·托尔斯泰著作时期，接受了托尔斯泰精神的自我完善学说。

1908 年，沙卡里姆前往谢米巴拉金斯克监狱探望正在坐牢的阿里汉·布盖伊汉诺夫。

1909 年，沙卡里姆给列夫·托尔斯泰写信。

1911 年，出版著作《突厥人、柯尔克孜人、哈萨克人与汉朝之家谱》与《穆斯林法典》。

沙卡里姆被任命为乡长。

1912 年，出版了沙卡里姆的哲学诗集《哈萨克人写照》，指定出版叙事诗《卡尔卡曼与马梅尔》与《叶丽克与克别克》。

沙卡里姆向家人宣布自己想去肯—克内什隐居的想法。

1913 年，在报纸《哈萨克人》（4 月 28 日，第 12 期）上，阿里汉·布盖伊汉诺夫撰写文章《特殊话语》，评价沙卡里姆的《突厥人、柯尔克孜人、哈萨克人与汉朝之家谱》。

1916 年，Ж. 阿伊马乌诶托夫以笔名热力科克在《哈萨克人》报（1916 年 2 月 9 日，第 168 期）刊登文章，评论沙卡里姆的《突厥人、柯尔克孜人、哈萨克人与汉朝之家谱》。

1918 年，出版随笔《真正幸福的写照》。

1922—1923 年，在塔什干杂志《邵邦》发表叙事诗《列依丽与梅治务》。

1923 年，沙卡里姆收到来自《哈萨克语言》报编辑部的来信，要求其给报纸撰写文章。

1924 年，出版《杜布洛夫斯基故事》——亚历山大·普希金中篇小说的诗体性翻译；在《哈萨克语言》报上刊登了对于文学问题的研究文章——《致报纸编辑》与《批评与批评之批评》。木合塔尔·阿乌艾佐夫与埃里克·马尔古兰前往沙卡里姆住处巴卡纳斯做客。

1925 年，沙卡里姆大儿子苏菲扬去世。沙卡里姆第二次隐居生活开始。

1925—1926 年，致力于《汤姆叔叔的小屋》翻译工作。

1930 年，沙卡里姆的儿子阿哈特被捕。审判了儿子卡福尔，后来他不明不白地死去。

1931 年，沙卡里姆死于肃反人员枪下。

1932 年，阿哈特从谢米巴拉金斯克监狱获释。

1936 年，杂志《文学前线》刊登了沙卡里姆翻译的中篇小说《杜布洛夫斯基》。

1937 年，阿哈特作为人民公敌的儿子被捕流放西伯利亚。

1939 年，阿哈特流放归来。

1958 年，沙卡里姆被正式恢复名誉。

1961 年，阿哈特·库达伊别尔吉耶夫重新安葬了沙卡里姆。

1962 年，在谢米巴拉金斯克州阿拜区成立了研究沙卡里姆生平与文学遗产委员会。

1963 年，在阿拉木图成立了研究沙卡里姆创作与生平委员会。委员会主席由诗人哈密特·叶尔尕里耶夫担任。

1978 年，在"苏联作家"列宁格勒出版分社出版的诗歌集《哈萨克斯坦诗人》中"诗人图书馆"部分收录了沙卡里姆俄译版诗歌。

1988 年，在《扎祖什》出版社出版了沙卡里姆的《六个故事》。

历史资料

阿拜（1845—1904）——诗人、哲学家、作曲家、教育家、社会活动家，哈萨克书面文学的奠基人。

阿伊马乌诶托夫·汝西普别克（1889—1931）——作家、哈萨克语小说与戏剧家奠基人、学者、教育家与心理学家。教材与教学参考资料的作者。

《阿伊卡普》——第一本哈萨克社会政治与文学批评杂志。从1911年1月至1915年8月在特罗伊茨克市出版发行。

阿克巴耶夫·扎吉普（1876—1934）——法学硕士，民法与家庭婚姻法研究者；社会活动家、政论家，解放运动的参与者。

阿尔德萨林·伊布拉伊（1841—1889）——教育家、作家、民俗学家，首批哈萨克教材的编者。

《阿拉什》——1917—1920年哈萨克斯坦教育、思想与科学知识分子代表组织。

阿乌艾佐夫·木合塔尔（1897—1961）——作家、戏剧家、学者；哈萨克社会主义联盟科学院院士（1946），哈萨克斯坦作家协会主席；其长篇历史小说《阿拜生命之旅》进入世界文学宝库。

阿布吉里基·扎巴伊汉（1933—）——哲学家、辩证法与认识论领域专家、哲学博士，荣获哈萨克斯坦共和国功勋科学工作者（1992），哈萨克苏维埃社会主义共和国科技领域国家奖章获得者（1984），Ч. Ч. 瓦力汉诺夫奖获得者（1974）。

巴扎尔巴耶夫·穆斯里木（1927—1995）——文学家、批评家，首批沙卡里姆学研究者之一；基础研究文献《哈萨克文学史随笔》与《多民族苏联文学史》作者。

巴伊扎科娃·伊萨（1900—1946）——阿肯、作曲家、歌手。巴伊扎科娃的艺术形象在 H. 阿诺夫的小说《歌曲之翼》予以塑造。

巴依图尔谢诺夫·艾哈迈特（1873—1937）——社会活动家、教育家、语言学家、文学家、突厥学家与翻译家。

布盖伊汉诺夫·阿里汉（1866—1937）——教师、记者、民族学家、社会活动家，第一届国家杜马与俄罗斯伊斯兰代表大会代表，《阿拉什》党领导人之一，哈萨克斯坦临时政府人民委员（1917）。

布盖托夫·叶甫涅伊（1925—1983）——化学与金属学领域学者，作家、诗人，哈萨克苏维埃社会主义共和国科学院院士（1975），苏维埃社会主义共和国联盟国家奖获得者（1969），苏维埃社会主义共和国联盟作家联盟成员，莎士比亚作品哈萨克语翻译者。

瓦力汉诺夫·乔康（1835—1965）——教育家、学者、历史学家、民族学家与民俗学家。

卡巴萨夫·萨贝尔江（1889—1918）——20 世纪初著名记者，阿雅克斯克区苏维埃政权建立者之一，人民委员会委员。

扎吉里吉·阿里毕（1884—1953）——革命者，伟大的生活与国家活动家，哈萨克斯坦苏维埃政权建设者之一。

顿涅塔耶夫·萨比特（1894—1933）——诗人、讽刺作家、政论家、社会活动家。

多斯木哈默多夫·扎沙（1887—1932）——法学家、政治活动家、阿拉邵尔达政府领导人之一。1918 年春天在莫斯科与列宁、斯大林交涉关于承认哈萨克民族自治问题。

杜谢依巴耶夫·恩斯萨克（1910—1976）——学者、文学家、哈萨克斯坦国家科学院通信院士。

杜拉托夫·米尔江吉普（1885—1935）——哈萨克诗人、作家、阿拉邵尔达政府与民族解放运动领导人之一。

叶里基巴耶夫·拉赫马图拉（1877—1919）——教师，谢米巴拉金斯克穆斯林孤儿院负责人。

叶尔卡里耶夫·哈密特（1916—1997）——诗人、作家。

伊曼诺夫·阿曼格力德（1873—1919）——1916 年反对沙皇人民起义领导人，哈萨克斯坦苏维埃政权建立积极参与者之一。

让苏古洛夫·伊里雅思（1894—1938）——诗人、散文家、戏剧家、讽刺作家、记者。哈萨克斯坦作家协会首任主席（1934—1936）。

扎罗科夫·塔伊尔（1908—1965）——诗人、翻译家。

朱玛巴耶夫·马格让（1893—1938）——诗人、作家、政论家、教育家，新哈萨克文学创建者之一。

《哈萨克人》——1913—1918 年在奥伦堡出版发行的首份日报。

卡沙乌巴耶夫·阿穆列（1888—1934）——歌唱家、演员、音乐家，哈萨克民族戏剧艺术的创始人之一，第一位把哈萨克民族音乐推向欧洲的歌手。

科梅格罗夫·科申克（1896—1937）——作家、戏剧家、文学家、翻译家、社会活动家。文学、语言学及民族学问题学术著作作家。

吉拉巴耶夫·谢里克（1927—）文学家、哈萨克斯坦共和国国家科学院院士，功勋科学工作者，共和国奖章获得者。

克别耶夫·马什忽尔·朱苏普（1858—1931）——诗人、思想家、历史学家、民族学家、东方学家、哈萨克民族口头创作收集者。

库里江诺娃·纳泽帕（1887—1934）——第一位哈萨克女记者、翻译与教育学家。《学前教育》（1923 年）作者。

马卡乌因·木合塔尔（1940—）——作家、戏剧家、哈萨克民俗遗产研究者。

马伊林·别伊姆别克（1894—1939）——作家、戏剧家、天才的特写作家与小品文作家。在 1934—1937 年期间担任《哈萨克文学报》主编。

马尔古兰·阿里克伊（1904—1985）——考古学家、哈萨克斯坦考古学学派创建者，东方学、民族学、历史学、文学与艺术学领域著名学者。

马尔谢科夫·拉伊木江（1879—1922）——维权人士、社会活动家、政论家与演说家。"阿拉什"党党纲的制定者之一。

莫达噶里耶夫·如邦（1920—1988）——诗人、记者与翻译家。

姆卡诺夫·萨比特（1900—1973）——哈萨克文学古典作家、诗人、社会活动家、科学院院士，1936—1937 年以及 1943—1952 年担任哈萨克斯坦作家协会主席。

穆罕默德汉诺夫·卡尤姆（1916—2004）——戏剧家、翻译家。阿拜诗歌学派及其学生著作研究学者。曾将卡拉姆津中篇小说《可怜的丽扎》翻译成哈萨克语。

穆思列波夫·卡比特（1902—1985）——作家、批评家，戏剧家、文学家、社会活动家。

努尔别伊索夫·阿布吉扎米尔（1924—）——作家、翻译家，苏联国家奖章获得者（1974 年）。

萨特巴耶夫·卡内什（1899—1964）——地质学家、苏联成矿学学科创建人、哈萨克斯坦成矿学学派创始人，苏联科学院院士（1946）。

谢伊特库诺夫·穆罕默德汉（1870—1937）——穆罕默德汉诺夫·卡尤姆的父亲。阿里汉·布盖伊汉诺夫、艾哈迈特·巴依图尔谢诺夫、马格让·朱玛巴耶夫、米尔江吉普·杜拉托夫、木合塔尔·阿乌艾佐夫等曾是他家里常客。在这里木合塔尔·阿乌艾佐夫排练了戏剧《叶丽克与克别克》与《卡拉科斯》。

谢福林·萨肯（1894—1938）——现代哈萨克文学奠基人、诗人与作家、国家政要人物、哈萨克斯坦作家协会创建者。

谢拉林·穆罕默德扎（1872—1929）——诗人、教育家、记者、社会活动家、《阿伊卡普》杂志主编。

苏列伊梅诺夫·奥尔扎思（1936—）——诗人、作家、文学家、社会与政治家、外交家。

塔日巴耶夫·阿布吉里达（1909—1998）——诗人、戏剧家、作家。

托拉吉洛夫·苏丹马合姆特（1893—1920）——民主诗人，1913 年开始在第一份哈萨克杂志《阿伊卡普》出版社担任秘书。

特内什巴耶夫·穆罕默德扎（1879—1937）——社会活动家、俄罗斯第二届杜马代表，突厥斯坦自治共和国总理、"阿拉什"党成员、哈萨克首位铁路工程师、突厥斯坦至西伯利亚铁路建设与设计参加者。

乌卢克别克（1394—1449）——突厥国帖木儿力特的执政者、帖木儿的孙子，著名的占星术家。

乔康·穆斯塔法（1890—1941）——社会政治家、政论家、统一的突厥斯坦解放与独立斗争发起人。

沙里波夫·阿吉（1912—1993）——作家、文学家。曾担任教育部部长、外交部部长、共和国部长会议主席、哈萨克斯坦科学院文学艺术研究院院长。

后　记

在叙事诗《已逝的生命》中沙卡里姆写道：

"没有父亲的孤儿
　　　自己将剪断脐带"——
确信的声音
　　　　　从古老的谚语中发出。

这里对于古老格言的关注不仅仅是诗人的愿望，而且是再一次回归那难以更改的、决定了他整个命运的孤独。可以看一下隐喻：孤儿——这是指哈萨克人民，他们失去了古老历史的强有力支持，失去了自己的根，失去了团结。他们受到敌人的折磨，因无名的痛苦而烦恼。

因为这里不只是沙卡里姆一个人感到孤独。我们都在这片土地上前行，如果我们像他一样突然打算要去为永恒而创作的话，孤独随时会找上我们。

没有父亲的孤儿
　　　自己将剪断脐带……

这个说法可以看作是诗人留给后人的信号，用于提醒我们共同的命运。

生命犹如过眼云烟，而且危机四伏，充满了各种令人不快的伤害，这一切都危及了我们的幸福，因此，人应该时刻准备几乎从一出生就迈出独立的步伐。他应该自己"剪断脐带"和决定自己的命运，不要把自己的命运寄托于他人身上。

沙卡里姆的经验教训不只在于这个比喻，不只在于这种隐喻。他的许多作品都充满了丰富的思想，在其中可以随时迷失方向，就像在一个陌生的大城市一样。

有一些人可能会认为其诗歌中雅致的言语接受起来非常简单，但实质不在这里。在其语言中有更多的真实的东西，就像是那些多卷本作者、许多奖章获得者、学术称号拥有者一样。或许是因为，他说过在时代发生巨变之际，他观察到了社会结构的重新构建，成为两次革命与民族灾难的见证者。在此情形下他没有缩头躲避变革的风暴，而是深入其中试图影响民族认识与事件的发展。而他，和往常一样，没有回避。

这一发自内心、实实在在、炽热的对历史的参与，体现在他的诗歌、叙事诗以及哲学论文之中。因此，它们是那样的纯净、清楚，充满了真正的生命力，犹如精神自由的见证。沙卡里姆最主要的经验是对知识的无休止的追求。无休止的，因为他试图认识原则上不可能认识的东西——真理。他已经证明，应该走那样的道路，只有在认知中的人才能自由。

沙卡里姆是一位地地道道的哈萨克人，在他的身上拥有所有哈萨克人的东西——气质、习惯、性格、外貌，缺点与优点。他并不是一位摒弃了一切缺点的理想人物。他所做出的举动对于周围人来说是那样的体面，而他自己却被无形的恐惧所折磨，以至于他不得不在实际行动中采取并非最为优秀的人类品质。他倾其全部的精神力量来矫正内心的状态，他认识到无法改变业已发生的事情，但是可以改变人们对待生活的态度以及他们的精神结构。对于究竟该怎么做，如何改变自身，沙卡里姆没有找到任何好的办法，只能尽量去做得更好、更为纯洁，尽量克服缺点、毛病、错误、弱点与激情。而自己则像一个榜样，像一个生命的神圣先知。

他不接受任何带有强制性质的政权。他既远离了红色政权，又远离了白色政权。苏维埃政府把他看作敌人，这是因为他远离了它。他只是转身离开了，因为他看到，虽然这个政权有很多承诺，但它并非为了人民。

他是一个真正的哈萨克人。我们都希望成为一个纯洁的人，整个一生都在根除缺点、忏悔罪孽。我们相信，我们站在通往心灵纯净的正确道路上。我们经常看见沙卡里姆就在自己的眼前，是我们人类的榜样。如果阿拜是民族智慧的楷模，那沙卡里姆就代表故土、祖国的形象。

这有一些自然而然的问题：沙卡里姆的作品今天到底有多大价值？他

的诗歌与散文对于现代人有什么益处？不言而喻，益处曾经有过，而且还会继续有。它的好处不仅仅在于某些实际的东西，比如《突厥人、柯尔克孜人、哈萨克人与汉朝之家谱》——许多人在探寻族源之时都要看一看这本书，而且在于它们教给了人们良心、诚实与善良。还有，人是最难接受教诲的生物，而这些教诲在沙卡里姆那里根本就不存在。

不论幸与不幸，生命给予人的不单单是一种满足。在某一时刻，通常在生命的晚期，我们每一个人都会提出这样的问题：我为什么活着？我到底做得对不对？我是不是白白浪费了生命？

我们想要说出，我们渴求认识自己——只是在此刻沙卡里姆才能来帮助我们。他不会给我们如何生活与如何做事的建议。他只是自顾自地生活着，永不停息地追求知识、追求真理，并暗示我们应该往哪里去，应该如何去认识自由。

至此我们开始理解，一个自由的人应该立足自己的故土去感受整个伟大的国家，他的思想应该广泛地与自由结合，犹如伟大的额尔齐斯河河水一样。为了我们的自由能够真正实现，至少应该有一个人能把这件事情做到底。在哈萨克人中间，这个人就是沙卡里姆。

如果我们更加关注其对于远古历史的研究，我们对诗人死后的态度就会更加虔诚，他的生命是整个哈萨克的历史。在独立年代——21世纪，为他的名誉而展开的斗争延续了他的履历。他完成和实现自己所有意愿的激情是可以理解的。在他的身上清晰地表现出了草原的时代性与辽阔性。这一切不只是在于其天赋，更重要的是在于其神圣，这一点使我们把他与我们的国家等同，把我们的土地与祖国等同。

这就是为什么沙卡里姆的命运就是我们的命运。